대학연의보【2】 大學衍義補

권5~권12

대학연의보【2】大學衍義補

1판 1쇄 인쇄 2022년 4월 20일
1판 1쇄 발행 2022년 4월 29일

—

저 자 | 구 준
역주자 | 오항녕
발행인 | 이방원

—

발행처 | 세창출판사
신고번호·제1990-000013호 | 주소·서울 서대문구 경기대로 58 경기빌딩 602호
전화·02-723-8660 | 팩스·02-720-4579
http://www.sechangpub.co.kr | e-mail: edit@sechangpub.co.kr

—

ISBN 979-11-6684-100-2 94150
979-11-6684-099-9 (세트)

—

· 이 책은 한국연구재단의 지원으로 세창출판사가 출판, 유통합니다.
· 잘못된 책은 구입하신 서점에서 바꾸어 드립니다.

—

이 번역서는 2015년 대한민국 교육부와 한국연구재단의 지원을 받아 수행된 연구임 (NRF-2015S1A5A7016334).

대학연의보 大學衍義補

권5~권12

A Translation of **"Daxue Yanyi Bu"**

【2】

구준邱濬 저

오항녕 역주

세창출판사

【머리말】

구준(邱濬)이 지은 《대학연의보(大學衍義補)》는 일반에게 잘 알려진 책은 아니다. 그러나 정주학(程朱學) 혹은 성리학(性理學)에 관심이 있거나 중국의 경세학(經世學)에 약간의 상식이 있는 사람이라면 이 거대한 저작에 대해 조금이라도 귀동냥을 했을 법한 나름은 유명한 책이기도 하다.

주지하다시피 성리학은 한때 지나친 관념주의로 치부되어 비판받기도 하였다. 하지만 송대에 주희(朱熹)가 정리한 이래 중국의 역사에서 가장 핵심적인 사상으로서 기능했으며, 또 현실을 움직였던 학문으로 두루 인정된 것은 또한 사실이다. 특히 주희가 주목한 경전으로서의 《대학》은 그 분량이 대단히 적음에도 불구하고 이전의 유학과는 다른 신유학의 핵심 경전이다. 그 《대학》의 순서에 따라 역사적 사실을 결합하여 경사(經史) 일치의 경세학으로서 《대학》과 관련된 여러 저작이 등장하였다.

그 대표적인 것으로 꼽을 수 있는 책이 진덕수(眞德秀)의 《대학연의(大學衍義)》(43권)와 구준의 《대학연의보》(160권)이다. 남송대와 명대를 대표하는 이 두 책은 모두 제왕학에 핵심적인 교재로서 원나라 이후에 경연에서도 읽힐 만큼 경세와 깊은 관련이 있었다. 송나라 후기와 원나라를 거치며, 명과 청 제국에서도 성리학적 사고와 이에 기반한 실천은 중국의 역사를 설명하는 가장 중요한 요소가 되었다.

《대학연의보》는 양명학이 발전한 명에서 주목이 되었던 경세서이다. 주희의 재전(再傳) 제자였던 진덕수는 《대학연의》에서 국가의 통치를 위해서 원칙을 중시하였고, 특히 황제의 개인적인 수양(修養)이 국가의 안녕과 경세의 기초가 됨을 강조하였다. 구준은 여기에 황제 개인의 수양만이 아니라 제도적인 정비와 개선의 노력이 또한 중요함을 《대학연의보》에서 수많은 역사적인 사례를 들어서 설득하려고 시도하였다.

황제 개인에게 권력이 집중됨으로써 황제독재체제를 유지하였던 명조의 상황에서 황제를 향한 이러한 제안은 군주의 마음을 바르게 하는 것에서 출발하여 조정과 백관, 만민과 나아가 사방(세계)을 안정시키는 유일한 경세의 대안이었다. 이전에 군주의 마음 수양에 강조를 두던 경향에 더하여 국가 경영과 민생에 필요한 분야는 모두 망라한 내용은 매우 실용적이고 객관적이며 실천가능한 내용을 포함한 것이었다.

이 때문에 이 책은 성리학으로 국가를 경영하였던 비슷한 처지의 조선에서도 주목이 되었던 것이다. 따라서 《대학연의보》의 번역은 단지 중국의 고전, 경세서로서만이 아니라 많은 문화를 공유하였던 중국과 한국, 특히 명, 청과 조선의 역사와 문화를 이해하는 데에도 매우 큰 시사점을 줄 수 있다.

이 책의 번역은 한국연구재단의 동서양학술명저번역사업의 지원으로 가능하였다. 160권에 달하는 엄청난 분량을 번역하기 위해 고 윤정분 덕성여대 교수를 연구책임자로 번역팀을 구성하여 2015년부터 번역이 시작되었다. 하지만 번역작업을 마쳐 가던 2017년 12월 불의의 사고로 인해 윤 교수님이 유명을 달리하시게 되어서 불가피하게 번역이 지체되어 이제야 간행에 이르게 되었다. 국내에서 《대학연의보》와 명대 정치사의 최고 권위자였던 윤 교수님께서 평생 소원이었던 이 책의 번역과 간행을 미처 보시지 못한 점을 우리 번역팀 모두는 매우 안타깝게 여기면서 윤 교수님의 영전에 이 책을 바친다.

2022년 4월

번역팀 일동

【차 례】

일러두기

1. 이 책의 번역 저본은 1506년 명(明) 정덕(正德) 원년(元年)에 주홍모(周洪謨) 등이 교감한 정덕본이다. 소장처는 동경대학 동양문화연구소이다.
2. 1559년 명(明) 가정(嘉靖) 38년(1559) 길징(吉澄) 등이 교감한 가정본, 청의 《사고전서》에 수록된 사고전서본을 참고하여 원문을 교감했다.
3. 번역 저본은 주제별로 경전(經傳)과 사서(史書)에서 발췌한 본문, 본문에 대한 여러 학자들의 해설, '신안(臣按)'으로 표시된 구준(邱濬)의 의견으로 구성되어 있다. 본문과 해설, 구준의 의견은 각기 번역문 하단에 원문을 부기하였다.
4. 원문은 읽기 쉽도록 표점하였으며, 한국고전번역원 표점 지침(2014)을 준용했다.
5. 본문을 비롯한 여러 글의 원주(原註)는 번역문의 중간에 【 】로 표시하고 번역했다.
6. 번역은 원주(原註)를 최대한 반영하였으며, 그러므로 현재 통용되는 해석과는 차이가 있을 수 있다.
7. 역자 주는 각주를 원칙으로 하되, 10자 안팎의 간단한 내용이면 본문 속에 한 포인트 작은 글자로 설명하였다.
8. 번역문은 한글 쓰기를 원칙으로 하되, 필요하면 한글(한자)로 병기했다.
9. 책은 《 》, 편장은 〈 〉으로 표시했다.
10. 책의 이해를 돕기 위하여 160권 말미에 전체 해제를 실었다.
11. 인명·지명·서명·고유명사는 현대 한국어표기법을 따랐다.
12. 각 권별로 번역 책임을 맡은 역자를 책의 첫머리에 밝혀 두었다.

대학연의보

大學衍義補

대학연의보
(大學衍義補)

—

권5

백관을 바로함[正百官]

관리 임명의 원칙에 대한 총론[總論任官之道]

《서경》〈우서 고요모〉에서 말하였다. "뭇 관직을 폐지하지 마십시오.【광(曠)은 폐지하다이다.】 하늘의 일을 사람이 대신한 것입니다."

〈虞書 皐陶謨〉曰: "無曠【廢也】庶官, 天工人其代之."

채침이 말하였다.[1] "인군은 하늘을 대신하여 사물을 다스리니, 뭇 관직이 다스리는 행위가 하늘을 대신하여 하는 일 아닌 것이 없다. 만일 하나의 직책이라도 혹 폐지한다면 하늘의 일을 폐지하는 것이니, 깊이 경계하지 않을 수 있겠는가."

蔡沈曰: "人君代天理物, 庶官所治無非天事. 苟一職之或曠, 則天工廢矣, 可不深戒哉!"

---

1 채침이 말하였다: 이하는 모두 《서경》 경문(經文)에 대한 채침의 주(注)를 말한다.

신은 이렇게 생각합니다. 송나라 유학자 진대유(陳大猷)는 말하기를, “천자가 한 마음으로 천하의 기미를 살필 수 있지만 몸 하나로 천하의 직무를 겸할 수 없기 때문에 뭇 관원에게 맡기고 폐지되지 않게 하니, 그 자리에 합당한 사람이 없는 것을 폐지되었다고 하는 것이 아니고, 합당하지 않은 자가 그 자리에 있는 것을 두고 폐지되었다고 한다. 하늘은 스스로 하지 않으니 사람이 대신 하는 것이며, 관직 하나가 폐지되면 일 하나가 빠진 것이다.”라고 했습니다.

원나라 유학자 오징(吳澂) 또한 말하기를, “천하의 일은 모두 하늘의 일이므로, 하늘이 이 일을 임금에게 맡겼다. 임금이 스스로 다스릴 수 없으므로 사람들에게 나누어 주었으니, 이것이 뭇 관직이 다스리는 일은 모두 하늘을 대신하여 한다는 의미이다.”라고 했습니다.

아! 군주가 진실로 군주가 다스리는 일이 모두 하늘의 일인데 나에게 맡겼다는 점을 안다면, 분명 합당하지 않은 인물을 임용함으로써 하늘의 일이 폐지되어 상제에게 죄를 얻기를 원치 않을 것입니다.

臣按: 宋儒陳大猷曰: “天子能以一心察天下之幾, 不能以一身兼天下之務, 任之庶官而已. 不可使曠, 非無其人之爲曠, 非其人之爲曠也. 天下之事無一不出於天, 天不自爲, 人代爲之, 一官曠, 則一事闕矣.” 元儒吳澂亦曰: “天下之事皆天之事, 天以此事付之君. 君不能自治而分之人, 是庶官所治之事皆代天而爲之者也.” 噫! 人君誠知人臣所治之事皆天之事而付於我者, 其必不肯任用非人, 而致天事之曠以得罪於上帝矣.

《서경》〈상서 함유일덕(咸有一德)〉에 말하였다. “이윤(伊尹)이 말하기를, ‘관직을 맡길 때는 현명하고 재능 있는 사람으로 하시며, 좌우를 오직 훌륭한 사람으로 등용하십시오. 신하는 윗사람을 위해서는 덕을 위하고 아랫사람을 위해서는 백성을 위해야 하니, 어렵게 여기고 신중히 하며 조화롭게 하고 일관되게 하십시오.’라고 하였다.”【위(爲)는 모두 거성이다.】

〈商書〉: “伊尹曰: ‘任官, 惟賢才, 左右, 惟其人. 臣爲上爲德, 爲下爲民. 其難其愼, 惟和惟一.【爲皆去聲】’”

채침이 말하였다. “현(賢)은 덕이 있는 사람의 칭호이다. 재(材)는 잘하는 것이다. 좌우는 보필하는 대신(大臣)이다. 신하의 직무가 윗사람을 위해서 덕을 위한다는 말은, 그 군주를 보필하는 것이고, 아랫사람을 위해서는 백성을 위한다는 말은 백성을 편안히 살게 하는 것이다. 신하의 직무가 이처럼 중요한 일에 관계되어 있으니, 반드시 어렵게 여기고 삼가야 한다. 난(難)은 임용(任用)을 어렵게 여기는 것이요, 신(愼)은 듣고 살필 때 신중히 하는 것이니, 소인을 방지하는 방법이다. 유화유일(惟和惟一)에서, 조화란 된다 안된다는 논의를 통해 서로 이루어 주는 것이고, 일관된다는 말은 처음과 끝이 한결같은 것이니, 군자를 임용하는 방법이다.”

蔡沈曰: “賢者, 有德之稱. 才者, 能也. 左右者, 輔弼大臣. 人臣之職爲上爲德, 左右厥辟也; 爲下爲民, 所以宅師也. 臣職所係其重如此, 是必其難其愼. 難者, 難於任用; 愼者, 愼於聽察, 所以防小人也. 惟和惟一,和者, 可否相濟; 一者, 終始如一, 所以任君子也."

신은 이렇게 생각합니다. 정치를 하는 도(道)는 인재 등용에 달려 있으며, 인재 등용의 도는 관직 임용에 달려 있습니다. 군주가 관원을 임용할 때 현명하며 덕이 있고, 재주가 있고 능력 있는 사람을 써야 합니다. 좌우에서 보필하는 대신은 더욱 반드시 현재(賢才) 중에서 합당한 사람을 선택해야 하며, 합당한 사람이 아니면 등용해서는 안 됩니다.

신하의 직책은 임금을 성군(聖君)으로 만들어 백성들이 혜택을 받게 하는 데 있습니다. 그러므로 윗사람에 대해서는 반드시 좋은 일을 말하고 간사함을 막아 임금다운 덕으로 삼고, 아랫사람에 대해서는 어진 정치를 하여 국민다운 생활로 삼습니다. 이런 사람이어야 좌우에 임용하여 위로 군주의 덕을 보좌하고 아래로 백성의 삶을 구제할 수 있습니다.

이런 사람을 얻은 뒤가 중요합니다. 임용을 어렵게 여기지 않거나 신중히 살피지 않으면, 승진이 쉽고 잡스러워져서 요행을 바라는 소인이 끼어들 수 있습니다. 조화와 협력으로 대우하지 않거나 전적으로 믿음을 갖지 않으면 임용했더라도 틀어져서 다른 마음을 갖게 되어 공명정대한 군자가 오래 편안히 직무를 볼 수 없습니다.

아! 등용한 초기에는 어렵게 여기고 신중하여야 하고, 등용한 뒤에는 조화롭고 일관되어야 합니다. '기(其)' 자는 '반드시 그래야한다'는 뜻이고, '유(惟)' 자는 '오로지'라는 뜻입니다. 군주가 이 점을 이해한다면 관리 임용의 원칙을 아는 것입니다.

臣按: 爲治之道在於用人, 用人之道在於任官. 人君之任官, 惟其賢而有德才而有能者則用之. 至於左右輔弼大臣, 又必於賢才之中擇其人以用之, 非其人則不可用也. 人臣之職在乎致君澤民, 其爲乎上也, 必陳善閉邪以爲乎君之德; 其爲乎下也, 必發政施仁以爲乎民之生. 如此之人然後任之於左右, 俾其上輔君德·下濟民生. 既得如是之人, 非用之之難·察之之謹, 則其進也易而雜, 而僥幸之小人得以間之矣; 非待之以協和, 信之以專一, 則其用也乖而貳, 而正大之君子不得以久安矣. 吁! 方用之之初, 則其難其愼; 既用之之後, 則惟和惟一. 其者必然之辭, 惟者專一之謂. 人君致審於斯, 則知所以任官之道矣.

《서경》〈상서 열명〉에서 말하였다. "나라가 다스려지고 혼란함은 관원들에게 달려 있으니, 관직을 사사로이 아끼는 자에게 미치지 않게 하고【닐(昵)은 아낀다[愛]이다.】 유능한 자를 쓰며, 작위가 흉악한 자에게 미치지 않게 하고【악(惡)은 흉악하다[凶]이다.】 현명한 자를 쓰십시오."

〈說命〉: "惟治亂在庶官, 官不及私昵【愛也】, 惟其能 ; 爵罔及惡【凶也】德, 惟其賢."

채침이 말하였다. "뭇 관직은 다스려지든지 혼란해지는 근원이다. 관직에 훌륭한 인물을 얻으면 다스려지고, 훌륭한 사람을 얻지 못하면 어지러워진다. 육경과 백집사는 이른바 관직이고, 공·경·대부·사는 이른바 작(爵)이다. 관직은 일을 맡기기 때문에 능력을 보라고 했고, 작위는 덕이 있는 자에게 명하기 때문에 현명함을 보라고 하였다. 현명한 사람과 유능한 사람을 임용하는 것이 나라가 다스려지는 방법이고, 사사로이 아끼는 자와 악덕이 있는 자를 임용하는 것이 나라가 어지러워지는 이유이다."

蔡沈曰: "庶官, 治亂之原也. 庶官得其人, 則治; 不得其人, 則亂. 六卿·百執事, 所謂官也; 公·卿·大夫·士, 所謂爵也. 官以任事, 故曰能; 爵以命德, 故曰賢. 惟賢惟能, 所以治也; 私昵惡德, 所以亂也."

신은 이렇게 생각합니다. 채침이 "관직은 나라가 다스려지든지 혼란해지는 근원"이라고 말한 것은 치란이 모두 여기에 뿌리를 두기 때문입니다. 군주는 인재 등용을 통하여 다스림을 도모하니, 현명하거나 유능한 사람만 등용한다면 나라의 다스림은 여기서 비롯될 것입니다.

만일 현명하고 유능한 사람을 제쳐 두고 자기가 친애하는 사람만 등용하여 아무리 악이라고 할 만한 성격이 있어도 불문에 부친다면, 이렇게 해서는 오등(五等)[2]에 열 지어 있는 자나 여러 관직에 포진해 있는 자가 모두 어질지 않고 의롭지 못한 사람, 예의도 지혜도 없는 인사들일 것이니, 천하가 어떻게 어지러워지지 않을 수 있겠습니까.

2 오등(五等): 공(公)·후(侯)·백(伯)·자(子)·남(男) 등 다섯 등급의 직위를 말한다.

臣按: 蔡沈謂 "庶官治亂之原," 蓋以爲治亂皆本於此也. 夫人君用人以圖治, 惟其賢能而用之, 則國家之治原於此矣. 苟舍其賢者·能者, 惟己之所親愛者是用, 雖有可惡之德不問也, 如此, 則列之五等·布之庶位者, 皆不仁不義之人·無禮無智之士, 天下豈有不亂者哉?

《서경》〈주서 무성〉에서 말하였다. "관직을 세우되 현명한 사람에게 맡기고, 직사를 두되 능력이 있는 사람에게 맡긴다."

〈周書 武成〉: "建官惟賢, 位事惟能."

채침이 말하였다. "관직을 세우되 현명한 사람에게 맡기면 불초한 자가 등용될 수 없고, 직사를 두되 능력이 있는 사람에게 맡기면 재주 없는 자가 임용될 수 없다."

蔡沈曰: "建官惟賢, 不肖者不得進; 位事惟能, 不才者不得任."

《서경》〈주서 입정〉에서 말하였다. "(여러 관원들이 함께 왕에게 경계하기를) '왕의 좌우에 있는 신하는 상백과 상임과 준인과 철의와 호분입니다【분(賁)의 음은 분(奔)이다.】.'라고 하였다. 주공이 말하기를, '아! 이들 관직이 훌륭하지만 근심할 줄 아는 자가 적습니다【휼(恤)은 걱정[憂]이다.】.'라고 하였다."

〈立政〉: "'王左右常伯·常任·準人·綴衣·虎賁【音奔】.' 周公曰: '嗚呼! 休茲知恤【憂也】, 鮮哉.'"

채침이 말하였다. "왕의 좌우에 있는 신하로, 목민(牧民: 백성을 다스림)의 우두머리를 상백, 직사를 맡은 공경을 상임, 법을 지키는 담당 관리를 준인이라고 부른다. 세 직사 외에 의복과 기물을 담당하는 철의, 활과 수레를 관장하는 호분이 있는데, 모두 신중히 임용해야 할 자리이다. 이 때문에 주공이 탄식하고, '이들 관직이 훌륭하지만 근심할 줄 아는 자가 적습니다.'라고 하였으니, 오등의 관직이 아름다우나 합당한 인물을 얻을까 근심할 줄을 아는 사람이 적다는 말이다."

蔡沈曰: "王左右之臣, 有牧民之長曰常伯, 有任事之公卿曰常任, 有守法之有司曰準人. 三事之外, 掌服器者曰綴衣, 執射禦者曰虎賁, 皆任用之所當謹者. 周公於是歎息, 言曰: '美矣此官, 然知憂恤者鮮矣.' 言五等官職之美, 而知憂其得人者少也."

신은 이렇게 생각합니다. 상백·상임·준인은 곧 아래 글에서 말하는 삼사(三事)·삼택(三宅)이니, 참으로 주관(周官)의 별명이다. 목민의 우두머리를 상백이라고 하는데, 이른바 '당신의 목에 둔다[宅乃牧]'는 것이 이것이니,[3] 순임금 조정의 사악(四嶽)을 다스리는 임무라고 생각합니다.[4] 일을 맡기는 공경을 상임이라고 하는데, 이른바 '당신의 일에 둔다'는 것이 이것이니, 순임금 조정의 전례(典禮)[5]·전악(典樂)[6]·백규(百揆)[7]의 관직이라고 생각합니다.

---

3 이른바 … 이것이니: 이 부분에 대한 구준의 해설은 다음 주공(周公)이 주나라 왕에게 했던 말을 보아야 한다. 《서경》〈주서 입정〉 제2장에 주공이 "옛사람들은 이 도를 잘 실행하였으니, 하(夏)나라가 왕실이 크게 강성하자 준걸들을 불러 상제(上帝)를 높이니, 구덕(九德)의 행실을 실천하여 알고 진실로 믿었다. 마침내 임금에게 고하고 가르치기를 '임금님께 고개 숙여 인사드립니다. 당신의 일에 두고 당신의 목(牧)에 두고 당신의 준(準)을 두어야 임금이 될 수 있습니다. 얼굴만 보고 판단하여 덕이 무척 순하다고 여겨 사람을 두게 되면 이 삼택(三宅)에 의로운 사람이 없을 것입니다.' 하였습니다.[古之人迪, 惟有夏乃有室大競, 俊尊上帝, 迪知忱于九德之行. 乃敢告教厥后曰: "拜手稽首后矣. 曰宅乃事, 宅乃牧, 宅乃準, 玆惟后矣. 謀面하여 用丕訓德, 則乃宅人, 玆乃三宅, 無義民."]"라고 하였다.

4 순임금 … 생각합니다: 원문의 '우정(虞廷)'은 순(舜)임금 조정을 가리킨다. 우(虞)는 순임금의 이름이다. 사악은 고대 중국에서 사방의 네 큰 산인 동쪽의 태산(泰山), 서쪽의 화산(華山), 남쪽의 형산(衡山), 북쪽의 항산(恒山)을 가리킨다.

5 전례(典禮): '전례'란 관직은 나오지 않으나, '전'과 '예'가 각각 오전(五典)과 오례(五禮)를 관장하는 일을 말한다. 《서경》〈우서 고요모〉 제6장에 "하늘이 차례로 펴서 전을 두시니 우리 오전을 바로잡아 다섯 가지를 후하게 하시며, 하늘이 순서를 잡아 예를 두시니 우리 오례로부터 하여 다섯 가지를 떳떳하게 하소서.[天敍有典, 勅我五典, 五惇哉; 天秩有禮, 自我五禮, 五庸哉.]"라고 하였다.

6 전악(典樂): 음악을 관장하는 직책이다. 《서경》〈우서 순전(舜典)〉 제24장에 순임금이 "기(夔)야! 너를 명하여 전악을 삼으니, 주자(冑子)를 가르치되 곧으면서도 온화하며 너그러우면서도 엄하며 강하되 사나움이 없으며 간략하되 오만함이 없게 할 것이다. 시는 뜻을 말한 것이요 노래는 말을 길게 읊는 것이요 소리는 길게 읊음에 의지한 것이요 음률은 읊는 소리를 조화시키는 것이니, 8음의 악기가 잘 어울려 서로 차례를 빼앗음이 없어야 신과 사람이 화합할 것이다.[夔! 命汝典樂, 教冑子, 直而溫, 寬而栗, 剛而無虐, 簡而無傲. 詩, 言志; 歌, 永言; 聲, 依永; 律, 和聲. 八音克諧, 無相奪倫, 神人以和.]"라고 하였다.

7 백규(百揆): 여러 정무를 다스리는 관원이다. 《서경》〈우서 순전〉 제2장에 "오전을 삼가 아름답게 하라 하시니 오전이 순하게 되었으며, 백규에 앉히시니 백규가 때로 펴졌으며, 사문(四門)에서 손님을 맞이하게 하시니 사문이 화목하며, 큰 산기슭에 들어가게 하시니 맹렬한 바람과 천둥, 번개에 비가 오는데도 혼미하지 않으셨다.[愼徽五典, 五典克從, 納于百揆, 百揆

법을 지키는 담당 관리를 준인이라고 합니다. '준(準)'이라고 말한 것은, 법을 관장하는 관원은 형벌이 저울처럼 공평해야 한다는 뜻이고, 곧 이른바 '당신의 준에 둔다[宅乃準]'는 것이니, 또한 순임금 조정의 사사(士師)[8]의 직책이 아니겠습니까.

철의란 왕의 의복과 기물을 관장하며 왕이 궁궐에 있을 때 입게 하고 설치하는 사람입니다. 호분은 왕의 무기를 지니며 왕이 행차할 때 방호하는 사람입니다.

이 상백·상임·준인 셋은 나라의 대신(大臣)으로 조정의 정치를 함께 다스리고, 철의·호분 둘은 왕의 가까이 모시는 신하로 입고 타는 용도를 제공합니다.

송나라 유학자 여조겸(呂祖謙)이 말하기를 "무거운 직책은 나라의 안위가 달려 있고, 가까이 모시는 직책은 임금이 그들에게 물들 수 있으니, 천하의 근본과 관계 있다는 점에서는 하나입니다. 직책은 대소가 있지만, 경륜(經綸)·구제[康濟]·훈도(薰陶)·함양을 의지하므로 그 직책의 훌륭함을 알면서도 더욱 걱정하는 것이니, 합당하지 않은 인물이 차지하지 않기를 바라는 것이다."라고 하였습니다.[9]

時敍; 賓于四門, 四門穆穆; 納于大麓, 烈風雷雨弗迷.]"라고 하였다.

8 사사(士師): 《서경》〈우서 대우모(大禹謨)〉 제2장에 순임금이 "고요여! 이 신하와 백성들이 혹시라도 나의 정사를 범하는 자가 없는 것은 네가 사사(士師)가 되어서 오형(五刑)을 밝혀 오품(五品)의 가르침을 도와 나를 다스려짐에 이르도록 기약하였기 때문이다. 형벌을 쓰되 형벌이 없는 경지에 이를 것을 기약하여 백성들이 중도(中道)에 맞는 것이 너의 공이니, 힘쓸지어다.[皐陶! 惟玆臣庶罔或干予正, 汝作士, 明于五刑, 以弼五教, 期于予治. 刑期于無刑, 民協于中, 時乃功, 懋哉!]"라고 하였다.

9 여조겸(呂祖謙)이 … 하였습니다: 《증수동래서설(增修東萊書說)》 권29에 나온다. 여조겸(1137~1181)의 자는 백공(伯恭), 호는 동래(東萊)이다. 하동(河東) 무주(婺州) 사람으로 여대기(呂大器)의 아들이다. 임지기(林之奇), 왕응신(汪應辰) 등에게 수학하였으며, 동생 여조검(呂祖

임지기(林之奇) 또한 말하기를 "삼택은 진실로 불가불 합당한 인물을 얻어야 하지만, 만나러 나오는 것은 때가 있다. 호분이나 철의 같은 관직은 아침저녁으로 왕과 거처하니 가장 친밀하므로 합당한 인물이 아니면 군주의 덕을 안에서 가릴 것이니, 대신이 아무리 현명하더라도 어떻게 그 힘을 펼 것인가?【철의는 지금의 궁궐 안에 설치한 관청인 상의감(尙衣監)[10] 등의 관직이고, 호분은 지금의 금의위(錦衣衛)[11]의 관직이다.】"라고 하였습니다.[12]

아! 대신이 나라의 정치를 다스리고, 친신이 임금의 곁에 있으니, 이 둘 모두 합당한 인물을 얻으면 임금이 좌우에서 듣고 보는 바가 올바른 도리가 아닌 것이 없고, 나라에서 베풀고 시행하는 바가 어진 정치가 아닌 것이 없을 것입니다. 관리 임용이 이와 같다면 천하가 어찌 다스려지지 않겠습니까.

臣按: 常伯·常任·準人卽下文所謂三事·三宅, 誠周官之別名也. 牧民之長曰常伯, 所謂"宅乃牧"是也, 其虞廷四嶽之任乎? 任事之公卿曰常任, 所謂"宅乃事"是也, 其虞廷典禮·典樂·百揆之官乎? 守法之有司曰準人, 準之云者, 掌法之官, 刑罰當如準之平, 卽所謂"宅乃準"也,

---

儉)과 함께 명초산에 이택서원(麗澤書院)을 창건하고 강학하였다. 《동래박의(東萊博議)》를 지었고, 주희(朱熹)와 함께 《근사록(近思錄)》을 편찬하였다.

10 상의감(尙衣監): 《연감류함(淵鑑類函)》 권94에 나온다.

11 금의위(錦衣衛): 《명사기사본말(明史紀事本末)》 권13 명 태조(明太祖) 26년조에 나온다.

12 임지기(林之奇) … 하였습니다: 《상서전해(尙書全解)》 권35에 나온다. 임지기(1112~1176)의 자는 소영(少穎)으로, 세상에서 삼산(三山) 선생으로 일컬어졌다. 당시 통용되던 왕안석(王安石)의 《삼경의(三經義)》 설을 반박하였으며, 여조겸(呂祖謙)도 일찍이 그에게 배운 적이 있다. 저서에 《졸재문집(拙齋文集)》 등이 있다.

又非虞廷士師之職乎? 綴衣者掌王之服器, 居則張設者焉; 虎賁者執王之器械, 行則防護者焉. 是常伯·常任·準人三者國之大臣, 以共理朝廷之政; 綴衣·虎賁二者王之親臣, 以供奉服禦之用. 宋儒呂祖謙謂: "職重者有安危之寄, 職親者有習染之移, 其係天下之本一也. 職有大小而經綸·康濟·薰陶·涵養賴焉, 知其美而加之憂, 庶不以非人處之矣." 林之奇亦謂: "三宅固不可不得人, 然進見有時. 虎賁·綴衣之類則朝夕與王處, 最親且密, 苟非其人, 則主德內蔽, 大臣雖賢, 何所施其力哉? 【綴衣卽今內司設尙衣等監之職, 虎賁卽今錦衣衛之職.】" 吁! 有大臣理國之政, 有親臣在君之側, 二者皆得其人, 則君之左右所聞·所見者, 無非正理; 國之任用所施·所行者, 無非仁政. 任官如此, 天下豈有不治哉?

《예기》〈왕제(王制)〉에서 말하였다. "재능 있는 백성에서 관직을 줄 때 【백성들 중 재능 있는 사람에게 관직을 더해 준다는 말이다.】는 반드시 먼저 논의 【논의한다는 말은 그 행위와 재주를 상세히 평가한다는 뜻이다.】한다. 논의하여 판단한 뒤에 시키며, 일을 맡긴 뒤에 작위를 주며, 지위가 정해진 뒤에 녹을 준다."

《禮記》〈王制〉: "凡官民材【謂凡民之有材加以官也】, 必先論之【論謂考評其行藝之詳也】. 論辨然後使之, 任事然後爵之, 位定然後祿之."

신은 이렇게 생각합니다. 이는 옛날에 사람에게 관직을 주던 방법이었습니다. 백성 중에 재능이 없는 경우는 없으니, 오히려 위에서 어떻게 등용하는가의 문제일 뿐입니다. 그렇지만 백성들은 여기저기서 농사지으며 살고 사람 숫자도 무척 많으니, 윗사람이 미리 평가해 보지 않는다면 또 어떻게 그 재능을 알아서 임용하겠습니까?

후세에 획일적인 자격에 따라 인재를 등용하면서 장부나 들여다보고 얼마나 오래 근무했는지 순서만 살피고 선왕이 논의하여 판단했던 취지를 회복하지 못하고 있으니, 이것이 합당하지 못한 인물을 임용하게 되고 정치의 효과가 옛날만 못하는 이유입니다.

臣按: 此古者官人之法. 夫民莫不有材也, 顧上用之何如耳. 然民生草澤中, 林林總總之多, 苟非在上者有以評論之於先, 又何以知其材而用之哉? 後世一惟資格用人, 稽考簿書歲月次序, 無復先王論辨之意, 此所以任用不得其人, 而治效不古若也.

《예기》〈치의(緇衣)〉에서 말하였다. "공자가 말하기를 '대신이 친하지 못하여 백성이 편하지 않다면, 충(忠)과 경(敬)이 부족하고, 부와 귀가 이미 과분한 것이다. 대신이 다스려지지 않으면 가까이 모시는 신하가 편당【비(比)은 사사롭게 서로 친한 것이다.】을 만들 것이다. 그러므로 대신을 공경하지 않을 수 없으니 이는 백성의 사표이기 때문이며, 가까이 모시는 신하는 삼가지 않을 수 없는데 이는 백성의 길이기 때문이다. 군주는 낮은 신하와 큰일을 도모하지 말아야 하며, 먼 신하와 가까운 일을 말하지 말아야 하며, 안에 있는 신하와 바깥일을 도모하지 않아야 하니, 그러면 대신이 원망하지 않고 가까운 신하가 미워하지 않으며 먼 신하가 가리우지 않을 것이다."

〈緇衣〉: 子曰: "大臣不親, 百姓不寧, 則忠敬不足而富貴已過也, 大臣不治而邇臣比【私相親也】矣. 故大臣不可不敬也, 是民之表也 ; 邇臣不可不愼也, 是民之道也. 君毋以小謀大, 毋以遠言近, 毋以內圖外, 則大臣不怨, 邇臣不疾, 而遠臣不蔽矣."

공영달이 말하였다. "대신이 딴 마음을 품고 임금과 친하지 않으면 정치와 교화가 번거롭고 까다로워 백성들이 편하지 않으니, 이는 신하가 임금에게 충성하지 않고 임금이 신하를 공경하지 않아서 초래된 상황으로, 임금과 신하의 부귀가 이미 극도로 과분하기 때문이다. 대신이 임금을 대신하여 직무를 다스리려고 하지 않는 것은 가까운 신하가 임금과 친하게 어울리기 때문이다. 임금이 낮은 신하와 더불어 대신의 직사를 도모하는 일이 없고, 먼 신하와 함께 가까운 신하의 직사를 말하는 일이 없으며, 안의 신하와 함께 바깥 신하의 직사를 도모하는 일이 없어야 하니, 그 이유는 각각 붕당을 이루어 피차 다투고 서로 모함할까 우려되기 때문에 도모하지 않는 것이다. 이렇게 할 수 있다면 안팎의 마음이 통하고 대소의 뜻이 부합하여, 대신은 임금에게 원한을 품지 않을 것이고 근신은 남에게 비난을 받지 않을 것이며 먼 신하도 가리우지 않을 것이다."

孔穎達曰: "大臣離貳不與上親, 政教煩苛, 百姓不寧, 是臣不忠於君·君不敬於臣所以致然, 由君與臣富貴已過極也. 大臣不肯爲君理治職事, 由邇臣與上相親比也. 君無與小臣而謀大臣之事, 無以遠臣共言近臣之事, 無以內臣共謀外臣之事, 所以然者, 恐各爲朋黨彼此交爭, 轉相陷害, 故不圖謀. 若能如此, 則內外情通, 小大意合, 大臣不怨恨於君也, 近臣不爲人所非毁, 遠臣不被障蔽也."

신은 이렇게 생각합니다. 선유(先儒)가 이 장의 뜻은 "대신을 믿지 않고 소신의 편당이 되는 것이 나라의 큰 우환이다"라고 했습니다. 대신의 직임은 나라의 안위가 걸려 있습니다. 임용했으면 믿어야 하는데, 직임에 두고도 친하지도 믿지도 않으면 아랫사람은 윗사람이 친하지도 믿지도 않는다는 것을 알기 때문에 명령을 내려도 따르지 않고 통제해도 복종하지 않으니, 이것이 백성들이 편하지 못한 이유입니다.

그렇게 되는 이유는 신하의 충성이 임금에게 부족하고 임금의 공경이 신하에게 부족하며, 한갓 부유하고 귀하게 해 주면서 너무 과분하기에 이르렀기 때문입니다. 임금은 부귀를 가지고 신하의 입맛을 맞추고, 신하는 부귀를 가지고 자신을 살찌우며, 아랫사람은 충성을 다하여 임금의 공경심을 계발할 줄 모르고, 임금은 신하를 공경함으로써 그들이 충성을 바치게 하지 못합니다.

서로 틈이 생겨 딴 마음을 품고 이토록 친하지도 믿지도 못한다면, 대신은 자신의 직사를 다스릴 수 없고 총애하는 소신은 서로 친하게 편당이 되어, 대신의 권한이 도리어 소신에게 빼앗겨 버립니다. 이런 까닭에 임금은 반드시 대신을 더욱 공경하여, 나라의 치란이 달려 백성들이 우러러 사표로 삼는 직무를 가볍게 해서도 안 되며, 근신에게 반드시 신중히 하여, 임금의 호오가 걸려 백성들이 걸어 다니는 길이 되는 직무를 소홀히 해서도 안 됩니다. 공경하면 대신이 직사를 다스릴 수 있을 것이고, 신중히 하면 근신이 임금과 서로 편당을 짓는 데는 이르지 않을 것입니다.

소신과 더불어 대신의 일을 도모하지 않으면 대신이 원망하는 데는 이르지 않을 것이고, 부리지 않는 원신이 근신을 이간질하지 않으면 근신이 임금을 미워하는 데는 이르지 않을 것이며, 좌우의 총애하는 신하들이 사방에서 노력하는 관원들을 도모하지 않는다면 원신들의 현명함이 근신에 의해 가리지 않을 것입니다.

선유가 말했던, 소신이 대신을 도모하고 원신이 근신을 말하며 안에서 밖을 도모하는 세 가지는 신하를 임용할 때의 큰 폐단입니다. 신은 삼가 원신이 근신을 말하는 경우가 백에 한둘이고, 소신이 대신을 도모하는 것이 열에 서넛이며, 안에서 밖을 도모하는 경우가 열에 여덟아홉이라고 생각합니다. 임금이 사람을 임용할 때 진실로 대신을 친하게 믿으면서 공경할 수 있고, 근신을 살펴 선발하면서 신중할 수 있다면, 고굉(股肱)은 합당한 인물을 얻을 것이고 이목(耳目)이 남에게 가리지 않을 것입니다. 아! 염두에 두지 않을 수 있겠습니까. 【이상은 관리 임명의 원칙에 관한 총론이다.】

臣按: 先儒謂此章言 "大臣不信而小臣之比, 國之大患也". 蓋大臣之任, 國之安危係焉. 用之斯信之可也, 居其任而不親信之, 則下之人知其不爲上所親信也. 是以令之而不從, 制之而不服, 此百姓所以不寧也. 所以然者, 由臣之忠不足於君, 君之敬不足於臣, 徒富之貴之, 至於太過焉耳. 君以富貴豢其臣, 臣以富貴豢其身, 爲下者不知盡忠以啓上之敬, 爲上者不復致敬以來下之忠. 兩相乖貳不相親信如此, 則大臣不得治其事, 嬖寵之小臣相與親比, 而大臣之柄反爲所移奪矣. 是故人君於大臣必加敬焉, 而不可輕以其係國之治忽, 而民所瞻望以爲儀表者也; 於邇臣必致愼焉, 而不可忽以其係君之好惡, 而民之所由以爲道路者也. 敬之則大臣得以治其事, 愼之則邇臣不至於相比昵矣. 不以小臣謀大臣, 則大臣不至於怨乎; 不以不使遠臣間近臣, 則近臣不至於疾視其上; 不使左右寵幸之臣圖謀四方宣力之士, 則遠臣之賢不爲近臣所壅蔽矣. 先儒謂"小謀大·遠言近·內圖外"三者, 任臣之大害也. 臣竊以謂, 遠言近者百一二, 小謀大者什三四, 內圖外者什八九. 人君任人之際誠能親信大臣而敬之, 審擇邇臣而愼之, 則股肱得其人, 而耳目不爲人所蔽矣. 嗚呼, 可不念哉!【以上總論任官之道】

백관을 바로함[正百官]

관직의 품계를 정함[定職官之品]

《서경》〈우서 순전〉에서 말하였다. "제순(帝舜)이 말씀하였다. '아! 너희 22인아. 공경하여 때에 맞춰 하늘의 일을 도우라.'"

〈舜典〉: 帝曰: "諮, 汝二十有二人. 欽哉, 惟時亮天功."

주희(朱熹)가 말하였다. "22인은 4악과 9관원과 12목이다. 〈주관(周官)〉에 '안에는 백규와 사악이 있고 밖에는 주목(州牧)과 후백(侯伯)이 있다.'라고 하였으니,[13] 백규는 여러 관직을 통솔하는 방법이고, 4악은 12목을 통솔하는 방법이다.

朱熹曰: "二十二人, 四嶽·九官·十二牧也. 〈周官〉言 '內有百揆·四

---

13 주관(周官)에 … 하였으니: 《서경》〈주서(周書) 주관(周官)〉에 "당(唐)·우(虞)가 옛날 제도를 상고하여 관원을 세우되 백(百)으로 하였으니, 안에는 백규와 사악이 있고 밖에는 주목(州牧)과 후백(侯伯)이 있어, 모든 정사가 조화로워 만국(萬國)이 다 편안하였다."라고 하였다.

嶽, 外有州牧·侯伯.' 蓋百揆者, 所以統庶官; 而四嶽者, 所以統十二牧也."

신은 이렇게 생각합니다. 천하는 거대하여 한 방향에 그치지 않지만, 나라 수도(首都)에 있는 조정에서 종족을 통일하고 근원을 모아, 반드시 임금이 위에서 총괄하여 다스리고 신하가 아래에서 나누어 다스린 뒤에 나랏일이 계통이 서고 백성이 의지할 곳이 있으며 천하가 평정됩니다.

그렇지만 임금은 한 사람뿐이고, 통솔해야 할 땅은 한 곳이 아니며 다스려야 할 백성도 한 사람이 아니며 해야 할 일도 한 종류가 아니므로, 필시 나랏일을 처리하고 백성을 편안하게 하되 한 곳이라도 빼놓지 않으려면 관직을 설치하여 나누어 다스리지 않으면 할 수 없습니다. 요순(堯舜) 시대부터 이미 관직을 설치하고 22인에게 천하를 나누어 다스리게 하였는데, 안으로는 9관이 있어서 백규를 총괄하고, 밖으로는 12목이 있어 사악을 총괄하였습니다. 순임금의 명령은, 9관에 대해서는 사람들 각각에게 한 말로, 직무에 따라 경계하고 힘쓰라는 뜻이고, 12목에 대해서는 사람들 공통으로 한 마디를 한 것이니, 그들이 목을 나눈 바는 같지 않지만 백성들을 위하라고 명한 뜻은 같지 않음이 없습니다.

대저 하늘이 임금을 세워 자식으로 삼고 임금은 관직을 세워 신하로 삼으니, 이들 백성을 위해서가 아닌 것이 없습니다. 이는 하늘이 인류를 낳았지만 스스로 다스릴 수 없어서 임금에게 부탁하였고, 임금은 천명을 받았지만 스스로 다스릴 수 없어서 신하에게 맡긴 것이니, 신하가 다스리는 것은 임금의 일이고, 임금이 다스리는 것은 하늘의 일입니다.

순임금은 섭정을 고유한[14] 뒤 맨 먼저 사악을 자문하였고 다음에 12목을 자문하였으며, 연후에 백규와 9관에 미쳤던 것이, 어찌 백규와 9관이 다스리는 것이 나랏일이고 사악과 12목에서 돌보는 것이 백성이기 때문이 아니겠습니까. 조정에 있는 백관과 서무 중 어느 것인들 백성을 위한 것이 아니겠습니까. 순임금이 나누어 명령한 뒤에 또 총괄하여 고하였지만, 요체는 마지막의 "공경하여 때에 맞춰 하늘의 일을 도우라" 는 한 마디였으니, 이로써 신하의 일은 임금의 일이고 임금의 일은 곧 백성의 일임을 알 수 있습니다.

우리나라 조정에 설치한 6부(部)는 곧 순임금 조정의 9관이고, 외방에 세운 13포정사(布政司)는 곧 순임금 시대의 12목입니다. 명칭은 다르지만 다스리는 일은 하나이며, 지역은 다르지만 목을 나눈 취지는 같습니다. 제도를 만들고 기강을 밝힌 방법은 진실로 만세의 본보기로 삼을 만합니다.

臣按: 天下之大非止一方也, 而統宗會元於國都之中·朝廷之上, 必君總治於上, 臣分治於下, 然後事有統紀, 民有依歸, 而天下平定焉. 然君一人而已, 所統之地非一所也, 所治之民非一人也, 所行之事非一類也,

14 섭정을 고유한: 원문의 '수종고섭(受終告攝)'에 대해, 채침은 소씨(蘇氏)의 말을 빌어 "수종은 섭정을 고유한 것이요, 여기서는 즉위한다는 사실을 고유한 것이다."라고 하였다. 순임금이 요임금의 상을 마치고 정사를 보려고 종묘에 고하는 상황을 묘사한 대목이다.

必欲事理民安, 而無一處不到焉, 非立官以分理之, 不能得也. 自唐虞之世已設官二十有二人以分理天下, 內焉有九官, 而總之於百揆; 外焉有十二牧, 而總之於四嶽. 舜之諸命, 其於九官人各爲之辭, 隨其職而致其戒勉之意, 其於十二牧也, 則人共爲一辭, 其所分牧雖有不同, 而所以命之爲民之意, 則無不同也. 大抵天立君以爲之子, 君立官以爲之臣, 無非爲乎斯民而已. 蓋天生蒸民不能以自治而付之君, 君承天命不能以獨理而寄之臣, 則是臣所治者君之事, 君所治者天之事也. 帝舜於受終告攝之後首詢四嶽, 次諮十有二牧, 然後及於百揆·九官者, 豈不以百揆·九官所治者事而四嶽·十二牧所牧者民. 凡夫朝廷之間百官庶務, 何者而非爲民者乎? 帝旣分命之, 又總告之, 而要其終於 "欽哉, 惟時亮天功" 之一語, 以見臣之事卽君之事, 君之事卽民之事, 民之事卽天之事也. 我朝內設六部卽虞廷之九官, 外建十三布政司卽虞世之十有二牧. 名雖不同, 而所理之事則一; 地雖有異, 而分牧之意則同. 其所以立制度·明紀綱, 眞可以爲萬世法者也.

《서경》〈상서(商書) 열명(說命)〉에서 말하였다. "[부열(傅說)이] 마침내 왕에게 진언하였다. '아! 밝은 왕이 하늘의 도를 받들어 따라【약(若)은 따르다[順]이다】 나라를 세우고 도읍을 설치해서 후왕【후왕은 천자이다.】과 군공【군공은 제후이다.】을 세우고, 대부와 사(師)·장(長)으로 하여금 받들게 한 것은 군주가 편안하고 즐거우라는 것이 아니라 오직 백성을 다스리고자【난(亂)은 다스리다[治]이다.】 해서입니다.'"

〈商書 說命〉: 乃進於王曰: "嗚呼, 明王奉若【順也】天道, 建邦設都, 樹后王【天子也】君公【諸侯也】, 承以大夫師長, 不惟逸豫, 惟以亂【治也】民."

채침이 말하였다. "밝은 왕이 하늘의 도를 받들어 따라 나라를 세우고 도읍을 설치해서 천자와 제후를 세우고, 대부와 사·장으로 하여금 받들게 하여 임금과 신하, 위와 아래의 예(禮)를 제정해서 높은 사람으로서 낮은 사람에게 임하고, 아랫사람으로서 윗사람을 받들게 하였으니, 군주 한 사람이 편안하고 즐거우라는 계책이 아니라 오직 백성을 다스리기 위해서이다."

蔡沈曰: "明王奉順天道, 建邦設都, 立天子·諸侯, 承以大夫師長, 制爲君臣上下之禮, 以尊臨卑·以下奉上, 非爲一人逸豫之計而已也, 惟欲以治民焉耳."

웅화(熊禾)가 말하였다. "'밝은 왕이 하늘의 도를 받들어 따라 나라를 세우고 도읍을 설치해서 후왕과 군공을 세우고, 대부와 사·장으로 하여금 받들게 한 것은 군주가 편안하고 즐거우라는 것이 아니라 오직 백성을 다스리고자 해서입니다.'라고 했는데, 지극하도다, 이 말이! 천만세토록 군주 된 자의 귀감이로다. 걸임금은 이를 알지 못하여 탕임금이 명조(鳴條)에서 군사를 일으켰고,[15] 주임금은 이를 알지 못하여 무왕(武王)이 맹진(孟津)에서 회맹하였다.[16] 사광이 진후에게 말하기를, '하늘이 백성을 무척 사랑하는데, 어찌 한 사람이 백성들 위에 군림하여 음란한 짓을 멋대로 하여【종(從)은 멋대로 함[縱]이다.】 천지의 본성을 저버릴 수 있습니까?'라고 했는데, 임금 된 자가 이 말을 듣는다면 모골이 송연하게 두려울 것이다."

熊禾曰: "'明王奉若天道, 建邦設都, 樹后王·君公, 承以大夫·師·長, 不惟逸豫, 惟以亂民.' 至哉, 斯言! 千萬世爲人君者之龜鑒也. 桀惟不知此, 而湯有鳴條之師; 紂惟不知此, 而武有孟津之會. 師曠言於晉侯曰: '天之愛民甚矣, 豈其使一人肆於民上, 以從【縱也】其淫而棄天地之性?' 爲人君者聞此言可以悚然懼矣."

신은 이렇게 생각합니다. 하늘이 임금을 세웠고 임금은 하늘을 받듭니다. 하늘은 본디 한 사람 때문에 그 사람을 임금으로 세운 것이 아니고, 임금 또한 그 사람을 위해서 제후·대부·사·장을 세운 것이 아닙니다. 임금은 하늘의 도를 받들어 따르고, 신하는 임금의 명을 받들어 따라야 합니다. 하늘의 도는 백성을 살리는 데 있고, 임금의 명 또한 백성을 살리는 데 있습니다.

---

15 탕임금이 … 일으켰고: 명조는 지금의 산서성(山西省) 안읍진(安邑鎭)의 북쪽에 있는 지명으로, 걸이 탕임금과 싸우다가 이곳에서 죽었다고 한다. 《사기(史記)》 권2 〈하본기(夏本紀)〉에 나온다.

16 무왕(武王)이 … 회맹하였다: 맹진은 주나라 무왕이 은(殷)나라 주를 공격하기 위하여 제후들과 회맹한 곳으로, 이때 군사들을 두고 맹세한 내용을 기록한 것이 《서경》 〈주서(周書) 태서(泰誓)〉이다.

임금이 하늘의 도가 백성을 살리기 위하여 나를 세워 임금을 세웠다는 것을 안다면, 반드시 하늘의 백성을 사랑하고 하늘이 낳은 백성을 함부로 학대하면서 백성의 힘과 재물을 탕진하여 사사롭게 자신을 봉양해서는 안 될 것입니다. 신하가 임금의 명이 백성을 살리기 위해 나를 세워 제후·대부·사·장으로 삼았다는 것을 안다면, 임금이 부탁한 백성에게 함부로 악독한 짓을 하면서 백성의 힘과 재물을 탕진하여 사사롭게 낭비해서는 안 될 것입니다.

임금은 하늘을 받들고 따르며 신하는 임금을 받들고 시행하면, 백성들은 저마다 살 길을 찾을 수 있을 것입니다. 이것이 위에 있는 하늘이 임금을 세운 이유이고, 밝은 임금이 하늘의 도를 따르고 관직을 정하여 백성을 위한 이유이니, 대의는 이와 같습니다. 세상의 임금과 신하 된 자라면 어찌 그런 이유를 몰라서야 되겠습니까.

臣按: 天立乎君, 君奉乎天. 天固非以一人之故, 而立其人以爲君; 人君亦非以其人之故, 而以之爲諸侯·大夫·師·長. 人君則當奉順天道, 人臣則當承順君命. 天之道在生民, 人君之命亦在生民. 人君知天之道爲生民, 立我以爲君, 則必愛天之民, 而不肆虐於天之所生者而竭其力·盡其財以爲私奉; 人臣知君之命爲生民, 設我以爲諸侯·大夫·師·長, 則必恤君之民, 而不敢肆毒於君之所付者而竭其力·盡其財以爲私用. 君則奉乎天而順之, 臣則承乎君而行之, 則生民無不得其所者矣. 是則上天所以立君, 而明王所以順天道·定職官以爲民者大意蓋如此. 世之爲君臣者, 惡可不知其所以然之故哉?

《서경》〈주서(周書) 주관(周官)〉에 말하였다. "당(唐)·우(虞)가 옛날 제도를 상고하여 관원을 세우되 백(百) 개로 하였으니, 안에는 백규와 사악이 있고 밖에는 주목과 후백이 있어 모든 정사가 조화로워 만국(萬國)이 다 편안하였다. 하(夏)나라와 상(商)나라는 관원이 배로 늘었으나 역시 다스려졌으니【예(乂)는 다스림[治]이다.】, 밝은 왕이 정사를 세우는 것은 오직 관직에 있는 것이 아니라, 오직 훌륭한 인물에 있다."

〈周官〉: "唐·虞稽古, 建官惟百. 內有百揆·四嶽, 外有州牧·侯伯. 庶政惟和, 萬國咸寧. 夏·商官倍, 亦克用乂【治也】. 明王立政, 不惟其官, 惟其人."

채침이 말하였다. "백규와 사악은 안에서 다스림을 총괄하고 주목과 후백은 밖에서 다스림을 총괄하여, 안팎이 서로 이어서 체통이 문란하지 않았다. 이 때문에 모든 정사가 조화로워 만국이 다 편안했던 것이다. 하나라와 상나라 때에는 세상이 변하고 일이 많아졌으니, 그 회합과 변통을 보고 번다함과 간결함을 조절하여 관원의 수가 배로 늘었으나 역시 다스려졌으니, 밝은 왕이 정사를 세우는 것은 오직 관직을 많게 하는 것이 아니라 오직 훌륭한 인물을 얻는 데 있을 뿐이다."

蔡沈曰: "百揆·四嶽總治於內, 州牧·侯伯總治於外, 內外相承, 體統不紊, 故庶政惟和, 而萬國咸安. 夏商之時世變事繁, 觀其會通, 制其繁簡, 官數加倍, 亦能用治. 明王立政不惟其官之多, 惟其得人而已."

신은 이렇게 생각합니다. 당·우·하·상 4대의 관직은 위 문장에서 말한 이른바 "혼란하지 않을 때 다스리고 위태롭지 않을 때 나라를 보존한다"는 일[17]이니, 밝은 왕이 정치를 확립하는 이유입니다. 관직은 많은 데 달려 있는 것이 아니라, 오직 훌륭한 인물을 얻는 데 달려 있으니, 합당한 인물을 얻으면 한 사람이 여러 사람의 일을 겸할 수 있지만, 합당한 인물을 얻지 못하면 아무리 사람이 많더라도 한 사람을 얻은 것만 못합니다.

이것이 당·우의 관직이 오직 백 개였는데 다스려졌고, 이어서 하나라·상나라가 배로 늘려서 이백 개로 했을 때 역시 다스릴 수 있었던 이유입니다. 이 관직으로 나라를 보존하였고 이 관직으로 다스림을 조절하였으니, 위아래가 서로 받들고 안팎이 서로 도와서 길이 위란의 우환이 없었던 방법일 것입니다. 【이상은 관직 설치에 대한 총론이다.】

臣按: 此唐·虞·夏·商四代之官, 是卽上文所謂 "制治未亂·保邦未危" 之事, 明王所以立政者也. 蓋官不在多, 惟在得人. 得其人, 則一人可以兼數人之事; 不得其人, 雖叢數人不如得一人也. 此唐·虞之官惟百而治, 繼而夏商倍之爲二百亦克用治, 用是以保邦, 用是以制治, 所以上下相承·內外相維而永無危亂之患也歟. 【以上總論設官】

《서경》〈우서(虞書) 요전(堯典)〉에 말하였다. "큰 덕을 밝혀 구족을 친하

17 이른바 … 일: 《서경》〈주서 주관〉 제2장에 나온다.

게 하셨다."

〈堯典〉: 克明俊德, 以親九族.

《주례》에 말하였다. "소종백이 삼족의 구별을 관장하여 친소를 판단하였다."

《周禮》: 少宗伯掌三族之別, 以辨其親疏.

진부량(陳傅良)이 말하였다. "〈요전〉에서 구족을 언급했고 《주례》에서는 삼족을 언급했는데, 삼족은 부(父)·자(子)·손(孫)이고 구족은 고조(高祖)에서 현손(玄孫)까지이다. 삼족은 근본을 거론한 것이고, 구족은 종족의 끝을 말한 것이므로, 삼족을 거론하면 구족이 드러난다."

陳傅良曰: "〈堯典〉言九族, 而《周禮》言三族, 三族父·子·孫也, 九族高祖至玄孫也. 三族擧其本, 九族極其末, 擧三族, 則九族見矣."

신은 이렇게 생각합니다. 인정(仁政)을 베푸는 순서는 친족과 친한 뒤에 백성들에게 어질게 하고, 다스리는 방도는 집안을 가지런히 한 뒤 나라를 다스립니다. 그러므로 사신(史臣)이 요임금의 제도를 기록할 때, 다스림의 효과가 나타난 뒤에 바로 이어 덕을 밝혀 구족과 친했다는 말을 하였으니, 이는 다스림이 나오는 근본이 여기에 있기 때문입니다.

당시 비록 관직을 설치하지는 않았지만, 백성을 편안히 하고 만방을 조화롭게 하기 전에 구족과 친목하였다는 사실을 서술한 것으로 보면, 입언(立言)의 차례가 갖는 경중을 알 수 있습니다. 성주[成周: 낙양(洛陽)] 때부터 삼족은 소종백이라는 관원이 따로 관장했고, 후세에 이어 구시(九寺) 가운데 종정시(宗正寺)를 둠으로써, 요임금이 친족과 화목했던 방도를 완전히 상실했습니다. 우리 성조(聖祖)께서 초연히 멀리 내다보시고 종인부(宗人府)를 특별히 6부(六部) 위에 두고, 직질을 1품(一品)으로 하여 오로지 황제 친족을 관장하게 하였으니,[18] 요임금이 친족과 친했던 깊은 뜻을 이해하였고 만세의 본보기가 되기에 충분하다고 할 수 있습니다.

臣按: 施仁之序親親而後仁民, 爲治之道齊家而後治國, 故史臣紀堯之典, 於治效被格之後卽繼之以明德親族之言, 蓋以出治之本在此也. 當時雖未設官, 觀其敍親睦九族於平章百姓·協和萬邦之前, 則其立言之序輕重可見矣. 自成周以三族之別掌於少宗伯之官, 後世因之列宗正於九寺之中, 殊失帝堯睦親之道. 我聖祖超然遠見, 特立宗人府於六部之上, 其秩一品專以皇親掌之, 可謂得帝堯親族之深意, 而足以爲萬世法矣.

---

18 우리 … 하였으니: 명나라 태조는 1389년(태조22) 대종정원(大宗正院)을 종인부로 바꾸었다. 《明史 卷2 太祖本紀2》

한 고조 7년, 처음 종정관을 설치하여 구족을 폈다.

漢高祖七年, 初置宗正官, 以敘九族.

신은 이렇게 생각합니다. 반고의 《한서》 〈표〉에 "종정은 진나라 관직인데, 친족을 관장한다."라고 했으니, 한나라는 진나라의 제도를 이어서 설치한 것입니다. 【이상은 종친이다.】

臣按: 班固《漢書》〈表〉: "宗正, 秦官, 掌親屬." 蓋漢因秦制, 而設之也. 【以上宗人】

《서경》 〈주서 주관〉에 말하였다. 태사·태부·태보를 세웠으니 이들이 삼공이며, 도(道)를 논하고 나라를 다스리며 음양(陰陽)을 조화하여 다스렸다. 관원을 반드시 다 채우지 않았고, 오직 합당한 사람을 임명하였다.

〈周官〉: 立太師·太傅·太保, 茲惟三公. 論道經邦, 燮理陰陽. 官不必備, 惟其人.

가의가 말하였다. "보란 신체를 보전하는 것이다. 부란 덕과 의를 가리키는 것이다. 사란 도의 교훈이다."

賈誼曰: "保者, 保其身體. 傅者, 傅之德義. 師者, 道之教訓."

소사·소부·소보를 삼고【고(孤)는 특별함[特]이다.】라고 하니, 공(公)의 다음 관직으로 조화를 넓혀 천지를 공경하여 밝혀서 나 한 사람을 보필한다.

少師·少傅·少保曰三孤【特也】, 貳公, 弘化, 寅亮天地, 弼予一人.

호안국이 말하였다. "옛날에는 삼공에 합당한 인물이 없으면 육경 중에 도가 있는 사람을 올려서 사보의 직임을 겸하게 했고, 총재가 혹 궐석일 때 또한 삼공을 낮추어 단규(端揆: 재상)의 직임을 수행하게 하였다. 우임금은 사공에서 승진하여 백규를 맡았다."

또 말하였다. "'짐의 고굉과 이목이 되어라.'라고 했으므로, 재신이 위로 상보의 직임을 겸한다. 주공이 사가 되었다."

또 말하였다. "'총재의 지위에서 백관을 바로잡는다.'라고 했으므로, 삼공이 아래로 단규의 직임을 수행한다. 그러한 이유는, 삼공이 왕과 앉아 도를 의논하기 때문에 그런 인물을 얻기 어렵지만, 총재가 백관을 총괄하고 사해를 고르게 하는 것도 쉽게 처리할 일이 아니기 때문이다."

胡安國曰: "古者, 三公無其人, 則以六卿之有道者上兼師保之任, 冢宰或闕, 亦以三公下行端揆之任. 禹自司空進宅百揆." 又曰: "作朕股肱耳目, 是以宰臣上兼師保之任也. 周公爲師." 又曰: "位冢宰·正百工, 是以三公下行端揆之職也. 所以然者, 三公與王坐而論道, 故難其人 ; 而冢宰總百官·均四海, 亦不易處也."

여조겸이 말하였다. "〈고명(顧命)〉을 살펴보면, 태보가 총재를 통솔하고, 필공이 사마를 통솔하며, 모공이 사공을 통솔하였다. 따로 예백을 사도로 삼고, 동백을 종백으로 삼았으며, 위후를 사구로 삼았으니, 주나라 때는 삼공이 육경을 겸하였다. 삼공은 직사가 없었고 육경은 직사가 있었으며, 삼공은 도를 의논하였고 육공은 도를 실행하는 사람이다. 삼공으로 육경을 겸하는 것은 본말과 정조(精粗: 정밀함과 거침)를 한 근원에서 합한 것이다."

呂祖謙曰: "案〈顧命〉, 太保領冢宰, 畢公領司馬, 毛公領司空, 別有芮伯爲司徒, 彤伯爲宗伯, 衛侯爲司寇, 則周時三公兼六卿. 三公無職, 六卿則有職者也; 三公論道, 而六卿行道者也. 以三公兼六卿, 合本末精粗於一原也."

진부량이 말하였다. "주나라의 삼공은 대부분 육경이 겸하였다. 다만 그 인물이 공을 겸할 만하면 그 공의 직위를 더해 주었고, 합당한 사람이 없으면 경으로 삼는 데 그쳤다. 삼공과 삼고는 모두 합당한 사람이 없으면 궐석으로 두며, 육경도 그렇다. 요컨대, 성주 때는 삼공과 삼고 자리는 비상한 덕을 가진 인물에게 맡겼기 때문에 '관원을 반드시 다 채우지 않았고, 오직 합당한 사람을 임명하였다.'라고 한 것이다."

> 陳傅良曰: "周之三公多是六卿兼之, 但其人足以兼公則加其公之職位, 無其人則止爲卿而已. 三公·三孤皆無其人則闕焉而已, 而六卿自若也. 要之, 成周以三公·三孤待非常之德, 故曰 '官不必備, 惟其人'."

신은 이렇게 생각합니다. 공과 고라는 관직은 하나라와 상나라 이전에는 없었고, 그 명칭은 여기서 처음 나타납니다. 옛날에 대순(大舜)이 백우(伯禹)에게 백규를 총괄하도록 명하였고, 고종(高宗)이 부열(傅說)을 세워 재상으로 삼았으니, 성주의 시대에는 이런 명칭과 의미를 들어 본 적이 없습니다. 공과 고를 세웠지만 육경에게 겸하게 했으니 이것이 곧 규상(揆相)의 직임일 것입니다.

우리나라는 옛 제도를 고찰하여 제도를 정했으므로, 송나라 때의 중서성을 혁파하고 육전을 모방하여 육부를 세웠으며, 공과 과의 직임은 간혹 육경이 겸하였으니, 이 또한 성주의 의미입니다. 아! 이 직임은 쉽게 감당할 수 없으니, 반드시 그 인물이 정말 도를 의논하고 나라를 경영하며 음양을 조화롭게 다스릴 수 있어야 삼공을 맡길 수 있으며, 정말이지 공(公)의 다음 관직으로 조화를 넓혀 천지를 공경하여 밝힌 뒤에 삼고를 맡길 수 있습니다. 그렇지 않으면 차라리 궐석으로 두고 다 채우지 않는 것이 옳습니다. 【이상은 공과 고이다.】

臣按: 公·孤之職, 夏商以前未有也, 其名始見於此. 昔大舜命伯禹總百揆, 高宗爰立傅說作相, 則成周之世未聞有是名意者. 立公·孤而以六卿兼之, 是卽揆相之任歟. 我朝稽古定制, 革去前代中書省, 仿六典立六部, 而公·孤之職間以六卿兼之, 其亦成周此意也. 嗚呼! 是職也, 未易稱也, 必其人果能論道經邦·燮理陰陽, 然後可以當三公之寄; 果能貳公弘化·寅亮天地, 然後可以當三孤之任. 不然, 寧闕毋備可也. 【以上公·孤】

총재【총(冢)은 크다[大]이다.】【재(宰)는 다스림[治]이다.】는 나라의 통치를 관장하니, 백관을 통솔하고 사해를 고르게 한다.

冢【大也】宰【治也】掌邦治, 統百官, 均四海.

채침이 말하였다. "천관경은 나라를 다스리는 관원의 우두머리이니, 이를 총재라고 한다. 안으로 백관을 통솔하고 밖으로 사해를 고르게 하니, 천자의 정승이다. 백관은 맡은 직책이 다르므로 아울러 관장하여 하나로 체계화하는 것이 통솔[統]이라고 하며, 사해가 조건이 다르므로 적절히 조정하여 공평하게 하는 것을 고르게 한다[均]고 한다."

蔡沈曰: "天官卿, 治官之長, 是爲冢宰. 內統百官, 外均四海, 蓋天子之相也. 百官異職, 管攝使歸於一, 是之謂統 ; 四海異宜, 調劑使得其平, 是之謂均."

신은 이렇게 생각합니다. 총재는 지금의 이부상서의 직임입니다.

臣案: 冢宰, 今吏部尙書之職.

사도【도(徒)란 무리[衆]인데, 민중을 주관하므로 사도라도 한다.】는 나라의 교육을 관장하니, 오전을 펴서 억조창생을 길들인다【요(擾)는 길들이다[馴]이다.】.

司徒【徒者, 衆也, 主民衆故曰司徒】掌邦教, 敷五典, 擾【馴也】兆民.

채침이 말하였다. "지관경은 나라의 교화를 관장하니, 군신(君臣)·부자(父子)·부부(夫婦)·장유(長幼)·붕우(朋友) 다섯 가지의 가르침을 펴서 억조창생 중 순하지 않은 자를 길들여 순하게 하였다."

蔡沈曰: "地官卿主國教化, 敷君臣·父子·夫婦·長幼·朋友五者之教, 以馴擾兆民之不順者, 而使之順也."

신은 이렇게 생각합니다. 사도는 오늘날 호부상서의 직임입니다. 다만 주나라 때 맡았던 일은 교화였는데, 후세에는 전적으로 후구와 재정, 부세에 관한 일을 처리했습니다.

아! 요순과 삼대 때에는 백성들이 순박하여 천리나 윤리와 그다지 심히 어긋나지 않았는데도 오히려 관직을 설치하여 관장하게 하였고, 가르침을 널리 펴서 억조창생을 길들이도록 하였습니다. 후세에 풍속이 날로 경박해지고 민심도 옛날 같지 않은데도 도리어 대신이 가르치는 일을 전담하지 않고, 금하는 방도는 형관인 필교의 설치에서 가까스로 발견할 수 있으니,[19] 이 또한 세상의 변화를 볼 수 있습니다.

臣按: 司徒今戶部尙書之職, 但周時所掌者敎化, 後世則專理戶口·財賦之事焉. 嗚呼! 唐虞三代之時其民淳樸, 其於天理民彝無甚相悖焉者, 猶且設官以掌之, 俾其敷布敎條, 以馴擾夫億兆之民. 後世風氣日漓, 民心不古, 顧無有大臣以專掌敎事, 所以禁之者僅見於刑官弼敎之設, 此亦可以觀世變矣.

종백은 나라의 예(禮)를 관장하니, 신(神)과 사람을 다스려 위아래를 조화롭게 한다.

宗伯掌邦禮, 治神人, 和上下.

---

19 금하는 … 있으니: 원문의 '필교(弼敎)'는 원래 가르침을 돕는다는 말이다. 《서경》 〈우서(虞書) 대우모(大禹謨)〉에서 순임금이 고요에게 "이 신하와 백성들이 혹시라도 나의 정사를 범하는 자가 없는 것은 네가 사사(士師)가 되어서 오형(五刑)을 밝혀 오품(五品)의 가르침을 도와 나를 다스려짐에 이르도록 기약하였기 때문이다.[惟玆臣庶, 罔或干予正, 汝作士, 明于五刑, 以弼五敎, 期于予治.]"라고 하였다. 문맥으로 보면 형관인 필교를 두었다는 말로 보이는데, 미상이다. 송나라 때 형관을 설치할 때는 '다스림을 돕는다'는 필교의 취지를 기본정신으로 삼았다. 《송사(宋史)》 권199 〈형법지(刑法志) 형법(刑法)〉에 나온다.

채침이 말하였다. "춘관경은 나라의 예(禮)를 주관하니, 하늘의 신과 땅의 신, 사람-귀신에 관한 일을 다스려서 위아래와 존비의 등급을 조화롭게 한다. 춘관은 사계절의 순서에 우두머리가 되므로 그 관원을 종백이라 한 것이다. 성주 때는 악(樂)을 예관에 합하였으니, 조화하고 말한 것은 음악을 두고 한 말이다."

蔡沈曰: "春官卿主邦禮, 治天神·地祇·人鬼之事, 和上下尊卑等列. 春於四時之序爲長, 故其官謂之宗伯. 成周合樂於禮官, 謂之和者, 蓋以樂而言也."

신은 이렇게 생각합니다. 종백은 오늘날 예부상서의 직임입니다.

臣按: 宗伯今禮部尙書之職.

사마는 나라의 정사를 관장하니, 육사를 통솔하고 나라를 평안하게 한다.

司馬掌邦政, 統六師, 平邦國.

채침이 말하였다. "하관경은 군대에 관한 일을 주관하여 나라의 정벌을 관장하니, 육군(六軍)을 통솔하여 나라를 평안하게 한다. 평(平)이란, 강자가 약자를 능멸하지 못하고 다수가 소수를 해치지 못하여 사람들마다 평안함을 얻는다는 말이다. 군정(軍政)은 말보다 급한 것이 없으므로 사마(司馬)를 관직명으로 삼았다. 어느 것인들 정사가 아니겠는가마는 유독 융정[戎政: 군정(軍政)]을 정사[政]라고 한 것은 군대를 가지고 정벌하여 저 바르지 않은 것을 바로잡으니, 왕정 중에서 중대한 것이기 때문이다."

蔡沈曰: "夏官卿主戎馬之事, 掌國征伐, 統禦六軍, 平治邦國. 平謂强不得陵弱, 衆不得暴寡, 而人皆得其平也. 軍政莫急於馬, 故以司馬名官. 何莫非政, 獨戎政謂之政者, 用以征伐而正彼之不正, 王政之大者也."

신은 이렇게 생각합니다. 사마는 오늘날 병부상서의 직임입니다. 나라의 중대한 일은 전쟁에 있으므로 송나라는 추밀원에서 군정을 전적으로 관장하였고, 중서성과 함께 "양부(兩府)"라고 불렀습니다. 지금 병부라는 제도를 두어 군정을 관장하고, 군사를 통솔하고 정벌을 전담하는 일은 오군도독부로 귀속시켰습니다. 병부는 군사 출동 명령권은 있지만 정벌의 권한은 없고, 오군은 병사 통솔권은 있지만 군사 출돌 명령권은 없습니다. 피차가 돕고 안팎이 조절하는 체계입니다. 법제가 훌륭하기로는 이전 시대에 없던 것입니다.

臣按: 司馬今兵部尙書之職. 夫國之大事在戎, 宋以樞密院專掌兵政, 與中書省並謂之 "兩府". 今制設兵部以掌兵政, 所以統軍旅·專征伐, 則歸之五軍都督府焉. 兵部有出兵之令, 而無征伐之權; 五軍有統兵之權, 而無出兵之令. 彼此相維, 內外相制. 其法制之善, 前代所未有者也.

사구는 나라의 금령을 관장하니, 간특함을 다스리며 포악하여 난을 일으키는 자들에게 형벌을 준다.

司寇掌邦禁, 詰奸慝, 刑暴亂.

채침이 말하였다. "추관경은 도적과 금법을 주관하니【떼지어 다니며 공격하고 겁탈하는 것을 구(寇)라고 한다.】, 간특함을 다스리고 강포하여 난을 일으키는 자에게 형벌을 준다. 형벌 관장을 형이라고 말하지 않고 금이라고 말한 것은 미연에 금하기 때문이다."

蔡沈曰: "秋官卿主寇賊法禁【群行攻劫曰寇】, 詰奸慝, 刑强暴作亂者. 掌刑不曰刑, 而曰禁者, 禁於未然也."

신은 이렇게 생각합니다. 사구는 오늘날 형부상서의 직임입니다.

臣按: 司寇今刑部尚書之職.

사공은 나라의 땅을 관장하니, 네 부류의 백성을 거처하게 하며 토지의 이점을 때에 맞추어 개발한다.

司空掌邦土, 居四民, 時地利.

채침이 말하였다. "동관경은 나라의 빈 땅을 주관하여 사(士)·농(農)·공(工)·상(商) 네 부류의 백성을 거처하게 하고, 자연의 사계절에 따라 토지의 이점을 개발한다."

蔡沈曰: "冬官卿主國空土以居士·農·工·商四民, 順天時, 以興地利."

신은 이렇게 생각합니다. 사공은 오늘날 공부상서의 직임입니다. 다만 주나라 때 관장했던 것이 토지 조사와 백성 거주, 토지 측량과 고을 조정이었는데, 후세에는 오로지 건설과 토목에 관한 일을 다스립니다. 육경이 직무를 나누어 각각 속관을 통솔하여 구목을 창도하고 백성을 후덕하게 하고 변화하게 합니다.

臣按: 司空今工部尙書之職. 但周時所掌者度地·居民·量地·制邑之事, 後世則專理營造·工作之事焉. 六卿分職, 各率其屬, 以倡九牧, 阜成兆民.

여조겸이 말하였다. "육경이란 만사의 기강이다. 천하를 다스리는 자는 기강을 세우는 데서 시작하기 때문에 첫 번째로 나라의 다스림이라고 했다. 기강이 선 뒤에는 먼저 중대한 인간 도리를 가르쳐야 하므로 두 번째로 나라의 가르침이라고 했다. 인간의 도리가 확립되면 반드시 구체적인 상황에 맞는 지침이 있어야 하므로 세 번째로 나라의 예절이라고 했다. 가르침이 실행되고 예가 확립되었는데도 여전히 기강과 강상을 어지럽히는 자가 있으니 이는 장수의 일이므로 네 번째로 나라의 정사라고 했다. 대죄(大罪)는 벌판에 늘어놓고, 그보다 낮은 죄는 해당 관원이 집행하는 법이 있기 때문에 다섯 번째로 나라의 금령이라고 했다. 백성들이 좋은 풍속으로 옮겨 가고 죄를 멀리한 뒤에 그 거처를 길이 확정할 수 있으므로 여섯 번째로 나라의 땅이라고 하며 끝마쳤다. 육경이 직무를 나누어 각각 속관을 통솔하여 구목을 번창하게 하고 백성을 번성하게 하는 것이 정치의 체통이다. 위아래가 계통이 서고 안팎이 호응하며, 본말이 두루 갖추어지고 체계가 잘 짜여 한 마디도 연관되지 않은 데가 없다. 천하가 비록 넓다 해도 두도(頭都)는 육경 위에 있고 총재는 천자를 도와 백관을 통솔하니 사도 이하는 총재의 통솔을 받지 않는 관직이 없는데, 총재를 고르게 하나의 직무로 나열하고 다른 오경과 아울러 세어 육경이라고 하는 것은 왜인가? 벼리[綱]는 본디 그물 가운데 있거니와, 어찌 머리 또한 몸 밖에 있다고 하겠는가? 건곤을 육자(六子)[20]와 아울러 팔방에 나

---

20 육자(六子): 팔괘 중에서 건(乾)과 곤(坤)을 제외한 태(兌)·리(離)·진(震)·손(巽)·감(坎)·간(艮) 육괘(六卦)를 말하는데, 부모 격인 건·곤에 대해 아들과 딸들이 되므로 육자(六子)라고 한다.

열하는 것과, 총재를 오경과 함께 육직(六職)에 둔 것은 마찬가지 이치이다."

呂祖謙曰: "六卿者, 萬事之綱也. 爲天下者始於立綱紀, 故一曰邦治; 綱紀旣立, 首敎之以人道之大, 故二曰邦敎; 人道立, 則必有節文之者, 故三曰邦禮; 敎立禮行, 而猶有幹紀亂常者焉, 則將帥之事也, 故四曰邦政; 大罪陳之原野, 降此則有司之法在, 故五曰邦禁; 民遷善遠罪, 然後可以永奠其居, 故六曰邦土終焉. 六卿分職, 各率其屬, 以倡九牧, 阜成兆民, 爲治體統. 上下相統, 內外交應, 本末具擧, 絲牽繩聯, 無一節不相關處. 天下雖廣會, 頭都在六卿上, 冢宰相天子而統百官, 則司徒以下無非冢宰之所統, 乃均列一職, 而並數之爲六卿, 何也? 綱固在網之中, 而首亦豈處乎身之外哉? 乾坤之與六子並列於八方也, 冢宰之與五卿並居於六職也, 一也."

채침이 말하였다. "육경이 직무를 나누어 각각 속관을 통솔하여 구주의 목을 창도해서 안으로부터 밖에 이르게 하니, 정치가 밝아지고 교화가 흡족해서 수많은 백성이 후덕해지고 변화하지 않음이 없다."

蔡沈曰: "六卿分職, 各率其屬官, 以倡九州之牧, 自內達之於外, 政治明, 敎化洽, 兆民之衆莫不阜厚而化成也."

신은 이렇게 생각합니다. 《주례》에는 경마다 60속관이 있어, 육경이

360속관을 통솔했습니다. 육경이 나누어 맡은 속관은 당나라 때 나누어 24사(司)로 삼았습니다. 오늘날의 제도는 이부에 4사로, 문선·험봉·계훈·고공입니다. 호부의 12사는 절강 등 13번(藩)을 나누어 예속시켰고, 사무의 번거로움을 헤아려 직할 예속 부주(府州)를 맡아 거느리는데, 매 1사가 각각 민·도·금·창의 4과로 나누어집니다. 예부의 4사는 의제·사제·주객·정선이며, 병부의 4사는 무선·직방·거가·무고이고, 형부의 3사는 호부의 제도와 같으며, 각각 헌·비·사문·도관의 4과로 나누어지며, 공부의 4사는 영선·우형·도수·둔전입니다.

사에는 낭중·원외랑·주사를 설치하여 각 부에서 관장하는 직무를 나누어 주관하되, 상서와 시랑에게 통솔을 받습니다. 이부에서 관장하는 일은 천하의 관리 선발·훈공·고과에 대한 정령입니다. 호부에서 관장하는 일은 천하 인민의 농지·호구·동전에 대한 정령입니다. 예부는 천하의 예의·제사·제향·공거에 관한 정령을 관장합니다. 병부는 천하의 군대 방어, 무관 선발 및 임명, 전쟁에 관한 정령을 관장합니다. 형부는 천하의 형명(刑名)·도예(徒隸: 노예)·구복(句覆)·관금(關禁: 국경 통제)에 관한 정령을 관장합니다. 공부는 백공(百工)·산택(山澤)에 관한 정령을 관장합니다.

육부가 각사를 통솔하고 각사는 천하의 직무를 나누어 관장하는데, 마치 벼리에 그물망이 있는 것과 같고 실에 벼리가 있는 것과 같아서 위아래가 서로 받들고 크고 작은 직무가 모두 갖추어져 있습니다. 그 관속이 360개나 될 만큼 많지는 않지만, 관속 사이에 연락이 통하고 체계가 문란하지 않아 〈주관〉 육전(六典)이 남긴 취지를 깊이 얻었으니, 자연 《주례》 이래 2천 년 만에 가까스로 오늘날 시행되는 것을 목도하는 셈입니다.

신이 삼가 《황명조훈》을 보니, "예로부터 삼공이 도를 의논하고, 육경이 직무를 나누었으며, 아울러 승상을 설립한 적은 없었다. 진나라 때 비로소 승상을 두었으나, 금방 망했다. 한나라, 당나라, 송나라가 그대로 따랐는데, 현명한 승상이 있었다 해도 그사이에 임용된 자 중에 대부분이 소인배여서 권력을 독점하고 정치를 어지럽혔다. 지금 우리나라는 승상을 없애고 오부(五府)·육부(六部)·도찰원·통정사·대리시 등의 아문을 설치하여 천하의 서무를 나누어 다스린다. 피차 긴장 관계를 유지하면서 감히 억누르지 못하며, 사안은 모두 조정에서 총괄하는 것이 온당하다. 이후로 자손이 황제가 되었을 때 모두 승상을 세우는 것을 허락하지 않으며, 신하가 감히 설치를 주청할 경우 문무 신하들이 상주하여 탄핵하고, 범인은 능지처참할 것이며, 온 가족을 사형에 처한다."라고 했습니다.

아! 이와 같은 우리 성조의 고견과 원려는 어떤 군주보다도 뛰어납니다. 이는 참으로 성주에서 설관분직하여 백성들의 기준이 되었던 뜻이니, 오늘날 오부와 육부 경좌(卿佐)는 저 도찰원·통정사·대리시와 함께 모두 이전 시대의 삼성(三省)과 양부(兩府)의 집정 관원입니다. 비록 재집(宰執)이라는 명칭은 없지만 실제로는 재집의 일을 다스리고 있습니다. 다만 그 일을 한결같이 조정에서 총괄하고 조심성 없이 한 사람에게 일임하지 않았으므로 백년 이래 조정이 어지러운 폐단이 없고 재상이 된 신하가 전단하는 화가 없이, 하루처럼 위로 정치가 안정되고 아래로 지위를 보전하였습니다.

말하는 자는 오히려 정권은 소재가 반드시 있어야 하고 통솔하는 데가 반드시 귀속되는 데가 있지 않으며, 그 가운데 명이 옆에서 나오고 아래로 옮아가는 곳이나 몰래 유지하며 말없이 움직이는 사람이 없지 않을 것이니, 합당한 사람이 아니면 그 폐단이 이루 말할 수 없을 것이라고 했습니다. 그래서 우리 태종황제께서 즉위하신 초기에, 바로 문학이 있는 신하 일곱 사람을 선발하여 내각에 두고 조서의 작성을 전담하게 하여, 나라의 모든 중대한 전례·정령·사건을 모두 참여하여 듣고 논의하여, 결정된 뒤에 담당 각사에 보내 시행하되, 명목상으로는 권한을 부여하지 않지만 실질적으로는 부여하였으며, 그때부터 고사로 삼은 지 지금까지 70여 년입니다.

명목상으로는 권한을 부여하지 않았기 때문에 아래에서는 화복(禍福)을 꾸며 낼 수단이 없고, 실질적으로는 부여하였기 때문에 위에서는 함께 논의하고 자문을 받는 보탬에 의지하였으니, 그 훌륭한 처분과 사려 깊은 예방조치는 한·당 이래 있지 않았던 일입니다.【이상 6부이다.】

臣按:《周禮》每卿六十屬, 六卿三百六十屬. 六卿所分之屬在唐分爲二十四司. 今制, 吏部四司文選·驗封·稽勳·考功; 戶部十二司則分隸浙江等十三藩, 仍量繁簡, 帶領直隸府州, 每一司內仍各分爲民·度·金·倉四科; 禮部四司儀制·祠祭·主客·精膳; 兵部四司武選·職方·車駕·武庫; 刑部十三司如戶部之制, 仍各分爲憲·比·司門·都官四科; 工部四司則營繕·虞衡·都水·屯田也. 司設郎中·員外郎·主事以分主各部所掌之職, 而統於尙書·侍郎. 吏部所掌則天下官吏選授·勳封·考課之政令; 戶部所掌則天下人民田土·戶口·錢糧之政令; 禮部則掌天下禮儀·祭祀·宴享·貢擧之政令; 兵部則掌天下軍衛·武官選授·戎馬之政令; 刑部則掌天下刑名·徒隸·句覆·關禁之政令; 工部則掌百工·

山澤之政令. 六部統各司, 各司分掌天下之務, 如網之有綱, 如絲之有紀, 上下相承, 巨細畢擧, 其官屬雖無三百六十之多, 其間脈絡相通, 體統不紊, 深得〈周官〉六典之遺意, 自有《周禮》以來二千餘年僅見行於今日者也. 臣伏睹《皇明祖訓》有曰: "自古三公論道, 六卿分職, 並不曾設立丞相. 自秦始置丞相, 不旋踵而亡. 漢·唐·宋因之, 雖有賢相, 然其間所用者多有小人專權亂政. 今我朝罷丞相, 設五府·六部·都察院·通政司·大理寺等衙門, 分理天下庶務. 彼此頡頏不敢相壓, 事皆朝廷總之, 所以穩當. 以後子孫做皇帝時並不許立丞相, 臣下敢有奏請設立者, 文武群臣劾奏, 將犯人淩遲, 全家處死." 嗚呼! 此我聖祖高見遠慮, 超出百王之上, 是誠有合於成周設官分職以爲民極之意, 則是今日之五府·六部卿佐與夫都察院·通政司·大理寺, 皆前代三省·兩府執政之官也. 雖無宰執之名, 實理宰執之事. 但其事一總於朝廷, 而不顓顓任於一人, 是以百年以來, 朝廷無紛更之弊, 臣宰無專擅之禍, 上安其政, 下保其位如一日也. 說者猶云政權必有所在, 不有所統必有所歸, 其中不無旁落下移之處·潛持默運之人, 苟非其人, 其弊有不可勝言者. 是以我太宗皇帝卽位之初, 卽選文學之臣七人者, 俾居內閣專掌制詔, 凡國家大典禮·大政令·大事幾皆得以預聞謨謀, 既定然後付所司行之, 不予之以名而予之以實, 自是以爲故事餘七千年於茲矣. 夫不予之以名, 則下無作福作威之具; 予之以實, 則上賴詢謀諮訪之益. 其處置之善·防慮之深, 漢·唐以來所未有者也.【以上六部】

《서경》〈우서 순전(舜典)〉에 말하였다. 제순이 말하기를 "용(龍)아! 짐은 참언(讒言)이 선한 사람들을 끊어【진(殄)은 끊음[絶]이다.】【선한 사람들을 다치게 하고 끊는 짓을 말한다.】 짐의 무리【사(師)는 무리[衆]이다.】들을 겁에 질려 떨고 놀라게 하는 것을【그 말이 바르지 않아 많은 사람을 놀라게 한다는 뜻이다.】 싫어하여【즐(堲)은 싫어하다[疾]이다.】, 너를 명하여 납언(納言)을 삼노니, 밤낮으로 짐의 명령을 출납하되 진실하게 하라."

〈舜典〉: 帝曰: "龍! 朕堲【疾也】讒說殄【絶也】行【謂傷絶善人之事也】, 震驚朕師【衆也】【其言不正駭衆聽也】. 命汝作納言, 夙夜出納朕命, 惟允."

주희가 말하였다. "납언(納言)은 관명이다. 명령과 정교를 반드시 살펴서 진실한 뒤에 내보내면 참설(讒說)이 통하지 못하여 거짓말이 기댈 데가 없어지고, 상주나 복역(復逆)【복(復)은 상주하는[奏] 일이다.】【역(逆)은 아랫사람의 상주를 받는 것이다.】을 반드시 살펴서 진실한 뒤에 들어오게 하면 삿된 편벽함은 나올 곳이 없고 공적은 고찰한 데가 있을 것이다. 주나라의 내사(內史)와 한나라의 상서(尙書), 위(魏)·진(晉) 이래의 이른바 중서문하란 모두 이 직무이다."

朱熹曰: "納言, 官名. 命令·政教必使審之, 既允而後出, 則讒說不得行而矯僞無所托矣; 敷奏·復【奏事也】逆【受下奏也】必使審之, 既允而後入, 則邪僻無自進, 而功緒有所稽矣. 周之內史·漢之尙書·魏晉以來所謂中書門下者, 皆此職也."

신은 이렇게 생각합니다. 납언은 오늘날 통정사(通政司)의 직무입니다. 우리 태조 고황제께서 증병정(曾秉正)을 통정사로 삼으면서 하유하기를, "남의 말에 옹폐되는 것이 화란의 싹이고, 사안을 독단하는 것이 권간의 조짐이다. 그러므로 반드시 후설(喉舌)의 관청이 있어 위아래의 생각을 통하게 하고 천하의 정사를 도달하게 한다. 옛날 순임금의 납언이나 당나라 문하성이 모두 이 직무이다. 관직명을 통정(通政)이라 하니, 정사[政]는 물과 같아서 항상 통하고 옹폐될 우려가 없어야 한다. 명령을 신중히 살펴서 백사(百司)를 바르게 하고 어두워 보이지 않는 곳까지 도달하여 서무(庶務)가 통하게 하며, 상주를 맡은 자가 기피하지 말아야 하고, 논박하는 자가 아부하지 말아야 하며, 아뢰는 자가 은폐하지 말아야 하고, 만나볼 자가 우물쭈물해서는 안 된다. 교묘한 말로 남의 비위를 맞추지 말고 남을 가혹하게 헐뜯어 공을 세우려고 하지 말며 이간질하여 남을 속이지 말고, 공정하고 맑으며 곧고 진실하게 마음을 가짐으로써 위임한 뜻을 저버리지 말지어다."라고 하셨습니다.

아! 후세에 이런 직책에 있는 신하가 성조의 이 유훈을 가슴에 새긴다면, 자신의 직임을 훌륭히 수행할 수 있을 뿐 아니라, 나라의 태평한 다스림에 대한 보필 또한 기대할 수 있을 것입니다. 【이상은 통정사이다.】

臣按: 納言今通政司之職. 我太祖高皇帝命曾秉正爲通政使, 諭之曰: "壅蔽於言者, 禍亂之萌; 專恣於事者, 權奸之漸. 故必有喉舌之司, 以通上下之情, 以達天下之政, 昔者虞之納言·唐之門下省皆其職也. 官以通政爲名, 政猶水也, 欲其常通無壅遏之患. 其審命令以正有司, 達幽隱以通庶務, 當執奏者勿忌避, 當駁正者勿阿隨, 當敷陳者毋隱蔽, 當引見者毋留難, 毋巧言以取容, 毋苛察以邀功, 毋讒間以欺罔, 公淸直亮以處厥心, 庶不負委任之意." 嗚呼! 後世人臣有居此職者服膺聖祖此訓, 則非惟其職任之修擧, 而於輔成國家太平之治實亦有賴焉.【以上通政司】

《서경》〈우서 요전(堯典)〉에 말하였다. 희(羲)·화(和)【희 씨와 화 씨는 역상(曆象)과 수시(授時)를 주관하는 관원이다.】에게 명하여 공경히【흠(欽)은 공경이다.】 위대한【호(昊)는 광대하다는 뜻이다.】 하늘을 따라서【약(若)은 따르다[順]이다.】 해와 달, 그리고 성신(星辰)을 역상【역(曆)은 수(數)를 기록하는 책이다.】【상(象)은 하늘을 관측하는 기구이다.】하여 공경히 백성의 때【시(時)는 경작할 시기이다.】를 주게 하셨다【모든 농사의 이르고 빠름과 관계있다.】.

〈堯典〉: 乃命羲·和【羲氏·和氏主曆象授時之官】, 欽【敬也】若【順也】昊【廣大之意】天, 曆【紀數之書】象【觀天之器】日月星辰, 敬授人時【耕作之候】【凡民事早晚之所關者】.

《주례》〈춘관종백(春官宗伯)〉에 말하였다. 풍상 씨(馮相氏)【풍(馮)은 타다[乘]이다. 상(相)은 보다[視]이다. 누대에 올라 천문을 본다는 말이다.】가 12세(歲)【세(歲)는 별이 있는 12자리이다.】, 12월【월(月)은 북두칠성의 자루가 가리키는 때이다.[21]】, 12신(辰)【신(辰)은 해와 달이 만나는 때이다.】, 10일(日)【일(日)은 갑·을·병·정·무·기·경·신·임·계이다.】, 28성(星)【성(星)은 바로 별자리[宿]이다.】의 위치를 관장하고, 백성들이 해야 할 일의 순서를 판단하여 하늘의 위치와 만난다.

《周禮》: 馮相氏【馮, 乘也. 相, 視也. 言登台以視天文也】掌十有二歲【歲星所在十有二次】·十有二月【謂斗柄所建】·十有二辰【謂日·月所會】·十日【甲·乙·丙·丁·戊·己·庚·辛·壬·癸】·二十有八星之位【星卽宿也】, 辨其敘事, 以會天位.

보장【보는 지킴[守]이고, 장은 문채[文]이다.】 씨는 하늘의 별을 관장하여, 별자리와 해, 달의 변동【변동이란 재상(災祥)이나 화복(禍福)의 변화이다.】을 기록하고, 천하의 변화를 관찰하여 길흉을 판단하고, 성토(星土)【성토는 별이 주관하는 땅이다.】를 가지고 구주(九州)의 땅의 경계【봉(封)은 경계[界]이다.】를 판단한다. 영역마다 분성(分星)【분성이란, 각(角)·항(亢)·저(氐)는 곤주(兗州)이고, 방(房)·심(心)은 예주(豫州) 같은 종류이다.】이 있어서 요상(妖祥)을 관찰한다.

保章氏【保, 守也. 章, 文也】掌天星, 以志星辰·日·月之變動, 以觀天下之遷【謂災祥·禍福之遷動者】, 辨其吉凶, 以星土【星所主之土】辨九州之地所封【封猶界也】, 封域皆有分星【如角·亢·氐, 兗州; 房·心, 豫州之類】, 以觀妖祥.

신은 이렇게 생각합니다. 요임금의 희씨와 화씨, 성주의 풍상씨와

---

21 북두칠성의 … 곳이다: 하력(夏曆), 즉 지금의 음력에서는 건인(建寅) 즉 북두성의 자루가 인(寅)을 가리키는 때를 정월로 삼는다. 12개월은, 자(子)의 방향 즉 북방을 가리키는 때인 11월부터 12지(支) 순으로 해(亥)의 북북서 방향을 가리키는 때인 10월까지로 구성된다.

보장씨는 바로 오늘날 흠천감의 직무입니다. 요임금 이전에는 법제가 확립되지 않았고 역수(曆數)를 보는 방법이 상세하지 않았고 천도(天道)가 아득하고 멀어서 신묘한 성인의 덕을 가진 사람이 아니면 알지 못하였기 때문에 요임금이 희씨와 화씨를 맨 먼저 관직에 임명했습니다. 이때부터 수를 기록한 책은 일정한 달력이 있게 되었고, 하늘을 관측하는 기구는 일정한 제도가 있게 되었습니다.

그러므로 성주의 풍상 씨와 보장 씨는 모두 대대로 그 관직을 맡아 직업으로 전담하였으니, 춘관종백(春官宗伯)에 속한 관리로 신료 중 하나에 불과했고 그들을 임명하던 처음 또한 요임금의 '공경하라' 같은 말을 반복하지 않았습니다. 그렇지만 요임금이 천도를 공경히 따르라고 한 이유는 백성의 시기(時期)를 공경하기 위해서였으니, 단지 조정에 총괄하여 명한 것일 뿐 아니라, 나아가 사방에 나누어 명한 것입니다.

하늘의 상(象)으로 역법을 바르게 하고, 역법을 통해 때를 정하는 것은 모두 백성을 위한 것입니다. 성주 때의 제도는 오로지 하늘을 주로 하였고 백성에 미치지 않았으니, 이것이 요순을 만세의 법으로 삼은 것이겠습니까. 근대 역법을 제정하고 상을 관측하는 관원에게는 종종 사천(司天)이라고 부릅니다. 아! 우뚝하여 오직 하늘이 크니, 임금 된 자는 날마다 공경하고 따라야 하거늘, 어찌 하나의 사안, 하나의 물건을 다루는 직책처럼 신하에게 처리하게 하겠습니까.

우리 성조께서 이전 시대의 사천대(司天台)를 흠천감(欽天監)으로 고쳐 요임금의 '공경하고 따르라'는 마음을 수천 년 뒤에 본받았으니, 그 하늘을 공경하고 백성을 근심하는 마음은 만세 제왕의 본보기가 될 것입니다. 그렇지만 '공경하라'는 한 마디는 비단 임금이 마음을 다해야 할 일일 뿐 아니라, 직무를 맡은 신하가 더욱 마음을 다하지 않으면 안 됩니다.

《서경》〈하서(夏書) 윤정(胤征)〉에 "선왕(先王)이 하늘의 경계를 삼가시고, 신하들이 떳떳한 법을 두었다.[先王克謹天戒, 臣人克有常憲.]"라고 했습니다. 삼간다는 것은 두려워하며 반성하여 재변을 소멸하는 것이고, 떳떳한 법이란 법을 받들어 직무를 수행하여 그 일에 이바지하는 것입니다. 임금 된 자는 진실로 위에서 하늘의 경계를 삼가야 하지만, 직무를 맡은 신하가 법을 받들어 직무를 수행하여 그 일에 이바지하지 않는다면 하늘의 경계가 내려왔을 때 임금이 다 알 수 없는 경우가 있습니다. 그러므로 선왕이 관직을 어지럽히고 지위를 떠나 처음 하늘의 기강을 어지럽힌 데 대한 처벌[22]을 더욱 엄하게 한 것입니다.

하늘의 기강이란 세(歲)와 해, 달, 별의 역수(曆數)이니, 역수의 법은 오래되면 차이가 없을 수 없습니다. 우리나라 역법은 원나라 옛것을 계승하였는데, 지금 사용한 지 백년이 넘었습니다. 천도는 조금씩 일정하지 않아 오래되면 변화가 있으므로, 바로잡아 천년 뒤의 하지(夏至)도 앉아서 알 수 있도록 바로 지금 해야 합니다.【이상은 흠천감이다.】

22 관직을 … 처벌: 같은《서경》〈하서·윤정〉에 "희씨와 화씨가 덕을 전복하고 술에 마음이 어지러워져 관직을 어지럽히고 지위를 떠나, 처음 하늘의 기강을 어지럽히고 맡은 일을 멀리 버려서 9월의 초하루에 별이 방(房)자리에 조화롭게 모이지 않았다. 그리하여 악사(樂師)가 북을 울리고 색부(嗇夫)가 달리며 많은 사람들이 분주한데도 희와 화는 그 관직을 지키기만 하여 듣거나 아는 것이 없어 천상(天象)에 혼미해서 선왕의 주벌을 범하였으니, 정전(政典)에 이르기를 '때보다 먼저 하는 자도 죽여 용서하지 말며, 때에 미치지 못하는 자도 죽여 용서하지 말라.' 하였다."라고 하였다.

臣按: 唐堯之羲·和, 成周之馮相·保章, 卽今欽天監之職. 夫陶唐以前法制未立, 占步之術未詳, 天道幽遠, 非有神聖之德不足以知之, 故帝堯命官以羲·和爲第一義. 自是以後, 紀數之書則有一定之曆, 觀天之器則有一定之製, 故成周馮相氏·保章氏皆世其官以專其業, 不過春官宗伯一屬吏, 而處於群僚之中, 而其所以命之之始亦不復有如堯之欽敬也已. 雖然, 堯之所以欽順乎天道, 卽所以敬授乎民時也, 不徒總命之於朝廷, 而又分命之於四方. 蓋象以正曆, 曆以定時, 無非以爲民而已. 成周之制則專主於天而不及於民, 此堯·舜所以爲萬世法歟. 近代制曆觀象之官, 往往以司天爲名. 噫, 巍巍乎惟天爲大, 在人君者日當敬而順之, 夫豈一事一物之職, 而臣下可司之乎? 我聖祖改前代司天台爲欽天監, 得帝堯欽若之心於數千載之上, 其敬天勤民之心, 可以爲萬世帝王法. 雖然, 欽之一言, 非但人君所當盡, 而任職之臣尤不可不盡也. 《夏書》曰: "先王克謹天戒, 臣人克有常憲." 謹者恐懼修省以消變異也, 常憲者奉法修職以供乃事也. 爲人君者固當謹天戒於上, 然非涖職之臣奉法修職以供其事, 則天戒之垂, 人君容有不盡知者矣. 故先王尤嚴於畔官離次, 俶擾天紀之誅. 夫謂之天紀者, 歲·日·月·星辰曆數也, 曆數之法, 久則不能無差. 我朝之曆承元之舊, 今用之百年餘矣. 天道參差不齊, 久則有變, 所以厘正之而使千歲之日至可坐而致者, 政有在於今日. 【以上欽天監】

《주관(周官)》 〈천관(天官)〉에 말하였다. 선부(膳夫)는, 상사 2인, 중사 4인, 하사 8인, 부 2인, 사 4인, 서 12인, 도 120인이다. 왕의 밥【식(食)은 밥[飯]이다.】, 술과 장【음(飮)은 술과 장이다.】, 고기【선(膳)은 고기[牲肉]이다.】, 주전부리【수(羞)는 맛있는 주전부리이다.】를 관장하여, 왕과 왕비, 세자를 봉양한다.

〈天官〉: 膳夫, 上士二人, 中士四人, 下士八人, 府二人, 史四人, 胥十有二人, 徒百有二十人. 掌王之食【飯也】·飮【酒漿】·膳【牲肉也】·羞【有滋味者】, 以養王及后·世子.

신은 이렇게 생각합니다. 선부는 바로 오늘날 광록시(光祿寺) 관원의 직무입니다. 선부는 식관(食官)의 우두머리로, 선부 아래로 포인(庖人)·내옹(內饔)·외옹(外饔)·팽인(烹人) 등의 관원은 모두 사(士)로, 총재에게 속합니다. 진(秦)나라 때 대관령(大官令)이 되었다가, 한(漢)나라 때 비로소 광록훈(光祿勳)이 있었습니다. 그렇지만 창을 들고 숙위하는 관원이었고, 그 관직이 반찬과 음식을 담당한 것은 남북조 때 시작되어 당나라, 송나라로 이어졌습니다.

지금의 제도는, 광록시에 4서(署)가 있는데, 대관(大官)은 바로 《주관》 포옹(庖饔)의 직임이고, 진수(珍羞)는 바로 《주관》 변인(籩人)의 직임이며, 양온(良醞)은 《주관》 주정(酒正)이 이것이고, 장혜(掌醢)는 《주관》 혜인(醢人)이 이것입니다.

임금 한 몸은 천지 및 인간과 사물의 주인이며 종묘사직이 관계되어 있으니 더욱 봉양이 없어서는 안 될 것이며, 반드시 안으로 덕을 기르고 밖으로 몸을 봉양하여야 할 것입니다. 선부가 관장하는 음식이나 반찬 같은 종류는 비록 임금의 몸을 봉양하는 것이지만, 임금의 덕 또한 여기에 관계 있습니다. 그러므로 임용할 때 반드시 올바른

도로 해야 하고 행할 때 반드시 적절한 때에 해야 합니다. 만일 임금이 기름지고 달고 신선하고 맛있는 것만 탐닉하면서 음식을 탐하고 술에 취하여 정사를 보지 않으면 그것을 관장하는 사람이 죄가 있는 것입니다. 진 평공(晉平公)의 재부(宰夫)가 사총(司聰)과 사명(司明)의 죄를 질책한 것[23]이 이 때문입니다.

그렇지만 이 직책은 또한 왕이나 왕비, 세자의 반찬과 음식만 제공하는 것이 아니라, 모든 제사의 희생과 음식, 빈객에게 대접한 잔치나 음식이 모두 이 관청에 달렸기 때문에, 아무리 음식이 입과 배나 봉양하는 것이라고 하더라도, 모두 중대한 일에 관계되어 있습니다.

굴도(屈到)는 마름을 바치는 일로 기롱을 당했으며,[24] 진평(陳平)은 나쁜 음식을 차려 주어 반목시켰으며,[25] 전저(專諸)는 비수(匕首)를 가지고 음식을 바치고 화란을 만들었으니,[26] 이 모두 음식의 은미함에서

---

23 진 평공(晉平公)의 … 것: 춘추 시대 진 평공이 대부인 지도자(知悼子)의 상을 치르기 전에 술을 마시고 음악을 즐기자 재부인 두궤(杜蕢)가 벌주를 마시고 직언하는 한편, 사총과 사명 등을 질책하였다. 《예기》 〈단궁 하(檀弓下)〉, 《주례집설(周禮集說)》 권2 〈천관총재(天官冢宰)〉에 나온다.

24 굴도(屈到)는 … 당했으며: 춘추 시대 초(楚)나라의 굴도(屈到)가 평소에 마름열매[芰]를 대단히 좋아하였는데, 그는 임종 시에도 역시 자신의 제사(祭祀)에는 마름열매를 꼭 써달라고 유언까지 했다. 《춘추좌씨전》 양공(襄公) 15년에 나온다.

25 진평(陳平)은 … 반목시켰으며: 진평은 항우(項羽)의 사신이 오자 잘 대접하였다. 그러다가 범증(范增)이 보낸 사신이 아니라 항우의 사신임을 알고 박대하였다. 사신을 돌아가서 항우에게 보고했고, 이때부터 범증과 항우가 갈라섰다. 물론 진평의 계략이었다. 《사기(史記)》 권7 〈항우본기(項羽本紀)〉에 나온다.

26 전저(專諸)는 … 만들었으니: 전저는 춘추 시대 오(吳) 나라 용사. 오 나라 공자 광(公子光)이 오왕 요(吳王僚)를 죽이려고 할 적에 전저는 공자 광을 위해 구운 고기[炙魚]의 뱃속에 칼을 숨겨가지고 오왕 앞에 나아가 대번에 오왕을 찔러 죽이고, 자신도 오왕의 측근에게 그 자리에서 죽임을 당했다. 《사기》 권86 〈자객열전(刺客列傳)〉에 나온다.

생긴 일이며, 이 또한 경계하지 않으면 안 될 것입니다.【이상은 광록시이다.】

臣按: 膳夫卽今光祿寺官之職. 膳夫食官之長, 自膳夫以下庖人·內饔·外饔·亨【烹同】人等官皆以士爲之屬於冢宰. 秦時爲大官令, 漢始有光祿勳, 然乃持戟宿衛之官, 以之司膳羞始於南北朝, 唐·宋因之. 今制, 光祿寺有四署, 曰大官, 卽《周官》庖饔之任; 曰珍羞, 卽《周官》籩人之職; 曰良醞, 《周官》酒正是也; 曰掌醢, 《周官》醢人是也. 夫人君一身爲天地民物之主, 宗廟社稷之所關, 是尤不可以無所養, 要必內養其德·外養其體可也. 膳夫所掌食飮膳羞之類, 雖以養君之體, 而君之德亦於是乎係焉. 故用之必以其道, 行之必以其時, 苟肥甘鮮美之是耽, 而貪冒沈酣之弗職, 則所掌之人爲有罪矣. 晉平公之宰夫責司聰·司明之罪, 其以此歟. 雖然, 是職也又非特供王·后·世子之膳與其薦羞而已, 凡祭祀之牲體薦俎·賓客饔餐饗食皆在所司, 雖曰飮食口腹之奉, 而皆大有關係焉. 屈到以薦芰致譏, 陳平以惡具反間, 專諸以匕首進食生禍亂, 是皆由於飮食之微也, 是亦不可不戒.【以上光祿寺】

(《주관》〈천관〉에 말하였다.) 의사(醫師)는 의료에 관한 정령을 관장하는데, 독【독은 다섯 가지 독이다.】과 약【약은 다섯 가지 약이다.】을 모아 의료 행위를 제공한다. 나라에 질병(疾病)【가벼운 것이 질(疾)이고, 무거운 것이 병(病)이다.】이 있는 자, 비양(疕瘍)【머리에 부스럼이 나면 비(疕)라고 하고, 몸에 부스럼이 나면 양(瘍)이라고 한다.】이 있는 자는 의사로 하여금 나누어 치료하게 하고, 한 해가 끝나면 의료 행위를 고려하여 녹봉을 조정한다.

醫師掌醫之政令, 聚毒【五毒也】藥【五藥也】以共醫事. 凡邦之有疾病者【輕曰疾, 重曰病】· 疕瘍者【頭瘡曰疕, 身瘡曰瘍】, 則使醫分而治之, 歲終則稽其醫事以制其食.

질의(疾醫)는 만백성의 질병을 관장하는데, 사계절 모두 전염병이 있어서, 다섯 가지 맛【다섯 가지 맛은 시고, 쓰고, 달고, 맵고, 짬이다.】, 다섯 가지 곡식【오곡은 벼, 보리, 기장, 수수, 콩이다.】, 다섯 가지 약【다섯 가지 약은 풀, 나무, 곤충, 돌, 곡식이다.】으로 병자를 양생하고, 다섯 가지 기운【다섯 가지 기운은 심장, 간, 쓸개, 폐, 신장이 간직한 기운이다.】, 다섯 가지 소리【다섯 가지 소리란 몸의 다섯 구멍이 내는 소리이다.】, 다섯 가지 색【다섯 가지 색이란 다섯 구멍이 내는 색이다.】을 가지고 환자의 생사(生死)를 본다【저(氐)는 본다[視]이다.】.

疾醫掌萬民之疾病, 四時皆有癘疾, 以五味【酸·苦·甘·辛·鹹】· 五穀【稻·麥·黍·稷·豆】· 五藥【草·木·蟲·石·穀】養其病, 以五氣【心·肝·脾·肺·腎所藏之氣】· 五聲【五髒所發之聲】· 五色【五髒所發之色】, 氐【視也】其死生.

양의(瘍醫)는 몸에 난 모든 부스럼을 치료하는데, 다섯 가지 독으로 공격하고, 다섯 가지 기운으로 양생하며, 다섯 가지 약으로 치료한다.

瘍醫凡療瘍, 以五毒攻之, 以五氣養之, 以五藥療之.

신은 이렇게 생각합니다. 《주례》[27]의 의사는 곧 오늘날 의원의 직무이고, 질의는 오늘날 이른바 내과(內科)이며, 양의는 오늘날 이른바 외과(外科)입니다. 의술에 대한 설명은 경전(經典)에 나오는데, 《서경》 〈상서(商書) 열명(說命)〉에 "약이 독하지 않아 명현이 없으면 그 병은 낫지 않는다."라고 한 한 마디에서 시작됩니다.

대개 약은 병을 공격하는 방법이기 때문에 의사가 관장하는 정령과 모으는 약은 독을 우선으로 삼고, 양의가 치료하는 다섯 가지 독의 공격 또한 다섯 기운을 양생하기 전에 있게 되니, 그 의도를 알 수 있습니다. 병을 다스릴 때 약을 쓰는데, 독을 쓰는 경우는 마치 사람이 악한을 부리거나 맹수를 당기는 것과 같아서, 부리거나 제어하는 데 능란하지 않은 사람은 왕왕 도리어 해를 입습니다.

만일 전수받은 소양이나 연구한 공력이 있지 않은데 하루아침에 이런 사람에게 죽고 사는 운명을 맡기면, 실한 데를 실하게 하고 허한 데를 더 허하게 하며, 부족한 데를 덜고 남는 데에 더해주어 남의 인생을 요절하게 하는 데 이르지 않는 경우가 거의 드뭅니다. 요즘 세상에 의사를 업으로 하는 사람 가운데, 기술을 가지고 진료하는 사람은 있지만, 스승을 따라 강습하고자 하는 사람이 얼마나 드뭅니까.

우리나라는 궁궐 안에 태의원(太醫院)을 두었고 밖에는 부(府)·주(州)·현(縣)의 의학(醫學)을 두었으니, 의술을 두고 학(學)이라고 부른 것은 대개 합당한 사람을 모아 가르치고, 공력이 쌓이고 나서 시험한 뒤 어떤 지방의 위생(衛生)을 책임지게 합니다. 여기에서 다시 나라의 의

27 주례(周禮): 구준은 《주례》라고 말했지만, 앞서 인용된 의사 등의 경문(經文)은 《주관》에 나오는 내용이다. 아마 《주관》 역시 '주례지속(周禮之屬)'에 속하므로 이렇게 말한 듯하다.

사로 나아가 되니, 천하의 신민에게 아름다운 은혜가 지극합니다. 신은 성주에서 의사라고 부른 이유, 우리나라에서 의학을 세운 연고를 깊이 궁구하여 책임자[使判]를 정밀하게 선택하여 상관(上官)으로 삼고, 천하의 의술을 배우는 자들을 모아 가르치고 양성하기를 원합니다. 이들이 헌기(軒岐)의 책[28]을 읽고, 장손(張孫)의 기술[29]을 연구하여, 시험을 보아 통과한 뒤에 직책을 주고, 그 사람이 잘 치료하는 분야에 따라 전업시키고 하는 일을 평가하여 녹봉을 정하면, 천하 사람들이 모두 요절할 걱정이 없이 타고난 명대로 살 수 있을 것입니다. 이 또한 임금이 펴는 어진 정치의 일단일 것입니다. 【이상 태의원이다.】

臣按: 《周禮》醫師卽今太醫院之職, 疾醫今所謂內科也, 瘍醫今所謂外科也. 醫之說見於經典, 始於〈商書〉"若藥弗瞑眩, 厥疾弗瘳" 之一語. 蓋藥所以攻病, 故醫師所掌之政令·所聚之藥以毒爲先, 而瘍醫所療五毒之攻亦在五氣之養之前, 其意可見矣. 夫治病用藥, 而用其毒, 如人之馭惡人·控猛獸, 非善於駕馭制伏者, 往往反受其害, 苟非有傳授之素·講貫之功, 一旦而付之斯人死生之命, 不至於實實虛虛, 損不足益有餘, 而夭閼人生也者幾希. 今世之業醫者, 挾技以診療者, 則有之矣, 求其從師以講習者, 何鮮也? 我祖宗內設太醫院, 外設府·州·縣醫學, 醫而以學爲名, 蓋欲聚其人以教學, 旣成功而試之, 然後授以一方衛生之任, 由是進之以爲國醫, 其嘉惠天下臣民也至矣. 臣願究成周所以謂

28 헌기(軒岐)의 책: 원래 의약(醫藥)의 시조로 알려진, 황제(黃帝) 헌원씨(軒轅氏)와 그의 신하 기백(岐伯)을 통칭하는 말이었으나, 일반적으로 의술(醫術)을 나타내는 말로 쓰인다.

29 장손(張孫)의 기술: 의원(醫員)인 듯한데, 미상이다.

之醫師·國朝所以立爲醫學之故, 精擇使判以上官, 聚天下習醫者, 俾其教之養之, 讀軒·岐之書, 硏張·孫之技, 試之通而後授之職, 因其長而專其業, 稽其事以製其祿, 則天下之人皆無夭閼之患, 而躋仁壽之域矣, 是亦王者仁政之一端也. 【以上太醫院】

이상에서 직관의 직무와 체계를 정하는 데 대해 논의하였다.

以上論定職官之品

신은 이렇게 생각합니다. 우리나라에서 설치한 관직이 육부·통정사·광록시·흠천감·태의원에 그치지 않습니다만, 직관의 직무와 체계를 정하는 논의에서 언급하지 못한 오군도독부【본 조(條) 사마(司馬) 아래 및 '무비를 엄하게 함[嚴武備]' 류의 본 '병권[兵柄]' 조를 보라.】·도찰원【본 류의 '태간의 직임을 중시함[重台諫之任]' 조를 보라.】·대리시【'형법을 신중히 함[愼刑憲]' 류의 '옥을 담당하는 관원의 설치[設典獄之官]' 조를 보라.】·태상시【'제사의 질서[秩祭祀]' 류를 보라.】·한림원중서사인【본 류 '시종신을 간택함[簡侍從之臣]' 조를 보라.】·육과【본 류 '태간의 직임을 중시함[重台諫之任]' 조를 보라.】·국자감【'교화를 숭상함[崇教化]' 류의 '학교를 세워 가르침을 확립함[設學校以立教]' 조를 보라.】·태부시【'무비를 엄하게 함[嚴武備]' 류의 '말을 기르는 행정[牧馬之政]' 조를 보라.】·금위【'무비를 엄하게 함[嚴武備]' 류의 '궁궐 수비에 관한 금령[宮衛之禁]' 조를 보라.】·경윤감사·부주현(府州縣)【'나라의 근본을 견고히 함[固邦本]' 류의 '백성의 우두머리 선택[擇民之長]' 조를 보라.】의 경우는 각각의 부류를 따라야 합니다.

臣按: 國朝設官不止於六部·通政司·光祿寺·欽天監·太醫院也, 而以定職官之品不及五軍都督府【見本條司馬下及 "嚴武備" 類 "本兵之柄" 條】·都察院【見本類 "重台諫之任" 條】·大理寺【見 "愼刑憲" 類 "設典獄之官" 條】·太常寺【見 "秩祭祀" 類】·翰林院中書舍人【見本類 "簡侍從之臣" 條】·六科【見本類 "重台諫之任" 條】·國子監【見 "崇敎化" 類 "設學校以立敎" 條】·太仆寺【見 "嚴武備" 類 "牧馬之政" 條】·禁衛【見 "嚴武備" 類 "宮衛之禁" 條】·京尹監司·府州縣【見 "固邦本" 類 "擇民之長" 條】者, 各從其類也.

대학연의보
(大學衍義補)

—

권6

치국평천하의 요체[治國平天下之要]

백관을 바로함[正百官]

작록을 나누어 주는 제도[頒爵祿之制]

《서경》〈주서 무성〉에서 말하였다.

"관작(官爵)의 나열은 다섯 가지로 하고, 땅을 나누어 주는 것은 세 가지로 하였다."

〈周書 武成〉曰: "列爵惟五, 分土惟三."

채침이 말하였다.

"관작의 나열을 다섯 가지로 하였다고 했으니, 공·후·백·자·남이고, 땅을 나누어 주었다고 했으니, 공후(公侯)는 백 리(百里)이고, 백(伯)은 70리이며, 자남(子男)은 50리의 세 등급(等級)이다."

蔡沈曰: "列爵惟五, 公·侯·伯·子·男也. 分土惟三, 公侯百里·伯七十里·子男五十里之三等也."

신은 이렇게 생각합니다. 봉작(封爵) 제도는 당우(唐虞 요 임금) 때부터 이미 5등급으로 구별되었으니, 공(公)·후(侯)·백(伯)·자(子)·남(男)이 그것입니다. 《서경》 〈우서(虞書)〉의 이른바 "다섯 가지 상서로운 옥을 거두고, 다섯 가지 옥을 닦았다."라고 한 데 대해, 해설자가 "상서로운 옥은 다섯 등급의 제후들이 잡고 있는 규(圭)와 벽(璧)이다."라고 한 데[1]서 알 수 있습니다.

臣按: 封爵之制, 自唐虞時已別爲五等, 曰公·侯·伯·子·男. 觀〈虞書〉所謂 "輯五瑞, 修五玉", 解者謂 "瑞玉爲五等諸侯所執之圭·璧" 可見矣.

《주례》 〈천관〉에서 말하였다.

태재는 팔병[2]으로 왕에게 조서를 주어[3] 신하들을 제어하게 하였는데,

1 해설자가 … 데: 해설자는 채침이다. "서(瑞)는 신표를 나타내는 물건으로, 공(公)은 환규(桓圭), 후(侯)는 신규(信圭), 백(伯)은 궁규(躬圭), 자(子)는 곡벽(穀璧), 남(男)은 포벽(蒲璧)을 잡아서 다섯 등급의 제후가 이것을 가지고 천자의 부절(符節)과 합하여 증빙하는 것이다."라고 하였다.

2 팔병: 왕이 갖는 여덟 가지 권한이다. 《주례 천관》에서는 본문에서 언급한 작, 녹 외에, 언

첫째 작으로 귀함을 제어하고, 둘째 녹으로 부를 제어한다.

《周禮》〈天官〉: 大宰以八柄詔王, 馭群臣, 一曰爵, 以馭其貴; 二曰祿, 以馭其富.

《주례》〈춘관〉에서 말하였다.

내사가 왕의 팔방【방(枋)은 병(柄)과 같다.】을 관장하는 법을 왕에게 조서를 주어 다스리게 했는데, 첫째 작이고, 둘째 녹이다.

〈春官〉: 內史掌王之八枋【枋與柄同】之法以詔王治, 一曰爵, 二曰祿.

《주례 하관》에서 말하였다.

사사가 왕에게 조서를 주어, 덕으로 작을 주고【덕이 있는 사람을 왕에게 고하여 작을 준다.】, 공으로 녹을 주며【공이 있는 사람을 왕에게 고하여 녹을 준다.】, 능력으로 일을 맡기고【재능이 있는 사람을 왕에게 고하여 일을 하게 한다.】, 근무 기간에 따라 급료【식은 월름(月廩: 보수, 급료)으로, 일을 맡은 기간에 따라 정한다.】

행(言行)이 일치하는 사람에게 상(賞)을 주는 일, 능력이 뛰어난 사람을 마땅한 지위에 두는 일, 공로가 큰 신하를 자손이 봉양할 수 있도록 하여 후생(後生)을 권장하는 일, 큰 죄를 지으면 재산을 몰수하는 일, 죄지은 사람을 추방하는 일, 신하에게 고의가 아닌 과실이 있으면 견책(譴責)하는 것 등을 들고 있다.

3 왕에게 조서를 주어: 《주례》에서 말하는 '조(詔)'는 후대 황제가 신하나 백성들에게 내리는 조서(詔書)와는 다른 듯하다. '고한다, 알린다'는 의미로 보인다.

를 준다.

〈夏官〉: 司士以德詔爵【有德者告於王而爵之】, 以功詔祿【有功者告於王而祿之】, 以能詔事【有才能者告於王, 俾以治事】, 以久奠食【食餼廩也, 以任事之久而定之】.

신은 이렇게 생각합니다. 공·후·백·자·남은 고경·대부·사의 관작이며, 천자의 전지(田地)는 군주가 경(卿)이 받는 녹의 10배에 이르기까지 녹봉이다.[4] 작으로 귀하게 하니, 신하가 군주의 작을 얻지 않으면 영예가 될 수 없고, 녹으로 부유하게 하니 신하가 군주의 녹을 얻지 않으면 살아갈 수가 없습니다. 작록(爵祿)이란 천자가 조종하는 권한으로, 덕을 숭상하고 공에 보답하여, 마음을 다해 맡은 일에 힘쓰며 세상을 면려하고 우둔한 사람을 강마하게 하며, 직사에 충실하고 공을 세우게 하는 방도입니다. 그 권한은 반드시 위에서 나와야 하며, 신하가 전횡할 수 없는 것입니다.

그러므로 《주례》 〈천관〉의 대재(大宰)와 내사(內史), 〈하관〉의 사사(司士)는, 작록에 대하여 조서를 통하여 왕에게 고할 뿐 감히 스스로 그 권한을 전횡하지 못합니다. 이것으로 방지하였는데도 그 일을 맡은 자가 간혹 마음대로 판단하는 경우가 있습니다. 후세에는 담당 관

4 군주가 … 녹봉이다: 《맹자》 〈만장 하(萬章下)〉에 주나라의 녹을 설명하면서 대국(大國)부터 소국(小國)까지 군주는 경의 10배에 해당하는 경지를 갖는데, 이를 녹으로 보았다. 군주, 즉 제후 이하로는 경·대부·상사(上士)·중사(中士)·하사(下士)로 지위를 나누고 "하사와 서인으로서 관직에 있는 자는 녹봉이 같으니, 녹봉이 농사짓는 것을 대신할 만큼 충분하다.[下士與庶人在官者同祿, 祿足以代其耕也.]"라고 하여, 전지가 녹봉을 대신하였다고 하였다.

리가 아닌데도 왕의 작록을 장악하고 임금의 말을 읊조리는 자가 있으니, 나라에 흉악하고 집안에 해를 끼치는 재앙에 빠지지 않을 수 있겠습니까.

臣按: 公·侯·伯·子·男, 孤卿·大夫·士, 爵也; 天子之田至君十卿祿, 祿也. 爵以貴之, 臣非得君之爵, 無以爲榮; 祿以富之, 臣非得君之祿, 無以爲養. 爵祿者, 天子所操之柄, 所以崇德報功而使之盡心任力·礪世磨鈍, 而使之趨事·赴功者也. 其柄必出於上, 非人臣所得專也. 故《周禮 天官》之大宰·內史·〈夏官〉之司士, 其於爵祿惟以詔告於王而已, 非敢自專其柄也, 以此爲防, 惟恐司其事者或有所專擅. 後世乃有非所攸司而手握王爵·口銜天語者, 安得不罹凶國害家之禍哉?

《맹자》〈등문공 상〉에서 말하였다.

"천자가 한 자리이고, 공(公)이 한 자리이고, 후(侯)가 한 자리이고, 백(伯)이 한 자리이고, 자(子)·남(男)이 똑같이 한 자리이니, 모두 다섯 등급이다. 군(君)이 한 자리이고, 경(卿)이 한 자리이고, 대부(大夫)가 한 자리이고, 상사(上士)가 한 자리이고, 중사(中士)가 한 자리이고, 하사(下士)가 한 자리이니, 모두 여섯 등급이다."

《孟子》曰: "天子一位, 公一位, 侯一位, 伯一位, 子·男同一位, 凡五等也. 君一位, 卿一位, 大夫一位, 上士一位, 中士一位, 下士一位, 凡六等."

주희가 말하였다. "이는 작의 등급을 나눈 제도이다. 앞의 다섯 등급은 천하에 통용되고, 뒤의 여섯 등급은 나라에서 시행되었다."

> 朱熹曰: "此班爵之制也. 五等通於天下, 六等施於國中."

천자의 제도는 땅이 사방 천 리이고, 공(公)·후(侯)는 모두 사방 백 리이며, 백(伯)은 70리이고, 자(子)와 남(男)은 50리이니, 모두 네 등급이다. 50리가 못되는 나라는 천자에게 직접 도달하지 못하고 제후에게 붙으니, 이를 부용(附庸)이라 한다【큰나라가 쓰는 성명을 통용하므로 부용이라고 부른다.】. 천자의 경(卿)은 땅을 받을 때에 후(侯)에 비견하고【시(視)는 비견한다[比]이다.】, 대부(大夫)는 땅을 받을 때에 백(伯)에 비견하며, 원사(元士)는 땅을 받을 때에 자(子)·남(男)에 비견한다【중사, 하사라고 말하지 않았으니, 부용에 비견한 것이다.】. 큰 나라는 땅이 사방 백 리이니【큰나라 다음 나라는 70리이고, 작은 나라는 50리이다.】, 군주는 경의 녹의 10배이고【십(十)은 열 배라는 뜻이다.】, 경의 녹은 대부의 4배이며【사(四)는 네 배라는 뜻이다. 다음 나라의 경의 녹은 대부의 4배이고, 작은 나라는 대부의 2배이다.】, 대부는 상사의 곱절이고【배(倍)는 곱절이다.】, 상사는 중사의 배이며, 중사는 하사의 배이고, 하사와 서인(庶人)으로서 관직에 있는 자는 녹이 같으니, 녹은 경작하는 수입을 충분히 대신할 만하였다.【다음 나라, 작은 나라도 모두 같다.】

> "天子之制, 地方千里, 公·侯皆方百里, 伯七十里, 子·男五十里, 凡四等. 不能五十里, 不達於天子, 附於諸侯, 曰附庸【因大國以姓名通, 謂之附庸】. 天子之卿受地視【比也】侯, 大夫受地視伯, 元士受地視子·男【不言中·下士, 視附庸

也】. 大國地方百里【次國七十里·小國五十里】, 君十【十倍之也】卿祿, 卿祿四【四倍之也】大夫【次國卿祿三大夫, 小國二大夫】, 大夫倍【倍, 一倍也】上士, 上士倍中士, 中士倍下士, 下士與庶人在官者同祿, 祿足以代其耕也.【次國·小國皆同】"

주희가 말하였다.

"이는 작의 등급을 나눈 제도이다. 군주 이하가 먹는 녹은 모두 조법을 적용하는 공전에서 농부의 힘으로 경작하여 거둔 조(租)이고, 사(士)로서 경지가 없거나 서인으로 관직에 있는 경우는 단지 관청에서 전지의 수입처럼 녹을 받는다."

朱熹曰: "此班祿之制也. 君以下所食之祿, 皆助法之公田, 藉農夫之力以耕, 而收其租, 士之無田與庶人在官者, 則但受祿於官, 如田之入而已也."

신은 이렇게 생각합니다. 《맹자》에서 말한 작록을 나누는 제도는 《주례》 및 《예기》 〈왕제〉와 같지 않습니다. 《주례》에는 공(公)들의 토지 경계[封疆]가 사방 5백 리, 후(侯) 4백 리, 백(伯) 3백 리, 자(子) 2백 리, 남(男) 1백 리라고 하였는데, 《맹자》에서는 천하에 통용된다고 말하면서, 공·후는 모두 사방 백 리이며, 백은 70리이고, 자와 남은 50리라고 하였습니다.

〈왕제〉에서는 왕자(王者)가 작록을 제정할 때 공·후·백·자·남 모두 5등급이라고 하였으나, 《맹자》에서는 천하에 통용된다고 말하면서 자와 남을 같은 한 자리에 놓고도 5등급이라고 했습니다. 제후의 상대부경(上大夫卿)·하대부·상사·중사·하사 모두 5등급인데, 《맹자》에서는 군주를 겸하여 말하면서 통틀어 6등급으로 삼았으니, 왕조에서 경·대부·사에게 토지를 나주어 주고 녹을 주었던 제도와도 같지 않은 점이 있습니다.

《맹자》에서 본디 먼저 스스로 "그 상세한 내용은 들을 수 없었다"고 하였으니, 이는 아마 대략적인 내용일 것입니다. 선유 또한 "그 사실은 고찰할 수 없으니 놔두는 것이 좋다"고 했습니다.[5] 신이 일단 본편에 수록하여 두 저서가 같지 않은 바를 조금 살펴봄으로써, 주나라가 반포한 작록 제도의 대략이 이와 같았다는 것을 보여 주고자 하였습니다. 【이상은 작록 제도이다.】

臣按: 《孟子》言班爵祿之制與《周禮》〈王制〉不同. 《周禮》諸公之地封疆方五百里, 侯四百里, 伯三百里, 子二百里, 男百里, 而《孟子》則通天下[6]而言, 公·侯皆方百里, 伯七十里, 子·男五十里. 〈王制〉王者之制祿爵, 公·侯·伯·子·男凡五等, 而孟子則通天下言, 而以子·男同一位而爲五等. 諸侯之上大夫卿·下大夫·上士·中士·下士凡五等, 而《孟子》則兼君言, 而通以爲六等, 與夫王朝卿·大夫·士分地受祿之制, 亦有不同者焉. 《孟子》固先自言 "其詳不可得聞" 矣, 此蓋其略爾. 先儒亦謂 "其不可考, 闕之可也." 臣姑載之於篇, 而微考其所以與二書不

5 선유(先儒) … 했습니다: 《맹자》의 해당 부분을 설명하면서 주희(朱熹)가 한 말이다.

6 天下: 저본에는 天子. 위의 주회의 말인 '通於天下'에 따라 수정. 이하 같음.

同者, 以見成周所頒爵祿之制其大略有如此者.【以上爵祿之制】

《서경》〈주서 홍범〉에서 말하였다.

무릇 벼슬아치들은 부유하게 된 뒤에야【부(富)는 녹을 주는 것이다.】 비로소 선해지니【곡(穀)은 선(善)이다.】, 네가 너의 집에서 우애롭지 못하면 이들이 죄에 빠질 것이다.

〈洪範〉: 凡厥正人, 旣富【祿之也】方穀【善也】, 汝弗能使有好於而家, 時人斯其辜.

채침이 말하였다. "관직에 있는 사람에게는 녹이 있어 우러러볼 수 있게 된 뒤에 그들이 좋은 일을 하도록 책임을 지울 수 있다. 녹봉이 이어지지 않고 의식이 지급되지 않아서, 너의 집에서 조화롭고 우애롭게 하지 못하면 이 사람은 장차 죄에 빠질 것이다."

또 말하였다. "반드시 부유하게 한 뒤에 그 좋은 일을 하도록 책임을 지울 수 있다고 한 것은, 성인(聖人)이 가르칠 때 보통 사람 이상이면 다 가능하게 하려는 의도이다."

蔡沈曰: "在官之人有祿可仰, 然後可責其爲善. 廩祿不繼, 衣食不給, 不能使其和好於而家, 則是人將陷於罪戾矣."

又曰: "必富之而後責其善者, 聖人設敎欲中人以上皆可能也."

신은 이렇게 생각합니다. 한나라 장창(張敞)과 소망지(蕭望之)가 자신의 군주에게 말하기를 "'창고가 가득 차야 예절을 알고, 의식이 풍족해야 영욕을 안다'고 했습니다.[7] 지금 낮은 관리들은 봉록이 부족하여 항상 부모와 처자를 걱정하는 마음이 있어 비록 처신을 청렴하게 하려고 해도 형편상 그럴 수 없습니다."라고 했습니다.[8]

송나라 하송(夏竦) 또한 "나라를 다스리는 자는 모두 관리의 탐욕을 걱정하면서도 탐욕을 제거할 방도를 모르며, 모두 관리의 청렴을 기대하면서도 청렴하게 될 근본을 모릅니다. 신은 탐욕을 제거하고 청렴하게 할 방법은 녹을 후하게 주고 봉름을 균등하게 하는 데 달려 있다고 생각합니다. 집에 옷과 음식이 모자라면 아무리 엄한 아버지 자애로운 어머니라도 그 자식을 어쩌지 못하는데, 하물며 임금이 신하를 단속할 수 있겠습니까. 몸이 굶주리고 얼어죽을 상황이면 아무리 소보(巢父)와 허유(許由),[9] 백이(伯夷)와 숙제(叔齊)[10]라도 자신의 절개를 견고히 지키지 못하는데, 하물며 보통 사람이 청렴함을 지킬 수 있겠

---

7 창고가 … 안다: 춘추시대 제나라 관중(管仲)이 한 말이다. 사기(史記)》 권62 〈관안열전(管晏列傳)〉에 나온다.

8 한나라 … 했습니다: 장창과 소망지가 한 선제(漢宣帝)에게 한 말이다. 《한서(漢書)》 권78 〈소망지전(蕭望之傳)〉에 나온다.

9 소보(巢父)와 허유(許由): 모두 옛 은자(隱者)이다. 요(堯) 임금이 처음에 허유에게 천하를 주려고 하였으나 허유가 듣지 않고 더러운 소리를 들었다고 시냇물에 가서 귀를 씻었다. 그 물에서 소에게 물을 먹이던 소보가 이 말을 듣고 또 딴 곳으로 가서 물을 먹였다는 고사가 있다. 《장자(莊子)》 〈소요유(逍遙遊)〉에 나온다.

10 백이(伯夷)와 숙제(叔齊): 백이, 숙제는 은(殷)나라 말기 고죽군(孤竹君)의 두 아들이다. 주 무왕(周武王)이 은나라를 평정하여 천하를 통일하기에 이르자, 백이와 숙제가 이를 부끄럽게 여기어 의리상 주나라 곡식을 먹을 수 없다 하고 수양산(首陽山)에 은거하여 고사리만 캐어 먹다가 마침내 굶어 죽었다. 《사기(史記)》 권61 〈백이숙제열전(伯夷叔齊列傳)〉에 나온다.

습니까."라고 했습니다.[11] 두 신하의 말이 〈홍범〉의 뜻에 가깝다고 생각합니다.

臣按: 漢張敞·蕭望之言於其君曰: "'倉廩實而知禮節, 衣食足而知榮辱.' 今小吏俸率不足, 常有憂父母妻子之心, 雖欲案身爲廉, 其勢不能." 宋夏竦亦曰: "爲國者, 皆患吏之貪, 而不知去貪之道也; 皆欲吏之淸, 而不知致淸之本也. 臣以爲去貪致淸者在乎厚其祿·均其俸而已. 夫衣食闕於家, 雖嚴父慈母不能制其子, 況君長能檢其臣乎? 凍餒切於身, 雖巢·由·夷·齊不能固其節, 況凡人能守淸白乎?" 二臣之言, 其庶幾〈洪範〉之意歟.

《예기》〈왕제〉에서 말하였다.
"규전에는 세금이 없다."

〈王制〉曰: "夫圭田無征."

《맹자》〈등문공 상(滕文公上)〉에서 말하였다.
"경(卿) 이하는 반드시 규전이 있으니, 규전은 50무(畝)였다."

---

11 송나라 … 했습니다: 하송은 중국 송(宋)나라 강주(江州) 덕안(德安) 사람으로, 자는 자교(子喬)이다. 문장이 전아(典雅)하고, 관직에 있으면서 많은 정치적 업적을 쌓았으나, 권모술수에 능하고 탐욕스러워 세상 사람들이 그를 간사하다고 하였다. 저서로는 《문장집(文莊集)》이 있다. 시호는 문장(文莊)이다.

《孟子》曰: "卿以下必有圭田, 圭田五十畝."

주희가 말하였다. "이는 세록(世祿)의 통상의 제도 외에 또 규전이 있는 것이니, 군자를 후대하는 방법이다. 규(圭)는 깨끗함[潔]인데, 제사를 받들기 때문이다."

朱熹曰: "此世祿常制之外又有圭田, 所以厚君子也. 圭, 潔也, 所以奉祭祀也."

신은 이렇게 생각합니다. 삼대(三代)의 번성했던 시대에는 군자를 대우하는 방도가 이처럼 후하였는데, 당나라와 송나라의 직전(職田)은 그것이 남은 의미입니다.

臣按: 三代盛時, 所以優待君子者如此其厚, 唐·宋之職田蓋其遺意也.

한 선제(漢宣帝)가 천하에 조칙을 내렸다. "관리가 청렴하고 공평하지 않으면 다스리는 도리가 쇠퇴한다. 지금 낮은 관리는 모두 직사에 근면한데도 봉록이 박하기 때문에 백성들을 침탈하지 못하게 하기가 어렵다. 관리 중 백 석 이하에게 봉록 15를 더하라."【식록 1석의 경우 5두를 더해 준 것이다.】

漢宣帝詔天下曰: "吏不廉平則治道衰. 今小吏皆勤事而俸祿薄, 欲其毋侵漁百姓難矣. 其益吏百石以下俸十五. 【若食一石則益五斗】"

광무제(光武帝)가 백관의 녹봉을 늘이라고 조칙을 내렸는데, 천 석 이상은 전한(前漢) 시기 옛 제도보다 줄이고, 6백 석 이하는 옛 직질보다 늘렸다.

光武詔增百官俸, 千石以上減於西京舊制, 六百石以下增於舊秩.

신은 이렇게 생각합니다. 이 두 조칙은 모두 〈홍범〉의 '부유하게 된 뒤에야 비로소 선해진다[旣富方穀]'는 의미입니다. 관리의 봉록을 더해주되 낮은 관리에게는 더 후하게 주었으니, 옛사람의 의도를 잘 추론하여 넓혔다고 할 수 있습니다. "관리가 청렴하고 공평하지 않으면 다스리는 도리가 쇠퇴한다."라고 했던 한 선제의 말은 더욱 확실한 논의이니, 천하의 나라를 다스리는 자는 반드시 알아야 합니다.

臣按: 此二詔皆推《洪範》"旣富方穀"之意. 益官之俸, 而於吏之小者尤加厚, 可謂善推古人之意而廣之矣. 宣帝所謂"吏不廉平則治道衰"尤爲確論, 有天下國家者不可不知也.

송 태조(宋太祖)가 조칙을 내렸다. "관원 중에 쓸데없는 인원이 많은데 정비하기가 어렵고, 봉록이 박하여 청렴하라고 다그칠 수가 없다. 쓸데없는 인원을 유지하며 무거운 비용을 쓰느니, 관원을 줄이고 봉록을 더하는 편이 낫다. 주현(州縣)에는 인구 수를 기준으로 하여 관원을 차등 있게 줄이고, 옛 봉록 외에 5천을 더 지급하라."

宋太祖詔曰: "吏員冗多, 難以求其治, 俸祿鮮薄, 而未可責以廉. 與其冗員而重費, 不若省官而益俸. 州縣宜以口數爲率, 差減其員, 舊俸外增給五千."

신은 이렇게 생각합니다. 송 태조가 "쓸데없는 인원을 유지하며 무거운 비용을 쓰느니, 관원을 줄이고 봉록을 더하는 편이 낫다" 고 한 말은 고금의 지론이니, 신이 감히 거론하여 지금 말씀드렸습니다.

臣按: 宋太祖所謂 "與其冗官而重費, 不若省官而益俸", 此古今之至論也, 臣敢擧以爲今日獻.

이상 작록을 나누어 주는 제도에 대해 논하였다.

以上論頒爵祿之制

치국평천하의 요체[治國平天下之要]

백관을 바로함[正百官]

대신을 공경하는 예절[敬大臣之禮]

《주역》〈진괘(晉卦)〉에서 말하였다.

진(晉)【〈진괘〉는 곤(坤)이 아래에 있고 리(離)가 위에 있다.】은 편안히 하는 제후【강후는 나라를 편안히 하는 제후를 말한다.】에게 말을 많이 내려 주고 낮에 세 번 접견한다.

《周易》: 晉【坤下離上】, 康侯【安國之侯】用錫馬蕃庶, 晝日三接.

정이(程頤)가 말하였다.

"육오(六五)가 부드러움[柔]으로써 임금의 자리에 있으면서 밝고 순히 따르니, 아랫사람을 대함에 총애하고 예우하고 친밀히 하는 뜻이 된다. 이 때문에 나라를 편안히 하는 제후에게 말을 많이 내려주고 낮에 세 번 접견하게 되는 것이다. 대단히 밝은 군주는 천하를 편안히 하는 자이다. 제후가 천자의 밝은 덕(德)에 순히 따르니, 이는 백성을 편안히 하고 나라를 편안히 하는 제후이다. 그러므로 '강후(康侯)'라 이른 것이다. 이 때문에 은총과 하사를 누리고 친애와 예우를 받아서 낮 사이에 세 번이나 천자를 접견하는 것이다. '공경(公卿)'이라 말하지 않고 '후(侯)'라고 말한 것은 천자는 위에서 다스리는 자이고 제후는 아래에서 다스리는 자이기 때문이니, 아래에 있으면서 대단히 밝은 군주를 순히 따르는 것이 제후의 상(象)이다."

程頤曰: "六五以柔居君位, 明而順麗, 爲能待下寵遇親密之義, 是以爲 '康侯用錫馬蕃庶, 晝日三接'也. 大明之君安天下者也. 諸侯能順附天子之明德, 是康民安國之侯也, 故謂之 '康侯'. 是以享寵錫而見親禮, 晝日之間三接見於天子也. 不曰公卿而曰侯, 天子治於上者也, 諸侯治於下者也. 在下而順附於大明之君, 諸侯之象也."

주희가 말하였다.

"진(晉)은 나아감이다. '말을 많이 내려 주고 낮에 세 번 접견한다'는 것은 자주 대규모 하사를 받고 현저하게 친애와 예우를 입는다는 말이다."

朱熹曰: "晉, 進也. '錫馬蕃庶, 晝日三接', 言多受大賜而顯被親禮也."

신은 이렇게 생각합니다. 후(侯)인데 '편안하다[康]'고 한 것은, 백성을 편안히 하고 나라를 편안히 한 공이 있어서 후가 될 수 있었기 때문입니다. 대단히 밝은 군주가 위에 있으면, 신하가 순하게 의지하여 따르면서 백성을 편안히 하고 나라를 편안히 하는 공을 세웁니다. 그러므로 군주가 반드시 은총을 내려주되 많은 수레와 말을 주기까지 하고, 친애와 예우로 접견하되 낮에 세 번까지 합니다. 밖에 있는 제후에게도 그러한데, 안에 있는 공경에 대해서는 보지 않아도 알 수 있습니다.

후세의 군주들은 밖에 있는 제후에 대하여 한 세대가 가도록 한 번도 다시 보지 못하고, 안에 있는 공경에 대해서도 혹 닷새에 한 번 조회를 하거나 격일로 조회를 합니다. 근면한 경우에 비록 하루에 한 번 조회를 하지만 이는 전례에 부응하는 것일 뿐이어서 얼굴도 친숙하지 않고 마음도 미덥지 않은데, 하물며 낮 동안에 세 번 접견을 기대하겠습니까. 빈번하게 접견 뒤에야 정이 통할 수 있고 말을 받아들여 형세가 동떨어지기에 이르지 않고 상하가 꽉 막히는 우환이나 안팎이 망가지는 일이 없을 것이니, 현명한 사람을 임용하여 다스림을 추구하는 데 뜻을 둔 군주는 염두에 두어야 합니다.

臣按: 侯而謂之康者, 以其有康民安國之功, 而得爲侯者也. 大明之君在上, 臣下順附而奉承之, 而有康民安國之功. 是以人君必錫之以寵數, 車馬至於衆多, 接之以親禮, 晝日至於三接. 在外之侯且然, 則內之公卿可知也. 後世人主於在外之諸侯, 曠世不一再見; 於內之公卿, 或五日一朝, 或間日視朝. 其勤者雖一日一朝, 然惟應故事而已. 顔面之不親·情意之不孚, 況望其晝日之間三接乎? 夫惟接見之頻, 然後其情可以通, 其言可以入, 勢分不至於懸隔, 而上下無壅蔽之患 · 內外無廢墜之事也. 有志任賢求治之主, 尙念之哉.

《서경》〈우서〉에서 말하였다.

제순(帝舜)이 말씀하기를 "아! 신하이면서 이웃이고, 이웃이면서 신하이다."라고 하니, 우(禹)가 "아! 옳습니다."라고 하였다.

《虞書》: 帝曰: "吁, 臣哉, 鄰哉; 鄰哉, 臣哉." 禹曰: "兪."

공영달(孔穎達)이 말하였다.

"린(鄰)은 가까움[近]이다. 임금과 신하의 도리는 가까우므로 서로 기다려 이루어진다."

孔穎達曰: "鄰, 近也. 君臣道近, 相須而成."

신은 이렇게 생각합니다. 선유(先儒)가 말하기를 "신하[臣]란 분수로 말한 것이고, 이웃[鄰]이란 정으로 말한 것이다."라고 했습니다.[12] 임금과 신하 사이는 분수로만 일관하면 사이가 벌어지고, 정으로만 일관

12 선유(先儒)가 … 했습니다: 후한(後漢) 순제(順帝) 때 장강(張綱)의 말이다.《尙書埤傳 卷3》.

하면 설만해지기 때문에 제순이 대우(大禹)에 대하여 신하의 도리를 다하여 자신을 친하게 도와주기를 바라면서 "신하이면서 이웃이다"라고 했고, 또 자신을 친하게 도와서 신하의 도리를 다하기를 바라면서 "이웃이면서 신하이다"라고 하면서, 반복해서 영탄하여 마지않았습니다.

순은 감탄하면서 말하였고 우는 수긍하면서 인정하였으니, 임금과 신하 사이에 친근한 관계가 이와 같았습니다. 후세 임금이 신하에 대할 때, 지나치게 엄격하지 않으면 지나치게 업신여기니, 이것이 상하의 정이 미덥지 못한 이유이고, 정치의 성과가 항상 옛날만 못하다고 생각합니다.

臣按: 先儒謂臣以分言, 鄰以情言. 君臣之間一於分則離·一於情則褻, 故帝舜於大禹既欲其盡臣道以親助於我, 曰 "臣哉鄰哉", 又欲其親助我以盡臣道, 曰 "鄰哉臣哉", 反覆詠歎之不置. 舜歎而言之, 禹俞而然之, 君臣之際其交相親近有如此者. 後世人君之於臣下, 不過於嚴則過於瀆, 此上下之情所以不孚, 而治功之成恒不若於古歟!

제순(帝舜)【용(庸)은 용(用)이다.】이 노래를 지어【가(歌)는 시가(詩歌)이다.】 말하기를 "하늘의 명을 삼가야 하니【칙(敕)은 계칙(戒敕)이다.】, 때마다 삼가고【시(時)는 계칙하지 않을 때가 없다는 말이다.】 기미마다 삼가야 한다【기(幾)는 일의 기미로, 계칙하지 않는 일이 없다는 말이다.】."라고 하고, 마침내 노래하기를 "고굉(股肱)이【고굉은 신하이다.】 기뻐하여 일하면 원수(元首)의【원수는 임금이다.】 다스림이 홍기되어【기(起)는 홍(興)이다.】 백관이 기뻐할 것이다【희(熙)는 넓음(廣)

이다.】.”라고 하였다. 고요가 손을 모아 절하고 머리를 조아리며 큰소리로 말하기를【큰소리로 빨리 부르는 것을 양(颺)이라고 한다.】“유념하시어 신하들을 거느리고【솔(率)은 전체를 이끈다[總率]는 말이다.】 일을 일으키시되 법도를 삼가 공경하시며【헌(憲)은 지켜야 할 법을 신중히 한다는 말이다.】, 일이 이루어지는가를 자주 살펴 공경하소서【누(屢)는 여러 차례[數]이다.】.” 하고는, 마침내 노래를 이어 이루기를【갱(賡)은 연속[續]이다.】【재(載)는 이룸[成]이다.】“원수가 현명하시면 고굉이 어질어서 모든 일이 편안할 것입니다【강(康)은 편함[安]이다.】.”라고 하였다. 고요가 다시 노래하기를 “원수가 자질구레한 데【총좌(叢脞)는 자질구레함[煩碎]이다.】 마음을 쓰면 고굉이 태만해져서【타(惰)는 나태(懈怠)이다.】 만사가 폐해질 것입니다【타(墮)는 기울어 무너지는 것이다.】.”라고 하였다. 제순(帝舜)이 절하며 “너의 말이 옳다. 가서 공경히 임무를 수행하라.”라고 하였다.

帝庸【用也】作歌【詩歌】曰: “敕【戒敕】天之命, 惟時【無時而不戒敕】惟幾【幾事之微也, 無事而不戒敕】.” 乃歌曰: “股肱【臣也】喜哉, 元首【君也】起【興也】哉, 百工熙【廣也】哉.” 皐陶拜手稽首颺【大言而疾曰颺】言曰: “念哉, 率【總率】作興事, 愼乃憲【謹其所守之法】, 欽哉. 屢【數也】省乃成, 欽哉.” 乃賡【續也】載【成也】歌曰: “元首明哉, 股肱良哉, 庶事康【安也】哉.” 又歌曰: “元首叢脞【煩碎】哉, 股肱惰【懈怠】哉, 萬事墮【傾圮】哉.” 帝拜曰: “兪, 往欽哉.”

채침이 말하였다.

“제순(帝舜)이 장차 노래를 짓고자 하면서 노래하려는 바의 뜻을 먼저 말한 것이다. 고요가 장차 노래를 잇고자 하면서 노래하려는 바의 뜻을 먼저 말한 것이다. 제순은 노래를 지으면서 신하에게 어려운 일을 책임지게 하고 고요는 노래를 이으면서 군주에게 어려운 일을 책임지게 하여, 임금과 신하 사이에 서로 어려운 일을 책임지게 하는 것이 이와 같았으니, 순 임금의 정치는 이런 점에서 다른 시대의 정치가 미칠 수 없었다."

蔡沈曰: "舜將欲作歌, 而先述其所以歌之意; 皐陶將欲賡歌, 而亦先述其所以歌之意. 舜作歌, 而責難於臣; 皐陶賡歌, 而責難於君. 君臣之相責難者如此, 有虞之治茲所以爲不可及也."

신은 이렇게 생각합니다. 순 임금의 조정에서 임금과 신하가 서로 노래를 이으면서 원수나 고굉을 언급하여 군신(君臣)이 일체라는 뜻을 보였습니다. 임금의 노래는 고굉을 앞세웠고, 신하의 노래는 원수를 앞세웠으니, 노래하며 즐거운 가운데 존숭하고 공경하는 뜻을 담았습니다.

이런 시기를 맞아 한 조정 사이의 임금과 신하 관계를 보면, 신하는 임금을 공경하였으니 절하고 머리를 조아리며 큰소리로 말하였고, 임금은 신하를 공경하였으니 절하며 그 말이 옳다고 하였습니다. 군신이 한마음이 되어 상하가 권세를 잊었으니, 이것이 순 임금의 조정에 있는 군신이 만세의 본보기가 되는 이유이고, 정치의 효과라는 점에서 후세의 정치가 미칠 수 없던 이유일 것입니다.

臣按: 虞廷君臣相與賡歌, 以元首·股肱爲言, 以見君臣一體之意. 君之歌則先股肱, 臣之歌則先元首, 於詠歌歡樂之中, 寓推尊致敬之意. 當是時也, 一堂之間·君臣之際, 臣敬君, 則拜稽以颺其言; 君敬臣, 則致拜以兪其語. 君臣一心, 上下忘勢, 此虞廷之君臣所以爲萬世法, 而其治效所以爲不可及歟.

《시경》〈대아 권아〉 첫 장에서 말하였다.

높은 언덕에 회오리바람이 남쪽에서 불어오도다【권(卷)은 굽은 모양[曲]이다.】【아(阿)는 높은 언덕[大陵]이다.】. 의젓한 군자【군자는 성왕(成王)을 가리키는데, 아래도 같다.】가 와서 놀며 노래하여 그 소리를 펼치도다【시(矢)는 펼친다[陳]이다.】.

다음 장에서 말하였다.

한가히 그대가 놀며 여유롭게 그대가 쉬도다【반환이나 우유는 모두 한가하다는 뜻이다.】. 의젓한 군자여! 그대로 하여금 그대의 천성을 잘 마쳐서 선공(先公)처럼 마치게 하리로다【유(酋)는 마침[終]이다.】.

《詩 大雅 卷阿》其首章曰: 有卷【曲也】者阿【阿, 大陵也】, 飄風自南. 豈弟君子【指成王也, 下放此】, 來遊來歌, 以矢【陳也】其音.

次章曰: 伴渙爾遊矣, 優遊爾休矣【伴渙·優遊皆閑暇之意】. 豈弟君子, 俾爾彌爾性, 似先公酋矣【酋, 終也】.

주희가 말하였다.

"이 시는 소공(召公)이 성왕을 따라 여행하다가 높은 언덕 위에서 노래하다가, 왕의 노래를 듣고 이 시를 지어 경계한 것이다. 첫 장은 전체를 서술하여 단서를 표현하였다. 다음 장은 왕이 한가하고 여유롭게 여행한 뒤에, 또 불러서 아뢰면서 '그대로 하여금 그대의 수명을 잘 마쳐서 선공처럼 잘 시작하고 잘 마치게 하리로다.'라고 말한 것이다."

朱熹曰: "此詩召公從成王遊, 歌於卷阿之上, 因王之歌, 而作此以爲戒. 首一章總敘以發端, 次章言王既伴渙優遊矣, 又呼而告之, 言使爾終其壽命, 似先君善始而善終也."

신은 이렇게 생각합니다. 우리나라 학사(學士) 주선(朱善)이 말하기를 "천하의 즐거운 시기로는 태평성대가 펼쳐지는 때만한 적이 없지만, 우려할 만한 시기 또한 태평성대의 때만한 적도 없다. 어찌하여 즐거웠다고 하면서 또 우려할 만한 시기라고 하였는가. 대개 태평성대의 시기에는 삼광(三光: 해·달·별)이 밝고, 사계절이 차례로 순조로우며 중생이 살 곳을 찾으니, 이는 참으로 즐거운 일이다. 그렇지만 치세가 극에 이르렀으나 경계하지 않으면 난세 또한 여기서 조짐이 생긴다. 천지가 차고 빔은 시대의 변화에 따르는 법인데, 치세라고 해서 항상 어지럽지 않으리라 보장할 수 있겠는가. 이 점이 우려할 만한 것이다."라고 했습니다.[13]

---

13 주선(朱善)이 … 했습니다: 주선은 명나라 학자인데, 위의 말은 《시해이(詩解頤)》 〈권아수장

우려는 치세가 극에 달한 시기에 해야 하는 것이니, 이 점이 순 임금 때 고요의 이어진 노래가 있었던 이유이고, 주나라 때 소공의 〈권아〉가 있었던 이유입니다.

臣按: 本朝學士朱善曰: "天下之可樂者, 莫如泰和盛治之時; 而可慮者, 亦莫如泰和盛治之時. 曷爲其可樂而又可慮也? 蓋泰和盛治之時, 以三光則得其明, 以四時則得其序, 以庶類則得其所, 是誠可樂也. 然治極而不戒, 則亂亦於此乎兆. 天地盈虛與時消息, 而謂治可保其常不亂乎? 此其所可慮也. 夫惟慮之於極治之時, 此有虞所以有皐陶之賡歌, 有周所以有召公之《卷阿》也."

3장에서 말하였다.

그대가 살고 있는 강토가 크게 밝으니【반장(反章)은 크게 밝다는 뜻이다.】 또한 매우 후하도다. 의젓한 군자! 그대로 하여금 그대의 천명을 잘 마쳐서 모든 신들이 그대를 주인으로 삼게 하리라【몸이 끝난 뒤에 천지와 산천, 귀신의 주인이 된다는 말이다.】.

4장에서 말하였다.

그대가 받은 천명이 장구하니, 복록으로 그대가 편안하도다【불(茀)과 녹(祿)은 모두 복(福)이다.】. 의젓한 군자! 그대로 하여금 그대의 천명을 잘 마쳐서 그대가 항상 큰 복을 누리게 하리라【순수하고 큰 복을 항상 누리며 잃지 않는다는 말이다.】.

(卷阿首章)〉에 나온다.

第三章曰: 爾土宇反章【反章, 大明也】, 亦孔之厚矣. 豈弟君子, 俾爾彌爾性, 百神爾主矣【謂終其身爲天地·山川·鬼神之主也】.
第四章曰: 爾受命長矣, 茀祿爾康矣【茀·祿皆福也】. 豈弟君子, 俾爾彌爾性, 純嘏爾常矣【則純大之福, 常享而不失矣】.

신은 이렇게 생각합니다. 이 두 장은 주희가 말한 바 수명과 복록의 융성함을 극언하여 왕의 마음을 확장하고 감동시킨 내용입니다. 송나라 학자들의 말이, 한 문제(漢文帝) 때 가의(賈誼)가 재앙이 바로 뒤에 닥친 듯 통곡하며 울었던[14] 이유이니, 가의가 나라를 걱정하는 정성이 깊었습니다. 그렇지만 가의의 말은 너무 지나쳐 여유롭고 닦달하지 않는 마음이 없었으므로, 황제가 물러나 천하의 형세가 거기에는 이르지 않았다는 것을 보고는 하나도 믿지 않게 된 뒤에야 강공(康公)이 임금을 경계할 때 그 말 또한 법도가 있다는 것을 알았습니다.

이렇게 보면 신하가 임금에게 충고할 때 재앙을 가지고 두렵게 하는 것이 복록과 수명을 가지고 기쁘게 하는 것만 못하다는 것을 알 수 있습니다. 그렇지만 이는 신하가 임금에게 충고할 때에 해당됩니다. 만일 임금이 천명을 두려워하고 백성들이 곤궁한 것을 슬퍼한다면 진실로 현자를 구하고 조상의 뜻을 받들어 미래에 복록과 수명을 누

14 한 문제(漢文帝) 때 … 울었던: 한나라 때 가의가 문제(文帝)에게, "신이 지금의 형세로 볼 때 통곡을 해야 할 일이 하나이고 눈물을 흘려야 할 일이 둘이며, 장탄식을 해야 할 일이 여섯 가지나 있습니다."라고 상소한 일을 말한다. 《한서(漢書)》 권48 〈가의전(賈誼傳)〉에 나온다.

리기 위해 더욱 경계하고 두려워하여 장차 싹틀 재앙을 소멸시켜야 할 것이니, 두 가지 중 어느 하나를 폐해서는 안 될 것입니다.

臣按: 此二章朱熹所謂極言壽考·福祿之盛, 以廣王心而歆動之者也. 宋儒有言, 漢文之時賈誼爲之痛哭流涕, 如禍患之迫乎其後, 誼之憂國誠深矣. 然其言太過而無優遊不迫之意, 帝退而觀天下之勢不至於此, 則一不之信, 然後知康公之戒君其言亦有法也. 由是以觀, 則知人臣之告君, 懼之以禍患, 不如歆之以福壽可知矣. 雖然, 此爲人臣告君者言爾, 若夫人君畏天命而悲人窮者, 固當求賢慕祖以迓福壽於方來, 尤當戒謹恐懼以消禍患於將萌, 二者不可偏廢也.

5장에서 말하였다.

의지할 만한 사람도 있고【빙(馮)은 의지할 만한 사람이다.】 도울 만한 사람도 있으며【익(翼)은 도울 만한 사람이다.】 효도하는 사람도 있고【효는 부모를 섬길 수 있는 사람이다.】 덕이 있는 사람도 있어【덕은 자기 몸에 얻은 사람이다.】, 인도하고【인(引)은 이끌다[導]이다.】 보익하면【익(翼)은 돕다[相]이다.】 의젓한 군자를 사방에서 본보기로 삼으리라.

第五章曰: 有馮【謂可爲依者】有翼【謂可爲輔者】, 有孝【謂能事親者】有德【謂得於己者】. 以引【導也】以翼【相也】, 豈弟君子, 四方爲則.

여조겸(呂祖謙)이 말하였다.[15]

“현자의 행실이 한 가지가 아닐 텐데 굳이 ‘효도하는 사람, 덕이 있는 사람’이라고 말한 것은 어째서인가? 군주가 항상 자상하고 독실한 사람과 거처하면 선한 단서를 일으키고 덕성을 함양하게 되어 조급한 성질을 진정하고 간사한 마음을 사라지게 해서 날로 고치고 다달이 변화하는 양상이 언어로 표현할 수 없을 것이다.”

呂祖謙曰: “賢者之行非一端, 必曰有孝有德者何也? 蓋人主常與慈祥篤實之人處, 其所以興起善端·涵養德性, 鎭其躁而消其邪, 日改月化, 有不在言語之間者矣.”

주희가 말하였다.

“이 장에서는 현인을 얻어 이와 같이 스스로 도움을 받으면 덕이 날로 닦이고 사방에서 본보기로 삼을 것이라고 말하였다. 이 장 이하는 바로 앞의 장에서 나온 복록(福祿)을 이루게 되는 이유를 말한 것이다.”

朱熹曰: “此章言得賢以自輔如此, 則其德日修, 而四方以爲則矣. 自此章以下乃言所以致上章福祿之由也.”

15 여조겸(呂祖謙)이 말하였다: 이 말은 《여씨가숙독시기(呂氏家塾讀詩記)》 권26에 나온다. 송나라 학자 여조겸(呂祖謙)은 주희, 장식(張栻)과 함께 동남(東南)의 삼현(三賢)으로 일컬어졌으며, 학자들이 동래 선생(東萊先生)이라고 불렀다. 저서에 《고주역(古周易)》·《동래좌씨박의(東萊左氏博議)》·《동래집(東萊集)》 등이 있다. 《宋史 卷434 儒林列傳 呂祖謙》《宋元學案 卷51 東萊學案 呂祖謙》

마지막 장에서 말하였다.

군자의 수레가 이미 많고도 많으며, 군자의 말이 이미 길들었고 또 달릴 수 있도다. 시를 많이 펼치려는 것이 아니라【시(矢)는 펼치는[陳] 것이다.】 왕의 노래를 이어 노래하는 것이로다.

其卒章曰: 君子之車, 既庶且多, 君子之馬, 既閑且馳. 矢【陳也】詩不多, 維以遂歌.

주희가 말하였다.

"이 장에서 군자의 수레와 말은 이미 많고 잘 길들었다 하였으니, 그 뜻은 천하의 현자를 충분히 대우할 만하고 숫자가 많다고 해서 싫어하지 않는다고 말하는 것과 같다. '이어 노래한다'란 왕의 소리를 뒤이어 노래한 것이니, 《서경》의 '노래를 이어 한다'는 말과 같다."

朱熹曰: "此章謂君子之車馬則既衆多而閑習矣, 其意若曰是亦足以待天下之賢者, 而不厭其多矣. 遂歌蓋繼王之聲而遂歌之, 猶《書》所謂賡載歌也."

신은 이렇게 생각합니다. 이 시에 대해 선유(先儒)는 "소공이 성왕을 따라 여행하다가 높은 언덕 위에서 지었다고 하였고, 마지막 장에서 말한 '왕의 노래를 이어 노래하는 것이로다[維以遂歌]'는 《서경》에서 고요가 순 임금의 노래를 이어 노래한 것과 같다."라고 하였습니다. 그러니 옛날부터 성명(聖明)한 군주가 신하를 공경하고 예로 대하며 서로 어울려 노래하는 것이 유래가 있었던 것입니다.

생각건대, 우리 태조 고황제(太祖高皇帝)께서 만기(萬幾: 군주의 정무)의 여가에 《대고(大誥)》 3편을 조목별로 작성하여 천하의 신민들에게 보이면서, 첫 편의 머리에 '군신이 함께 어울린다[君臣同遊]'를 첫 번째로 삼았는데, 그 내용에 "옛날에 신하로서 군주와 함께 어울릴 수 있었던 사람은 충성을 다하여 군주를 완성시켰으며, 밥을 먹거나 몽매간에도 정치를 잊지 않았다. 정치란 무엇인가? 오직 백성들의 복지를 위해 애쓰며, 군주의 잘못을 수습하고 군주의 허물을 억제하며 군주가 빠트린 것을 보필하는 것이다. 조종조가 지하에서 드러나게 하고 생전에 부모를 기쁘게 하며 살았을 때 처자를 영광스럽게 하여, 몸과 이름이 대대로 이어져 천만년이 지나도 사라지지 않게 할지어다."라고 하였으니, 성스럽고 신묘한 자손을 위해 염려하신 성조(聖祖)의 마음이 깊습니다.

군주는 하늘처럼 존귀하며, 신하는 땅처럼 낮으니, 그 분수는 지엄합니다. 하물며 대를 이은 임금은 깊은 궁궐에서 성장하여 신하들과 현격한 거리감이 있기 쉽습니다. 하루 동안에 조회를 한다 해도 잠깐 동안일 뿐이고, 조회가 끝난 뒤에는 친하게 접하는 자들은 환관이나 궁인이니, 이른바 현명한 사대부는 가까이서 친할 기회가 없기 때문에 이런 이유에서 '임금과 신하가 함께 어울린다'는 가르침이 나온 것입니다.

'어울린다'고 말한 것은, 고요가 명랑한 노래를 이어 부르고 소공이 높은 언덕에서 어울렸듯이, 편전(便殿)처럼 한가롭게 지내는 곳이나 정전(正殿)이나 행차한 곳에서도 함께하지 않음이 없다는 말입니다.

그렇지만 신하가 같이 어울리다가 혹 임금이 지나치게 태만해지게 하거나 혹 임금이 음탕하고 방종하게 조장할까 두려워, "힘을 다하여 군주를 완성시켰으며, 밥을 먹거나 몽매간에도 정치를 잊지 않았다. 오직 백성들의 복지를 위해 애쓰며, 군주의 잘못을 수습하고 군주의 허물을 억제하며 군주가 빠트린 것을 보필하는 것이다."라고 또 가르치셨습니다. 또한 신하가 감동하여 기쁘게 마음을 움직일 줄 모를까 두려워 이에 또 기약하기를, "조종조를 드러나게 하고 부모를 기쁘게 하며 살았을 때 영광스럽게 하고 후세에 이름이 이어지도록 하라."라고 하셨습니다. 아! 성조의 마음이 신하를 감발하고 성스럽고 신묘한 자손을 위한 염려가 한결같이 얼마나 깊고도 멉니까.

신이 여기서 더욱 고금의 성군과 현명한 신하가 그 마음의 측면에서 천만세가 흘러도 상통하는 것을 볼 수 있었습니다. 왜 그런지 말씀드리겠습니다. 소공이 시를 지어 신하의 입장에서 임금에게 아뢰었기 때문에, 장수와 복록의 성대함을 가지고 군주의 마음을 기쁘게 움직여 선(善)을 일으키도록 하였으니, 현자를 구하여 선인을 등용하는 것을 조종(祖宗)을 본받고 치국(治國)을 이루는 기틀로 삼았던 것입니다.

성조께서 고(誥)를 지어 임금으로서 신하에게 고하였기 때문에 영광을 드러내고 이름을 남기는 효과를 가지고 신하의 마음을 기쁘게 움직여 선을 감발하도록 하였으니, 충성을 다하고 백성을 복되게 하는 것을 임금을 완성하는 바탕으로 삼았던 것입니다. 이를 통해 군신의 의리는 천고에 한 가지 마음이고 성현의 마음은 만세토록 하나의 이치임을 알 수 있습니다. 훗날 성조의 지위를 이어 하늘을 받들고 정치를 할 사람은 성조의 마음을 자신의 마음으로 삼아야 할 것이고, 소공의 지위에 있으면서 군주를 따라 어울려 노래할 사람은 소공의 마음을 자신의 마음으로 삼아야 할 것입니다. 신은 간곡히 말씀드립니다.

臣按: 此詩先儒謂召公從成王遊歌於卷阿之上而作, 其卒章所謂"維以遂歌"猶《書》皐陶賡帝舜之載歌也, 則是自古聖帝明王所以敬禮其臣相與遊歌者, 有自來矣. 洪惟我太祖高皇帝萬幾之暇, 條成《大誥》三編以示天下臣民, 其初編之首卽托始以"君臣同遊"爲第一, 其言曰: "昔者人臣得與君同遊者, 其竭忠成全其君, 飮食夢寐未嘗忘其政. 所以政者何? 惟務爲民造福, 拾君之失, 撙君之過, 補君之闕. 顯祖宗於地下, 歡父母於生前, 榮妻子於當時, 身名流芳, 千萬載不磨." 噫, 聖祖之心所以爲聖子神孫慮者深矣! 蓋君尊如天, 臣卑如地, 其分至嚴, 矧繼世之君生長深宮, 其於臣下尤易懸絶, 蓋一日之間, 視朝之際僅數刻耳, 退朝之後所親接者宦官·宮人, 所謂賢士大夫者無由親近也, 於是乎發爲"君臣同遊"之訓. 謂之遊者, 則凡便殿燕閑之所·禁籞行幸之處無不偕焉, 如皐陶賡明良之歌·召公從卷阿之遊是已. 然尤恐其臣之同遊也, 或啓君之怠荒, 或長君之淫縱. 於是又敎之曰: "務在成全其君, 飮食夢寐不忘其政, 惟務爲民造福, 拾君之失, 撙君之過, 補君之闕." 又恐其臣不知所以感發而歆動者, 於是又期之以"顯祖宗·歡父母, 顯榮生前, 流芳後世." 噫, 聖祖之心所以感發其臣, 而爲聖子神孫慮一何深且遠哉! 臣於是尤有以見古今聖君賢相其心千萬世而相通也, 何則? 召公作詩以臣而告君也, 故以壽考·福祿之盛, 以歆動其君之心, 俾其興起於善, 求賢用善以爲法祖致治之基; 聖祖作誥以君而告臣也, 故以顯榮·流芳之效, 以歆動其臣之心, 使其感發於善, 盡忠福民以爲成全其君之地. 可見君臣之義千古一心, 聖賢之心萬世一理. 後之踐聖祖之位以奉天出治者, 尙當以聖祖之心爲心; 居召公之位以從君遊歌者, 尙當以召公之心爲心, 臣不勝惓惓.

《서경》〈주서(周書) 소고(召誥)〉에서 말하였다.

이제 어린 아들【충(沖)은 유(幼)이다】이 왕위를 이었으니, 나이가 많은 사람들을 버리지 마십시오. 우리 옛사람들의【계(稽)는 고(考)이다.】 덕을 살펴보아야 하는데, 하물며 계책을 살필 때 하늘로부터 할 수 있는 사람들이겠습니까?

〈周書 召誥〉: 今沖【幼也】子嗣, 則無遺壽耇, 曰其稽【考也】我古人之德, 矧曰其有能稽謀自天?

채침이 말하였다. "어린 군주는 노성한 신하에 대하여 더욱 소원해지기 쉽다. 그러므로 소공이 말하기를 '이제 왕이 동자(童子)로서 왕위를 이었으니, 노성한 사람을 버려서는 안 됩니다. 옛사람의 덕을 살필 수 있다고 말하더라도 이는 진실로 버릴 수 없거늘, 하물며 계책을 살필 때 하늘로부터 할 수 있는 사람들이라고 한다면 이는 더욱 버릴 수 없습니다.'라고 하였다. 옛사람의 덕을 살필 수 있으면 사무에 대해서도 증명할 바가 있을 것이고, 계책을 살필 때 하늘로부터 할 수 있다면 이치에 빠뜨린 바가 없을 것이다. 나이 많은 사람을 버리지 않는 것은 천하의 군주 노릇 하는 자가 할 중요한 일이다. 그러므로 소공이 특별히 첫 번째로 말한 것이다."

蔡沈曰: "幼沖之主於老成之臣尤易疏遠, 故召公言 '今王以童子嗣位, 不可遺棄老臣. 言其能稽古人之德, 是固不可遺也, 況言其能稽謀自天, 是尤不可遺也.' 稽古人之德, 則於事有所證; 稽謀自天, 則於理無所遺. 無遺壽耇, 蓋君天下者之要務, 故召公特首言之."

신은 이렇게 생각합니다. 채침이 "나이 많은 사람을 버리지 않는 것은 천하의 군주 노릇 하는 자가 할 중요한 일이다."라고 하였는데, 이는 나이 많은 사람은 거친 세월이 길고 깊어 전왕 때의 정치나 조종조의 문화, 고금의 흥망과 치란의 자취, 동시대의 연혁과 폐치의 연유에 대해 그렇게 된 상황과 그렇게 된 이유에 대해 다 알기 때문입니다.

이렇게 하면 옳고 이렇게 하면 그르다든가, 이렇게 하면 성공하고 이렇게 하면 실패한다든가, 이렇게 하면 치세가 되고 이렇게 하면 난세가 된다든가 등, 마음속에 훤하고 견문을 통해 명료하며 지휘하는 동안 분명하기 때문에, 사무에 증명할 바가 있어 빈말이 되지 않고 이치에 빠뜨린 바가 없어 지나가다 하는 말이 되지 않는 것입니다. 임금이 정치를 할 때 진실로 이런 인물을 버려두지 않고 그의 말을 자문받아 채용한다면, 정치의 효과라는 측면에서 아직 일을 겪어 보지 않은 젊은 신진을 등용할 때에 비하여 그 차이가 열배, 백배 정도에 그치겠습니까.

臣按: 蔡沈言 "無遺壽耇, 君天下者之要務," 蓋壽耇之人閱世久而涉曆深, 於凡前王之政·祖宗之典, 古今興衰治亂之跡·當世沿革廢擧之由, 莫不有以知其所當然及其所以然. 如此則是·如此則非, 如此則成·如此則敗, 如此則治·如此則亂, 灼然於心胸之間, 瞭然於見聞之際, 粲然於指畫之頃, 於事有所證, 非徒爲是空言也; 於理無所遺, 非徒爲此駕說也. 人君爲治, 誠能不遺斯人, 惟其言之是諮是用, 則其治效之臻, 視夫用彼新進少年不經事者, 其相去奚翅十百哉?

《서경》〈주서 필명(畢命)〉에서 말하였다.

공(公)【공(公)은 필공(畢公)이다.】이 성대한 덕으로【무(懋)는 성대하다는 뜻이다.】 세세한 행실에 부지런하여【소물(小物)은 세세한 행실이다.】 4대를 보필하고 밝혀서【4대는 문(文)·무(武)·성(成)·강(康)이다.】 얼굴빛을 바르게 하고 아랫사람들을 거느리자, 태사의 가르침을 공경하지 않음이 없었다【지(祗)는 공경이다.】【사(師)는 본보기[法]이다.】【언(言)은 가르침[訓]이다.】. 아름다운 공적이 선왕의 세대보다 많으니, 나 소자는【소자(小子)는 강왕(康王) 자신을 가리킨다.】 옷을 드리우고【수(垂)는 옷을 드리운다는 말이다.】 손을 마주잡고서【공(拱)은 손을 마주잡는 것이다.】 이루어지기만을 바라노라.

〈畢命〉: 惟公【畢公】懋【盛大之義】德, 克勤小物【細行也】, 弼亮四世【文·武·成·康】, 正色率下, 罔不祗【敬也】師【法也】言【訓也】. 嘉績多於先王, 予小子【康王自謂也】垂【垂衣】拱【拱手】仰成.

채침이 말하였다.

"필공은 이미 성대한 덕이 있고 또 세세한 행실에 부지런하여, 4대를 보필하면서 풍채가 준엄하고 조정의 본보기가 되었다【조정에서 늘어서는 자리에 일정한 장소가 있다는 말이다.】. 높고 낮은 사람 모두 태사의 가르침에 공경히 복종하지 않는 이가 없어 아름다운 공적이 선왕의 시대보다 많았다. 그러니 지금 나 소자가 다시 무엇을 하겠는가. 옷을 드리우고 손을 마주 잡고서 그 성취를 우러러볼 뿐이다."

蔡沈曰: "畢公旣有盛德, 又能勤於細行, 輔導四世, 風采凝峻, 表儀朝著【謂朝內列位有常處】, 若大若小, 罔不祗服師訓, 休嘉之績蓋多於先王之時矣. 今我小子復何爲哉? 垂衣拱手以仰其成而已."

신은 이렇게 생각합니다. 사점(史漸)이 말하기를 "충후는 우활에 가깝고 노성은 지둔과 비슷하다."라고 했습니다.[16] 선왕이 끝내 우활하거나 지둔하다고 해서 충후하고 노성한 사람을 바꾸지 않았던 것은 대대로 내려온 신하나 오래된 유덕자는 공적이 이미 당대에 드러났고 명망이 이미 사람들에게 믿음을 얻었기 때문입니다. 공리(功利)를 헤아리고 고과(考課)를 매기는 데는 비록 신진만 못하지만, 조정에서 온화한 모습에 천하가 그 풍채를 우러러보아, 완악한 자가 청렴해지고 나약한 자가 뜻을 세우며[17] 야박한 자가 두터워지고 가벼운 자가 분

16 사점(史漸)이 … 했습니다: 《서경집전(書經集傳)》 소주(小註)에 나온다.

17 완악한 … 세우며: 맹자가 "백이(伯夷)의 풍도를 들은 자는, 완악한 자는 청렴해지고 나약

발하게 되니, 마치 태산(泰山)과 교악(喬嶽)이 당초 움직이는 수고가 없는데도 사람들을 후하게 하는 영향을 끼치는 것과 같습니다.

필공은 4대의 원로로, 비록 보통 사람이 미칠 수 없는 훌륭한 덕을 가지고 있지만 늘 스스로 만족하지 못하는 성심이 있어서, 작은 일에도 반드시 근면하였는데도 근면하지 못했다고 생각하고, 아름다운 업적이 전 시대보다 대단히 많지 않자 혹 태만하다고 생각하여, 정색을 하고 태도를 조심하니 사람들의 비난이 절로 사라졌고 그가 하는 말에 대해 천하 사람들이 마음으로 복종했습니다.

아, 이런 사람이야말로 《서경》에서 말한 '나이든 사람'이고, 《시경》에서 말한 '노성한 사람'일 것입니다. 임금이 진실로 이런 사람을 얻어 믿고 기댈 수 있는 직임을 맡겨 조정의 기강을 바로잡고 풍속을 돈독하게 함으로써 옷을 드리우고 손을 마주 잡고서 그 성취를 우러러볼 수 있다면, 어찌 정교가 미덥지 않겠으며 강포한 자들이 복종하지 않겠습니까.

臣按: 史漸曰: "忠厚近迂闊, 老成若遲鈍." 先王終不以此易彼者, 蓋世臣舊德功業已見於時, 聞望已孚於人. 商功利·課殿最, 雖不若新進者, 至於雍容廊廟, 天下想望其風采, 足以廉頑立懦, 敦薄厲偸, 如泰山·喬嶽初無運動之勞, 而功之及人厚矣. 畢公四世元老, 雖有不可及之盛德, 常有不自足之誠心, 小物不以不必勤而不勤, 嘉績不以已多於前時而或怠, 正色斂容, 而使人之非意自消, 出辭吐氣, 而使天下之群心胥服. 吁

한 자는 뜻을 세운다."라고 하였다. 《맹자(孟子)》 〈만장 하(萬章下)〉에 나온다.

斯人也, 其《書》所謂壽耇·《詩》所謂老成人歟! 人君誠能得斯人, 而付倚毗之任, 以正朝綱, 以敦雅俗, 垂衣拱手以仰其成, 尙何政教之不孚·强暴之不服哉?

《시경》〈모서(毛序)〉에서 말하였다.

〈행위(行葦)〉는 충후에 대한 시이다. 주나라 왕실이 충후하여 인덕이 초목에까지 미쳤기 때문에, 안으로 구족을 화목하게 하고 밖으로 황구를 높이 섬겼으며 노인을 봉양하고 좋은 말씀을 청하여 복록을 이루었다.

〈詩序〉曰: 〈行葦〉, 忠厚也. 周家忠厚, 仁及草木, 故能內睦九族, 外尊事黃耇, 養老乞言, 以成其福祿焉.

신은 이렇게 생각합니다. 이는 《시경》의 옛 서문으로, 주희는 이 〈모서〉가 시의 뜻과 맞지 않는다고 변증하였습니다.[18] 그렇지만 "밖으로 황구를 높여 섬겨, 노인을 봉양하고 좋은 말씀을 청하여 복록을 이루었다" 는 말은 옛날 훌륭한 임금이 노인을 공경하여 말씀을 청했던 뜻을 얻었기 때문에 본 편에 실었습니다.

---

18 주희는 … 변증하였습니다: 주자는 이 시가 제사를 마치고 부형과 노인들에게 잔치를 베푸는 시로 보았다. 모두 4장 중, 1장은 흥(興)이고, 2장은 술을 올리며 음식을 올리는 내용이며, 3장은 잔치 뒤에 활을 쏘며 즐기는 내용이고, 4장은 오래 사시라고 송축하는 내용이라고 하였다.

臣按: 此《詩》舊序, 朱熹辨其與詩意不合, 然以其外尊事黃巉, 養老乞言, 以成其福祿, 得古昔盛王敬老求言之意, 故載於篇.

《시경》〈탕지십(蕩之什) 탕(蕩)〉에서 말하였다.

상제가 나쁜 때를 만드시려는 것이 아니라 은나라가 옛 신하를 쓰지 않는 것이다. 비록 노성한 사람은 없어도 떳떳한 법이 있는데, 들어주지 않는지라 큰 명(命)이 이 때문에 기울어지도다.

〈蕩之什〉曰: 匪上帝不時, 殷不用舊. 雖無老成人, 尙有典刑, 曾是莫聽, 大命以傾.

주희가 말하였다.

"노성인(老成人)은 옛 신하이고, 전형(典刑)은 옛 법이다. 상제가 이 좋지 않은 시대를 만들려는 것이 아니라, 다만 은나라가 옛 신하를 등용하지 아니하여 이 재앙을 이루었을 뿐이라는 말이다. 아무리 함께 선왕의 옛 정사를 도모할 만한 노성한 사람이 없더라도 옛 법이 아직 남아 있어서 따라 지킬 만한데 이를 받아들여 쓰는 자가 없다. 이 때문에 큰 명이 기울어지는데도 구원할 수가 없는 것이다."

朱熹曰: "老成人, 舊臣也. 典刑, 舊法也. 言非上帝爲此不善之時, 但以殷不用舊, 致此禍爾. 雖無老成人與圖先王舊政, 然典刑尙在, 可以循守, 乃無聽用之者, 是以大命傾覆而不可救也."

사방득(謝枋得)[19]이 말하였다.

"삼대(三代) 이전에는, 나라에 중대한 정책이 있거나 안건이 있거나 의심스러운 일이 있으면 모두 노성한 사람의 말에 따라 결정하였다. '옛 신하에게 임무를 맡겨 함께 정치를 하였다'는 것은 은나라 선왕(先王)이 나라를 세운 방도였다.[20] '유서 깊은 집안의 사람을 쓰라'고 하고, '노성한 사람을 모욕하지 말라'고 한 것은 반경(盤庚)이 홍기했던 방도였다.[21] '노성한 사람들을 멀리 생각하여 마음을 편안히 하고 가르침을 알라'고 한 것은 주공(周公)이 강숙(康叔)을 가르쳤던 방도였다.[22] '검버섯 난 노인을 버려두고', '격인(格人)이 길함을 알려주지 못하게 되었다'는 것이 주(紂)가 망한 이유였다.[23] '자리에 나이든 옛 신

---

19 사방득(謝枋得): 사방득은 송나라 학자이다. 한나라에서 송나라까지의 명문장 69편을 뽑아 《문장궤범(文章軌範)》 7권을 편찬했다. 그는 송 공제(宋恭帝) 초기에 강동제형(江東提刑)으로 신주(信州)를 맡았었는데 신주에 침략한 원나라 군대와 싸우다가 패하여 성이 함락되자 도망하여 건녕(建寧) 당석산(唐石山)에 숨었다. 송나라가 망하자 민중(閩中)에서 살았는데, 원나라 사람이 강제로 연경으로 잡아가자 곡기를 끊고 죽었다. 《송사(宋史)》 권425 〈사방득열전(謝枋得列傳)〉에 나온다.

20 옛 … 방도였다: 《서경》 〈반경(盤庚)〉에 나온다. 반경이 선왕들의 정치운영을 교훈 삼아 했던 말이다.

21 유서 … 방도였다: 《서경》 〈반경(盤庚)〉에 나온다.

22 노성한 … 방도였다: 《서경》 〈강고(康誥)〉에 나온다.

23 검버섯 … 이유였다: 《서경》 〈태서 중(泰誓中)〉에 나온다. 격인은 지인(至人)의 뜻으로, 《주역》의 대인(大人)과 같은 말이다.

하가 없고, 준걸이 자리에 없는' 것이 평왕(平王)이 동쪽으로 옮긴 이유였다.[24]"

謝枋得曰: "三代而上, 國有大政·有大議·有大疑, 皆決於老成人之言. 曰圖任舊臣人共政, 殷先王所以立國也; 曰人惟求舊, 曰無侮老成人, 盤庚所以興也; 曰汝惟商耇成人, 宅心知訓, 周公所以訓康叔也; 犁老播棄, 格人罔敢知吉, 紂所以亡也; 在位罔有耆舊, 俊在厥服, 平王所以東遷也."

신은 이렇게 생각합니다. 정치의 도구는 사람과 법령뿐입니다. 사람이 있어야 자문을 받아 계획을 세워 활용하고, 법이 있어야 사회를 유지하여 근거로 삼을 바탕이 됩니다. 노성한 사람을 등용하고 이미 만들어진 법을 시행하였으니, 자문을 받아 계획에 나타난 것이 모두 선왕의 옛 정치이자 성헌(成憲)이었습니다. 등용한 지 오래되었으니 일에 폐단이 없고, 익숙하게 시행하였으니 백성들이 서로 편안하게 여기는 것은 이 때문이며, 그것을 따라 지키고 근거로 삼을 바탕이 된다면 천만 년을 하루같이 나라의 체모를 보존할 수 있고 백성을 편안히 하고 천명을 보전할 수 있을 것입니다.

---

24 자리에 … 이유였다: 주(周)나라 유왕(幽王)이 견융(犬戎)에게 살해당하자 평왕(平王)이 등극하여 문후(文侯)를 방백(方伯)으로 삼았다. 이어 책서(策書)를 내려 유왕이 실정한 이유를 진술하며 애통해했는데 "오랑캐가 우리 국가를 크게 침범하는데, 우리 어사(御事)들은 아무도 노성한 자와 준걸한 자가 자리에 있지 않았으며, 나도 잘하지 못하였다."라고 하였다. 《서경》 〈문후지명(文侯之命)〉에 나온다.

불행히 노성한 사람이 죽었지만 선왕의 옛 법이 남아 있는 경우에는 그것을 유지하면서 근거로 삼으면 그래도 인심을 묶어 두고 나라의 운명을 연장시키며 나라가 기우는 데는 이르지 않을 것입니다. 만일 신진을 서둘러 등용하고 옛 법을 가볍게 변경하면 나라가 망하는 데 이르지 않는 경우가 드뭅니다. 송나라 신종(神宗)은 한기(韓琦)와 부필(富弼)을 버려두고 왕안석(王安石)의 말을 듣고 조종조의 옛 법을 변화시켰다가 정강(靖康)의 화를 초래하였으니,[25] 이것이 그 명확한 증거일 것입니다.

臣按: 爲治之具在人與法而已. 有人以爲諮詢, 謀爲之用; 有法以爲持循, 憑藉之資. 用老成之人, 行見成之法, 則凡所以諮詢而見於謀爲者, 皆先王之舊政成憲. 用之久而事無弊·行之習而民相安者由是, 而循守之, 以爲憑藉之資, 則可以存國體, 安民生, 保天命, 千萬年如一日也. 不幸而老成凋喪, 而先王之舊法幸有存者, 持循而憑藉之, 猶可以繫人心, 延國祚, 而不至於傾覆. 苟驟用新進, 輕變舊法, 其不至於喪亂也者幾希. 若宋神宗舍韓琦·富弼, 聽用王安石, 變祖宗舊法, 以馴致靖康之禍, 茲其明驗歟.

25 송나라 … 초래하였으니: 한기(1008~1075)와 부필(1004~1083)은 송나라 명 재상이었다. 왕안석의 신법을 반대하다가, 왕안석으로부터 "한기와 부필을 저자에서 효수해야만 법이 시행될 것이다." 라는 말을 들었다. 《宋史 卷312 韓琦列傳, 卷313 富弼列傳, 卷327 王安石列傳》 이후 송나라 흠종(欽宗) 정강 2년(1127)에 금(金)나라 군대가 휘종(徽宗)·흠종(欽宗) 두 황제와 황태후·황후·황태자·종실 등 3천 명을 포로로 잡아 갔고 송나라는 남쪽으로 밀려났는데, 이를 정강의 변이라고 부른다.

《예기(禮記)》〈내칙(內則)〉에서 말하였다.

무릇 노인을 봉양하여, 오제는 본보기로 삼고【헌(憲)은 본보기[法]이다.】, 삼왕은 좋은 말을 청하였다【유(有)는 모시는 것[乂]이다.】.

《禮記》〈內則〉: 凡養老, 五帝憲【法也】, 三王有【乂也】乞言.

신은 이렇게 생각합니다. 연륜이 천하에서 귀하게 된 지 오래되었습니다. 오제와 삼왕은 노인을 봉양하는 예를 갖추었지만, 봉양하는 방법에는 나라의 노인이 있고, 일반 노인이 있었습니다. 이른바 나라의 노인이란 나라의 오랜 신하들로 일찍이 정무를 맡아 복무하면서 임금의 녹을 먹고 임금의 일을 맡았던 사람들입니다. 그러므로 단지 장(漿)을 대접하고 작(爵)을 잡는 의례나 축일(祝噎)과 축경(祝哽)[26]의 예의만 더하지 않고, 실제로 그들의 선행을 본받아 스스로 체득하여 아름다운 덕으로 삼고, 좋은 말을 구하여 행동에 실천하여 훌륭한 본보기로 삼았던 것입니다.

臣按: 年之貴乎天下久矣. 五帝三王莫不有養老之禮, 然其所以養之者有國老焉·有庶老焉. 所謂國老者, 國家耆舊之臣, 蓋嘗執政服役·食君

26 축일(祝噎)과 축경(祝哽): 경(哽)은 음식물이 목구멍에 남아 있는 것으로, 노인은 먹을 때마다 목이 메는 경우가 많기 때문에 아직 먹기 전에 축원하여 목이 메지 않도록 하는 것이 축경이다. 일(噎)은 음식물이 막혀 기가 통하지 않는 것으로, 이미 먹은 뒤에 축원하여 체하지 않도록 하는 것이 축일이다. 《국역 상변통고》 제27권 〈학교례(學校禮) 양로(養老)〉에 나온다.

之祿·任君之事者也, 非徒加之以執漿執爵之儀·祝噎祝哽之禮, 實欲法其善行, 體之於己以爲美德, 求其善言, 服之於行以爲良法焉.

《중용》에서 말하였다.
공자가 말하였다. "대신을 공경하면 혼란하지 않다."
또 말하였다.
"관속을 많이 두어 심부름을 맡기는 것은 대신을 권면하는 방도이다."

《中庸》: 子曰: "敬大臣, 則不眩." 又曰: "官盛任使, 所以勸大臣也."

주희가 말하였다.

"불현(不眩)이란 일이 혼란하지 않다는 말이다. 대신을 공경하면 신임이 한결같아 낮은 신하들이 이간질할 수 없기 때문에 일을 만나도 혼란하지 않는 것이다. 관성임사(官盛任使)란 관속이 많아서 임무를 충분히 맡길 수 있다는 말이다. 대신은 세세한 일을 직접 해서는 안 되기 때문에 이와 같이 우대하는 것이다."

朱熹曰: "不眩謂不迷於事. 敬大臣, 則信任專, 而小臣不得以間之, 故臨事而不眩也. 官盛任使謂官屬衆盛足任使令也. 蓋大臣不當親細事, 故所以優之者如此."

신은 이렇게 생각합니다. 주희가 《중용혹문(中庸或問)》에서 대신을 권면하는 방도에 대해 논하면서 찌꺼기를 남기지 않았는데, 전편에서 이미 수록하였으니 여기서 거듭 덧붙이지 않겠습니다. 대신을 공경하는 일은 구경(九經)[27] 가운데 하나입니다. 대신을 공경하는 것은 현자를 높이는 데 근본을 두고, 현자를 높이는 것은 수신(修身)에 근본을 두는데, 수신은 또 성실함에 근본을 둡니다.

성실이란 진실하고 망령됨이 없는 것을 말하니, 마음이 성실하지 않으면 수신할 때 실질적인 덕이 없고 현자를 높일 때 실질적인 예의가 없으며, 대신을 공경할 때도 태도만 공경하지 마음으로는 믿지 않기 때문에 말을 듣더라도 실제로 실천으로 이어지지 않고 모두 빈말이 됩니다. 그러므로 천하와 국가를 다스리는 데 구경이 있지만, 실천하는 방도는 하나이니, 하나란 성실뿐이라고 하는 것입니다.

臣按: 朱熹於《中庸或問》論勸大臣之道無復餘蘊, 前編已載之矣, 茲不重贅. 夫敬大臣, 九經之一也. 敬大臣本於尊賢, 尊賢本於修身, 而修身則又本於誠焉. 誠者, 眞實無妄之謂, 心有不誠, 則所以修身者無實德, 所以尊賢者無實禮, 所以敬大臣者, 貌敬而心不孚, 言入而實不繼, 皆爲虛文矣. 故曰凡爲天下國家有九經, 所以行之者一也, 一者誠而已矣.

27 구경(九經): 《중용》에서 말한 천하와 국가를 다스리는 아홉 가지의 법으로, 몸을 닦는 것[修身], 어진이를 높이는 것[尊賢], 친족을 친애하는 것[親親], 대신을 공경하는 것[敬大臣], 여러 신하들의 마음을 체득하는 것[體群臣], 백성들을 자식처럼 사랑하는 것[子庶民], 백공들을 오게 하는 것[來百工], 먼 지방 사람들을 회유하는 것[柔遠人], 제후들을 품어 주는 것[懷諸侯]이다.

한나라 가의가 문제에게 상소하였다.[28] "염치와 예절로 군자를 다스리기 때문에 죽음을 내려도 욕됨이 없는 것입니다. 그러므로 경(黥: 먹물로 이마에 새기는 벌)이나 비(劓: 코를 베는 벌)의 벌은 대부(大夫)에게 적용하지 않습니다. 《예기》에 '임금의 수레를 끄는 말은 감히 치아를 검사하지 않으며, 그 꼴을 밟는 사람도 벌을 받는다.'라고 하였으니, 이는 주상을 위하여 미리 불경한 것을 멀리하려는 것이고, 대신의 체모를 살려 주어 절개를 격려하려는 것입니다.

신이 듣건대, 신발이 비록 깨끗하다지만 베개에 올려놓지 않으며, 관이 비록 떨어졌다고 해도 신발 아래 둘 수는 없다고 하였습니다【저(苴)는 신발 속 바닥이다.】. 일찍이 이미 귀하고 총애 받는 지위에 있으므로 천자가 얼굴을 바꾸고 예모를 갖추었고 관리나 백성들이 일찍이 엎드려 존경하고 두려워한 것입니다. 지금 허물이 있다면 그만두게 해야 할 것이고, 물러나게 해야 할 것이며, 죽음을 내려야 할 것입니다. 만일 속박하고 묶어서【계훤(係嗄)은 긴 줄로 묶는다는 말이다.】 법을 담당하는 사구(司寇)에게 보내고 도관(徒官: 죄인 압송관)에 편입시켜 낮은 관원들이 그를 욕하고 매질하여 뭇사람들에게 보여서는 안 됩니다. 비천한 사람이 존귀한 사람에게 하루아침에 나 또한 이런 벌을 가할 수 있다고 익히 알게 하는 것은 존귀한 자를 높이고 귀한 자를 귀하게 여기는 교화가 아닙니다【상세한 내용은 전편에 보인다.】."

漢賈誼上文帝疏曰: "廉耻節禮以治君子, 故有賜死而亡戮辱. 是以黥劓之罪不及大夫. 禮不敢齒君之路馬, 蹴其芻者有罰, 所以爲主上豫遠不敬也,

28 한나라 … 상소하였다: 《자치통감》 권14 한기(漢紀)6 문제(文帝)에 나온다.

所以體貌大臣而厲其節也. 臣聞之, 履雖鮮, 不加於枕; 冠雖敝, 不以苴履【苴者, 履中之藉也】. 夫已嘗在貴寵之位, 天子改容而禮貌之矣, 吏民嘗俯伏以敬畏之矣. 今而有過, 令廢之可也, 退之可也, 賜之死可也. 若夫束縛之, 係咺之【謂以長繩係之】, 輸之司寇, 編之徒官, 小吏詈罵而榜笞之, 殆非所以令衆庶見也. 夫卑賤者習知尊貴者之一旦吾亦乃可以加此也, 非所以尊尊貴貴之化也【詳見前編】."

신은 이렇게 생각합니다. 가의의 이 말은 당시 대신들이 대부분 죄를 입고 하옥되었기 때문에 했던 것인데, 한 문제가 과연 그 말을 깊이 받아들이고 신하들을 기를 때 절도가 있었습니다. 이 뒤 대신이 죄를 지으면 모두 자살하고 형을 받지 않았습니다. 아! 가의의 이 말은 단지 당시의 폐단만 구했을 뿐이 아니었습니다. 임금이 신하를 대할 때 취해야 할 당연한 예입니다.

역사서에 "문제가 그 말을 깊이 받아들이고 신하들을 기를 때 절도가 있었다."라고 하였습니다. 기를 양(養) 자를 쓴 것은, 덕성과 선행 가운데 같이 들어가되 법에 걸리는 데는 이르지 않고자 한 것입니다. 맹자가 "선으로 사람을 기른다.[以善養人.]"라고 하였는데,[29] 문제가 거기에 가깝습니다.

---

29 맹자가 … 하였는데: 《맹자》〈이루 하(離婁下)〉에 "선으로 사람들을 기른 뒤에야 천하를 복종시킬 수 있다. 천하가 마음으로 복종하지 않는데 천하의 왕이 될 수 있는 사람은 없다.[以善養人, 然後能服天下. 天下不心服而王者, 未之有也.]"라고 하였다.

臣按: 賈誼此言蓋爲當時大臣多以罪下獄而發, 文帝果深納其言, 養臣下有節. 是後大臣有罪, 皆自殺不受刑. 嗚呼, 誼之此言非特以救當時之弊, 蓋人君待臣之禮所當然也. 史謂文帝深納其言, 養臣下有節. 養之云者, 蓋欲其同入於德善之中, 而不至於罹吾之法也. 孟子曰: "以善養人." 文帝其庶矣乎!

이상에서 대신을 공경하는 예절에 대해 논하였다.

以上論敬大臣之禮.

신은 이렇게 생각합니다. 전편의 '윤리를 바로함[正倫理]'에서 이미 임금이 신하를 부리는 예절을 수록하였는데 지금 또 대신을 공경하는 조목이 있는 것은, 거기서는 높고 낮은 신하를 통틀어 언급하였고, 여기서는 오로지 대신만 언급하였기 때문입니다.

臣按: 前編於 "正倫理" 已載君使臣之禮, 而此又有敬大臣者, 蓋彼所謂臣者通小大而言, 此則專言大臣也.

대학연의보
(大學衍義補)

—

권7

치국평천하의 요체[治國平天下之要]

백관을 바로함[正百官]

시종하는 신하의 선발[簡侍從之臣]

《서경》〈경명〉에서 말하였다.

왕이 말하기를【왕은 목왕이다.】, "옛날 문왕(文王)·무왕(武王)은 총명하고 공경하며 성인다웠고, 작고 큰 신하들이 모두 충량하고자 생각하며, 시어(侍御)와 복종(僕從)에 올바른 사람이 아닌 이가 없었다【시(侍)는 좌우에서 모시는 자이다.】【어(禦)는 수레를 모는 관원이다.】【복종(僕從)은 태복(太僕)·군복(群僕)처럼 왕을 따르는 모든 사람이다.】. 그리하여 아침저녁에 군주를 받들어 순종하고 보필하였으므로【승(承)은 따름[順]이다.】【필(弼)은 바로잡아 구하는 일이다.】, 출입하고 기거할 때 공경하지 않음이 없으며 호령을 낼 때 훌륭하지 않음이 없었으니, 하민들이 공경하고 순종하였으며 온 나라가 모두 아름다웠다. 오직 선량하지 못한 나 한 사람만이 실로 좌우 전후로 관직에 있는 관리들에게 의지하여, 미치지 못하는 데는 넓혀 허물을 곧게 펴고【승(繩)은 곧게 함[直也]이다.】 오류를 바로잡으며, 잘못된 마음을 바로잡아【규(糾)는 바로잡음

[正也]이다.】 선열을 이을 수 있게 되었도다【선열은 문왕과 무왕을 말한다.】."라고 하였다.

《書·冏命》: 王【穆王】若曰: "昔在文·武聰明齊聖, 小大之臣咸懷忠良. 其侍【給侍左右者】御【車御之官】僕從【太僕·群僕, 凡從王者】罔匪正人, 以旦夕承【承, 順】弼【正救】厥辟, 出入起居罔有不欽, 發號施令罔有不臧. 下民祗若, 萬邦咸休. 惟予一人無良, 實賴左右前後有位之士, 匡其不及, 繩【直也】愆糾【正也】謬, 格其非心, 俾克紹先烈【謂文·武】."

채침이 말하였다.

"문왕·무왕이라는 임금이 총명하고 공경하며 성인다웠고, 작고 큰 신하들이 모두 충량하기를 생각하였으니, 진실로 시어와 복종들이 순종하고 보필하기를 기다릴 것도 없었다. 그렇지만 좌우에서 열심히 일할 사람은 모두 바른 사람을 얻었으니 순종하며 바로잡는 것 또한 어찌 작은 보필이겠는가."

蔡沈曰: "文·武之君聰明齊聖, 小大之臣咸懷忠良, 固無待於侍御·仆從之承弼者, 然其左右奔走皆得正人, 則承順正救亦豈小補哉."

임지기(林之奇)가 말하였다.[1]

"좌우 가까이 있는 익숙한 자들이 올바른 사람이 아니면 아침저녁으로 점차 오염되어 간사하고 편벽된 데로 들어가면서도 자신이 알지 못하게 되어, 대신이 비록 현명해도 임금의 마음은 이미 좀먹게 된다. 그러므로 크고 작은 충량한 사람을 기다리고, 반드시 복종들이 올바른 인물인 뒤에야 가능하다."

林之奇曰: "左右近習非人, 則朝夕漸染, 入於邪辟而不自知. 大臣雖賢, 君心已蠹矣. 故須小大忠良, 必群僕皆正人而後可."

신은 이렇게 생각합니다. 목왕이 백경(伯冏)을 태복정(太僕正)으로 삼아 이 고(誥)를 짓게 하고, 맨 앞에 문왕과 무왕이 지극한 성덕을 지녔음을 서술하도록 했습니다. 당시 크고 작은 신하들이 모두 충직하고 선량한 행동을 하겠다고 생각하고 있었고, 비록 시봉, 진어(進御), 심부름하는 미천한 시종관이라도 정직하지 않은 사람이 없어 서로 뜻에 순종하고 보필하였습니다. 그러므로 출입하고 기거할 때 공경하지 않는 자가 없고, 호령을 내고 정책을 펼 때 선하지 않은 것이 없었습니다.

이 때문에 아래로는 백성들이 공경하고 따랐고, 멀리는 온 나라가 아름다웠던 것입니다. 문왕, 무왕도 오히려 그러한데, 하물며 평소 선량한 덕이 없던 이 한 몸이겠습니까.

실로 반드시 전후 좌우의 관직에 있는 관리들이 내가 미치지 못하는 곳을 보조하고 허물을 곧게 펴고 오류를 바로잡으며, 잘못되고 편

1 임지기(林之奇)가 말하였다: 중국 남송의 학자 임지기(1112~1176)이다. 여조겸(呂祖謙, 1137~1181), 왕응신(汪應辰) 등과 수학하였다. 이 말은 《상서전해(尙書全解)》 권38에 나온다.

벽된 마음을 바로잡는 데 의지한다면, 우리 선열이신 문왕과 무왕을 계승할 수 있을 것입니다. 목왕의 이 말은 백경에게 도움을 구하는 것만이 아니라, 실로 당대 전후 좌우의 직위에 있는 시종신에게 도움을 구한 것입니다.

臣按: 穆王命伯冏爲太僕正, 作此誥, 命之首述文王·武王有至聖之德. 其一時小臣·大臣各懷其忠直良善之行, 雖其侍奉·進御·僕役·從官之微, 無非正直之人, 相與奉承輔弼之, 是以其出入起居之間無有不敬者, 發號施令之際無有不善者, 由是下而民庶之敬順, 遠而萬國之休美. 文武猶然, 況我一人素無良善之德者乎? 實必賴爾前後左右有位之士, 輔助我之所不及, 直其愆過, 正其舛謬, 格其非僻之心, 庶幾能紹述我先烈之文·武乎. 穆王此言非但以求助於伯冏, 而實欲求助於一時前後左右侍從之臣有位者也.

《국어》에서 말하였다.
근신은 경계할 일을 진언한다.

《國語》: 近臣進規.

신은 이렇게 생각합니다. 시종 관직은 이른바 근신입니다. 시종 관직은 비록 각각 맡은 업무가 있지만, 모두 규간을 진언하는 일이 핵심입니다.

臣案: 侍從之職所謂近臣也. 侍從之職雖各有所司, 而皆以進規諫爲要焉.

송(宋)나라 사마광(司馬光)이 임금【임금은 영종(英宗)이다.】에게 말하였다.[2] "제가 역대 선왕의 시대를 보니, 한가하여 일이 없을 때는 항상 시종 근신을 불러 함께 조용히 만사를 강론하였는데, 간곡하고 상세하여 이르지 않는 데가 없었습니다. 그렇게 된 이유는, 첫째, 아래 신하의 마음이 위로 통하여 옹폐되는 바가 없게 하려는 것이었으며, 둘째는 그 인물의 능력과 담당할 재주를 알려고 했던 것입니다. 그러므로 내치고 승진시키며 등용하고 버리는 것이 모두 적당하였으니, 태평성대의 업적이 이로 말미암아 이룩되었습니다. 폐하께서 즉위하여 사해를 다스리시니, 비록 폐하의 성스러움과 현명함, 영특함은 하늘이 내셨다 해도, 당세의 사대부들과 아직 깊이 접견하지 못하고 민간의 실상을 아직 깊이 아시지 못하십니다. 신은 생각건대, 시종 근신으로 하여금 매일 돌아가며 한 사람씩 자선당(資善堂)에 숙직하도록 명하시고, 밤이면 숭문원(崇文院)에서 자면서 아무 때나 불러보실 때를 대비하도록 하소서. 삼가 바라건대, 성상께서 조금 엄중함을 푸시고 곡진히 자문을 구하시어 총명함을 넓혀 원대한 정치에 보탬이 되도록 하십시오."

---

2 송(宋) … 말하였다: 《송명신주의(宋名臣奏議)》 권49 〈시종신을 직숙하게 하여 자문에 대비하게 할 것을 청하며 영종에게 올린 글[上英宗乞詔侍從直宿以備訪問]〉에 나온다. 본문의 인용문은 이 글을 축약한 것이다.

또 말하였다. "신이 일찍이 여러 번, 시종 근신으로 하여금 매일 돌아가며 직숙하도록 명하시고 아무 때나 불러보실 때를 대비하도록 하라고 상언하여 이미 읽고 받아들이셨으므로, 장차 즉시 시행하리라 여겼습니다. 그런데 그 뒤로 미루어지면서 늦어지고 있으니, 저는 내외 신하 가운데 필시 폐하의 귀를 속이고 가로막는 자가 있다고 생각합니다. 그들의 의도는 폐하께서 항상 궁궐에 거처하시며 신하들과 접견하지 않아, 총명을 가리고 자신들의 권세와 총애를 굳히려는 것이니, 이 어찌 충신이 할 짓이며 폐하의 복이겠습니까. 신은 원하건대, 폐하께서 마음을 결단하시어 다시 숙직하게 하고, 정무를 보고 난 여가에 특별히 불러서 만나십시오. 함께 조용히 고금의 정치 핵심, 민간의 실정을 강론하시어 각각 그들이 가슴속에 품고 있는 바를 다 말하게 하고, 폐하께서는 신중히 채택하시어 옳은 것은 취하고 그른 것은 버리며, 충성스런 자는 나오게 하고 간사한 자는 쫓아내십시오. 이렇게 하면 신하들의 심정을 모두 진달할 수 있고 성상의 덕이 날로 새로워질 것입니다."

宋司馬光言於其君【英宗】曰: "竊見祖宗之時, 閑居無事常召侍從近臣, 與之從容講論萬事, 委曲詳悉無所不至. 所以然者, 一則欲使下情上通, 無所壅蔽; 二則欲知其人能否, 才器所任. 是以黜陟取舍皆得其宜, 太平之業由此而致. 陛下龍飛, 奄有四海, 雖聖賢英睿得於天縱, 然與當世士大夫未甚相接, 民間情僞未甚盡知. 臣謂宜詔侍從近臣每日輪一員直資善堂, 夜則宿於崇文院, 以備非時宣召. 伏望聖慈少解嚴重, 細加訪問, 以廣聰明, 裨益大政." 又曰: "臣屢曾上言乞詔侍從近臣每日輪直宿, 以備非時宣召, 已蒙開納, 將謂卽時施行. 自後遷延日久, 竊意內外之臣必有欺惑天聽而沮難之者. 其意蓋欲陛下常居禁中, 不與群下相接, 以壅蔽聰明而固其權寵, 此豈忠臣之所爲, 而陛下之福邪? 臣願陛下斷自聖意, 使之更直, 聽政餘暇特賜召對, 與之從容講論古今治體·民間情僞, 使各竭其胸臆所有, 而陛下更加采擇, 是者取之, 非者舍之, 忠者進之, 邪者黜之, 如此則下情盡達而聖德日新矣."

신은 이렇게 생각합니다. 시종신은 아침저녁으로 임금의 좌우에 있고, 밤낮으로 비울 때가 없는 신하입니다. 만일 시간을 정해 나아가 뵙고 단지 조회를 보거나 예식을 할 때 잠시 모시고 서 있기만 한다면 또한 뭇 신하들과 다름없으니, 어디에 시종다움이 있겠습니까. 그러므로 낮에는 당직하고 밤에는 숙직하는 것이니, 불시에 부를 때 대비하는 것만이 아니라, 만일 궁궐에서 예상치 못한 사태가 있을 때도 반드시 사람을 확보하여 상황을 판단하고 처리할 수 있으며 문장을 써서 명령을 내릴 수 있습니다. 그렇지 않으면 창졸간에 어떻게 사태에 대응하겠습니까.

臣按: 侍從之臣固當朝夕人主左右, 無間晝夜者也. 若惟進見有時, 第於視朝行禮之時暫爾侍立, 則又與群臣無異, 烏在其爲侍從哉? 是以晝則更直, 夜則入宿, 非但以備不時宣召, 萬一宮禁有不測之變, 亦必得人以籌度處置·屬筆命辭. 不然, 倉卒之間何以應變哉?

범순인(范純仁)이 임금【임금은 신종(神宗)이다.】에게 말하였다.[3] "우리 왕조에서 시종 관원을 설치하였는데, 대제(待制)·간의(諫議) 이상 학사(學士)·사인(舍人)은 모두 옛 구경(九卿)의 직임입니다. 조정에서 은혜와 예의로 대우하는 것이 이미 다르고 사민(士民)도 우러러보니 지위와 기대 또한 높습니다. 이 관직은 아침저녁으로 의논하고 나라의 기쁨과 슬픔을 함께합니다. 지금 근본을 잊고 말단을 따르며 쉬운 길을 택하고 어려운 길을 버려두어, 단지 장차 관청을 주관하는 것만 곧 자신의 직무로 삼습니다. 인심은 이미 인순고식에만 힘쓰고 조정에서는 더 살피지 않아 그 사이에 하는 일 없이 침묵하거나 명망이나 키우고 승진을 기다리며, 임금을 사랑하고 나라를 걱정하는 말은 없고 충성을 다하고 잘못을 보조하는 의리가 결핍되었습니다. 혹 시정의 잘잘못이 있어도 오직 물러난 뒤에야 말하고 그 자리에 처하였으면서도 부끄러워하지 않는 것이 마치 호월(胡越)[4]과 같이 상관없는 듯 여기니, 반드시 사람들마다 구차하게 녹을 구하는 것은 아니지만 대개 습관이 되어 풍속을 이룬 것입니다.

삼가 바라건대, 분명히 명을 내려 근시를 감독하고, 모든 조정의 잘못을 아울러 논핵하며, 올린 봉장(封章) 가운데 마음을 다하여 아뢰고 대부분의 말이 이치에 맞는 경우는 더 포상하여 진급시키고, 혹 녹봉을 받으면서도 말을 하지 않거나, 혹 말을 해도 취한 것이 없는 경우에는 헤아려

---

3 범순인(范純仁)이 … 말하였다: 《범충선집(范忠宣集)》 〈시종 신하에게 조정의 득실을 진달하게 할 것을 청하는 상주문[奏乞詔侍從陳朝廷闕失]〉에 나온다. 범순인(1027~1101)은 범중엄(范仲淹)의 차자(次子)로, 자는 요부(堯夫), 시호는 충선(忠宣)이다. 왕안석(王安石)의 신법(新法)을 반대하다 조정에서 쫓겨났고, 장돈(章惇)의 미움을 받아 영주(永州)로 귀양을 갔다. 휘종(徽宗)이 즉위하면서 관문전 태학사(觀文殿太學士)에 임명했지만, 극도로 악화되어 있던 안질(眼疾)을 이유로 사양하였다. 《송원학안(宋元學案)》 권3.

4 호월(胡越): 서로 상관이 없다는 뜻이다. 호는 중국의 북쪽, 월은 남쪽에 있어서 까마득히 멀리 떨어져 있는 데서 비롯되었다.

책임을 물어 쫓아내십시오. 이렇게 하면 대부분의 관직이 정비될 것이고, 조정에서는 많은 사대부의 도움을 받고 근신은 거저 녹봉을 받는다는 기롱을 면할 것입니다."

范純仁言於其君【神宗】曰: "本朝設侍從之官, 自待制·諫議已上, 學士·舍人, 皆是古來九卿之職. 朝廷待之恩禮旣異, 士民瞻仰位望亦崇, 是宜朝夕論思, 同共休戚. 今乃忘本徇末, 擇易舍難, 只將主判司局, 便爲己之職事. 人情旣務因循, 朝廷不加考核, 其間乃有優遊緘默, 養望待遷, 無愛君憂國之言, 乏盡忠補過之義. 或有時政得失, 唯能退有後言, 處之不慚, 僅同胡越, 未必人人苟祿, 蓋因習以成風. 伏望明降詔旨, 督責近侍, 凡是朝廷闕失並須論列奏陳, 所上封章其盡心論奏, 而言多中理者, 稍加褒進; 其持祿不言, 或言而無取者, 量行黜責. 如此, 則庶職修擧, 朝廷獲多士之助, 近臣免尸素之譏."

신은 이렇게 생각합니다. 시종신은 한 종류만 있는 것이 아닙니다. 폐하의 말을 대신하거나 강독하는 관원이나 좌우에서 급사(給事)하는 신하가 모두 이들입니다. 비록 급사가 각각 맡고 있는 관청이 있지만, 맡고 있는 관직 외에 모두 견문을 쌓아 두었다가 고문에 대비하고, 견해를 진달하여 잘못을 바로잡기에 진력해야 하며, 단지 침묵하고 있어서는 안 될 것입니다.【이상은 시종하는 신하에 대해 총론하였다.】

臣按: 侍從之臣非止一類, 凡在代言講讀之屬, 與夫給事左右之臣皆是也. 雖其執事各有主判司局, 然於供職之外, 皆當蓄見聞以備顧問, 進

言說以盡規益, 不可但緘默而已也.【以上總論侍從之臣】

《주례》에서 말하였다.

내사가 왕의 팔방[5] 법을【방은 병과 같다.】 관장하여 왕에게 알리어 다스리게 했다. 제후 및 고경[6], 대부에게 명할 때는 책으로 명한다【책은 간(簡)이다.】.

《周禮》: 內史掌王之八枋【與柄同】之法以詔王治, 凡命諸侯及孤卿·大夫則策【策, 簡也】命之.

오징이 말하였다.

"내사는 지금의 내제의 한림의 직책과 같다."

吳澂曰: "內史猶今之內制翰林之職也."

5 팔방: 정치의 여덟 가지 수단으로, 곧 작(爵), 녹(祿), 폐(廢), 치(置), 살(殺), 생(生), 여(予), 탈(奪)이다. 《周禮 春官 內史》.

6 고경: 정주(周) 나라 때 삼공(三公)의 다음 가는 관직으로, 즉 삼고(三孤)인 소사(少師), 소부(少傅), 소보(少保)를 가리킨다. 조선에서는 의정부의 좌·우 찬성(贊成)과 육조(六曹)의 판서를 가리켰다.

신은 이렇게 생각합니다. 팔병은 총재에게 알리는데, 내사가 다시 관장하여 왕에게 알립니다. 대개 사관은 공론이 나오는 곳이며, 생사여탈의 권한에 공정하지 않는 데가 있으면 사관은 직필로 기록합니다. 오징이 내사는 한림의 직임이라고 했는데, 이는 제후, 공경, 대부에게 명할 때는 책(策)으로써 명하는 것이 오늘날 학사원에서 조칙의 초안을 잡는 것과 같기 때문입니다. 그런데 사(史)라고 부르는 것은 바로 문서를 관장하여 정치를 돕는다는 이름이니, 지금 제도에서 한림에 사관(史館)을 합한 것은 아마 또한 이러한 의미일 것입니다.

우리 태조 황제께서 오원년(吳元年)[7]에 이미 한림원을 설치하고, 도안(陶安)을 한림학사로 삼았고, 이에 승지학사·시강·시독학사·직학사 및 대제·응봉 등 관직을 두었습니다. 홍무(洪武) 9년(1376), 명하여 백관의 품계를 정하였는데, 승지는 육부 상서와 함께 정3품, 학사는 종3품, 시강학사는 종4품이었습니다.

18년 3월에 처음 한림 관제를 정하였고, 승지·직학사·대제·응봉이라는 명칭을 혁파하고, 학사 2원(員) 직질 5품, 강·독학사 각 1원 종5품을 두고 그 요속으로는 시강·시독·오경박사·전적·시서·시조가 있었으며, 이 외에 또 수찬·편수·검토를 설치하여 사관으로 삼았으며 모두 한림원에 소속시켰습니다.

학사는 대언의 관직이고, 강독은 경연의 직임입니다. 오경박사·전적은 이전 시대 비서에 속하며, 시서·대조는 이전 시대 공봉의 명칭입니다. 이른바 사관이란 이전 시대의 저작·기거의 직임인데, 지금

---

7 오원년(吳元年): 명 태조 주원장이 원나라 순제(順帝) 지정(至正) 을미년(1355)에 군사를 일으키고, 오나라 왕이라고 칭한 정미년(1367)을 오원년이라고 한다.

은 아울러 한림에 소속시켰으니 지금 시대의 한림이라는 관청은 실로 이전 시대 여러 관직을 겸한 것이고, 그 직임이 더욱 다른 관청에 비할 바가 아닙니다.

영락 초기에 태종 황제가 7명을 가려 내각에 들여보내 지제고를 전담하며 고문에 대비하고 기무에 참여하게 하였지만, 그 직질은 오히려 5품에 그쳤습니다. 인종 황제에 이르러 또 본관에 경·좌·사·보를 더하였으니, 그 직임의 쓰임이 더욱 무거웠습니다. 관직 연혁이 오래 지난 뒤에 또 본관을 문연각 대학사·화개전(華蓋殿)·근신전(謹身殿)·무영전(武英殿) 대학사로 바꾸었습니다.

臣按: 八柄詔於冢宰, 內史復掌以詔王, 蓋史官公論之所出, 爵祿廢置·殺生予奪之柄有所不公, 史氏直筆以書之. 吳澂謂內史爲翰林之職, 蓋以其命諸侯·公·卿·大夫則策命之, 猶今學士院之草制詔也. 然謂之史, 乃掌文書讀治之名, 今制並史館於翰林, 其亦此意歟? 我太祖皇帝於吳元年已置翰林院, 以陶安爲翰林學士. 於是設承旨學士·侍講·侍讀學士·直學士及待制·應奉等官. 洪武九年詔定百官品級, 承旨與六部尙書俱正三品, 學士從三品, 侍講學士從四品. 十八年三月, 始定翰林官制, 而革承旨直學士·待制·應奉之名, 設學士二員, 秩五品; 講·讀學士各一員, 從五品, 其屬則有侍講·侍讀·五經博士·典籍·侍書·待詔, 外此又設修撰·編修·檢討以爲史官, 皆屬之翰林院焉. 夫學士代言之官, 講讀經筵之職, 五經博士·典籍則前代秘書之屬, 侍書·待詔則前代供奉之名, 而所謂史官者則前代著作·起居之任也, 今則並屬於翰林, 則是今代翰林一司實兼前代諸職, 其職任尤非他司比也. 永樂初, 太宗皇帝又柬七人者入內閣, 專知制誥, 備顧問, 參預機務, 然其秩猶止五品也. 至仁宗皇帝又於本官上加以卿·佐·師·保, 其任用尤爲重焉. 歷任既久, 又易本官以文淵閣大學士·華蓋殿·謹身殿·武英殿大學士云.

《당서(唐書)》에서 말하였다.

학사라는 직임은 본래 문학과 언어로 자문에 대비하고 시종으로 출입하기 때문에 의논에 참여하고 간언을 내므로 그 예우가 더욱 은혜로웠는데, 한림원이란 조칙을 기다리는 곳이다. 당나라 제도에 황제의 수레가 있는 곳에는 반드시 문장을 다루고 경학을 하는 학자가 있었다. 태종 때부터 언제나 명성 있는 유학자 학사를 불러 초고를 짓게 했는데, 여전히 관직 명칭이 없었다. 건봉(乾封) 이후 비로소 문사 원만경(元萬頃) 등을 불러 문사(文詞)를 짓게 하였는데, 항상 북문에서 기다리다가 나왔으므로 당시 사람들이 '북문학사(北門學士)라고 불렀다.[8]

현종 초, 한림 대조 제도를 만들어 장열(張說)[9]·장구령(張九齡)[10] 등에게

---

8 건봉(乾封) … 불렀다: 건봉은 당 고종(唐高宗)의 연호이다. 666~667년. 북문학사는 당 고종 때의 홍문관 직학사(弘文館直學士) 유위지(劉褘之)와 저작랑(著作郎) 원만경(元萬頃) 등을 가리킨다. 이들은 무후(武后)의 명에 따라 수시로 한림원(翰林院)에서 제서(制書)를 초하고 시정(時政)을 참결(參決)하여 재상(宰相)의 권한을 나누어 행사했는데, 한림원이 은대(銀臺)의 북쪽에 있었으므로 이들은 남문(南門)을 경유하지 않고 곧장 북문(北門)으로 출입하였기 때문에 당시 사람들이 이들을 북문학사라 칭하였다. 《구당서(舊唐書)》 권6 〈측천무후기(則天武后紀)〉.

9 장열(張說): 장열은 당나라 낙양(洛陽) 사람으로 자는 도제(道濟)·열지(悅之)이며, 연국공(燕國公)에 봉해졌다. 문장이 뛰어나서 허국공(許國公) 소정(蘇頲)과 함께 이름을 나란히 하여 연허대수(燕許大手)라고 칭해졌다. 현종(玄宗) 때 어떤 일로 인해 당시의 권신(權臣)인 요숭(姚崇)의 모함을 받아 악주(岳州)로 쫓겨났다가 얼마 뒤에 복관(復官)되었는데, 그 이후로 시가 더욱 구슬퍼졌으므로, 사람들이 "강산이 도운 것이다."라고 했다. 《全唐詩話 人物》.

짓게 하였고, 사방에 보내는 표문과 비답을 관장하고 문장에 응하게 했다. 얼마 지나 또 중서성의 직무가 바빠져서 문서가 많이 지체되자 이에 문학하는 학자를 선발하여 한림 공봉이라고 부르고, 집현전 학사와 함께 고명과 칙서를 쓰는 일을 나누어 맡게 했다. 뒤에 또 공봉을 학사로 고쳤고, 따로 학사원을 두어 내명(內命)을 전담시켰다.

모든 장상(將相)의 임명과 면직, 호령과 정벌은 모두 백마(白麻 삼으로 만든 흰 종이)를 썼다. 그 뒤 선발이 더욱 중대하고 예우가 더욱 친밀하여, '내상(內相)'이라고까지 불렀다. 천자의 사인(私人)이 내정(內廷)에서 잔치를 벌이면 내상은 재상 아래, 1품 위에 자리 잡았다. 당나라의 학사는 홍문관과 집현전은 중서성과 문하성에 나누어 소속되었지만, 한림학사는 홀로 소속이 없었다.

《唐書》: 學士之職本以文學言語備顧問, 出入侍從, 因得參謀議·納諫諍, 其禮尤寵, 而翰林院者待詔之所也. 唐制, 乘輿所在必有文詞經學之士, 自太宗時名儒學士時時召以草制, 然猶未有名號. 乾封以後, 始召文士元萬頃等草諸文詞, 常於北門候進止, 時人謂之 "北門學士." 玄宗初, 制翰林待詔, 以張說·張九齡等爲之, 掌四方表疏批答, 應和文章. 旣而又以中書務劇, 文書多壅滯, 乃選文學之士號翰林供奉, 與集賢院學士分掌制誥書敕. 後又

10 장구령(張九齡): 장구령은 당(唐)나라 곡강(曲江) 사람으로 자는 자수(子壽)이다. 문학으로 명성이 높아 현종(玄宗)에 의해 발탁되어 좌습유(左拾遺)에 임명되고 그 후 재상이 되었는데, 조정에서 곧은 말을 잘하고 절의가 높았다. 장구령과 장열이 재상으로 있으면서 서로 친애하고 존중하였으므로 이에 보계(譜系)를 통하였다고 한다. 《신당서(新唐書)》 권126 〈장구령열전(張九齡列傳)〉.

改供奉爲學士, 別置學士院專掌內命, 凡拜免將相·號令征伐皆用白麻. 其後選用益重而禮遇益親, 至號爲 "內相," 天子私人內宴則居宰相之下·一品之上. 唐之學士, 弘文·集賢分隸中·書門下省, 而翰林學士獨無所屬.

신은 이렇게 생각합니다. 이는 한림원을 설립하던 초기의 일입니다. 한림 설치는 삼대(三代) 이전에 없었습니다. 그렇지만 〈탕고(湯誥)〉, 〈미자지명(微子之命)〉에 군주 스스로 말한 것이 아닌 체제와 문장이 있으므로, 당시에 대언을 맡은 신하가 없었다고 단정할 수는 없습니다. 다만 그 명칭과 제도가 경전에 보이지 않으니 고증할 수 없을 뿐입니다.

한나라 제도에 상서랑이 문서 초고 작성을 주관하였고 닷새에 한 번 좋은 음식을 대접했으며 천자보다 한 등급 아래였는데, 대언이라는 명칭은 없었지만 단서는 이미 여기에서 보입니다. 당나라에 이르러 비로소 관직을 설치하여 군주의 말을 관장하게 하면서 궁궐 깊은 곳에 거처하였고 천자가 친히 믿는 신하가 되었습니다.

군주의 마음에 말하고자 하는 바, 하고자 하는 바, 묘당에서 기획하고자 하는 바, 조정에서 실시하고자 하는 바, 천하에 전파하고자 하는 바, 누구를 좋아하여 장려하고자 하는 바, 누구에게 노하여 문책하고자 하는 바가 모두 그 손을 빌렸으며, 군주의 말을 대신하여 마음을 펴고 뜻을 전하게 했으니, 반드시 영민하고 통달한 학자, 능력 있고 해박한 재주가 있는 사람을 얻어야 했습니다. 말을 해 주면 바로 군주의 마음을 이해하고 말을 들으면 군주의 의도를 알며, 말은 글을 이룰 수 있고 글은 문장을 이룰 수 있으며, 이치를 거론하되 구체적인 사실을 남기지 않고 현재에 통하되 옛일에 어긋나지 않아야 했으니, 반드시 이런 사람을 얻은 뒤에야 이 직임을 맡겼습니다. 그렇지 못하고 한갓 재주의 아름다움과 문장의 신속함만 있고, 정치와 민심에 아는 것이 없으며 군주의 덕과 정치의 원칙에 조금도 보탬이 없다면 그를 어디에 쓰겠습니까.

臣按: 此設立翰林院之始. 夫翰林之設, 三代以前無有也. 然〈湯誥〉·〈微子之命〉之類, 其體制言辭類非人君所自言者, 安知當時無代言之臣哉? 但其名制不見於經典, 無可考耳. 漢制, 尙書郎主作文書起草, 五日一美食, 下天子一等, 雖無代言之名, 其端已見於此矣. 至唐以後始設官以掌王言, 居禁林深嚴之地, 爲天子親信之臣. 人主之心欲有所言·欲有所爲, 欲有所謀猷於廟堂, 欲有所施設於朝廷, 欲有所播告於天下, 喜其人欲有所獎之, 怒其人欲有以責之, 皆假諸其手, 俾代王言以宣其心·傳其意, 必得夫穎敏開通之士·諳練該博之才, 授旨卽得其心, 聽言卽知其意, 而言又足以成文, 文又能以成章, 擧理而不遺其事, 通今而不悖乎古, 必得如是之人, 然後足以當是任. 苟爲不然, 徒以其才藻之豔麗·言辭之捷給, 而於治道·民情罔有所知, 君德·治體略無所補, 又焉用彼爲哉?

송나라 한림학사는 내제·제고·사칙·국서 및 궁궐에서 사용하는 문장을 관장했다. 후비·친왕·공주·재상의 제배는 글의 초고를 작성하였고, 사면을 내리는 덕음(德音)은 먼저 초고를 진달했다. 가마를 타고 행차를 할 때는 시종으로서 고문에 대비하였고, 아뢸 것이 있으면 청대하거나 상주하였다.

宋翰林學士掌內制·制誥·赦敕·國書及宮禁所用之文辭. 凡后妃·親王·公主·宰相除拜則草詞, 赦降德音則先進草, 乘輿行幸, 則侍從以備顧問, 有所獻納, 則請對或奏對.

신은 이렇게 생각합니다. 학사의 직임은 군주의 말을 대신하는 데 그치지 않고, 또한 고문에 대비하고 의견을 제시합니다. 그러니 등용할 사람은 단지 문장을 잘하는 사람이 아니며, 도가 하늘과 인간을 관통하고 학문이 고금에 통하며 재주가 세상의 쓰임에 적용될 수 있는 사람이 아니면 이 자리에 선발될 수 없습니다.

臣按: 學士之職不止於代王言, 而又以備顧問·資獻納焉. 夫然則所用者不獨以其能文辭而已, 非道足以貫天人·學足以通古今·才足以適世用者, 不足以膺此選也.

태조가 재상에게 말하였다. "북문은 매우 엄격하니, 무게 있는 학자를 살펴서 맡겨야 한다." 범질이 말하기를 "두의(竇儀)[11]는 청렴하고 신중하

11 두의(竇儀, 914~967): 자는 가상(可象)으로, 박학다식하고 전고(典故)에 밝아서 주(周)에서 단명전 학사(端明殿學士)를 지냈다. 송 태조에게 크게 인정을 받아 한림학사(翰林學士)에 제수되었

지만, 이전 왕조에서 이미 한림에서 단명전으로 옮겼고, 지금 또 병부 상서로 옮겼으니, 다시 부르기 어렵습니다."라고 하니, 상이 "궐 안은 이 사람이 아니면 안 된다. 경은 나의 뜻을 깨달아 다시 직무에 나아가라."라고 하였다.

太祖謂宰相曰: "北門深嚴, 當擇審重士處之." 范質曰: "竇儀淸介謹厚, 然在前朝已自翰林遷端明, 今又遷兵部尙書, 難於復召." 上曰: "禁中非此人不可, 卿當諭朕意, 勉再赴職."

태종 때 장계가 한림을 옮기려고 하니, 상이 "학사라는 직임은 맑고 무거우니, 다른 관직과 비할 바가 아니다."라고 하였다.

太宗時, 張洎欲遷翰林, 上曰: "學士之職淸切貴重, 非他官可比."

신은 이렇게 생각합니다. 송나라 구양수가 일찍이 전유연(錢惟演)이 "조정 관원 가운데 비록 재상이라도 다른 재주를 가진 사람이 할 수 있지만, 오직 한림학사는 문장이 있는 학자가 아니면 안 된다."라고 한 말을 거론하였습니다.[12] 학사 직임은 문장이 있는 학자가 아니면

다. 《송사(宋史)》 권263 〈두의열전(竇儀列傳)〉.

12 구양수(歐陽脩)가 … 거론하였습니다: 구양수는 송 인종(宋仁宗) 지화(至和) 원년(1054) 9월에 한림학사가 되어 6년간 재직하다가 파직되었다. 이듬해에 한림학사 시절에 지었던 조령(詔令) 400여 편을 편집하여 《내제집(內制集)》이라 하고 서문을 지었는데, 위 말은 거기에 인

진실로 그 명칭을 감히 감당할 수 없습니다. 그렇지만 공자가 "덕이 있는 사람은 반드시 말을 한다."라고 했고,[13] 한유 또한 "인의가 있는 사람은 그 말이 진실하다."라고 하였습니다.[14] 도덕과 인의가 있는 사람이 맑고 귀중한 자리에 있으면 나라를 빛나게 할 수 있지만, 적합하지 않은 사람에게 가벼이 제수하면 어찌 이 관직을 더럽히지 않겠습니까. 【이상은 한림학사를 말하였다.】

臣按: 宋歐陽脩嘗擧錢惟演言 "朝廷之官雖宰相亦可雜以他才爲之, 惟翰林學士非文章之士不可." 夫學士之職, 非有文章之士固不可冒此名也. 然孔子所謂 "有德者必有言," 韓愈亦謂 "仁義之人其言藹如"也. 夫所謂文學之士, 必得有道德仁義之人以處淸切貴重之地, 庶幾可以華國爾, 苟非其人而輕授之, 豈不汚是選哉? 【以上言翰林學士】

당 현종 개원 3년, 처음 마회소(馬懷素)·저무량(褚無量)[15]을 불러 날마다 교대로 시독하게 하였다.

용하였다. 전유연은 북송(北宋) 사람으로 자는 희성(希聖)이다. 오월왕(吳越王) 전숙(錢俶)의 아들이며, 아버지를 따라 송나라에 귀순하여 우신대장군(右神武將軍)을 역임했다. 관직은 지제고(知制誥), 한림학사, 추밀부사(樞密副使) 등을 역임했다. 저서에 《전의집(典懿集)》, 《금파유사(金坡遺事)》, 《가왕고사(家王故事)》 등이 있다.

13 공자가 … 했고: 공자가 "덕이 있는 사람은 반드시 훌륭한 말이 있지만 훌륭한 말이 있는 사람이라도 반드시 덕이 있지는 않다.[有德者必有言, 有言者不必有德.]"라고 하였다. 《論語 憲問》.

14 한유(韓愈)가 … 하였습니다: 《한창려문집(韓昌黎文集)》 권16 〈답이익서(答李翊書)〉에 나온다.

15 마회소(馬懷素)·저무량(褚無量): 저무량과 마회소는 함께 현종의 사부가 되었다. 이들이 궐문에 들어서면 가마를 타고 들어오게 하고 황제가 친히 영접하고 전송하며 스승의 예로 대하였다. 《자치통감(資治通鑑)》 권211 〈당기(唐紀)〉.

唐玄宗開元三年, 始召馬懷素·褚無量更日侍讀.

송 진종 함평 2년, 양휘지(楊徽之)[16]·하후교(夏侯嶠)[17]를 모두 한림시독학사로 삼았는데, 관직은 한림학사 다음이었다.

宋眞宗咸平二年, 以楊徽之·夏侯嶠並爲翰林侍讀學士, 班次翰林學士.

신은 이렇게 생각합니다. 이는 한림에 시독과 시독학사를 둔 시초입니다.

臣按: 此翰林置侍讀及侍讀學士之始.

한 명제 때 장포(張酺)[18]가 여러 차례 어전에서 시강하였으며, 영제 때

16 양휘지(楊徽之, 921~1000): 송나라 때의 시인이다. 송 태종은 시독학사(侍讀學士) 양휘지가 시로 유명하다는 말을 듣고 모든 시를 가져와 보라고 하였다. 이에 양휘지는 수백 편을 정리하여 바치면서 끝에 "10년간의 영락에 이제 무슨 행운인가. 임금님께서 이름을 물으시는 은총을 입었구나.[十年牢落今何幸, 叨遇君王問姓名.]" 라는 사은시를 올렸다. 양휘지의 시를 읽은 송 태종은 그를 예부시랑(禮部侍郎)으로 승진시키고, 그중에서 직접 10연을 골라 병풍에 썼다. 《고금사문유취(古今事文類聚) 별집(別集)》 권9 〈임금의 병풍에 시를 쓰다[詩寫御屛]〉.

17 하후교(夏侯嶠): 자는 준극(峻極)이다. 사부(詞賦)에 능하였고, 순실 근신하여 과오가 없었다고 한다. 《송사(宋史)》 권292 〈하후교열전〉.

양사(楊賜)[19]·유관(劉寬)[20]이 아울러 화광전에서 시강하였는데, 비록 시강이라는 칭호는 있었지만, 아직 관직명은 없었다. 당 현종 개원 13년, 처음 시강을 설치했다. 송 진종 함평 2년, 국자좨주 형병(邢昺)을 시독학사로 삼았다.

漢明帝時, 張酺數侍講於御前; 靈帝時, 楊賜·劉寬俱侍講於華光殿, 雖有侍講之號而未以名官. 唐玄宗開元十三年, 始置侍講. 宋眞宗咸平二年, 國子祭酒邢昺爲侍講學士.

신은 이렇게 생각합니다. 이것이 한림에 시강과 시강학사를 둔 시초입니다.

臣按: 此翰林置侍講及侍講學士之始.

---

18 장포(張酺): 자는 맹후(孟侯)이다. 후한 화제(後漢和帝) 때 사도(司徒)를 지냈으며 《상서(尙書)》에 밝았다. 《후한서(後漢書)》 권75 〈장포열전〉.

19 양사(楊賜): 후한 때 사람으로 자는 백헌(伯獻), 시호는 문열(文烈)인데, 뜻이 굳고 견문이 넓었다. 시중(侍中)·사도(司徒)·태위(太尉)·사공(司空) 등을 지내고 임진후(臨晉侯)에 봉해졌다. 그는 사도로 있을 때 직언극간(直言極諫)하다가 죄에 걸린 일이 있다.

20 유관(劉寬): 후한(後漢) 환제(桓帝)·영제(靈帝) 때 사람으로 자는 문요(文饒), 시호는 소열(昭烈)이다. 남양 태수(南陽太守)로 있을 적에 너그럽기로 유명하였다. 시중(侍中)·태위(太尉)를 지냈다. 그의 부인이 유관이 성내는 것을 시험해 보기 위하여, 조복(朝服)을 입고 입궐하려는 남편을 엿보고 있다가 시비(侍婢)를 시켜 국을 엎질러 조복을 더럽히게 하였더니, 그는 얼굴빛이 달라지지 않고 조용히 말하기를 "네 손이 데지나 않았느냐?" 하였다 한다. 《후한서》 권25 〈탁로위류열전(卓魯魏劉列傳)〉.

당 현종이 재상에게 이르기를 "내가 매일 책을 읽을 때 의문이 나서 막히는 데가 있어도 질문할 데가 없으니, 유학을 공부한 학자를 선발하여 궐내로 들어와 시독하게 하라."라고 하였다. 송 태종이 여문중(呂文仲)[21]에게 명하여 한림시독으로 삼고, 궐내에서 살면서 고문에 대비하도록 하였다.

唐玄宗謂宰相曰: "朕每讀書有所疑滯無從質問, 可選儒學之士使入內侍讀." 宋太宗命呂文仲爲翰林侍讀, 寓直禁中以備顧問.

진종은 조정에서 정무를 보는 여가에 강설을 하게 하였는데, 일찍이 말하기를 "나는 정무를 듣는 여가에 오직 문장과 역사를 즐기니, 경서의 뜻을 강론하는 데 어찌 권태로움이 있겠는가."라고 하였다.

眞宗視朝之暇卽令講說, 嘗曰: "朕聽政之餘, 惟文史是樂, 講論經義寧有倦耶?"

신은 이렇게 생각합니다. 관직을 두어 강독이라고 이름하고, 장차

21 여문중(呂文仲): 여문중은 감(歙) 사람이다. 남당(南唐) 때에 진사(進士)에 합격하였고, 송나라에 들어와서 한림 시독이 되었다. 태종이 항상 경사(經史)를 내다 읽게 하였다. 여문중이 시서(侍書) 왕저(王著)와 교대로 숙직(宿直)하고 서학(書學) 갈단(葛端) 역시 궁중에서 숙직하니 태종은 시간이 있을 때마다 자주 이들을 불러 문중에게는 경서(經書)를 묻고 저에게는 필법(筆法)을 묻고 단에게는 자학(字學)을 물었다. 《송편년비요(宋編年備要)》《국역 인정 강관론 제2권 강관》.

경서의 뜻을 강론하고 의문이 나서 막힌 데를 물어볼 바탕으로 삼은 것은 관원이나 갖추어 보고 듣기에 좋게 하려던 것이 아닙니다. 관직 이름에 독(讀)이다, 강(講)이다 하였으니, 반드시 경서를 들고 좌우에 입시하여 도를 강론하고 의리를 밝힌 뒤에 그 명칭에 어울릴 것입니다. 【이상은 강독학사이다.】

臣按: 設官以講讀名, 將資之以講明經義·質正疑滯, 非備其員以美觀聽也. 官而謂之讀·謂之講, 必執經以侍左右, 講道以明義理, 然後足以稱其名焉. 【以上講讀學士】

당나라 제도에 사관 수찬이 국사 편찬을 관장하였다.

唐制, 史館修撰掌修國史.

신은 이렇게 생각합니다. 수찬이라는 명칭이 여기서 처음 보입니다. 그렇지만 역사서를 고찰하면 또한 이른바 북문수찬·집현수찬·우문전수찬이란 것도 있으니, 모두 사관(史官)이라는 것입니다.

臣按: 修撰之名始見於此, 然考之史書, 又有所謂北門修撰·集賢修撰·右文殿修撰者, 皆所謂史官者也.

송나라는 회요(會要)를 두었으니, 국사를 수찬하기 위해서이다. 수국사·동수국사·수찬·동수찬·편수관·검토관을 두었다.

宋置會要所以修纂國史, 置修國史·同修國史·修撰·同修撰·編修官·檢討官.

신은 이렇게 생각합니다. 편수·검토는 오로지 역사를 편찬하기 위한 것인데, 여기서 처음 보입니다. 이전에 본래 편수관이라는 것이 있었는데, 이는 오로지 《경무요략(經武要略)》[22] 편찬을 직무로 삼았고 추밀원에 소속되어 있었는데, 이름은 같았지만 실제는 달랐습니다. 그렇지만 이전 시대에 있었던 편수·검토는 모두 편수관, 검토관이라고 불렸는데, 우리나라에서는 편수, 검토라고만 불렀습니다. 신이 일찍이 이를 계기로 고금의 사관을 쭉 논의한 것이 있습니다.

천하에는 하루라도 역사가 없으면 안 되고, 또 하루라도 사관이 없어서는 안 됩니다. 백관의 직임은 당대의 일이지만, 사관의 직임은 만세의 일입니다. 《주례(周禮)》에 재부(宰夫) 8관직 중에 사(史)를 두어 정치를 도왔습니다. 한(漢)나라 법에 태사공은 지위가 승상 위였고, 천하의 회계나 문서를 먼저 태사공에게 올리고 부본을 승상에게 올렸습니다.

당나라와 송나라 재상은 모두 사관을 겸하였으니, 그 정도로 중요

22 경무요략(經武要略): 송나라 희녕(熙寧) 4년에 편수하였다. 《문헌통고(文獻通考)》 권58. 책의 자세한 내용과 구성은 알 수 없다.

했습니다. 성주(成周) 시대에 좌사와 우사가 있은 이래로, 한나라에는 기거주가 있었고, 당나라와 송나라에는 기거사인·저작랑 등이 있었는데, 모두 사관입니다. 우리나라 개국 초기에도 오히려 기거주를 설치했다가 그 뒤 혁파했고, 오직 수찬·편수·검토가 국사를 담당했습니다. 찬수할 일이 있으면 대신이 그 일을 감수하였고 학사가 총재가 되었으니, 그 법제가 간단하면서도 중요했습니다.

그렇지만 이 관직은 시비의 권형(權衡: 저울)이고, 공의가 달린 일입니다. 우(禹)는 곤(鯀)을 포상할 수 없고,[23] 관숙(管叔)과 채숙(蔡叔)은 주공(周公)을 폄하할 수 없으며,[24] 조순(趙盾)은 동호(董狐)의 문서를 고칠 수 없고,[25] 최씨(崔氏)는 남사(南史)의 죽간을 빼앗을 수 없습니다.[26] 시비를 공정하게 하고, 선악을 기록하여 감계를 남기니, 유지기(劉知幾)

---

23 우(禹)는 … 없고: 《서경》 〈순전(舜典)〉에 순임금이 "환도는 숭산(嵩山)으로 내쫓고, 공공(共工)은 유주(幽州)로 귀양 보내고, 곤(鯀)은 우산(羽山)에서 죽였다."라고 했다. 이 처분의 정당성을 우임금이 뒤집을 수 없다는 말이다.

24 관숙(管叔)과 … 없으며: 무왕이 죽은 뒤에 무왕의 아우인 주공이 어린 성왕(成王)을 도와 섭정(攝政)하고 있었는데, 관숙과 채숙이 유언비어를 퍼뜨리며 주(紂)의 아들 무경(武庚)을 끼고 반란을 일으키자, 주공이 성왕의 명을 받들고 정벌하여 무경과 관숙을 죽이고 채숙을 유배 보냈다. 《사기(史記)》 권35 〈관채세가〉.

25 조순(趙盾)은 … 없고: 조순은 춘추시대 진(晉)나라 대부이다. 영공(靈公)이 조순을 죽이려고 하자 조순이 화를 피해 달아났다. 조순이 아직 국경을 넘지 않았을 때 조천(趙穿)이 영공을 시해하자 다시 돌아와 성공(成公)을 맞이하여 군주로 세웠다. 이 일에 대하여 사신(史臣) 동호(董狐)가 "조순이 그 군주를 시해했다.[趙盾弑其君.]"고 기록하니, 정경(正卿)이 되어서 망명함에 국경을 벗어나지 못하고 돌아와서는 난적을 토벌하지 못했음을 폄하하는 뜻이었다. 《춘추좌씨전》 선공(宣公) 2년.

26 최씨(崔氏)는 … 없습니다: 춘추시대 제(齊)나라 사관 남사씨인 태사(太史) 백(伯)은 최저(崔杼)가 장공(莊公)을 죽이자, '학질로 죽었다고 기록하라'는 명을 듣지 않고 '여름 오월 을해일, 최저는 그 임금 제 장공을 죽였다'고 기록했다. 최저가 태사 백을 죽이자 동생들인 중(仲), 숙(叔), 계(季) 세 동생도 똑같이 기록했다. 《춘추좌씨전》 양공(襄公) 25년.

가 말한 재능·학문·식견이라는 세 가지 장점[27]과, 증공(曾鞏)이 말한 바 총명이 만사의 이치에 두루 통하고 도리가 천하의 쓰임에 적용할 만하며 지혜가 알기 어려운 뜻을 알 수 있고 문장이 드러내기 어려운 마음을 표현할 수 있는 사람[28]이 아니면, 이 직임에 어울리지 않습니다.

비록 그렇지만 이는 오히려 그 근본이 아닙니다. 그 근본을 추정하면 반드시, 원나라 게혜사(揭傒斯)가 말했듯이, 학문과 문장을 갖추고 있어서 역사 사실을 알고 마음이 바른 사람을 뒤에 등용하면 문장과 바탕이 서로 어울리고 본말이 아울러 갖추어져,[29] 당대의 훌륭한 사관이 될 수 있을 것입니다. 조정에서 진실로 이런 사람을 얻어 찬술하는 직임을 맡기고 관각에 두어 훗날 크게 등용할 단계로 삼아야 할 것이니, 관계되는 바가 어찌 작겠습니까. 【이상 사관이다.】

臣按: 編修·檢討專以修史始見於此, 前此固有所謂編修官者, 蓋專以修《經武要略》爲職, 屬之樞密院, 名雖同而實則異也. 然編修·檢討在

27 유지기(劉知幾)가 … 장점: 유지기(661~721)는 당나라 때 사관이다. 유지기는 사관으로 갖추어야 할 덕목을 세 가지로 꼽았다. 유지기 저, 오항녕 역, 《사통》 〈유자현전〉, 역사비평사, 2010, p. 1016.

28 증공(曾鞏)이 … 사람: 송나라 남풍(南豐) 사람 증공(曾鞏, 1019~1083)을 말한다. 자는 자고(子固). 가우(嘉祐) 진사로 중서사인(中書舍人)에 발탁되었다. 당송팔가(唐宋八家)의 한 사람으로, 경술(經術)에 깊고 문장에 정교하였다. 저서로는 《원풍유고(元豐類稿)》가 있다. 《송사(宋史)》 권319 〈증공열전〉

29 원나라 게혜사(揭傒斯)가 … 갖추어져: 게혜사(1274~1344)는 원나라 성종(成宗)·순제(順帝) 때의 문신으로, 자는 만석(曼碩)이다. 한림 시강학사(翰林侍講學士) 등을 역임하고, 정사(正史) 편찬의 총재관(摠裁官)이 되어 《요사(遼史)》, 《금사(金史)》 등을 편찬했다. 시호는 문안(文安)이다.

前代者皆名以官, 我朝止稱編修·檢討云, 臣嘗因是而通論古今之史官矣. 夫天下不可一日而無史, 亦不可一日無史官也. 百官所任者一時之事, 史官所任者萬世之事.《周禮》宰夫八職有史以贊治. 漢法太史公位丞相上, 天下計書先上太史公, 副上丞相, 唐及宋宰相皆兼史官, 其重有如此者. 自成周有左·右史, 漢有起居注, 唐·宋之起居舍人·著作郎之屬, 皆所謂史官也. 我朝開國之初猶設起居注, 其後革之, 而惟以修譔·編修·檢討當國史焉, 遇有纂修則以大臣爲之監修·學士爲之總裁, 其法制可謂簡而要矣. 然是職也, 是非之權衡, 公議之所係也, 禹不能褒鯀, 管·蔡不能貶周公, 趙盾不能改董狐之書, 崔氏不能奪南史之簡, 公是公非, 紀善惡以志鑒戒, 自非得人如劉知幾所謂兼才·學·識三者之長, 曾鞏所謂明足以周萬事之理·道足以適天下之用·智足以知難知之意·文足以發難顯之情, 不足以稱是任也. 雖然, 此猶非其本也, 若推其本, 必得如元揭傒斯所謂有學問文章, 知史事而心術正者, 然後用之, 則文質相稱, 本末兼該, 而足以爲一代之良史矣. 朝廷誠得斯人, 付以纂述之任, 儲之館閣之中, 以爲異日大用之階, 其所關係夫豈小哉?【以上史官】

한 무제 건원 5년(기원전 136), 처음 오경박사를 두었다.

漢武帝建元五年, 初置五經博士.

신은 이렇게 생각합니다. 이것이 오경박사의 시작입니다. 한나라 때 오경은 전문 분야의 학문이었기 때문에 당시 각각 박사를 두어 관장했지만, 단지 기용되어 개념이나 뜻에 대해 훈고(訓詁)하기만 했던 것은 아닙니다. 조정의 정사 가운데 고쳐야 할 일이나 의문이 있는 사안에 대해 의논할 때, 박사가 모두 참여하여 그때마다 경서의 뜻에 합당한지 검토했습니다. 한나라의 정치가 경학을 숭상하는 것이 고대에 가깝기가 이와 같았습니다.

후세에 비록 이 관직을 설치했어도 일단 그 명칭만 갖추었을 뿐입니다. 진실로 한나라의 고사를 회복하여, 나라의 정치에 의문이 생겼을 때 문학과 경술에 밝은 학자들에게 의논하게 하고 그 사이에 옛 사실을 고찰하고 경서를 끌어와 가부를 결정했다면, 조정의 의논을 밝히는 데 분명 보탬이 없지 않을 것입니다.

臣按: 此五經博士之始. 夫五經之在漢, 有專門之學, 故當時各設博士以掌之, 然不徒用以訓詁名義而已. 於凡朝廷政事之有更張, 事體之有疑義, 議論之際, 博士皆得與焉, 輒問以經義何當, 漢之政尙經術猶爲近古也如此. 後世雖設此官, 姑備其名焉爾. 誠能復漢之故事, 遇國家政事之有可疑者, 俾文學經術之士皆得以議論, 其間考古引經以爲可否之決, 其於明廷議政未必無所補.

《주례》에서 말하였다.

태사가 건방의 육전을 관장하였고,[30] 또 외사가 있어서 사방의 지(誌)와 삼황오제의 역사를 관장하였다.[31]

《周禮》: 太史掌建邦之六典, 又有外史掌四方之誌·三皇五帝之書.

한나라의 도서를 두는 곳으로, 석거(石渠)·석실(石室)·연각(延閣)·광내(廣內)인데 외부(外府)에 간수하였고, 또 어사가 건물에 거처하면서 난대(蘭台)·비서(秘書) 및 기린(麒麟)·천록(天祿) 두 전각을 관장하면서 궁궐 안에 보관하였다.

漢氏圖籍所在, 有石渠·石室·延閣·廣內貯之於外府, 又有御史居殿中, 掌蘭臺秘書及麒麟·天祿二閣, 藏之於內禁.

후한의 도서는 동관(東觀)에 있었다. 환제 연희 2년(159), 처음 비서감

---

30 태사가 … 관장하였고: 《주례》 〈천관총재 태재〉에 "태재의 직분은 육전(六典)으로 왕을 보좌하여 국가를 다스린다. 첫 번째는 치전(治典)이다. 이로써 국가를 경영하고 관부를 다스리고 만민을 다스린다. 두 번째는 교전(敎典)이다. 이로써 국가를 편안하게 하고 관부를 가르치고 만민을 길들인다. 세 번째는 예전(禮典)이다. 이로써 국가를 화합시키고 백관을 통합하고 만민을 화목하게 한다. 네 번째는 정전(政典)이다. 이로써 국가를 평정하고 백관을 바로잡고 만민을 고르게 한다. 다섯 번째는 형전(刑典)이다. 이로써 국가의 범법을 금하고 백관을 형벌하며 만민을 규찰한다. 여섯 번째는 사전(事典)이다. 이로써 방국(邦國)을 부유하게 하고 백관을 임용하며 만민을 기른다."라고 하였다.

31 외사가 … 관장하였다: 《주례》 〈춘관종백(春官宗伯)〉에 "외사는 밖으로 명령하는 문서를 관장하며, 사방 제후국의 역사를 관장하며, 삼황오제의 책을 관장하며, 서명을 사방에 알리는 것을 관장한다. 만일 문서를 사방에 전할 때는 그 명령을 기록하는 것이다.[外史掌書外令, 掌四方之志, 掌三皇五帝之書, 掌達書名於四方, 若以書使于四方, 則書其令.]"라고 하였다.

1인을 두어 도서를 관장하게 하고 차이를 살펴 합쳤다.

後漢圖書在東觀. 桓帝延禧二年始置秘書監一人, 掌典圖書, 考合同異.

당나라 제도에, 비서성이 경적과 도서를 관장하였고, 비서랑이 사부(四部) 도서를 관장하였으며, 교서랑이 전적을 관장하고 문서를 간행, 교정하였다.

唐制, 秘書省掌經籍圖書之事, 秘書郎掌四部圖籍, 校書郎掌讎典籍·刊正文章.

송나라에는 비서감이 있어서 고금의 경적과 도서, 국사·실록·천문역수에 대한 일을 관장하였다. 관직에는 감·소감·승이 있었으며 속관으로 저작랑·비서랑·교서·정자가 있으며 각각 직무를 통해서 장이(長貳: 관청 장관과 부관)에 예속해 있었다.

宋有秘書監, 掌古今經籍圖書·國史·實錄·天文曆數之事, 官有監·少監·丞, 屬有著作郎·秘書郎·校書·正字, 各以其職隸於長貳.

송 태종이 당나라 제도에 따라 소문(昭文)·사관(史館)·집현원(集賢院)을 궁궐 안에 세웠다. 소문과 집현에는 대학사·직학사를 두었다. 사관에는 감수국사·수찬·직관을 두었다. 소문에도 직관을 두었으며, 집현 또한 수찬·교리 관직이 있었는데, 각각 숫자는 달랐지만 직무는 대략 같았다.

宋太宗因唐制建昭文·史館·集賢院於禁中, 昭文·集賢置大學士·直學士; 史館置監修國史·修撰·直館. 昭文亦置直館, 集賢又有修撰·校理之職, 名數雖異, 而職務略同.

사강(謝絳)이 말하였다.[32] "태종이 3관을 창설하고 비각을 세웠다. 진종 경덕 연간에 도서를 점차 늘렸고 천하의 뛰어난 학자들을 대규모로 끌어들였다. 자주 들러 친히 노고를 묻고 광내(廣內)에 교대로 직숙하게 하면서 불시에 불러 보았다. 학자들마다 도술에 힘쓰고 예문(藝文)을 연구하였으며, 천자가 예를 높이는 데 매우 노력하는 것을 알고 고위 관리나 명신들이 여기에 선발되기를 기대하였다."

謝絳曰: "太宗肇造三館, 立秘閣. 眞宗景德中, 圖書寖廣, 大延天下英俊之士, 數臨幸, 親加勞問, 遞宿廣內, 有不時之召. 人人力道術·究藝文, 知天子尊禮甚勤, 而名臣高位繇此其選也."

---

32 사강(謝絳)이 말하였다: 사강의 자는 희심(希深)이고, 문장으로 이름이 났다. 인종이 즉위한 뒤 태상박사(太常博士)를 지냈다. 《송사(宋史)》 열전54 〈사강전〉. 이 말은 《송명신주의(宋名臣奏議)》 권59 〈인종에게 내관을 열어 빛나는 덕을 넓히기를 청함[上仁宗乞開內館恢景德之制]〉에 나온다.

구양수(歐陽脩)가 말하였다.[33] "사람을 쓰는 일은 한 가지 단서에 그치지 않기 때문에 관리를 선발하는 것은 한 가지 길이 아니다. 화폐와 곡식을 알고, 형옥에 밝으며, 민사에 익숙하고, 실무에 정통하여 일처리를 공적으로 삼는 사람을 재능이 있는 관리라고 한다. 인의와 예악에 밝고 고금의 치란에 통달하며 문장과 의논이 의문을 터서 계획을 정하고 방도를 논의하여 나라를 경영하는 사람을 유학(儒學)의 신하라고 부른다.

인물 등용을 잘하는 사람은 반드시 재능 있는 관리를 중외에 포진시켜 전체 관직을 나누어 다스리게 하여 각각 자신의 사무를 처리하게 하며, 유학 하는 신하를 좌우에 두고 그들과 날마다 밤낮으로 논의하면서 그 핵심을 강구하여 시행하되, 나아가 유학자 가운데 더 나은 사람을 선택하여 조정에 두고 중대한 정치를 맡기니, 이것이 인재 등용의 대략이다. 이렇게 보면 유학 신하가 어찌 재능 있는 신하의 뒤에 있어야 하겠는가.

이전 시대의 뛰어난 군주로 유학자를 높이고 배움을 지향하는 것을 우선으로 삼지 않은 사람이 없었고, 이름난 현신이 유학자에서 나온 것이 십중팔구였다. 대개 관각의 직명은 인재를 양성하는 자리이다. 양부(兩府)에 인재가 없으면 양제(兩制)에서 데려오고, 양제에 인재가 없으면 관각에서 데려온다. 재능은 얻기 어렵고 또 알기도 어렵기 때문에 일찍이 널리 구하여 많은 사람을 확보하고, 때마침 그 사이에서 한 사람을 기대하면 걸출하게 나와서 명신이 된다. 그 나머지 보

---

33 구양수(歐陽脩)가 말하였다: 이 말은 《송명신주의(宋名臣奏議)》 권59 〈영종에게 관각에 나아가 학자를 얻으라고 올린 차자[上英宗進館閣取士箚子]〉에 나온다.

통 사람들은 여유롭게 육성하면 또한 훌륭한 관리를 잃지는 않는다.

역대 인재 등용에서, 문장·재능·행실이 있어서 혹 한 가지 기능에 정통하고 한 가지 사무에 장점이 있는 사람은 모두 관각에 불러 육성하였고, 그 가운데 걸출한 사람이 모두 현상(賢相)이 되었다. 그 나머지 재상에 이르지 못하였지만 당대의 명신이 된 사람도 셀 수가 없다."

歐陽脩曰: "用人非止一端, 故取士不以一路. 夫知錢穀·曉刑獄·熟民事·精吏幹, 以辦集爲功者, 謂之材能之士; 明仁義禮樂, 通古今治亂, 文章議論可以決疑定策·論道經邦者, 謂之儒學之臣. 善用人者必以材能之士布列中外, 分治百職, 使各辦其事; 以儒學之臣置之左右, 與之日夕謀議, 講求其要而行之, 而又於儒學之中擇其尤者, 置之廊廟而付以大政, 此用人之大略也. 由是言之, 儒學之臣豈在材臣之後哉? 前世英主明君未有不以崇儒向學爲先, 而名臣賢輔出於儒學者十常八九. 蓋館閣之職號爲儲材之地. 兩府闕人, 則取於兩制; 兩制闕人, 則取於館閣. 館閣者儲輔相之地也. 材旣難得而又難知, 故嘗博采廣求而多蓄之, 時冀一得於其間, 則傑然而出爲名臣矣. 其餘中人優遊養育以成之, 亦不失爲佳士也. 祖宗用人, 凡有文章·有材·有行, 或精一藝·長一事者, 莫不蓄之館閣而長養之, 其傑然而出者皆爲賢輔相, 其餘不至輔相而爲一時之名臣者, 亦不可勝數也."

여공저(呂公著)가 말하였다.[34] "관각의 관직은 바로 조정의 영광스러

34 여공저(呂公著)가 말하였다: 이 말은 《송명신주의(宋名臣奏議)》 권59 〈신종에게 관각의 선발

운 선발이다. 이전 시대 장상과 명신은 대부분 그 사이에서 배출되었고, 얻은 인재가 많기로는 이루 다 헤아리기 어렵다. 근래 선발했다고 해도 그 수가 많지 않고, 그 가운데 또 대부분 지방관에 보임되어 조정에서 평소 모아 두기 어려우니, 필요할 때 필시 맡길 사람이 없을 것이다. 옛사람이 말했듯이, 관리를 평소 양성하지 않으면 나라를 무겁게 할 수 없다."

呂公著曰: "館閣之職乃朝廷之華選, 前世將相名臣多出其間, 得人之盛難以遽數. 比來雖有簡拔, 其數不多, 其中又多外補, 朝廷平日艱於收采, 緩急必乏使令. 古人有言, 士不素養無以重國."

신은 이렇게 생각합니다. 이전 시대 서적을 보관하는 부서는 한 곳이 아니었고,

우러러 생각건대, 태조께서 나라를 세우고 한림원을 설치하여 학사 등의 관원을 두고 또 인재를 모아 양성하지 않으면 성공하지 못할 것을 걱정하였습니다. 이에 홍무(洪武) 계축년(1373), 편수 장유(張唯) 등 10인에게 명하여 궁궐 안 문화당(文華堂)에 들어가 직무를 보게 하고, 송렴(宋濂)을 사(師)로 삼았습니다. 성상이 정무를 보다가 여가가 있으면 문화당으로 가서 그들의 문장을 가져다 친히 우열을 평가하고 광

을 늘이기를 청함[上神宗乞增館閣之選]〉에 나온다. 여공저(1018~1089)의 자는 회숙(晦叔), 시호는 정헌(正獻)이며, 동래(東萊) 사람이다. 왕안석(王安石)이 새롭게 제정한 청묘법(青苗法)을 반대하였으며, 철종(哲宗) 때 상서 우복야(尙書右僕射)에 제수되자 사마광(司馬光)과 함께 신법 폐지를 주장하였다. 《송사》 권336 〈여공저전〉.

록시(光祿寺)에게 술과 안주를 주라고 명하였습니다. 매번 식사 때는 황태자와 친왕(親王)[35]을 주인으로 삼았고, 여름·겨울 의복을 주고 계절마다 백금과 안마를 내렸습니다.

태종 영락(永樂) 갑신년(1404), 학사 해진(解縉)[36]에게 명하여 신진 관리 중에서 재질이 영민한 사람을 뽑게 하여, 수찬 증계(曾棨), 편수 주술(周述)·주맹간(周孟簡), 서길사(庶吉士) 양상(楊相)·왕영(王英)·왕직(王直) 등 28인을 얻었고, 또 주침(周忱)을 늘려서 29인이 되었는데, 문연각(文淵閣)에 가서 학문을 닦게 했다. 또한 이르기를, "문연각은 고금 전적이 모인 곳이고 너희들은 각각 녹봉을 먹고 있으니, 날로 전각에 가서 마음껏 너희들이 좋아하는 대로 공부하여 자신에게 실학이 되도록 힘써 나라에서 모두 너희들을 쓸 수 있게 하라."라고 하였습니다.

사례감에서 필기구를 지급하고, 광록시에서 음식을 지급하며, 초(鈔: 물품구입권)를 나누어 주어 초를 구입하게 하고, 집을 내려 주어 거주하게 하였습니다. 역대로 이어 가며 고사로 삼았고, 매번 과거를 볼 때면 갑신년의 제도 같이 진사 중에서 탁월한 자를 선발하여 궁궐에서 독서하게 하며 육성하였습니다. 전후로 얻은 인재가 다른 진사에 비하여 많았고, 등용하면 당대에 현신을 얻은 효과가 있었으며, 역사책에 기록되는 것이 학자의 영광이었으니, 이는 참으로 일대 성대한 조치였습니다.

신이 삼가 문황제(文皇帝)께서 증계 등에게 이른 말 가운데, "사람은

---

35 친왕(親王): 황제 종실로 왕(王)에 봉해진 사람을 말한다.

36 해진(解縉): 자는 대신(大紳)이고, 시호는 문의(文毅)이다. 명 성조의 명으로 《영락대전(永樂大典)》을 편찬했다.

뜻을 세워야 하고, 뜻이 서면 공을 성취하니, 뜻이 없는데 공을 이룬 적은 없었다. 너희들은 모두 오늘날의 준걸이니, 뜻을 원대히 세우고 작은 성취에 안주해서는 안 될 것이다. 학문을 할 때는 반드시 도덕의 은미한 데까지 나아가 체용의 전체를 갖추고, 문장을 지을 때는 반드시 반고(班固)·사마천(司馬遷)·한유(韓愈)·구양수(歐陽脩) 수준을 이루어야 하니, 옛날 문학을 하던 관원들이 어찌 모두 타고난 것이겠는가. 또한 공력이 축적된 결과인 것이다."라는 말이 있었습니다.

당대 제현들은 성상의 가르침을 받아들여 모두 분발하여 뜻을 세웠고 학업에 매진하여 모두 크게 성취하였으니, 남아 있는 사람들은 문학이라는 명성을 차지하였고, 나간 사람들은 정치의 명예를 전파하였습니다. 위대합니다, 황상의 말씀이! 문교를 주장하고 인재를 키운 이유는 세도를 걱정한 것이니, 한결같이 얼마나 원대합니까. 삼대 이후로 가까스로 볼 수 있는 일입니다.

아! 현명한 인재는 쉽게 얻을 수 없고 또 쉽게 알 수도 없으며, 반드시 수시로 얻어야지 한때에 국한해서는 안 되며 반드시 다방면으로 시험해야지 하나의 기능에 구애되어서는 안 됩니다. 그런 뒤에 현명한 인재를 다 등용하고 버려둠이 없을 것입니다. 만일 이때는 인재를 모으지만 다른 시기에는 그렇지 않고, 한 가지 기능으로 시험하고 다른 기능은 시험하지 않으면서, 소용되는 곳에 모두 적절한 인물을 얻고자 한다면 얻기 어려울 것입니다.

신은 청컨대, 공개적으로 제도를 정하여 한 차례 과거를 열 때 한 차례 선발하고, 간택한 뒤에는 여러 관청에 분속시켜 정무를 보게 하십시오. 새로운 진사가 태학에 가서 석채례(釋菜禮)[37]를 마치기를 기다려, 즉시 예부(禮部)에 명하여 각각 평소 지은 문장을 바치도록 하여【짓는 것은 시부(詩賦)나 서기(序記)·명송(銘頌)·서론(書論)·의고(擬古)·평사(評史) 같은 종류이다.】 한림에게 봉하여 보내 점검하고, 그중 문장과 문리가 있고 학문에 진보가 있는 자에게 따로 출제하여 시험하십시오. 시험한 문장과 제출한 글이 서로 맞으면 바로 예선(預選)으로 선발하되, 나이의 고하, 자질의 우열을 불문하여야 합니다. 국량과 재능이 있다면 바로 고사처럼 관청에 명하여 교육시켜 성취를 기다리고, 만일 그 문장이 거칠고 속이는 의도가 있어 취할 것이 없는 경우에는 3년 뒤에 그 그릇에 따라 임용하십시오.

과거 때마다 굳이 많은 수를 선발할 이유는 없으니 선발은 20인을 넘지 말고, 선발 때마다 굳이 많은 인원을 남겨 둘 필요가 없으니 남는 사람은 3~5인을 넘지 말게 하십시오. 이렇게 하면 나라에서 축적되어 쓰일 때를 기다리는 인재는 모두 경사(經史)에 통달하고 원칙에 밝아 응용에 능한 학자들이 관직에 포열할 것이고, 안팎에 도열한 자 또한 모두 박식한 문학의 관리를 얻어 정사(政事)와 법리(法理)를 다루는 일에 고루 섞어 수정하고 다듬게 하십시오. 신은 천하에 빛나는 문학이 뛰어난 학자들을 많이 보았는데, 유학자는 모두 참된 유학자이고 관리는 속된 관리가 아니었으니, 그들이 정치를 해서 나라를 빛내고 시책을 펴 세상을 보필하는 것이 모두 사람들의 칭찬을 들을 만할 것입니다. 다스림의 긴요한 임무와 인재 등용의 긴요한 방법으로 이보다 급선무는 없습니다. 【이상은 관각이다.】

37 석채례(釋菜禮): 마름[蘋藻] 등 채소로 선사(先師)를 제사하는 예이다. 《예기(禮記)》 월령(月令)에 "그달 첫째 정일(丁日)에 악정(樂正)에게 명하여 춤을 익히고 석채한다." 하였다. 석전(釋奠)보다 간략하게 거행되었다.

臣按: 前代藏書之府非止一處, 而掌書之官非止一職, 名數雖異, 而職務略同. 今代圖籍皆藏內閣, 所設之官止一典籍焉. 蓋本朝翰林之官雖有異名, 實無異職. 其所儲書非獨以存前代之舊, 蓋將以資儒臣之考閱講究, 以開發其聰明以爲異時大用之具也. 仰惟太祖開基, 旣設翰林院置學士等官, 又慮人才非儲養作興不能有成, 乃洪武癸丑命編修張唯等十人入禁中文華堂肄業, 詔宋濂爲之師, 上聽政之暇輒幸堂中, 取其文親評優劣, 命光祿給酒饌, 每食皇太子·親王迭爲之主, 給冬·夏衣, 時賜白金·鞍馬. 太宗永樂甲申, 命學士解縉選新進士中材質英敏者, 得修撰曾棨, 編修周述·周孟簡, 庶吉士楊相·王英·王直等二十八人, 又增周忱爲二十九人, 俾就文淵閣進其學, 且諭之曰: "文淵閣古今載籍所萃, 爾各食其祿, 日就閣下恣爾玩索, 務實得於己, 庶國家皆得爾用." 命司禮監給筆箚, 光祿寺供飮饌, 分鈔以市膏燭, 賜第以爲居止. 列聖相承按爲故事, 每遇開科間, 於進士中選其俊異者如甲申制, 讀書中秘以儲養之. 前後得人比諸他進士爲多, 用之當時有得賢之效, 書之史冊爲儒者之榮, 是誠一代盛擧也. 臣伏讀文皇帝諭棨等有曰: "人須立志, 志立則功就, 未有無誌而建功成事者. 汝等皆今之英俊, 當立志遠大, 不可安於小成. 爲學必造道德之微, 必具體用之全, 爲文必驅班·馬·韓·歐之間, 古之文學之士豈皆天成? 亦積功所致也." 一時諸賢服膺聖訓, 莫不奮發立誌, 勉進學業, 皆大有所成就, 留者擅文學之名, 出者播政事之譽. 大哉皇言! 其所以主張文教, 作興人才, 爲世道慮也, 一何遠哉? 三代以下所僅見也. 嗟乎, 賢才不易得, 亦不易知, 必隨時而取之不限一時, 必多方以試之不拘一藝, 然後賢才畢用而無遺. 苟惟取之於此時而他時則否, 試之以一藝而他藝則否, 而欲所用皆得其人難矣. 臣請著爲定制, 一次開科一次選用, 簡擇之餘乃分諸司觀政, 待新進士詣太學行釋菜禮畢, 卽敕禮部諭俾各錄平日所作文字投獻【所作如詩賦·序記·銘頌·書論·擬古評史之類】, 封送翰林考訂, 其中有辭采文理其學可進者, 別出題試之, 其所試之文與所投之卷相稱, 卽取以預選, 不問年之長幼·質之强弱. 苟有器識才思者, 卽如故事命官敎育以俟其成, 若其辭鉤棘而意詭異者不在所取, 三年之後隨其材器而任使之. 每科不必多選, 所選不過二十人; 每選不必多留, 所留不過三五輩. 如此, 則國家儲材以待用者無非通經學古·明體適用之儒, 布諸庶位·列於內外者又皆得夫文學博雅之士, 以錯雜於政事·法理之間以潤飾之, 臣見天下彬彬然多文雅之士, 儒皆眞儒, 吏非俗吏, 凡其製作以華國·施爲以輔世者, 咸有可稱述者矣. 爲治要務·用人要術莫先於此.【以上館閣】

당나라 무덕(武德: 고조의 연호) 2년(619), 내사사인을 중서사인으로 고쳤다.

唐武德二年, 改內史舍人爲中書舍人.

신은 이렇게 생각합니다. 이는 중서사인 관직을 설치한 시초입니다. 그런데 이 관직은 예전에는 중서성에 예속되어 있었기 때문에 중서사인이라고 불렀습니다. 우리나라에서 중서성을 혁파한 뒤에도 아직 그대로 옛 관직명을 사용하고 있으나, 명칭은 같지만 실제로는 다릅니다. 이전 시대의 중서성은 한림학사와 함께 내외 제고(制誥)를 분장하여 양제(兩制)로 삼았으니, 이는 문서를 담당하는 관직입니다.

우리 명나라의 중서사인은 오로지 서사(書寫)만을 직무로 삼았습니다. 글씨[書]는 육예(六藝)의 하나로, 한나라 사람들은 소학(小學)이라고 하였는데, 어린 학생을 시험하여 관리로 삼았기 때문입니다. 무릇 사람들이 능하면 관직을 설치할 필요가 없지만, 설치의 시작이 오늘날부터 시작된 것은 대개 황제의 말이 관련된 중임이었기 때문입니다. 이전 시대에는 붓을 이서(吏胥)에서 맡겼으니, 전혀 신중한 뜻이 없었습니다. 우리 조종조에 이런 방식으로 설관한 것은 깊은 뜻이 있었으니, 반드시 평소 경술에 통달하고 육서의 뜻에 깊이 밝으며 유공권(柳公權)이 말한 것처럼 마음도 글씨도 바른 사람[38]을 얻어 맡기면 군주의 말을 더럽히지 않을 것입니다. 만일 한쪽에만 치우친 조잡한 식견에 학술의 바탕이 없는 자도 오히려 이 직임을 감당할 수 없을 터인데, 하물며 경솔하게 아첨하며 인품이 맑지 못한 자이겠습니까. 【이상 중서사인이다.】

臣按: 此中書舍人設官之始. 然是官也故隸於中書省, 故以中書舍人爲名. 我朝罷中書省, 尙仍其舊名, 名雖同而實則異也. 蓋前代之中書與翰林學士分掌內·外制誥以爲兩制, 蓋屬文之官也. 我朝之中書舍人則專

---

38 유공권(柳公權)이 … 사람: 유공권은 당나라 헌종(憲宗)·문종(文宗)·무종(武宗)·선종(宣宗)·의종(懿宗) 때 사람으로, 자는 성현(誠懸)이다. 벼슬은 태자태보(太子太保)에 이르렀다. 글씨를 잘 썼다. 일찍이 황제가 필법을 묻자 그는 "마음이 바르면 필법도 바르게 됩니다." 하니, 황제는 필법의 말로 자기에게 간하는 것임을 깨달았다. 《구당서(舊唐書)》 권165 〈유공작열전 공권(柳公綽列傳 公權)〉.

以書寫爲職耳. 書者六藝之一, 漢人謂之小學, 以試學童爲吏者也. 夫人能之無庸設官, 設之始自今日, 蓋以王言所係之重, 前代乃屬筆於吏胥, 殊無愼重之意, 祖宗以此設官蓋有深意, 必得夫素通經術·深明六書之義, 心正筆正如柳公權所云者居之, 庶不汙王言耳. 苟粗識偏旁而學術無素者, 尙不足以當此, 況又粗率側媚而流品非淸者哉?【以上中書舍人】

이상은 시종하는 신하의 선발이다.

以上簡侍從之臣.

신은 이렇게 생각합니다. 한림이라는 관직은 고문에 대비하고 논의에 참여하며 강독에 입시하니, 시종이라고 부르는 것이 타당하며, 박사·전적·사인 등의 관직 또한 시종과 관계되는 것은 지금 제도에 모두 한림에 속해 있기 때문입니다. 중서사인이라는 관직은 비록 전담하는 업무가 있지만, 쓰는 것은 학사가 초고를 작성한 제서(制書)이고, 더욱이 지금 내각 또한 사인이 있어 따로 조칙을 쓴다고 합니다.

臣按: 翰林之職以備顧問·參議論·侍講讀, 謂之侍從可也, 而博士·典籍·舍人等官亦係之侍從者, 蓋以今制皆屬於翰林故也. 中書舍人之職雖有專科, 然所書者學士所草之制, 況今內閣亦有舍人別書詔敕云.

대학연의보
(大學衍義補)

—

권8

치국평천하의 요체[治國平天下之要]

백관을 바로함[正百官]

대간의 직임을 중시함[重臺諫之任]

《주례》에서 말하였다.

어사가 나라와 중외(中外),[1] 만민에 대한 정치적 명령을 관장하고 총재를 돕는다【춘관.】.

《周禮》: 御史掌邦國都鄙及萬民之治令, 以贊冢宰【春官】.

신은 이렇게 생각합니다. 어사라는 명칭은 여기서 처음 보입니다.

---

1 나라와 중외(中外): 원문의 '방국(邦國)'은 나라 전체 또는 제후국을 말하며, '도비(都鄙)'는 궁궐이 있는 천자의 도읍과 시골을 말한다. 시골은 주나라의 공경대부와 왕의 자제들의 채읍(采邑)으로 보기도 한다.

그렇지만 직무는 곧 나라와 중외에 대한 정령에서 총재를 돕는 것입니다. 한나라는 진나라 제도를 이어 이 관직을 설치했으니, 전적으로 규찰 임무를 맡았으므로, 이름은 같았지만 그 제도는 달랐습니다.

臣按: 御史之名始見於此, 然其所職者乃邦國都鄙之治令以贊冢宰者也. 漢因秦制而設此官, 則專以司糾察之任, 名雖同而其制則異也.

《통전》【《통전》은 당나라 두우의 저작이다.】에서 말하였다.

어사라는 명칭은 《주관(周官)》에 있는데, 이는 문서 작성을 담당하고 법령을 전달하는 것이니 지금의 임무가 아니다. 전국시대에도 어사가 있었고, 진나라와 조나라가 민지(澠池)에서 회맹할 때 각각 그 사실을 기록했고,[2] 또 순우곤(淳于髡)이 제나라 군주에게 "어사가 앞에 있다" 고 했으니,[3] 모두 사실을 기록하는 직책이었다. 진나라, 한나라에 이르러 규찰하는 임무가 되었다. 근무하는 관청을 한나라에서는 어사부 또는 어사대부시, 또는 헌대라고 했다【헌대는 어사를 대(臺)라고 부른 첫 사례이다.】.

후한 이래 어사대라고 했고, 수나라와 당나라에서는 모두 어사대라고 했다. 용삭(龍朔: 당 고종 연호) 2년(662), 헌대로 고쳤고, 함형(咸亨: 당 고종 연

2 진나라와 … 기록했고: 민지는 전국시대 진(秦)나라 소왕(昭王)과 조(趙)나라 혜문왕(惠文王)의 회담이 이루어진 장소로, 당초 진나라가 조나라를 제압하려는 목적이 있었으나, 혜문왕을 수행한 인상여(藺相如)의 기지로 그 의도가 무산되었다. 《사기(史記)》 권81 〈염파인상여열전(廉頗藺相如列傳)〉.

3 순우곤(淳于髡)이 … 했으니: 《통지(通志)》 〈직관략(職官略)제4 어사대(御史臺)제6〉에 나온다. 《사기(史記)》 권126 〈골계열전(滑稽列傳) 순우곤(淳于髡)〉에는 안 나온다.

호) 원년(670) 어사대로 복구했다. 문이 북쪽으로 열려 있고 은밀히 죽이는 일을 주관하기 때문에 어사를 풍상(風霜)의 직임으로 간주하였다. 불법을 탄핵하였으므로 백관이 두려워 떨었으니, 관직의 늠름하고 엄격하기로 비할 것이 없었다.

《通典》【唐杜佑作】: 御史之名, 《周官》有之, 蓋掌贊書而授法令, 非今任也. 戰國時亦有御史, 秦·趙澠池之會各命書其事, 又淳于髡謂齊王曰 "御史在前," 則皆記事之職也. 至秦·漢爲糾察之任. 所居之署, 漢謂之御史府, 亦謂之御史大夫寺, 亦謂之憲臺【此御史稱台之始】, 後漢以來謂之御史臺, 亦謂之蘭臺寺, 隋及唐皆曰御史臺, 龍朔二年改爲憲台, 咸亨元年復舊. 門北闢, 主陰殺也, 故御史爲風霜之任, 彈糾不法, 百僚震恐, 官之雄峻莫之比焉.

신은 이렇게 생각합니다. 어사대는 바로 지금 도찰원이 그것입니다. 이전 시대에 중서성이 있었지만 어사대의 직임은 전적으로 규찰을 담당했으므로 함께 반열에 들어가지 못했습니다. 우리나라에서는 중서성을 혁파하고 정무 권한을 6부에 나누어 주었고, 도찰원의 관품은 6부와 같았으니, 그 권한이 이전 시대보다 한층 무거워졌습니다.

臣按: 御史臺卽今都察院是也. 前代有中書省, 而御史臺之職專掌糾察, 不得與之並列. 我朝罷中書省, 而以政權分屬六部, 而都察院之設品級與六部同, 其權視前代尤重云.

당나라 제도에, 어사대부 1인, 중승 1인이고, 소속된 3원이 있었다. 하나는 대원으로 시어사가 속해 있었고, 둘은 전원으로 전중시어사가 속해 있었으며, 셋은 찰원으로 감찰어사가 속해 있었다. 중대한 일은 아뢰어 재결을 받았고, 작은 일은 단독으로 처리한 뒤 보고했으며, 탄핵할 일이 있으면 어사가 대부에게 보고했다.

唐制, 御史大夫一人, 中丞二人, 其屬有三院; 一曰臺院, 侍御史隸焉; 二曰殿院, 殿中侍御史隸焉; 三曰察院, 監察御史隸焉. 大事奏裁, 小事專達, 凡有彈劾, 御史以白大夫.

신은 이렇게 생각합니다. 어사대부는 바로 지금 좌우 도어사의 관직이고, 중승은 지금 좌우 부첨도어사의 관직입니다. 당나라에 3원이 있었는데, 지금 그곳은 찰원에 병합했습니다. 조종조에 도어사 6원을 설치하고 직무는 오로지 백관을 규찰하고 억울함을 밝히며 각 도를 감독함으로써, 공정하지 않거나 불법인 사안을 모두 다스렸습니다. 소속에 13도가 있었고, 각각 감찰어사를 설치했습니다. 13도는 절강·강서·복건·호광·산동·하남·산서·섬서·광동·광서·사천·운남·귀주인데, 각 포정사(布政司)의 사무를 나누어 맡고, 경위(京衛)는 모두 직속 예하에 두고, 부위(府衛)는 나누어 예하에 둡니다.

어사의 직무는 백관을 규찰하고 문서를 조사하며 형벌을 결정하고 군현을 안찰하는 데 있으니, 이는 조정의 눈, 귀에 해당하는 임무로, 기강을 엄숙히 하고 사악함과 폐해를 방지하고 혁파하는 방도입니다. 6부의 관직은 각각 해당 관리가 있지만, 도찰원만은 보고 듣는 데 직사에 관계없이 모두 규찰할 수 있습니다.

臣按: 御史大夫卽今左·右都御史之職, 中丞卽今左右副僉都御史之職. 唐有三院, 今並其三於察院. 祖宗設都御史六員, 職專糾劾百司, 辯明冤枉, 提督各道, 凡事之不公不法者皆在所理. 其屬有十三道, 各設監察御史, 曰浙江·曰江西·曰福建·曰湖廣·曰山東·曰河南·曰山西·曰陝西·曰廣東·曰廣西·曰四川·曰雲南·曰貴州, 分掌其各布政司事, 其京衛並直隸, 府衛則分隸焉. 御史之職在糾劾百司, 照刷文卷, 問擬刑名, 巡按郡縣, 是則朝廷耳目之任, 所以振肅紀綱, 而防邪革弊者也. 六部之職各有攸司, 而都察院惟所見聞, 不係職司, 皆得以糾察焉.

어사대부 이승가(李承嘉)가 일찍이 어사들을 불러 문책하기를, "근래에 어사들이 사안을 말할 때 대부에게 자문을 구하지 않는데, 그것이 예인가?"라고 하니, 어사 소지충(蕭至忠)이 "어사는 군주의 이목(耳目)으로 어깨를 나란히 하여 임금을 섬기면서 각자 탄핵할 수 있고 서로 보고하는 일을 관여하지 않습니다. 먼저 대부에게 보고하여 탄핵 사안을 허락받는다면, 대부를 탄핵할 때는 누구에게 보고할지 모르겠습니다."라고 하였다.[4]

---

4 어사대부 … 하였다: 《속자치통감장편(續資治通鑑長篇)》 권400에 나온다. 소지충의 감찰 관원에 대한 입장은 조선 건국 초기에도 사헌부의 원칙을 정하는 표준이 되었다. 《국역 삼봉집》 권6 《경제문감》 〈대관(臺官)〉.

御史大夫李承嘉嘗召諸御史責曰: "近日御史言事不咨大夫, 禮乎?" 御史蕭至忠曰: "御史, 人君耳目, 比肩事主, 得自彈事, 不相關白. 若先白大夫而許彈事, 如彈大夫不知白誰也!"

신은 이렇게 생각합니다. 지금 6부의 관속(官屬)은 모두 그 해당 부(部)를 적습니다. 마치 이부(吏部)에 속하면 '이부 문선청리사(吏部文選淸吏司)', 병부(兵部)에 속하면 '병부 무선청리사(兵部武選淸吏司)' 같은 유가 이것입니다. 오직 도찰원은 그 도(道)를 적으면서 도찰원에 묶어 두지 않는데, 이 또한 당나라 때의 취지입니다.

臣按: 今六部官屬皆書其部, 如吏部屬則曰吏部文選淸吏司·兵部屬則曰兵部武選淸吏司之類是也. 惟都察院則書其道而不係於都察院焉, 是亦唐人之意也.

측천무후가 법으로 신하들을 제어하고자, 간관과 어사에게 풍문(風聞)으로 사안을 말하도록 허락했다.

武后以法制群下, 許諫官·御史得以風聞言事.

호인(胡寅)이 말하였다.[5]

"무후가 간관과 어사에게 풍문으로 사안을 말하도록 한 일은 아마도 간특한 자를 발흥하게 하고 참소하는 자를 오게 하며 충량한 사람을 해치고 공정한 길을 상하게 하는 징표일 것이다. 조정이란 모든 정당성의 근원으로, 시비는 조정을 우러러 결정하고, 참소는 조정을 바라보고 밝아지며, 명예는 조정에 의지하여 공정해지니, 인심의 복종 여부가 한결같이 여기에 달려 있다.

저 풍문이란 길거리에서 말하고 듣는 것으로, 더러 쌍방이 화가 나서 나쁜 마음에 가득 찰 수도 있으니 어찌 모두 진실이겠는가. 그런 것을 근거로 느닷없이 법을 적용하여 형벌을 시행한다면 잘못 착오가 많이 생길 것이다. 풍문 때문에 이미 제대로 살피지 못한 점이 많은데다가 비판 당하는 자가 침묵하고 죄를 입게 되면, 사실을 밝히지 못하고 억울해도 고할 데가 없을 것이니 공평하고 밝은 정치 또한 매우 손상될 것이다."

胡寅曰: "武后使諫官·御史以風聞言事, 其興奸慝·來讒譖·害忠良·傷公道之符契乎? 朝廷者, 衆正之原, 是非所仰以決, 譖訴所望以明, 毁譽所賴以公, 人心服與不服一在是焉. 彼風聞者, 得於道聽途說, 或兩怒溢惡, 豈皆眞實? 遽然按之以施刑罰, 其差失多矣. 旣以風聞多不審諦, 被言者又泯默被罪, 不得申理而冤結無告, 傷平明之政亦甚矣."

신은 이렇게 생각합니다. 후세 대간이 풍문으로 사안을 말하는 것이

---

5 호인(胡寅)이 말하였다: 호인의 《독사관견(讀史管見)》에 나온다.

여기서 시작되었고, 전에는 없었으며 시작은 무씨(武氏)부터였습니다. 송나라 사람들이 이어서 연고가 있는 일이라고 생각하였고, 설명하는 자가 마침내 이를 대간의 전권이라고 말했습니다. 아! 이것이 어찌 성대한 덕이 펼쳐지는 치세의 일이겠습니까.

사정을 범범히 논할 때는 풍문도 되겠지만, 만일 남을 해치려고 몰래 사사로운 일을 꾸미는데 실상을 캐지도 않고 그때마다 오명을 더한다면, 이 어찌 충후하고 성실한 도리이겠습니까. 실상이 있은 뒤에야 이런 오명을 더할 수 있고, 죄상이 있은 뒤에야 이런 형벌을 시행할 수 있는 것입니다. 만일 죄의 유무나 허실을 살피지 않고 한 번 남의 말을 듣고 바로 상주문에 드러내고 형법을 적용한다면, 아! 막수유(莫須有)[6] 를 가지고 어떻게 천하를 승복시킬 수 있겠습니까.

우리 조종조에서는 국법을 드러내어 어사가 백관의 불공정이나 불법을 규찰할 때는 반드시 연월을 분명히 기록하고 실제 상황을 지목하여 진술하도록 했으며, 허위 사실을 대충 말하거나 세세한 일을 찾아내지 못하도록 했습니다. 이는 사안을 말하는 관원이 이를 빌미로 사사로운 원수를 갚거나 착한 사람들을 중상모략하고 바른 사람을 능멸할까 우려했기 때문이니, 성인(聖人)이 지성으로 천하를 다스리던 취지와 매우 부합하는 것입니다.

---

6 막수유(莫須有): 분명치 않은 일을 가지고 있을 법한 일이라고 억단하는 것을 말한다. 송나라 진회(秦檜)가 악비(岳飛)를 무함하여 하옥시키면서 "악비의 아들 운(雲)이 장헌(張憲)에게 보낸 편지 내용이 불분명하긴 하나 사체로 볼 때에는 있을 법한 일이다.[飛子雲與張憲書不明, 其事體莫須有.]"라고 하자, 한세충(韓世忠)이 "'막수유'라는 세 글자를 가지고 어떻게 천하 사람들을 이해시키겠는가." 하였다. 《송사》 권365 〈악비열전(岳飛列傳)〉.

臣按: 後世臺諫風聞言事始此, 前此未有也, 有之始自武氏. 宋人因按以爲故事, 而說者遂以此爲委任臺諫之專. 嗟乎, 此豈治朝盛德之事哉? 夫泛論事情風聞可也, 若乃訐人陰私, 不究其實而輒加以惡聲, 是豈忠厚誠實之道哉? 夫有是實而後可加以是名, 有是罪而後可施以是刑, 苟不察其有無虛實, 一聞人言卽形之奏牘·置於憲典, 嗚呼, 莫須有何以服天下哉? 我祖宗著爲憲綱, 許御史糾劾百司不公不法事, 須要明著年月·指陳實跡, 不許虛文泛言·搜求細事, 蓋恐言事者假此以報複私仇·中傷善類·汙蔑正人, 深合聖人至誠治天下之旨.

예종 때, 시어사 양부(楊孚)가 탄핵하고 규찰할 때 권귀(權貴)를 피하지 않자 권귀들이 그를 헐뜯었다. 상이 말하기를 "매가 교활한 토끼를 잡을 때는 반드시 빨리 처리해야지, 그렇지 않으면 반드시 도리어 물리게 된다. 어사가 간특한 자를 징계하고 다스릴 때도 마찬가지이다. 군주가 보호하고 지켜주지 않으면 또한 간특한 자들에게 물리게 될 것이다."라고 하였다.

睿宗時, 侍御史楊孚彈糾不避權貴, 權貴毁之, 上曰: "鷹搏狡兔須急救之, 不爾必反爲所噬. 御史懲奸慝亦然. 苟非人主保衛之, 則亦爲奸慝所噬矣."

신은 이렇게 생각합니다. 예종의 이 말은 군주가 풍헌을 맡겨 쓰는 본보기가 될 수 있을 것입니다.

臣按: 睿宗此言可以爲世主任用風憲之法.

숙종이 영무(靈武)에 있을 때 무관들이 흥성하여 법도가 없었으니, 대장 관숭사(管崇嗣)가 대궐을 등지고 앉아 웃으며 시끄럽게 떠들었다. 감찰어사 이면(李勉)이 그의 공경치 못함을 탄핵하자, 황제가 탄식하며 "내게 이면이 있어서 조정이 비로소 존엄해졌다."라고 하였다.

肅宗在靈武時, 武臣崛興無法度, 大將管崇嗣背闕坐, 笑語喧縱. 監察御史李勉劾其不恭, 帝歎曰: "吾有李勉, 朝廷始尊."

목종 때, 하주 절도사 이우(李祐)가 대금오에 임명되었는데, 명을 어기고 말을 타고 나아갔다. 시어사 온조(溫造)가 탄핵하니, 이우가 말하기를 "내가 밤에 채주(蔡州)에 들어가 오원제(吳元濟)를 붙잡을 때도 마음이 떨린 적이 없었는데, 오늘 어사 온조 때문에 간이 떨어졌다."라고 하였다.

穆宗時, 夏州節度使李祐拜大金吾, 違詔進馬. 侍御史溫造劾之, 祐曰: "吾夜入蔡州擒吳元濟未嘗心動, 今日膽落於溫御史矣."

신은 이렇게 생각합니다. 어사를 둔 것은 조정을 위해서이지 그 사람을 위해서가 아닙니다. 이미 이 관직을 주었으면 반드시 그 권한을 주어야 합니다. 그가 그 권한을 지니고 그 직무를 거행하면 사람들이 엄하고 꺼릴 바를 알아서 함부로 나쁜 짓을 하지 않을 것이니, 조정에 보탬이 클 것입니다.

당나라 사람이 말하기를, "어사는 천자의 이목이며 저택의 섬돌이니, 이목이 총명하고 섬돌이 엄격하고 바른데도 천자가 존엄하지 않은 적은 없다. 천자가 존엄한데 간신과 적자가 사라지지 않은 적은 없다. 간신과 적자가 사라지면 조정에서부터 바다 귀퉁이까지 거침없이 어딘들 다스려지지 않겠는가."라고 했습니다. 이 말을 보면 옛 사람이 관직을 설치한 취지를 알 수 있습니다.

臣按: 御史之設所以爲朝廷, 非爲其人也. 旣授之以是職, 必假之以是權, 彼持其權以擧厥職, 則人知所嚴憚, 而不敢爲惡, 其爲朝廷之益大矣. 唐人有言: "御史爲天子之耳目, 宸居之堂陛, 未有耳目聰明·堂陛峻正, 而天子不尊者也. 天子尊, 未有奸臣賊子而不滅也. 奸臣賊子滅矣, 可以自朝廷至於海隅, 蕩蕩然何所不理哉?" 觀於此言, 則知古人設官之意.

송나라 제도에, 어사가 어사대에 들어와 100일이 차도록 논핵하는 장소(章疏)가 없으면 어사대를 모욕한 벌을 받는다.

宋制, 御史入臺, 滿十旬無章疏者, 有辱台之罰.

신은 이렇게 생각합니다. 송나라 때 어사에게 관직 수행을 절실하게 책임 지웠는데, 엄격하기가 이와 같았으니 이는 오직 논핵하는 말을 하지 않을까 우려한 것입니다. 위에서 신하를 다그치는 이유는 반드시 논핵하는 말을 요구하는 것이니, 이렇게 하면 그 관직에 있는 사람이 침묵하고 말을 하지 않으려고 해도 그럴 수가 없는 것입니다.

> 臣按: 宋朝切責御史以擧其職, 其嚴如此, 蓋惟恐其不言也. 上之所以責之於其下者必欲其言, 如此居是職者雖欲緘默不言, 不可得矣.

석개(石介)가 말하였다.[7]

"군주가 게을리 놀면서 덕을 잃고 패란하여 도리를 잃으며 정무를 폐하고 간언을 막고 충성스러운 사람을 폐기하고 현명한 사람을 업신여기면, 어사부에서 간하여 책임을 물을 수 있다. 재상이 고식적으로 군주에게 순종하고 위를 가리고 아래를 기망하며 총애를 침하고 간언을 잊고 복록만 독점하고 위세를 부리면 어사부에서 규탄하여 바로잡을 수 있다. 장수가 흉포하여 명을 따르지 않고 무력을 믿고 마음대로 해치며 병사를 희롱하고 전쟁을 팽개치며 형벌을 잔폭하게 적용하고 백성들에게 해독을 끼치면 어사부에서 탄핵할 수 있다. 군주는 지극히 존귀하고 재상과 장수는 지극히 귀한데도 간언하고 책임을 물어 규핵할 수 있으니, 그 나머지는 미루어 알 수 있다."

---

7 석개(石介)가 말하였다: 《송문선(宋文選)》 권114 〈공 중승에 올리는 편지[上孔中丞書]〉에 나온다.

石介曰: "君有佚豫失德·悖亂亡道·荒政咈諫·廢忠慢賢, 御史府得以諫責之; 相有依違順旨·蔽上罔下·貪寵忘諫·專福作威, 御史府得以糾繩之; 將有凶悍不順·恃武肆害·玩兵棄戰·暴刑毒民, 御史府得以彈劾之. 君至尊也, 相與將至貴也, 且得諫責糾劾, 之餘可知也."

증조(曾肇)가 말하였다.[8]

"어사는 남을 문책하는 자이다. 장상(將相)과 대신이 적절한 인물이 아니고 백관과 유사가 직무를 잘못하며, 천하에 법과 기강을 어지럽히고 참소하고 모함하는 자가 있으면 어사가 모두 문책할 수 있다. 그러니 어사만 책임이 없겠는가. 그 지위에 있으면서 알지 못하는 바가 있고, 알고 있으면서 말하지 않는 바가 있고, 말은 하면서 시행하지 않는 바가 있고, 시행해도 군자가 걱정하고 소인이 다행으로 여긴다면, 어사의 책임이다."

曾肇曰: "御史, 責人者也. 將相大臣非其人, 百官有司失其職, 天下之有敗法亂紀·服讒搜慝者, 御史皆得以責之. 然則御史獨無責乎? 居其位有所不知, 知之有所不言, 言之有所不行, 行之而君子病焉, 小人幸焉, 御史之責也."

8 증조(曾肇)가 말하였다: 《송문감(宋文鑑)》 권83 〈어사대를 중수하는 기문[重修御史臺記]〉에 나온다.

신은 이렇게 생각합니다. 송나라 두 신하의 말에서 어사의 책임이 이처럼 중대하고도 어렵다는 것을 알 수 있습니다. 어사가 된 자는 반드시 두 신하의 말처럼 해야 하며, 그런 뒤에 그 직무를 수행할 수 있습니다. 그렇지 않다면 그 관직에 부끄러운 것입니다. 이렇게 보면 재임하는 날에 언론에 드러내고 장소에 나타내는 것은 바로 직분상 당연히 해야 할 일이지 이렇게 해서 명성을 구하기 좋아해서가 아닙니다.【이상은 대관이다.】

臣按: 宋二臣之言, 可見御史責任之重且難如此. 爲御史者必如二臣所言, 然後爲能擧其職, 不然, 則於是職有愧矣. 由是觀之, 則凡其在任之日所以形於言論·見之章疏者, 乃其職分之所當爲, 非好爲是以求名也.【以上臺官】

《주례》에서 말하였다.

보씨가 왕의 악행을 간하는 일을 관장하였다【지관.】.

《周禮》: 保氏掌諫王惡【地官】.

신은 이렇게 생각합니다. 관직 이름을 '보'라고 하고 악행을 간하는 것을 사무로 삼았으니, 이는 왕의 과실을 진달하여 왕 자신을 보우하여, 보조하고 도와서 도리로 돌아가게 하려던 것입니다. 주나라 때부터 이 관직이 있었고, 한나라 때 이어서 간쟁(諫諍)하는 인원을 두었으니 그 이름은 비록 다르지만 제도는 같았습니다.

臣按: 官以保爲名, 而職以諫惡爲事, 蓋欲其陳王之過失, 以保佑王之躬, 輔之翼之以歸諸道也. 自周人有是官, 漢人因之以設諫諍之員, 其名雖異而制則同也.

진나라에서 처음 간의대부를 두고 논핵을 관장했는데, 일정한 관원은 없었다. 한 문제가 다시 간대부를 두었고, 광무제가 다시 간의대부라고 하였다. 당나라가 수나라의 제도를 계승하여 다시 두었고, 재상을 따라 입각하였다. 송나라에서 간원을 두었다.

秦始置諫議大夫, 掌論議, 無常員. 漢武帝更置諫大夫, 光武又以爲諫議大夫. 唐承隋制, 復置, 隨宰相入閣, 宋置諫院.

당나라에서 좌우 보궐, 좌우 습유를 두었다. 송나라에서 좌우 보궐을 좌우 사간으로 바꾸고, 좌우 습유를 좌우 정언으로 바꾸었다.

唐置左右補闕·左右拾遺, 宋改左右補闕爲左右司諫·左右拾遺爲左右正言.

신은 이렇게 생각합니다. 간의대부·보궐·습유·사간·정언은 모두 이전 시대의 간관입니다. 우리나라에서 이전 시대의 중서성을 혁파하고, 아울러 소위 간관을 다시 두지 않고 오직 6과 급사중을 설치하여 봉박(封駁)하는 정무를 관장하고 언론으로 문책하는 임무를 겸하여 부여했습니다.

臣按: 諫議大夫·補闕·拾遺·司諫·正言皆前代之諫官也, 我朝革去前代中書省, 並其所謂諫官者不復置焉, 惟設六科給事中以掌封駁之政, 而兼以言責付之.

진나라에서 처음 급사중을 두었다. 한나라에서 그 제도를 따랐고, 당나라에서 4원으로 정하였다. 송나라 제도에 칙서를 작성하는 데 불편함이 있으면 고사에 준하여 봉박하였다.

秦始置給事中, 漢因之, 唐定爲四員. 宋制, 凡制敕有所不便, 準故事封駁.

신은 이렇게 생각합니다. 급사중은 진나라 이래 추가로 맡는 관직이었고, 송나라 원풍(元豐) 연간에 처음 고정 관직이 되었으며, 직무는 전적으로 봉박뿐이었습니다. 우리나라에서 처음 6과로 나누었고, 과에 도급사중·좌우급사중·급사중을 설치했으며, 해당 과의 사무가 번다한지 간단한지에 따라 인원을 두었습니다. 장주(章奏)를 출입할 때는 모두 반드시 경유해야 했고, 규례에 어긋나거나 고쳐서 문란한 것은 모두 봉박할 수 있었습니다. 이뿐이 아닙니다.

조정의 잘잘못, 백관의 현부는 모두 연대 서명하여 보고하게 하였으니, 이는 실로 이전 시대의 간의·보궐·습유의 직무를 겸한 것입니다. 조종조에서 관직을 설치하면서 간쟁(諫諍)이라는 관직명을 쓰지 않은 것은 누구나 모두 자신의 말을 다할 수 있게 하고 또 그 책임을 과도(科道)에 둔 것입니다. 아! 사해에 말할 수 없는 사람은 없고 백관 중 말해야 할 관직이 아닌 것이 없으며, 또한 범연히 흩어놓은 가운데 은근히 전담 책임의 뜻을 깃들였으니, 조종조에서 관직을 설치한 뜻이 깊고 구언한 뜻이 절실합니다.

臣按: 給事中自秦以來爲加官, 至宋元豐中始有定職, 其職專以封駁而已. 我朝始分爲六科, 科設都給事中·左右給事中·給事中, 隨其科事繁簡而設員. 凡章奏出入咸必經由, 有所違失抵牾·更易紊亂皆得封駁. 不特此也, 凡朝政之得失·百官之賢佞皆許聯署以聞, 蓋實兼前代諫議·補闕·拾遺之職也. 祖宗設官不以諫諍名官, 欲人人皆得以盡其言也, 而又專寓其責於科道. 籲, 四海無不可言之人, 百官無非當言之職, 又於泛然散處之中, 而寓隱然專責之意, 祖宗設官之意深矣, 求言之意切矣.

당 태종 정관 원년, 명하기를 "지금부터 중서문하 및 3품 이상은 입각하여 사안을 의논하고, 모두 간관이 수행하여 잘못이 있으면 그때마다 아뢰게 하라."라고 하였다.

唐太宗貞觀元年, 制曰: "自今中書門下及三品以上入閣議事, 皆命諫官隨之, 有失輒奏."

신은 이렇게 생각합니다. 송나라 왕안석(王安石)이 말하기를 "당 태종 때 이른바 간관이란 승상과 함께 어전에 나아갔기 때문에 한 마디 말의 오류나 한 가지 일의 실수라도 장차 일어나기 전에 구제할 수 있었고, 천하에 명령이 이미 반포된 뒤에 이어서 쟁집하게 놔두지 않았습니다. 군주는 군주다움을 잃지 않았고, 신하는 신하다움을 잃지 않아서 그 또한 가까운 옛날에 근사했습니다. 지금은 상이 하려고 하는 바나 보필하는 사람이 상에게 하는 말을 모두 알 수가 없고, 명령이 이미 나온 뒤에야 이어서 쟁집합니다. 상이 듣고 고치면 이는 사(士)가 명령을 제어하는 것이고 군주의 덕이 되지만, 듣지 않고 내쫓으면 이는 신하는 말이 받아들여지지 않는 것이고 군주에게는 부끄러운 허물이 됩니다."라고 했습니다.[9]

신은 삼가 당송(唐宋)의 제도는 지금과 같지 않다고 생각합니다. 이전 시대에는 재상의 행사를 간관이 알 길 없었지만, 지금은 6부의 사안이 6과를 거치지 않는 것이 하나도 없으니, 비록 군이 대신을 따라 입각하여 사안을 의논하지 않아도 장소(章疏)가 처음 들어올 때나 제칙(制敕)이 처음 나갈 때에는 본디 사안에 앞서 간언할 수 있습니다.

臣按: 宋王安石言: "唐太宗之時, 所謂諫官者與丞相俱進於前, 故一言

9 왕안석(王安石)이 … 했습니다: 《임천문집(臨川文集)》 권63 〈간관을 논함[論諫官]〉에 나온다.

之謬·一事之失, 可救之將然, 不使其命已布於天下, 然後從而爭之也. 君不失其所以爲君, 臣不失其所以爲臣, 其亦庶乎其近古也. 今也上之所欲爲·丞弼所以言於上, 皆不得而知也, 及其命之已出, 然後從而爭之. 上聽之而改, 則是士制命而君聽也; 不聽之而逐, 則是臣不得其言而君恥過也." 臣竊以謂唐宋之制與今不同, 前代宰相行事諫官無由得知, 今則六部之事無一不經於六科, 則雖不必隨大臣入閣議事, 當其章疏初入之時·制敕始出之際, 則固可以先事而諫矣.

헌종(憲宗)이 이강(李絳)에게 말하기를, "간관에 비하여 붕당이 많아서 논핵하는 상주가 부실하고 모두 비방에 빠져 남을 탓하는 말만 하려고 하니, 어쩌면 되겠는가?"라고 하니, 이강이 말하기를 "이는 폐하의 생각이 아닐 것입니다. 필시 아첨하는 사람이 이런 말로 상의 마음을 미혹시켰을 것입니다. 예부터 간언을 받아들이는 경우는 번창하고 간언을 거부하는 경우는 망했습니다. 신하가 되어 상에게 진언하는 것이 어찌 쉽겠습니까. 군주는 하늘처럼 높고 신하는 땅처럼 낮으니, 벼락같은 위엄이 있게 되면 그들은 밤낮으로 생각하여 열 가지 일을 진달하려고 했다가도 금방 대여섯 가지는 제거할 것이고, 장차 보고할 때는 또 꺼려서 그 반을 삭제할 것이기 때문에 상달하는 것은 열 가지 중 두 가지뿐입니다. 왜 그렇겠습니까? 불측한 화를 범하면 몸에 불리하기 때문입니다. 비록 간언을 받아들이고 장려해도 오히려 오지 않을까 걱정인데, 지금은 견책함으로써 곧은 관리들의 입을 막고 있으니 사직의 이익이 아닙니다."라고 하였다. 황제가 말하기를 "경의 말이 아니었다면, 내가 간언의 이익을 알지 못했을 것이다."라고 하였다.

憲宗謂李絳曰: "比諫官多朋黨, 論奏不實, 皆陷謗訕, 欲出其尤者, 若何?" 絳曰: "此非陛下意, 必憸人以此熒誤上心. 自古納諫者昌, 拒諫者亡. 夫人臣進言於上豈易哉? 君尊如天, 臣卑如地, 如有雷霆之威, 彼晝度夜思始欲陳十事, 俄而去五六, 及將以聞則又憚而削其半, 故上達者財十二耳. 何哉? 干不測之禍, 顧身不利耳. 雖開納獎勵尙恐不至, 今乃欲譴訶之使直士杜口, 非社稷利也." 帝曰: "非卿言, 我不知諫之益."

신은 이렇게 생각합니다. 이강의 이 말은 비단 아첨하는 자들의 음모를 깨트렸을 뿐 아니라, 또한 군주에게 간언하는 신하의 어려움이 이와 같음을 알게 한 것입니다. 헌종이 그 말을 듣고 바로 간언의 이익을 알았으니, 이것이 그가 당나라의 훌륭한 군주가 되었던 이유입니다. 후세에 정치를 한다는 자는 반드시 으뜸으로 삼아야 합니다.

臣按: 李絳此言非但以破憸人之謀, 亦使其君知諫臣之難也如此. 憲宗聞其言卽知諫之爲益, 此其所以爲唐令主, 後世稱治者必宗之歟.

송나라 구양수(歐陽脩)가 말하였다.[10] "간관은 천하의 득실과 당대의

10 송나라 구양수(歐陽修)가 말하였다: 《문충집(文忠集)》 권66 〈범 사간에게 올리는 편지[上范司諫書]〉에 나온다.

공론이 걸려 있다. 간관은 비록 관직이 낮지만 재상과 대등하다. 천자가 옳다고 해도 간관은 잘못이라고 해야 하며, 천자가 반드시 시행하라고 해도 간관은 절대 시행하면 안 된다고 말해야 한다. 전폐[殿陛: 정전(正殿)의 문 앞] 사이에 서서 천자와 시비를 다투는 자가 간관이다."

宋歐陽脩曰: "諫官者, 天下之得失·一時之公議係焉. 諫官雖卑, 與宰相等. 天子曰是, 諫官曰非; 天子曰必行, 諫官曰必不可行, 立殿陛之間與天子爭是非者, 諫官也."

사마광(司馬光)이 말하였다.[11] "옛날에는 간관이라는 관직이 없었고, 공경과 대부로부터 공상(工商: 기술자와 상인)에 이르기까지 간언할 수 없는 자는 없었다. 한나라가 흥기한 뒤 처음 관직을 두어 천하의 정치, 사해의 백성에 대한 득실과 이해를 한 관직에 모아서 말하게 했으니, 그 임무 또한 무거웠다."

司馬光曰: "古者諫無官, 自公卿大夫至於工商無不得諫者. 漢興以來始置官, 以天下之政·四海之衆, 得失利病萃於一官使言之, 其爲任亦重矣."

신은 이렇게 생각합니다. 지금은 간관에 비록 정해진 관직이 없지만, 조종조에서 6과를 설립하고 실제로 언책을 맡겨 안으로는 모든

11 사마광(司馬光)이 말하였다: 《송문감(宋文鑑)》 권79 〈간원제명기(諫院題名記)〉에 나온다.

관청을, 밖으로는 변방 고을까지 응당 봉장(封章)이 있으면 경유하지 않을 수가 없습니다. 하물며 조정에 관청이 있고 전폐에서 입시하는 반열로, 날마다 폐하 가까이 와서 용안을 지척에 있으면서 위로는 예속된 곳이 없고 아래로는 나누어 다스리는 바가 있으니, 구양수가 말한 '전폐 사이에 서서 시비를 다투는' 관직입니다.

지금 비록 이에 비할 것은 없지만, 사마광이 말한 '천하의 정치, 사해의 백성에 대한 득실과 이해를 한 관직에 모았다'는 것은 지금도 옛날과 같습니다. 그러니 이 관직 또한 합당한 인물을 어찌 쉽게 얻을 수 있겠습니까. 반드시 사마광이 말한 대로 언사를 담당하는 관원을 뽑을 때는 세 가지 사안을 우선으로 삼아야 합니다. 첫째, 부귀를 좋아하지 않아야 합니다. 둘째, 명예와 절개를 중시해야 합니다. 셋째, 정치의 요체를 밝게 알아야 합니다. 반드시 이런 사람을 얻어 간관에 있게 하면, 위로는 군주의 덕에 분명 도움이 있을 것이고 아래로는 조정에 분명 흠이 없을 것입니다. 【이상 간관이다.】

臣按: 今世諫官雖無定職, 然祖宗設立六科, 實以言責付之, 凡內而百司·外而藩郡, 應有封章無有不經由者, 矧列署內廷·侍班殿陛, 日近淸光, 咫尺天顔, 上無所於屬, 下有所分理, 歐陽脩所謂 "爭是非於殿陛之間." 今雖無此比, 至於司馬光所謂 "天下之政·四海之衆, 得失利病萃於一官", 則今猶古也. 然則是職也亦豈易得其人哉? 必如光所謂擇言事官當以三事爲先, 第一不愛富貴, 次則重惜名節, 次則曉知治體. 必得如是之人以居諫官, 則上而君德必有所助, 下而朝政必無所缺矣. 【以上諫官】

채양(蔡襄)이 임금【임금은 인종(仁宗)이다.】에게 아뢰었다.[12] "간관을 임명하는 것은 어렵지 않으나 간언을 듣는 것이 어렵고, 간언을 듣는 것은 어렵지 않으나 간언을 채용하는 것이 어렵습니다. 폐하께서 정교(政教)가 신뢰를 얻지 못하고 상벌이 밝지 못하며, 신하들의 간사함과 바름이 구분되지 않고 사방의 이해가 궁구되지 않는 것을 깊이 우려하셨습니다. 이 때문에 이목(耳目)이 되는 관원을 늘려 언로(言路)를 넓혔는데, 간사한 자들이 싫어하여 반드시 방어할 말을 만들어 낼 것이나, 기껏해야 '누구는 이름나기를 좋아한다, 나서기를 좋아한다, 임금의 잘못을 드러낸다'는 말에 지나지 않습니다. 누군가 이런 말을 드린다면, 바로 이것이 간사한 자가 폐하의 총명을 가리고자 하는 것이니, 살피지 않으면 안 됩니다."

蔡襄告其君【仁宗】曰: "任諫非難, 聽諫爲難; 聽諫非難, 用諫爲難. 陛下深憂政教未孚·賞罰未明, 群臣之邪正未分·四方之利害未究, 故增耳目之官以廣言路, 群邪惡之, 必有禦之之說, 不過曰某人也好名也·好進也·彰君過也, 或進此說, 正是邪人欲蔽天聰, 不可不察焉."

신은 이렇게 생각합니다. 예로부터 소인이 군주의 총명을 가리고자 하면서 이목의 관원이 자기 잘못을 공박하고 자기 사심을 드러내어 그 지위를 오래 누릴 수 없을까 봐 두려워하는 자는 반드시 이 세 가지 이유를 들어 군주를 미혹시킬 것입니다. 군주가 명석하지 못하면 더러 그의 말을 믿고 바른 말을 물리치거나 바른 사람을 멀리하기에

12 채양(蔡襄)이 임금에게 아뢰었다: 《송사(宋史)》 권320 〈채양열전(蔡襄列傳)〉에 나온다.

이르러 위망한 지경에 빠지는 경우가 많습니다.

말을 듣는 자라면 '그의 말이 옳은가, 아닌가', '내 잘못이 있는가, 없는가' 하며 어찌 돌이켜 생각하지 않겠습니까. 그의 말이 타당하면 채용하여도 나라에 보탬이 될 것이니, 그가 용감히 발언한다는 명성을 얻고 현달한 요직에 진출하는 것은 본디 자격이 있는 것이지 어찌 '좋아한다'고 평가하겠습니까. 내 잘못이 과연 있다면 그 말을 통해서 악행에 빠지지 않을 것이니, 그에게는 충성을 바친 보탬이 있고 나에게는 간언을 따르는 훌륭함이 있으므로 이른바 '훌륭히 잘못을 보완하였다'는 것인데 어찌 '잘못을 드러냈다'고 평가하겠습니까. 이 말을 가지고 마음에서 돌이켜 찾아보면 그 말이 진실로 나에게 유익하다는 것을 알 것이고, 비록 무익하다고 해도 반드시 손해가 되는 것은 아닙니다. 남의 위에 있는 사람은 오직 신하가 명성을 좋아하지 않고 나서기를 좋아하지 않아서 내가 나의 잘못을 듣고 고칠 기회가 없는 것을 두려워할 뿐이지, 오히려 무슨 탓할 것이 있겠습니까.

臣按: 自古小人欲蔽人主之聰明, 恐其耳目之官攻己過·發己私不得久安其位者, 必假此三說以誑惑其君. 其君不明, 或信其說, 以至於屛棄正言·疏遠正人, 以馴致於危亡之地者多矣. 聽言者盍反思曰彼之言當歟否歟? 己之過有歟無歟? 彼之言果當, 用之而有益於國, 則其得敢言之名·進顯要之位乃所固有者也, 豈謂好哉? 己之過果有焉, 因之而不陷於惡, 則彼有進忠之益, 而我有從諫之美, 乃所謂善補過也, 豈謂彰哉? 以是而反求於心, 則知其言眞有益於己, 雖無益焉亦未必有損也. 爲人上者惟恐其臣之不好名·不好進, 吾不得以聞其過而改之耳, 尙何咎之有哉?

소식(蘇軾)이 임금【임금은 신종(神宗)이다.】에게 아뢰었다.[13] "송나라는 건륭(建隆) 이래 한 사람의 언관도 죄를 준 적이 없었고, 설사 가벼운 문책이 있었더라도 곧바로 승진시켰습니다. 풍문 논핵을 허락하였고 장관이 없었으며, 간언이 천자에게 미치면 천자가 얼굴을 바꾸었고, 사안이 조정에 관계되면 재상이 대죄했습니다. 그 때문에 인종 시대에는 재상이 대간의 풍지(風旨)를 받든다고 기롱하는 논평자도 있었습니다. 성인(聖人)이 유속(流俗)에 깊이 마음을 썼다 해도, 어찌 발탁한 대간이 진실로 반드시 모두 현명하지는 않으며 하는 말 또한 반드시 모두 옳은 것은 아니라는 것을 알았겠습니까. 그렇지만 반드시 예기를 길러 중대한 권한을 맡긴 것이 어찌 헛되이 그렇겠습니까? 장차 간신의 싹을 자르고 내관을 중시하는 폐단을 구제하려던 것입니다.

간신의 싹은 대간이 잘라도 남으며 그것이 자란 뒤에는 형벌로 처리해도 부족합니다. 지금 법령이 엄밀하고 조정이 청명하여 소위 간신이 있을 리 만무합니다. 그렇지만 고양이를 길러 쥐를 제거하지만 쥐가 없다고 해서 쥐도 못 잡는 고양이를 기르지는 않으며, 개를 길러 도둑을 방지하지만 도둑이 없다고 해서 짖지도 않는 개를 기르지는 않습니다. 폐하께서 위로 조종조에서 이 관직을 설치한 뜻을 유념하고 아래로 자손만대의 방책으로 삼지 않을 수 있겠습니까. 조정의 기강 가운데 이보다 중대한 것이 무엇입니까. 기강이 한 번 무너지면 무슨 일인들 생기지 않겠습니까.

공자가 말하기를 '비루한 자와 함께 임금을 섬길 수 있겠는가? 총애를

---

13 소식(蘇軾)이 임금에게 아뢰었다: 《동파전집(東坡全集)》 권51 〈황제께 올리는 글[上皇帝書]〉에 나온다. 송 신종(宋神宗)에게 희녕(熙寧) 4년(1071)에 올린 글이다.

얻지 못했을 때는 얻으려고 조바심하고, 총애를 얻은 뒤에는 잃을까 조바심하니, 잃을 것을 조바심하면 못하는 짓이 없을 것이다.'라고 하였습니다.[14] 신이 이 책을 읽고 말이 너무 지나치다고 의심하였는데, 비루한 자가 잃을까 조바심하는 것은 자리나 채우고 구차히 용납되는 데 불과하지만, 이사(李斯)가 몽염(蒙恬)이 자기의 권력을 빼앗을까 조바심하더니 이세(二世)를 세워 진나라를 망하게 했고, 노기(盧杞)가 회광(懷光)이 자기의 악행을 꾸짖을까 조바심하더니 덕종(德宗)을 미혹하여 다시 그 마음을 혼란시킨 것이 본래 잃을까 조바심하는 데서 생겼고 그 화가 끝내 나라를 망하게 한 것을 보면 공자의 말이 참으로 지나치지 않다고 여겼습니다.

그러므로 나라를 다스려질 때는 평소에 반드시 몸을 잊고 앞에서 대드는 신하가 있음을 알 수 있으니, 난리가 났을 때는 의리를 따라 죽음으로 지키는 신하가 있을 것입니다. 평소에도 오히려 한 마디 말도 못한다면 난리가 났을 때 어떻게 죽음으로 절개를 지키라고 요구하겠습니까. 신하들이 모두 이와 같다면, 모든 말이 같고 모든 생각이 합치되어 번갈아 맞장구칠 것이니 누군들 현자가 아니겠습니까. 만일 소인이 그 사이에 있다면 군주가 무슨 수로 알아채겠으며, 천하가 어찌 위태롭지 않겠습니까. 신이 기강을 보존해야 한다는 것은 이를 두고 하는 말입니다."

蘇軾言於其君【神宗】曰: "宋朝自建隆以來未嘗罪一言者, 縱有薄責, 旋卽超升, 許以風聞而無官長, 言及乘輿, 則天子改容; 事關廊廟, 則宰相待罪. 故仁宗之世, 議者譏宰相但奉行臺諫風旨而已. 聖人深意流俗, 豈知擢用臺諫

14 공자가 … 하였습니다: 《논어》 〈양화(陽貨)〉에 나온다.

固未必皆賢, 所言亦未必皆是? 然須養其銳氣, 而借之重權者, 豈徒然哉? 將以折奸臣之萌, 而救內重之弊也. 夫奸臣之始, 以臺諫折之而有餘; 及其旣成, 以干戈取之而不足. 今法令嚴密, 朝廷淸明, 所謂奸臣萬無此理, 然而養貓以去鼠, 不以無鼠而養不捕之貓; 蓄狗以防盜, 不以無盜而蓄不吠之狗. 陛下得不上念祖宗設此官之意, 下爲子孫萬世之防? 朝廷紀綱, 孰大於此? 紀綱一廢, 何事不生? 孔子曰: '鄙夫可與事君也與哉? 其未得之也患得之, 旣得之患失之, 苟患失之, 無所不至矣.' 臣始讀此書疑其太過, 以爲鄙夫之患失不過備位以苟容, 及觀李斯憂蒙恬之奪其權, 則立二世以亡秦, 盧杞憂懷光之數其惡, 則誤德宗以再亂其心, 本生於患失, 其禍乃至於喪邦, 孔子之言良不爲過. 是以知爲國者平居必有亡軀犯顏之士, 則臨難庶幾有徇義守死之臣. 若平居尙不能一言, 則臨難何以責其死節? 人臣苟皆如此, 言無不同, 意無不合, 更唱迭和, 何者非賢? 萬一有小人居其間, 則人主何緣知覺, 天下豈不殆哉? 臣所謂存紀綱者, 此之謂也."

신은 이렇게 생각합니다. 소식의 이 말은 조정의 기강이 전적으로 대간에게 있다는 뜻인데, 이는 소견이 있는 말입니다. 기강을 세워 조정을 바로잡고 천하를 편안하게 하는 데 뜻을 둔 사람이 오히려 유념해야 할 것입니다.

臣按: 蘇軾此言以爲朝廷之紀綱專在於臺諫, 蓋有見之言也. 有志立紀綱以正朝廷·安天下者, 尙念之哉.

여조겸(呂祖謙)이 말하였다.[15] "천자는 작은 한 몸으로 법궁의 깊은 곳에 살고 있는데, 백관의 사사로움과 바름, 내 몸의 잘잘못을 모두 어디로부터 살필 수 있겠는가. 이에 이목의 관원을 설치하여 풍헌의 책임을 맡긴 것이다. 이 때문에 한 사람이 굳이 그 총명을 믿고 쓰지 않더라도 천하의 일을 모두 듣고 보지 않음이 없는 것이다. 한나라 선제 때 소망지(蕭望之)가 간의대부를 옮겨 외직인 군수에 보임하였는데, 이 또한 백성들을 이끄는 수령이 아름답지 않은 것은 아니지만 망지가 상소하여 또 간관을 내보내 군수에 보임한 것은 이른바 말단을 우려하여 근본을 잊은 것이다. 대개 조정에 간쟁하는 신하가 없으면 허물을 알지 못하니, 이로써 대간의 선발은 조금도 느슨해서는 안 됨을 알 수 있다."

呂祖謙曰: "天子以一身之微處法宮之邃, 百僚之邪正·吾躬之得失皆奚自而察之? 於是設爲耳目之官, 以司風憲之任, 故一人不必用其聰·恃其明, 擧天下之事無不聞而見之. 漢宣之時, 蕭望之遷諫議出補郡守, 則亦民之師帥, 非不美也, 望之上疏且以出諫官以補郡守, 所謂憂其末而忘其本. 蓋朝無諍臣則不知過, 以是知臺諫之選不容少緩."

신은 이렇게 생각합니다. 대간의 직임은 품성이 강건하고 바른 자가 아니면 쉽게 맡을 수 없습니다. 그렇지만 신하로서 품성이 강건하고

---

15 여조겸(呂祖謙)이 말하였다: 《군서고색(群書考索)》 속집 권36에, 여조겸의 《동래박의(東萊博議)》에 수록되었다고 하였다.

바른 사람은 늘 드물고 간혹 한두 사람이 있어도 언사가 어눌하거나 소장을 짓는 데 단점이 있어, 그 직임에 어울리는 사람을 구하기가 매우 어렵습니다.

다행히 합당한 인물을 얻더라도 또한 오래 그 자리에 있지 못하고 외직으로 옮기게 하니, 이것이 소망지가 '말단을 우려하여 근본을 잊었다'고 논한 이유입니다. 그렇지만 관직에 맞게 사람을 선택하고 옮겨서 기용하는 것은 본디 그래도 됩니다. 불행히 간사한 소인이 당로에 있어서, 강건하고 바름을 숨기지 않고 혹시 자기의 사사로움을 밝히게 될 것을 싫어하여 관직 이동을 핑계 삼아 제거하는 경우도 혹 있으니, 간언을 구하는 데 뜻이 있는 자는 알지 않으면 안 됩니다. 【이상 대간에 대한 총론이다.】

臣按: 臺諫之任非素稟剛正者, 未易居也. 然人臣之稟性剛正者恒少, 間有一二, 或訥於言辭, 或短於章疏, 求其稱是任者蓋甚難也. 幸而得其人, 又使不得久居其位, 而遷之於外, 此望之所以有憂末忘本之論也. 雖然, 爲官擇人, 遷而用之, 固猶可也. 不幸而有奸邪小人, 處乎當道, 惡其剛正不隱, 或至發己之陰私, 假遷除以去之亦或有矣, 有志於求諫者不可不知. 【以上總論臺諫】

이상 대간의 직임을 중시함에 대해 논하였다.

以上論重臺諫之任

대학연의보
(大學衍義補)

—

권9

치국평천하의 요체[治國平天下之要]

백관을 바로함[正百官]

관직에 들어오는 길을 맑게 함[淸入仕之路]

《주례》에서 말하였다.

대사도(大司徒)는 향학(鄕學)의 세 가지 일을 가지고【물(物)은 일[事]이다. 세 가지 일이란 덕(德), 행실, 기능[藝]이다.】 만민을 교화하여 공경히 기용한다【빈(賓)은 공경하는 것이다.】【홍(興)은 기용하는 것이다.】. 첫 번째는 육덕(六德)인데, 지(知)·인(仁)·성(聖)·의(義)·중(中)·화(和)이다【지(知)는 시비를 분별하는 것이다.】【인(仁)은 공평무사한 것이다.】【성(聖)은 두루 밝은 것이다.】【의(義)는 결단이 있는 것이다.】【중(中)은 성실한 것이다.】【화(和)는 어긋남이 없는 것이다.】. 두 번째는 육행(六行)인데, 효(孝)·우(友)·목(睦)·인(姻)·임(任)·휼(恤)이다【효(孝)는 부모를 잘 섬기는 일이다.】【우(友)는 형제에게 잘하는 것이다.】【목(睦)은 구족(九族)에게 친한 것이다.】【인(姻)은 인척과 친한 것이다.】【임(任)은 벗에게 미더운 것이다.】【휼(恤)은 궁핍한 사람을 진휼하는 것이다.】. 세 번째는 육예(六藝)인데, 예(禮)·악(樂)·사(射)·어(禦)·서(書)·수(數)이다【예(禮)는 오례(五禮)[1]가 있다.】【악(樂)은 오악(五樂)[2]이 있다.】【사(射)는 오사

(五射)[3]가 있다.】【어(禦)는 오어(五禦)[4]가 있다.】【서(書)는 육서(六書)[5]가 있다.】【수(數)는 구수(九數)[6]가 있다.】.

《周禮》: 大司徒以鄕三物【物, 事也. 三物, 德·行·藝也】敎萬民而賓【敬之也】興【擧也】之. 一曰六德, 知【別是非】·仁【公無私也】·聖【通明也】·義【有斷制】·中【誠實也】·和【無乖戾】; 二曰六行, 孝【善事父母】·友【善於兄弟】·睦【親其九族】·婣【親其外親】·任【信於朋友】·恤【振於貧乏】; 三曰六藝, 禮【有五禮】·樂【有五樂】·射【有

---

1 오례(五禮): 길례(吉禮), 흉례(凶禮), 군례(軍禮), 빈례(賓禮), 가례(嘉禮)를 말한다.

2 오악(五樂): 계절에 따라 쓰는 악기들이다. 봄에는 거문고와 큰 거문고, 여름에는 생황과 피리, 늦여름에는 북, 가을에는 쇠북, 겨울에는 경쇠이다. 《국역 백호전서》 제38권 〈독서기(讀書記) 효경장구(孝經章句)〉.

3 오사(五射): 《주례(周禮)》 〈지관(地官) 사도(司徒)〉 정현(鄭玄)의 주(註)에, "오사는 백시(白矢), 삼련(三連), 섬주(剡注), 양척(襄尺), 정의(井儀)이다." 하였다. 화살이 사포(射布)인 후(侯)를 꿰고 지나가 촉만 희게 보이는 백시, 먼저 한 대를 쏘고 잇달아 세 대를 쏘는 삼련, 화살 깃의 머리[羽頭]는 높고 촉은 낮게 하여 번쩍이며 날아가는 섬주, 신하가 임금과 함께 활을 쏘는데 임금과 나란히 서지 않고 한 자 뒤로 물러나는 양척, 화살 네 대로 사포를 꿴 모습이 우물[井] 자 모양인 정의이다.

4 오어(五御): 말을 모는 다섯 가지의 법인데, 《주례》 〈지관 사도〉 정현의 주에, "명화란(鳴和鸞), 축수곡(逐水曲), 과군표(過君標), 무교구(舞交衢), 축금좌(逐禽左)이다." 하였다. 천자를 나타내는 표시나 자리를 지날 때 예의를 갖추는 과군표, 골짜기의 절벽을 따라 수레를 몰되 물에 떨어지지 않게 하는 축수곡, 사냥을 할 때 짐승을 좇으면서 왼쪽에서 활을 쏘아 잡는 축금좌, 도로를 통과하면서 자유자재로 달려가는 무교구, 수레가 달릴 때 수레의 방울 소리가 서로 호응하게 모는 명화란이 그것이다.

5 육서(六書): 한자의 구조 및 사용에 관한 여섯 가지의 구별 명칭이다. 상형(象形), 지사(指事), 회의(會意), 형성(形聲), 전주(轉注), 가차(假借)를 말한다.

6 구수(九數): 토지 면적을 측정하는 방법인 방전(方田), 물자의 교역과 매매를 셈하는 속미(粟米), 비례를 나누는 방법인 차분(差分), 평방과 입방을 재는 소광(少廣), 공정에 드는 힘을 계산하는 상공(商功), 배·수레·말·사람의 운임을 계산하는 균수(均輸), 방정식을 계산하는 방정(方程), 남는 것과 부족한 것을 셈하는 부족(不足), 삼각형의 면적을 구하는 구고(句股)를 가리킨다.

五射】· 禦【有五禦】· 書【有六書】· 數【有九數】.

경대부(卿大夫)는 3년마다 있는 시험[大比] 때, 덕행과 도예(道藝)를 조사하여 현명한 자와 능력 있는 자를 기용한다. 향로(鄕老)와 향대부(鄕大夫)가 이(吏)를 인솔하고 대소 모두 함께【이(吏)는 고을 장관 이하를 말한다.】【중과(衆寡)는 다소(多少)가 없다는 말이다.】 향음주례로【예(禮)는 향음주례를 행한다는 말이다.】 예를【예(禮)는 예우한다는 말이다.】 행하여 빈객으로 예우하고 공경한다【빈지(賓之)는 빈객의 예로 공경하는 것이다.】. 그다음 날【궐명(厥明)은 다음날이다.】 향노와 향대부, 관리들이 현명한 자와 능력 있는 자를 적은 문서를 왕에게 바치면, 왕은 절하고 받아 천부(天府)에 올리고【천부(天府)는 종묘의 보물보관을 관장한다.】 내사(內史)가 부본을 만든다【이지(貳之)는 그 부본을 작성하는 것이다.】.

卿大夫三年則大比, 考其德行道藝而興賢者 · 能者. 鄕老及鄕大夫帥其吏【謂州長以下】與其衆寡【謂無多少】, 以禮【謂行鄕飮酒禮】禮【謂禮之也】賓之【以賓客之禮敬之】. 厥明【明日也】, 鄕老及鄕大夫 · 群吏獻賢能之書於王, 王拜受之, 登於天府【掌宗廟之寶藏者】, 內史貳之【書其副本也】.

신은 이렇게 생각합니다. 성주(成周)가 번성했을 때, 향리에서 인재를 등용하는 법을 만들어 관리[士]를 취하였지만, 관리를 취하는 법은 대사도의 교화를 받들어 기용하는 것이었습니다. 이른바 육덕, 육행, 육예가 그것입니다. 덕은 보이지 않는 마음에 존재하기 때문에 그 행실과 기능을 살펴 기록합니다. 25가(家)를 여(閭)로 삼고 여에는 서(胥)가 있었으며, 여서(閭胥)는 삼가는 자, 민첩한 자, 신의가 있는 자, 가난한 사람을 도우는 자를 기록했습니다. 100가를 족(族)으로 삼고 족에는 사(師)가 있었으며, 족사(族師)는 효도하는 자, 우애 있는 자, 친척 및 외척과 화목한 자, 학문이 있는 자를 기록했습니다. 5백가를 당(黨)으로 삼고 당에는 정(正)이 있었으며, 당정(黨正)은 덕행과 도예를 기록했습니다. 2천 5백 가를 주(州)로 삼고 주에는 장(長)이 있었으며, 주장(州長)은 덕행과 도의를 고찰하여 권장하였습니다. 1만 2천 5백 가를 향(鄕)으로 삼고 향에는 대부(大夫)가 있었으니, 3년마다 시험을 쳐서 정말 육덕과 육행이 있어서 현명한지 육예에 통하여 능력이 있는지를 살폈으니, 이는 대사도의 교화를 따라 인재를 완성한 것입니다.

이에 향노와 향대부가 서·사·정·장 등속을 인솔하고, 여·족·주·당의 사람들을 아울러 향음주례를 시행하였고, 빈객의 의례를 써서 기용하였습니다. 그 이름은 간책에 기록하고, 기록한 것을 천부 위로 바쳤으니, 빈(賓)이라고 부른 것은 빈례로 공경하고 감히 소홀히 하지 않았기 때문입니다. 그렇지만 어찌 단지 향에서만 빈이었겠습니까. 《주역》에 "나라의 빛나는 정치를 보는 것이니, 왕에게 빈이 되는 것이 이롭다.[觀國之光, 利用賓於王.]"라고 했으니,[7] 천자에게도 빈이었던 것입니다. 하지만 이뿐만이 아니었습니다.

이름을 천부에 올릴 때도 현능(賢能)한 자에 대한 기록을 한 부 구중궁궐에 있는 임금에게 올렸고, 지극히 존귀한 존재인 임금 또한 만승(萬乘)의 존엄함을 굽혀 절하고 받았습니다. 그렇게 했던 것이 어찌 현

---

7 주역에 … 했으니: 《주역》 〈관괘(觀卦) 육사효(六四爻)〉에 나오는 말이다.

명한 인재의 출생은 바로 상천(上天)이 보내시어 나라의 원기(元氣)를 배양하기 위한 것이기 때문이 아니겠습니까.

臣按: 成周盛時用鄕擧里選之法以取士, 然所以取士之法, 則奉大司徒之敎而興擧之也. 其敎云何? 所謂六德·六行·六藝是也. 德存於心不可見, 故考其行藝而書之. 二十五家爲閭, 閭有胥, 閭胥則書其敬敏任恤者; 百家爲族, 族有師, 族師則書其孝弟睦姻有學者; 五百家爲黨, 黨有正, 黨正則書其德行道藝; 二千五百家爲州, 州有長, 州長則考其德行道義而勸之; 萬二千五百家爲鄕, 鄕有大夫, 則於三年大比, 考其果有六德六行而爲賢·通夫六藝之道而爲能, 則是能遵大司徒之所敎而成材矣. 於是鄕老及鄕大夫帥胥·師·正·長之屬, 合閭·族·州·黨之人, 行鄕飮之禮, 用賓客之儀以興擧之, 書其氏名於簡冊之中, 獻其所書於天府之上, 謂之賓者, 以賓禮敬之而不敢忽也. 雖然, 豈但賓於鄕而已哉? 《易》曰 "觀國之光, 利用賓於王," 則在天子亦賓之矣. 然不特此耳. 及其登名天府之時, 賢能之書一上九重之君, 至尊至貴亦且屈萬乘之尊以拜而受之. 所以然者, 豈非賢才之生乃上天所遣以培植國家元氣者乎?

《예기》〈왕제(王制)〉에 말하였다.

각지의 향(鄕)에 명하여 우수한 자를 논의하여 사도(司徒)에게 천거하도록 했는데【논의한다는 말은 그 덕과 기능을 서술하여 천거한다는 말이다.】, 이를 선사(選士)라고 한다【선(選)이란 선택하여 등용한다는 말이다.】. 사도(司徒)가 선사 가운데 우수한 자를 논의하여 학(學)에 올리는데, 이를 준사(俊士)라고 한다【준(俊)이란 재능이 남들보다 뛰어나다는 말이다.】. 사도에게 올라간 자는 향에 부역하지 않고【정(征)이란 요역(徭役)을 말한다.】, 학에 올라간 자는 사도에게 부역하지 않는데, 이를 조사(造士)라고 한다【조(造)는 이루었다[成]이다.】. 대악정(大樂正)이 조사 가운데 우수한 자를 논의하여 왕에게 고하고 사마(司馬)에게 추천하는데, 이를 진사(進士)라고 한다. 사마가 관원 자질을 판단하고, 진사 가운데 현명한 자를 논의하여 왕에게 고하고 그 논의를 확정한다. 논의가 정해진 뒤에 관원으로 삼고 관직에 임명된 뒤에 관작을 주며, 지위가 정해진 뒤에 녹봉을 준다.

《王制》: 命鄕論【謂述其德藝而保擧之】秀士升之司徒, 曰選士【選擇而用之也】. 司徒論選士之秀者而升之學, 曰俊士【才過千人之謂】. 升於司徒者不征【征謂徭役】於鄕, 升於學者不征於司徒, 曰造士【造, 成也】. 大樂正論造士之秀者以告於王, 而升諸司馬曰進士. 司馬辨論官材, 論進士之賢者以告於王而定其論, 論定然後官之, 任官然後爵之, 位定然後祿之.

신은 이렇게 생각합니다. 삼대(三代)가 번성했을 때, 관직에 나가는 두 가지 길이 있었으니, 향학을 통해 나가는 경우와 국학을 통해 나가는 경우입니다. 향학은 향대부가 관장했지만 기용은 대사도에게 달려 있었고, 국학은 대악정이 관장했지만, 기용은 대사마에게 달려 있었습니다. 향학에서 가르치는 학생[士]에 대해, 대부가 그 우수한 자를 논의하여 가도에게 천거하면 선사라고 불렀는데, 선(選)이란 택하여 기용한다는 말입니다. 사도에게 천거하여 선발, 기용하면 향에서 부역하지 않았습니다.

선사 가운데 작은 성과에 안주하지 않는 사람에 대해서는 사도가 또 논의하여 국학에 천거하면, 사도의 부역도 부담지지 않습니다. 이 두 등급을 모두 조사(造士)라고 불렀는데, 조란 이루었다는 뜻입니다. 선사를 거쳐 조사가 된 경우는 향학에서 진출한 것이니 기용하여 향수리(鄕遂吏)로 삼았습니다. 준사를 거쳐 조사가 된 경우는 국학에서 진출한 것이니 대악정에게 나아가게 했습니다. 대악정은 여기서 우수한 자를 논의하여 왕에게 고하고 대사마에게 천거했는데, 이를 진사라고 했습니다.

진사가 된 뒤에는 대사마가 그 재능의 대소와 고하를 분별하여 관직을 주었고, 현명한 자를 천거하여 왕에게 고하도록 했습니다. 일정한 논의가 있은 뒤에 관직을 수여하여 누구는 사사(司士)로 삼고 누구는 내사(內史)로 삼는 경우가 있었으니, 이것이 관직을 준다는 말입니다. 관직에 임명한 뒤에 관작을 수여하여 누구는 사(士)로 삼고 누구는 대부(大夫)로 삼으며 나아가 경(卿)에 이르렀으니, 이것이 관작을 준다는 말입니다. 관작이 있으면 지위가 있으며, 그 지위가 정해진 뒤에 녹봉을 나누어 주는데, 누구는 9명을 먹일 것을 주고, 누구는 8명을 먹일 것을 주는데, 이것이 녹봉을 준다는 말입니다.

이것이 삼대에 향리에서 선발, 기용하는 법입니다. 이른바 진사라고 한 것은 그가 재능을 이루어 장차 조정에 나아가 등용되기 때문입니다. 후대에 사를 선발할 때 다시는 이런 제도를 도입하지 않았지만, 그럼에도 진사라고 부른 것은 그 기원이 여기에 있습니다. 그 이름은 같지만 관직에 나온 실제 과정은 같지 않습니다.

臣按: 三代盛時, 仕進有二道, 有由鄕學而進者, 有由國學而進者. 鄕學則掌於鄕大夫, 而用之在大司徒; 國學則掌於大樂正, 而用之在大司馬. 鄕學所敎之士, 大夫論其秀者升之司徒, 則謂之選士, 選者, 擇而用之也. 升之司徒旣選而用之, 則不給徭役於鄕矣. 選士之中有不安於小成者, 司徒又論而升之國學, 則雖司徒之徭役亦不給矣. 此二等皆謂之造士, 造者成也. 由選士而爲造士, 是鄕學所進者, 則用之爲鄕遂吏. 由俊士而爲造士, 是國學所進者, 則進之於大樂正, 大樂正於是乎論其秀穎者 以告於王而升諸大司馬焉, 是之謂進士也. 旣爲進士, 則大司馬辨論其材之大小高下而官, 使之擧其賢者以告於王. 旣有一定之論然後授之以官, 或以爲司士, 或以爲內史之類, 所謂官之也; 旣任其官然後予之以爵, 或以爲士爲大夫而進至於卿, 所謂爵之也. 有爵斯有位矣, 其位旣定然後頒之以祿, 或食九人·或食八人, 所謂祿之也. 此三代鄕里選用之法, 而所謂進士者, 蓋以其成材將進於朝以用之故耳. 後世取士不復此制, 而亦以進士名, 其原蓋出於此. 其名雖同, 而其所以進之之實則不同也.

한 고조(漢高祖)가 조칙을 내려 말하였다.

"왕자(王者)로는 주(周)나라 문왕(文王)보다 높은 사람이 없고, 백자[伯者: 패자(覇者)]로는 제(齊)나라 환공(桓公)보다 높은 사람이 없으니, 모두 현명한 사람을 기다려 명성을 이루었다. 지금 천하의 현자의 지혜와 능력이 어찌 다만 옛사람에 그치겠는가. 걱정은 군주가 교유하지 못하는 까닭에 있다. 현명한 사대부로 기꺼이 나를 좇아 어울리려는 사람이 있으면 나는 존중하고 드러내어 천하에 포고하여 나의 뜻을 분명히 알게 하고자 한다. 그 뜻이 밝은 덕에 어울리는 사람이면 반드시 몸소 힘써 그에게 수레를 내주고【현자가 있으면 군수가 스스로 권면하여 수레를 갖추어 보낸다.】, 상국(相國)의 부서에 보내 의년(義年)을 행하도록 하고【의년(義年)은 행장과 연기를 말한다.】, 사안이 있는데 말하지 않다가 발각되면 면직한다【발각되면 그 관직을 면직한다.】."

漢高祖詔曰: "王者莫高於周文, 伯者莫高於齊桓, 皆待賢人而成名. 今天下賢者智能豈特古之人乎? 患在人主不交故也. 賢士大夫有肯從我遊者, 吾能尊顯之, 布告天下使明知朕意. 其有意稱明德者, 必身勸爲之駕【有賢者郡守自爲勸勉, 駕車遣之】, 遣詣相國府署行義年【謂行狀年紀也】, 有而弗言覺免【發覺免其官】."

문제(文帝) 15년, 제후·왕·공경·군수에게 조칙을 내려, 현량(賢良)으로 직언과 극간을 할 수 있는 사람을 천거하도록 하였다.

文帝十五年, 詔諸侯·王·公卿·郡守擧賢良能直言極諫者.

신은 이렇게 생각합니다. 현량이 극간하는 과목[8]이 여기에서 비롯되

8 현량이 극간하는 과목: 정확한 명칭은 '현량방정과'이다. 한 무제(漢武帝, 재위 기원전 141~기원전 87) 때 시작된 시험으로, 덕행이 높은 사람을 천거하여 정치의 득실(得失)에 관한 대책(對策)이 우수한 사람에게 관직을 내리던 제도이다. 시기에 따라 '현량(賢良)', '현량문학(賢良文學)', '문학(文學)' 등 차이가 있었다. 당나라 때는 직언극간과(直言極諫科)가 있었다.

었습니다.

臣按: 賢良極諫科始此.

효무제(孝武帝) 초, 동중서(董仲舒)의 대책에 말하기를, "어리석은 신이 생각하기에, 열후[列侯: 제후(諸侯)]와 군수(郡守), 이천석(二千石)[9]으로 하여금 각각 관리와 백성 가운데 현명한 자를 선택하여 해마다 각 2명씩 천거하게 하고, 또 대신의 능력을 보아 천거된 자가 현명할 경우에는 천거한 자에게 상을 주고, 현명한 자가 아닐 경우에는 천거한 자에게 벌을 주도록 해야 합니다. 대체로 이와 같이 하면 제후와 관리, 이천석은 모두 현명한 이를 구하는 데 마음을 다할 것이니, 천하의 선비를 얻어서 관직을 주어 부릴 수가 있을 것입니다."라고 하였다.[10]

후에 마침내 주군에 명령하여 좋은 재능을 가진 사람이나, 효성스럽고 청렴한 자를 천거하도록 했는데, 모두 동중서로부터 출발했다.

孝武初, 董仲舒對策曰: "臣愚以爲, 使列侯·郡守·二千石各擇其吏民之賢者, 歲貢各二人, 且以觀大臣之能, 所貢賢者有賞, 所貢不肖者有罰. 夫如

9 이천석(二千石): 한(漢)나라 태수(太守)의 연봉이 2000섬이었으므로 뒤에 지방 수령을 일컫는 말이 되었다. 《漢書》 卷89 〈循吏傳序〉.

10 동중서(董仲舒)의 … 하였다: 동중서는 한나라 때 광천(廣川) 사람이다. 경제(景帝) 때 박사(博士)가 되어 제자들을 열심히 가르치고 무제(武帝) 때에는 임금의 정치질문에 훌륭한 답변을 함으로써 무제에게 존중을 받았으며, 뒤에 강도상(江都相)을 거쳐 교서왕상(膠西王相)에 이르렀다. 《춘추(春秋)》 등에 조예가 깊어 공맹(孔孟)의 도통을 이은 것으로 평가되었다. 저서에는 《동자문집(董子文集)》·《춘추번로(春秋繁露)》가 있다. 《漢書》 卷56 〈董仲舒傳〉.

是, 諸侯·吏·二千石皆盡心於求賢, 天下之士可得而官使也.” 後遂令州郡舉茂才·孝廉, 皆自仲舒發之.

신은 이렇게 생각합니다. 향거(鄕擧), 이선(里選)의 법을 후세에 시행할 수 없는 이유는 인정이 날로 거짓되고 함부로 사사로움을 위하여 서로 속이고, 공공성이 당파 때문에 가리어졌기 때문입니다. 진실로 시험할 방도, 방지하고 살피는 정책, 행실을 바로잡는 법이 없이 그저 사람에게 맡기고 의심하지 않으며 말을 믿고 의혹을 가지지 않는다면, 속이는 마음이 날로 불어나 현명한지 아닌지를 다시 분변할 수 없을 것입니다.

동중서가 말한 세공(歲貢)의 법은, 그 관리와 백성 가운데 현명한 사람을 천거하는 것입니다. 지금 천거되는 사람은 학교의 사(士)이며, 지금 천거는 시험하여 맞지 않으면 벌봉(罰俸)[11]을 따르고 상은 없습니다만, 또한 일단 고사에 부응합니다. 진실로 조종조의 법을 떨쳐 거행하고 더욱 학교의 가르침, 제조(提調)의 처벌, 고시의 방법을 엄하게 하는 것 또한 충분히 인재를 얻어 등용할 수 있습니다.

臣按: 鄕擧·里選之法, 後世所以不可行者, 蓋人情日僞, 敢於爲私以相欺, 公於爲黨以相蔽, 苟無試驗之方·防察之政·糾擧之法, 而徒任人而不疑·信言而不惑, 則情僞日滋, 而賢否不復可辨矣. 仲舒所謂歲貢

11 벌봉(罰俸): 과실과 범죄에 대해 감봉(減俸)하여 벌을 주는 것이다.

之法, 貢其吏民之賢者爾. 今所貢者則學校之士也, 今貢者試不中有罰, 倖之比而無賞, 然亦姑應故事而已. 誠能振擧祖宗之法, 而加嚴於學校之敎 · 提調之罰 · 考試之方, 亦足以得人致用也.

원광(元光) 원년,[12] 처음으로 군국(郡國)에 명령하여 효성스럽고 청렴한 사람을 각각 1명씩 천거하게 하였다.

元光元年, 初令郡國擧孝 · 廉各一人.

신은 이렇게 생각합니다. 효렴 과목이 여기에서 비롯되었습니다.

臣按: 孝廉科始此.

원광 5년, 관리와 백성 가운데 당세의 실무에 밝고 성인(聖人)의 치술을 익힌 자를 불러, 현(縣)에서 차례로 음식을 대 주고, 계산 문서를 올리는 관리와 함께 오게 하였다. 【계(計)는 계산 문서를 올리는 것이다. 해(偕)는 매년 군국에 계산 문서를 올리는 관리가 있으면 함께 오게 한다는 말이다.】

12 원광(元光) 원년: 원광은 한 무제의 연호이다. 원년은 기원전 134년이다.

元光五年, 徵吏民有明當世之務·習先聖之術者, 縣次續食, 令與計偕【計謂上計簿也. 偕謂每歲郡國有上計之吏, 命與俱來也.】.

신은 이렇게 생각합니다. 현재의 과거(科擧)는 초장(初場)에서 사(士)에게 오경과 사서를 시험하니, 이는 곧 성인의 치술을 익히는 것입니다. 종장(終場)에서 사에게 시무에 대해 책문을 짓게 하니, 이는 곧 당세의 실무를 밝히는 것입니다. 향공(鄕貢) 응시자로 예부(禮部)에 가는 자는 인력을 주고 비용을 주니, 이는 음식을 대 주고 계산 문서를 올리는 관리와 함께 가는 것입니다.

臣按: 今世科擧, 初場試士以五經·四書, 卽此習先聖之術; 終場策士以時務, 卽此明當世之務; 鄕貢擧人赴禮部者給脚力·廩給, 卽此續食計偕.

원삭(元朔) 원년,[13] 조칙을 내려 "'10실의 고을에 반드시 충신한 사람이 있다'고 했고,[14] '세 사람이 함께 가면 거기에 내 스승이 있다'고 했다.[15] 지금 더러 온 고을이 한 사람도 추천하지 않으니 이것은 교화가 아래에 미

13 원삭(元朔) 원년: 원삭은 한 무제의 연호이다. 원년은 기원전 128년이다. 이 기사는 공경대부들에게 내린 조서를 간추린 것인데, 《한서》 〈무제기〉 원삭(元朔) 원년 11월에 나온다.

14 10실의 … 했고: 공자가 《논어》 〈공야장(公冶長)〉에서 한 말이다.

15 세 … 했다: 공자가 《논어》 〈술이(述而)〉에서 한 말이다.

치지 못하고 착한 행실을 쌓은 군자가 있는데도 위에 알려지는 길이 막혔기 때문이리라. 이천석 관장(二千石官長)은 인륜(人倫)의 기강을 세우는데 장차 짐(朕)을 어떻게 보좌하여 숨은 폐단을 밝히고 백성을 권면하며 백성을 격려하고 향당(鄕黨)을 숭상하라는 교훈을 준수하게 하겠는가? 또한 어진 사람을 천거하면 큰 상을 받고 현명한 사람의 진출을 막으면 큰 벌을 받는 것이 옛날의 법도이다. 중이천석(中二千石)[16]·예관(禮官)·박사(博士)가 함께, 효성스럽고 청렴한 자를 천거하지 않은 자의 죄를 의논하라." 라고 하였다.

담당 관리가 의논하여 아뢰기를 "옛날에는 제후가 사[士]를 천거하여 1적(適)은 호덕(好德)이라고 하였고【적(適)은 그 사람에게 덕이 있다는 말이다.】, 2적은 현현(賢賢)이라고 하였으며, 3적은 유공(有功)이라고 했고 구석(九錫)[17]을 더하였습니다. 사를 천거하지 않을 경우, 한 번이면 작위에서 쫓아내고, 두 번이면 봉지에서 쫓아냈으며, 세 번이면 작위에서 내보내고 봉지를 삭제하고 끝났습니다. 지금 내린 조서는 선제(先帝)의 성스러운 계통을 밝혔으니, 이천석에게 명하여 효렴을 천거하여 백성을 교화하고 풍속을 변화시키도록 하십시오. 효자를 천거하지 않고 조칙을 받들지 않으면 불경죄로 논하고, 청렴한 자를 살피지 않고 임무를 감당하지 못하는 자는 파면해야 합니다."라고 하니, 허락하였다.

---

16 중이천석(中二千石): 중(中) 자는 만(滿) 자의 뜻이므로 연봉 2160석을 받는 품계의 벼슬이니, 곧 집금오(執金吾)와 같다.

17 구석(九錫): 구석(九錫)은 천자가 제후나 대신을 예우하여 내리는 아홉 가지 기물로, 거마(車馬)·의복(衣服)·악칙(樂則)·주호(朱戶)·납폐(納陛)·호분(虎賁)·궁시(弓矢)·부월(鈇鉞)·거창(秬鬯)을 가리킨다. 《春秋公羊傳》 장공(莊公) 원년.

元朔元年, 詔曰: “十室之邑必有忠信, 三人並行厥有我師, 今或至闔郡而不薦一人, 是化不下究而積行之君子壅於上聞也. 二千石官長紀綱人倫, 將何以佐朕燭幽隱·勸元元·厲烝庶·崇鄕黨之訓哉? 且進賢受上賞, 蔽賢蒙顯戮, 古之道也. 其與中二千石·禮官·博士議, 不擧孝廉者罪.” 有司奏議曰: “古者諸侯貢士, 一適謂之好德【適謂德其人】, 再適謂之賢賢, 三適謂之有功, 乃加九錫. 不貢士, 一則黜爵, 再則黜地, 三則出爵削地畢矣. 今詔書昭先帝聖緖, 令二千石擧孝廉, 所以化元元·移風易俗也. 不擧孝, 不奉詔, 當以不敬論; 不察廉, 不勝任也, 當免.” 奏可.

신은 이렇게 생각합니다. 한나라 시대는 고대와 멀지 않아서, 현능한 사[士]가 모두 자중할 줄 알았고 스스로 선전하면서 팔리기를 구하지 않았지만 위에서 대우하기는 두터웠고 찾기도 절실했으므로, 출사하는 경우에는 담당 관원이 몸소 그를 위해 수레를 준비하고 현에서 현(縣)에서 차례로 음식을 대 주고 계산 문서를 올리는 관리와 함께 오게 하였던 것입니다.

관직에 나오려고 하지 않는 경우에는, 상을 걸고 인재를 초빙하였고, 또 엄한 법으로 인재를 천거하지 않으면 벌을 주었으므로, 비록 빈객으로 예우하고 절하며 관직을 주는 예법은 없었으나 여전히 현자를 좋아하고 선비를 공경하는 마음이 있었습니다. 후세에는 잘못 천거한 벌을 엄격히 시행하고 승진을 제한한 경우는 있었지만, 천거하지 않으면 벌주어 천거를 독책했다는 말은 듣지 못했습니다.

臣按: 漢世去古未遠, 而賢能之士皆知自重, 而不肯自衒以求售, 而上之所以待之者旣厚, 而求之者亦切, 出而仕者, 有司旣躬爲之駕, 而縣次續食俾與計偕. 其不肯出者, 旣懸賞以招人之薦, 又嚴法以罪人之不薦, 雖無賓興拜受之禮, 猶存好賢敬士之心. 後世嚴繆擧之罰, 而限其途轍者, 則有之矣, 未聞有不擧之罰, 而責其薦揚者也.

원삭 5년, 조칙을 내려 박사(博士)와 제자(弟子)[18]를 보완하였다. 군국(郡國)과 현관(縣官)에, 학문을 좋아하고 어른을 공경하며 정치와 교육을 엄숙히 하고 향리를 순화하는 사람이 있는데 출입에 소문과 어긋나지 않으면, 영(令)·상(相)·장(長)·승(丞)[19]이 그들을 뽑아 이천석(二千石)에게 올렸다. 이천석은 합당한 자를 잘 살펴 뽑아서 상계부사(上計簿使)[20]와 함께 태상(太常)[21]에 나오게 하고, 제자와 마찬가지로 학업을 받게 하였다.

元朔五年, 詔補博士弟子. 郡國縣官有好文學·敬長上·肅政教·順鄕里, 出

18 박사(博士)와 제자(弟子): 박사는 국학에서 교육을 맡은 벼슬이고, 제자는 제자원(弟子員)으로 박사 밑에서 공부하는 학생이다.

19 영(令) … 승(丞): 모두 지방관으로서 영은 현령(縣令), 상은 후상(侯相), 장은 현장(縣長), 승은 현승(縣丞)이다. 《한서》 권19 〈백관공경표(百官公卿表)〉에 자세히 보인다.

20 상계부사(上計簿使): 앞에 나온 계해(計偕)를 참고하면 이해가 쉽다. 안사고(顔師古)의 주에는 "계(計)는 상계부사(上計簿使)인데, 군현에서 매년 이를 경사(京師)에 보내 회계 문서를 올렸다. 해(偕)는 함께[俱]의 뜻이다."라고 했고, 《통전(通典)》에도 "한대의 제도에 군수가 연말이면 상계(上計)·연리(掾吏) 각 한 명씩을 경사에 보내서 군내의 모든 일을 올렸다."라고 하였다.

21 태상(太常): 진(秦)나라의 봉상(奉常)을 한나라에서 태상으로 바꾸었는데, 종묘(宗廟)의 예의(禮儀)에 관한 일을 맡았다.

入不悖所聞, 令·相·長·丞上屬二千石, 二千石謹察可者, 令與計偕, 詣太常, 得受業如弟子.

신은 이렇게 생각합니다. 한나라 제도에, 군국에서 선비를 천거할 때 그 조목으로 대개 세 가지가 있었는데, 현량방정(賢良方正)·효렴(孝廉) 및 박사와 제자입니다. 현량과 효렴을 천거하여 임용하는 것은 지금의 과목(科目)과 유사하며, 박사와 제자를 국학에 보충하는 것은 지금의 세공(歲貢)[22]과 유사합니다. 그 살펴 천거하고[察擧] 시험하는 실제는 같지 않지만, 선비를 뽑는 대략은 서로 같습니다.

臣按: 漢制, 郡國擧士其目大概有三, 曰賢良方正也, 孝廉也, 博士弟子也. 賢良·孝廉擧以任用似今之科目, 博士弟子入補國學似今之歲貢. 其察擧考試之實不同, 而其取士大略則相類也.

효무제가 오경박사를 세우고, 제자원(弟子員)을 열었으며, 과거에 석책(射策)을 설치하였다.

孝武立五經博士, 開弟子員, 設科射策.

22 세공(歲貢): 해마다 지방 장관이 수재(秀才)를 선발하여 중앙에 올려보내는 것으로, 뽑힌 수재를 공생(貢生)이라고 한다.

신은 이렇게 생각합니다. 석책이란 어렵고 의심스러운 질문이나 뜻을 책문에 쓰는 것인데, 쏘고 싶은 것이 있으면 취득한 바에 따라 풀이했습니다.[23] 하무(何武)[24]·소망지(蕭望之)[25]·적방진(翟方進)[26] 등은 모두 석책 갑과(甲科)로 낭(郎)이 되었습니다.

臣按: 射策者謂爲難問疑義, 書之於策, 有欲射者, 隨其所取得而釋之, 何武·蕭望之·翟方進等皆以射策甲科爲郎.

효선제 본시(本始) 원년(기원전 73), 지진이 나자 조서를 내려 군국의 문학과 고제(高第) 각 1명을 들어오게 하였다.

孝宣本始元年, 地震, 詔內郡國文學·高第各一人.

23 석책이란 … 풀이했습니다: 책문에는 석책과 대책(對策)이 있는데, 난문(難問)을 지어서 책상 위에 열치(列置)해 두면 시험을 치르는 자가 임의로 하나를 취하여 답하는 것을 석책이라고 하고, 정치와 교화의 득실 문제를 기록하여 드러내 놓고 물어 답하게 하는 것을 대책이라고 한다. 《資治通鑑》 卷48 〈漢紀〉 4.

24 하무(何武): 한나라 선제(宣帝)·원제(元帝)·성제(成帝)·애제(哀帝) 때 사람으로 자는 군공(君公), 시호는 자후(剌侯)이다. 벼슬은 청하(淸河)·연주(兗州)·패군(沛郡)·양주(揚州)의 자사(刺史)를 지냈고, 대사공(大司空)에 이르렀다. 《한서》 권86 〈하무전(何武傳)〉.

25 소망지(蕭望之): 《한서》 권78 〈소망지전(蕭望之傳)〉에 "소망지가 사책의 갑과(甲科)로 낭관(郎官)이 되었다." 하였는데, 그 주에 "사책이라는 것은 난문의의(難問疑義)를 책(策)에다 써서 외부에서 보이지 않게 늘어놓은 다음에 응시자로 하여금 그것을 쏘아서 맞힌 문제를 해석하도록 하여 우열을 가렸다."라고 하였다.

26 적방진(翟方進): 한나라 때 상채(上蔡) 사람으로 자는 자위(子威)이다. 경학(經學)에 밝았으며, 삭방자사(朔方刺史)를 거쳐 영시[永始: 한 성제(漢成帝)의 연호] 연간에 승상(丞相)이 되고 고릉후(高陵侯)에 봉해졌으며 시호는 공(恭)이다. 《한서》 권84 〈적방진전(翟方進傳)〉.

신은 이렇게 생각합니다. 이는 재이로 인하여 선비를 천거한 시초입니다. 그 뒤로 일식이나 성운(星隕: 별이 떨어짐)이 있을 때마다 시행했습니다.

臣按: 此因災異擧士之始, 其後日食·星隕輒行之.

원강(元康) 4년(기원전 62), 조서를 내려 태중대부(太中大夫)를 보내 천하를 순행하게 하고, 재주가 훌륭하여 남보다 뛰어난 선비를 천거하였다.

元康四年, 詔遣大中大夫循行天下, 擧茂材異倫之士.

신은 이렇게 생각합니다. 이는 사신을 보내 천하를 순행하며 선비를 천거한 시초입니다. 그 뒤 간혹 간의대부를 보내기도 하고, 박사를 보내기도 했으며, 광록대부를 보내기도 하여, 훌륭한 인재나 탁월할 사람, 품성이 순후한 사람이나 직언을 하는 사람을 천거했는데, 명목은 하나가 아니었습니다.

臣按: 此遣使行天下擧士之始, 其後或遣諫議大夫, 或遣博士, 或遣光祿大夫, 擧茂材·特立·淳厚·直言, 其名目不一.

광무제 때 처음 삼공(三公)·광록훈(光祿勳)·어사(御史)·사예(司隷)·주목(州

牧)에 조서를 내려, 해마다 훌륭한 인재를 천거하게 하였다.

光武始詔三公·光祿勳·御史·司隸·州牧, 歲擧茂材.

신은 이렇게 생각합니다. 이전에는 선비 천거에 일정한 시기가 없었다가, 이때 와서 처음 매년 한 번 천거하게 하였습니다.

臣按: 前此擧士無常時, 至此始歲一擧.

한나라 소신신(召信臣)[27]이 명경(明經) 갑과로 낭(郎)이 되었다.

漢召信臣以明經甲科爲郎.

신은 이렇게 생각합니다. 명경과는 여기서 처음 보입니다.

臣按: 明經之科始見於此.

---

27 소신신(召信臣): 자가 옹경(翁卿)으로 구강(九江) 수춘(壽春) 사람이다. 후한의 두시(杜詩)는 자가 공군(公君)으로 하내(河內) 급(汲) 사람이다. 두 사람이 선후로 남양 태수(南陽太守)가 되어 다 같이 덕정(德政)을 베풀었으므로 민간에서 "전에는 소부(召父)가 있고 뒤에는 두모(杜母)가 있다."라고 칭송하였다. 《漢書》 卷69 〈召信臣傳〉.

후한 순제(順帝) 때, 상서령 좌웅(左雄)이 의논하여 찰거법(察擧法)을 개정하였고,[28] 40세 이상의 유학자에 한하여 경학을 시험하고, 문서를 다루는 서리는 장주(章奏)를 시험하였다.

後漢順帝時, 尙書令左雄議改察擧之法, 限年四十以上儒者試經學·文吏試章奏.

신은 이렇게 생각합니다. 나이를 정하는 법은 여기에서 비롯되었습니다.

臣按: 限年之法始於此.

위진(魏陳)은 군(郡)에 구품관인법(九品官人法)을 세우고, 주군(州郡)에 모두 중정(中正)을 두어 그 선발을 결정하였다.

魏陳郡立九品官人之法, 州郡皆置中正以定其選.

---

28 좌웅(左雄)이 … 개정하였고: 좌웅(左雄, ?~138)은 자가 백호(伯豪)로 남양(南陽) 열양(涅陽) 사람이다. 안제(安帝) 때에 효렴(孝廉)으로 천거되어 기주 자사(冀州刺史)를 지내며 탐관오리를 숙청하였다. 《후한서》 권91 〈좌웅열전(左雄列傳)〉.

신은 이렇게 생각합니다. 위나라에서 처음 중정을 두었고, 주군현에 모두 있었는데 그곳 사람으로 충원하였습니다. 관할하는 인물을 구별하고 9등급을 결정하였으며, 이부(吏部)에서 증빙하여 임명하였습니다. 폐단이 생기고부터는 오직 벌열(閥閱)에 근거하였고 현우(賢愚)를 분별하지 않았으므로, 유의(劉毅)가 "하품(下品)에는 명문가가 없고, 상품(上品)에는 한미한 선비가 없다" 고 했습니다. 진(晉)나라, 남북조(南北朝)를 거쳐 수(隋)나라에 이르기까지, 선거법을 모두 적용했으며 개황(開皇)[29] 연간에 이르러 폐지했습니다.

臣按: 魏始置中正, 州郡縣皆有之, 而以本處人充, 俾區別所管人物, 定爲九等, 吏部憑之授受. 及其弊也, 惟據閥閱, 不辨賢愚, 所以劉毅云 "下品無高門, 上品無寒士." 歷晉南北朝至隋, 選擧之法皆用之, 至開皇中方罷.

진 무제(晉武帝)가 조서를 내려, 주군에서 우수한 인재를 천거하게 하였다.

晉武帝詔州郡擧秀異之才.

유송(劉宋)[30]에서는 모든 주의 수재(秀才), 군의 효렴(孝廉)까지 모두 책문

29 개황(開皇): 수 문제(隋文帝)의 연호(581~600)이다.

을 시험하였다.

劉宋凡州秀才·郡孝廉至皆策試.

수나라에서 처음 진사과를 두었다.

隋始置進士科.

신은 이렇게 생각합니다. 이는 후세 진사과의 시작인데, 대개 처음에는 오로지 문장으로 선비를 시험하였습니다. 삼대 이전에는 향거이선법을 시행하면서 선비를 얻을 때는 오로지 덕행을 근본으로 삼았습니다. 한나라에서는 효렴과, 무재과(茂材科)에 대해 모두 공경·대부·주군에 명하여 경술(經術)과 덕행이 있는 선비를 선발하여, 치도(治道)를 시험한 뒤 관직을 주도록 하였습니다. 위진(魏晉) 이후로는 천거하는 수재나 효렴도 경술로 선발하였고, 주군에는 모두 중정을 두어 그 재능과 행실을 나누었습니다. 비록 입법이 반드시 다 훌륭하지는 못했지만 청렴하고 근신하는 선비는 오히려 두려워할 바를 알았고 감히 방자하지 않았으며, 언행의 흠이 있으면 평생의 허물이 될까 걱정했습니다. 이때 이르러 수나라에서 진사를 천거하면서 처음으로

30 유송(劉宋): 유송은 유유(劉裕)가 세운 남조(南朝)의 송(宋)으로, 420년부터 479년까지 이어졌다.

오로지 선비를 문장으로 시험하였고, 선비들은 모두 문서를 관청에 내고 스스로 주리(州里)에 나아갔으며, 다시 찰거(察擧)하는 제도는 없었습니다.

臣按: 此後世進士之科之始, 蓋始專以文辭試士也. 夫三代以前鄕擧里選之法行, 取士專以德行爲本; 漢制, 孝廉·茂材等科皆命公卿·大夫·州郡擧有經術德行之士, 試以治道, 然後官之; 魏晉以降, 所擧秀·孝猶取經術, 州郡皆置中正以品其才行, 雖其立法未必盡善, 然淸謹之士猶知有所畏忌, 不敢放恣, 恐有言行之疵以爲終身之累. 至是隋有進士之擧, 始專試士以文辭, 士皆投牒自進州里, 無復察擧之制矣.

당나라 제도에, 선비를 취하는 과목의 큰 요체는 세 가지가 있었다. 학관(學館)을 통한 자는 생도(生徒), 주현(州縣)을 통한 자는 향공(鄕貢)이라고 했는데, 모두 담당 관리에게 천거하여 진퇴를 정한다. 그 과목에는 수재(秀才)·명경(明經)·준사(俊士)·진사(進士)·명법(明法)·명자(明字)·명산(明算)·일사(一史)·삼사(三史)·개원례(開元禮)·도거(道擧)·동자(童子)가 있었는데, 이는 해마다 하는 천거에서 늘 있는 선발이었다. 천자가 직접 조서를 내린 경우는 제거(制擧)라고 했는데, 비상한 인재를 대우하는 방법이었다.

唐制, 取士之科大要有三, 由學館者曰生徒·由州縣者曰鄕貢, 皆升於有司而進退之. 其科之目有秀才·有明經·有俊士·有進士·有明法·有明字·有明算·有一史·有三史·有開元禮·有道擧·有童子, 此歲擧之常選也. 其天子自詔者曰制擧, 所以待非常之才焉.

신은 이렇게 생각합니다. 당나라 과목이 비록 여러 가지였지만, 가장 오래 시행한 것은 진사와 명경뿐입니다. 그렇지만 진사는 성운(聲韻)을 학문으로 삼았지 경술에 근본을 두지 않았으며, 명경은 첩송(帖誦)을 능사로 했지 의리를 연구하지 않았으며, 이른바 덕행에 대해서는 다시 묻지 않았습니다.

臣按: 唐科目雖曰多端, 而其行之最久者進士·明經而已. 然進士以聲韻爲學, 不本經術; 明經以帖誦爲能, 不窮義理, 所謂德行者不復問矣.

측천무후 천수(天授) 원년(690), 책문을 통해 낙양전(洛陽殿)에서 선비를 천거하였는데, 황제 앞에서 선비를 시험하는 것이 여기에서 비롯되었다.

武后天授元年, 策問貢士於洛陽殿, 殿前試士自此始.

신은 이렇게 생각합니다. 이는 후세에 임금이 정전(正殿) 앞에 나와서 선비에게 책문을 시험 보는 시초입니다.

臣按: 此後世臨軒策士之始.

현종(玄宗) 개원(開元) 연간에, 주(州)에 공거(貢擧)하도록 명하고, 성시(省試)에 급제하지 못하여도 입학하기를 원하면 허락하였다.

玄宗開元中, 令諸州貢擧, 省試不第願入學者聽.

신은 이렇게 생각합니다. 이는 급제하지 못한 응시자에게 처음 입학을 허락한 일입니다.

臣按: 此不第擧人入學之始.

송나라 과목에 진사(進士)와 명경(明經)이 있었고, 제과(諸科)에 정규 선발 외에 또 제과(制科)[31]가 있었는데, 진사로 뽑은 인재가 많았다. 신종(神宗)이 비로소 제과를 폐지하고 경의(經義)와 시부(詩賦)로 나누어 선비를 뽑았다.

宋之科目有進士·有明經, 諸科常選之外又有制科, 而進士得人爲盛. 神宗始罷諸科而分經義·詩賦以取士.

송 태종(宋太宗)이 시신에게 말하기를 "짐이 과거장에서 뛰어난 인재를 널리 구하고자 하는데, 감히 10명을 뽑아 5명을 얻기는 바라지 않고

31 제과(制科): 제거(制擧)라고도 하며, 황제가 임시로 조령(詔令)을 내려 실시하는 부정기적인 과거(科擧)를 말한다.

다만 한두 명이라도 나라를 다스릴 인재가 될 수 있을 것이다."라고 하였다.

宋太宗謂侍臣曰: "朕欲博求俊彦於科場中, 非敢望拔十得五, 止得一二亦可爲致治之具."

태평흥국(太平興國) 9년,[32] 진사가 처음 삼갑(三甲)으로 나뉘었고, 이때부터 경림원(瓊林苑)에서 잔치를 내려 주었다. 상이 근신(近臣)에게 말하기를 "짐이 직접 많은 선비를 선발하면서 거의 배고픔과 목마름을 잊었다. 불러 보고 질문하여 그의 재주를 보아 기용함으로써 재야에 버려진 현인이 없도록 하고 조정에 군자가 많아지기를 바랄 뿐이다."라고 하였다.

太平興國九年, 進士始分三甲, 自是錫宴瓊林苑. 上因謂近臣曰: "朕親選多士, 殆忘饑渴, 召見臨問, 觀其才拔而用之, 庶使田野無遺賢, 而朝廷多君子耳."

신은 이렇게 생각합니다. 역대 과목(科目)에서 인재를 얻은 것은 송나라가 가장 번성했습니다. 대개 태종이 과목에 뜻을 두었으므로 이후로 천하의 선비들이 다투어 몰려들었기 때문입니다.

32 태평흥국(太平興國) 9년: 태평흥국은 송 태종의 연호로, 976~983년이다.

臣按: 曆代科目得人惟宋爲盛, 蓋以太宗留意科目, 自是以後, 天下士子爭趨向之故也.

인종(仁宗) 때, 장방평(張方平)[33]이 공거(貢擧)를 맡고 말하기를 "문장의 변화는 정치와 통한다. 지금 과거를 보아 인재를 선발할 때 전적으로 문장의 기예만을 취한다. 선비는 오직 도의(道義)를 마음속에 쌓아 꽃봉오리가 밖으로 피어나는 것이니, 문장으로 선비를 취하는 것은 밖을 두드려 마음속의 온축을 묻는 것인데 말을 했는데 살피지 않는다면 무엇을 보겠는가. 근래 문장의 격조가 날로 옛 모습을 잃어 가고, 각각 새로운 의도를 제출하여 서로 기발함을 자랑하니, 조정에서 누차 조서를 내려 경계하는데도 학자들이 방심하고 안일에 빠져 스스로 반성하는 자가 드물다."라고 했다.

仁宗時, 張方平知貢擧, 言: "文章之變與政通, 今設科選才專取辭藝, 士惟道義積於中·英華發於外, 以文取士所以叩諸外, 而質其中之蘊也, 言而不度, 則何觀焉? 邇來文格日失其舊, 各出新意相勝爲奇, 朝廷屢下詔書戒飭, 學者樂於放逸, 罕能自還."

---

33 장방평(張方平, 1007~1091): 휴양(睢陽) 사람으로, 자는 안도(安道), 호는 낙전거사(樂全居士)이다. 북송(北宋) 신종(神宗) 때 참지정사(參知政事)를 지냈다. 왕안석(王安石)의 임용과 그의 신법을 반대했다. 저서에 《낙전집(樂全集)》이 있다 《송사(宋史)》 권318 〈장방평전(張方平傳)〉.

가우(嘉祐) 2년,[34] 직접 과거응시자를 시험하였는데, 전시(殿試)에 참여한 자들이 비로소 퇴출을 면하였다. 당시 진사들이 습관적으로 기발함을 추구하는 풍조가 있어 장구를 골라 짜 맞추며 차츰 혼후함을 잃었다. 구양수(歐陽脩)가 공거를 맡아 통렬히 억제하였다. 선발에 끼지 못한 경박한 선비들은 구양수를 많이 험담했지만, 이때부터 문체(文體)도 조금 변하였다.

嘉祐二年, 親試擧人, 凡與殿試者始免黜落. 時進士習爲奇僻, 鉤章棘句, 浸失渾厚. 歐陽脩知貢擧, 痛裁抑之, 澆薄之士不預選者多毁脩, 然自是文體亦少變.

신은 이렇게 생각합니다. 문장은 기운의 성쇠와 상관이 있고, 과거장의 문장이 더욱 심합니다. 과거장의 문장은 바로 당대에 숭상하는 바이고, 위에서는 이를 통해 인재를 취하여 한 시대를 다스릴 방편으로 삼고, 아래에서는 이를 학업으로 삼아 일생 관직에 나갈 계제로 삼으니, 문장 잘하는 것만을 취하는 것이 아닙니다.

대개 그 문장을 통하여 그 인물이 온축한 바, 할 수 있는 재능, 식견이 어디까지 미치는지 등을 알아봅니다. 이를 가지고 등용하여 장차 이들에 의지하여 임금을 보좌하고 백성에게 은택을 끼치며, 정치를 바로잡고 사업을 일으켰으니, 예사롭게 그런 것이 아닙니다.

---

34 가우(嘉祐) 2년: 1057년이다. 가우는 송 인종의 치세인 1056년부터 1063년까지의 연호이다.

옛날 주희(朱熹)는 일찍이 그의 문인과 과거시험 문자의 폐단을 언급하였는데, 주희가 탄식하며 "가장 걱정되는 점은 문자가 좋지 않은 것이 아니라, 그 일이 세태의 변화와 크게 관련되어 있다는 것이다. 동진(東晉) 말에 문장이 모두 모호해져서 시비(是非)를 전혀 이해할 수 없었다. 동진 말에는 문장으로 선비를 선발했는데, 이른바 문장이란 많은 사람들이 각자 짓는 데서 나오기 때문에 반드시 사람마다 같다고 할 수 없고, 그 화가 또 나라를 유지하지 못하는 데 이르렀다. 더구나 과거시험의 문장은 바로 나라에서 선비를 선발하는 방법이고 선비들이 학업으로 삼는 방법이니, 관계되는 바가 어찌 더욱 중대하지 않겠는가. 만일 위에서 자주 경계하는 조서를 내리고 시험을 주관하는 사람을 신중히 간택하여 지향하는 방향을 보이고 알선하는 권한을 주지 않는다면, 문장이 날로 비천하고 약해져서 나라의 형세가 추락할 것이다."라고 했습니다. 아! 유념하지 않을 수 있겠습니까.

臣按: 文章關氣運之盛衰, 而科場之文爲甚. 蓋科場之文乃一世所尙者, 上以此取人以爲一代輔治之具, 下以此爲業以爲一生進用之階, 非徒取其能文而已. 蓋將因其文以叩其人心之所蘊·才之所能·識之所及. 由是用之, 將藉之以輔君澤民·修政立事, 不苟然也. 昔朱熹嘗與其門人言及科擧文字之弊, 熹歎曰: "最可憂者不是說文字不好, 這事大關世變. 東晉之末, 其文一切含胡, 是非都沒理會. 夫東晉末以文取士, 所謂文者出於衆人之私作, 未必人人同也, 其禍且至於不可支持, 況科擧之文乃國之所以取士, 士之所以爲業者, 其所關係豈不益大哉? 苟非在上屢頒戒飭之詔·愼擇主試之人, 示之以趨向之方, 付之以斡旋之柄, 則文辭日流於卑弱而國勢隨之矣." 嗚呼, 可不念哉!

영종(英宗)은 해를 걸러 선비를 천거하는 법이 편치 않다고 여기고 예부에 조서를 내려 3년에 한 번 천거하게 했다.

英宗以間歲貢士法不便, 詔禮部三歲一貢擧.

신은 이렇게 생각합니다. 이것이 곧 성주(成周)의 3년에 한 번 대비(大比: 3년만에 보는 시험)했던 제도입니다. 이때부터 마침내 정규 제도가 되어 오늘날까지 시행되고 있습니다.

臣按: 此卽成周三年一大比之制, 自是遂爲常制, 至今日行之.

신종(神宗) 때, 왕안석(王安石)이 임금에게 고하기를 "지금 인재가 부족하고 또 학술이 일치하지 않아 서로 다른 의논이 분분하니, 도덕이 일치하지 못하기 때문입니다. 도덕이 일치하려면 학교를 정비해야 하고, 학교를 정비하고자 하면 공거법(貢擧法)을 변화시키지 않으면 안 됩니다. 만일 이 과거가 항상 많은 인재를 얻는다고 생각한다면 자연히 관직에 나아갈 때 따로 다른 길이 없을 것이고, 그 사이에서는 현명함이 없으면 용납되지 못할 것입니다. 지금 젊었을 때는 정당하게 천하의 올바른 이치를 강구한다며 문을 닫고 시부(詩賦)를 배워 짓다가, 관직에 들어와서는 세상일에 모두 익숙하지 못하니, 이는 과거법이 인재를 파괴하여 옛날과 같지 못하게 만든 것입니다."라고 하였다.

후에 논자들이 또 말하기를 "옛날에 선비를 취하는 것은 모두 학교에 근본을 두어, 도덕이 위에서 일치하고 습속이 아래에서 이루어져 인재들이 모두 세상에 업적을 이룰 수 있었습니다. 지금 옛 제도를 회복하면 점진적이지 못할까 걱정이니, 의당 성운(聲韻)에 따라 대우(對偶)나 맞추는 문장을 제거하고 학자로 하여금 오로지 경술에 뜻을 두게 해야 합니다." 라고 하였다.

이에 법을 고쳐, 시부(詩賦)·첩경(帖經)[35]·묵의(墨義)[36]를 폐지했다. 선비들은 각각 《주역》, 《시경》, 《서경》, 《주례》, 《예기》에서 하나를 고르고, 《논어》와 《맹자》를 겸하여 익혔다. 중서성에서 대의식(大義式)을 만들어 반포하고 실행했는데 시의(試義)의 경우 반드시 경서에 통달하여 문채가 있고서야 합격하였으며, 명경(明經)이나 묵의처럼 장구나 대충 이해해서는 안 되었다.

神宗時, 王安石告其君曰: "今人才乏少, 且其學術不一, 異論紛然, 不能一道德故也. 一道德, 則修學校; 欲修學校, 則貢擧法不可不變. 若謂此科常多得人, 自緣仕進別無他路, 其間不容無賢爾. 今以少壯時正當講求天下正理, 乃閉門學作詩賦, 及其入官, 世事皆所不習, 此科法敗壞人才, 致不如古." 旣而言者又謂 "古之取士皆本學校, 道德一於上, 習俗成於下, 其人才皆足以有爲於世. 今欲追復古制, 則患於無漸, 宜除去聲韻對偶之文, 使學者專意經術." 於是改法, 罷詩賦·帖經·墨義, 士各占《易》·《詩》·《書》·

---

35 첩경(帖經): 당나라 때 과거제도의 하나로, 경(經)의 양쪽을 가리고 가운데 한 줄만을 보고 전체의 글을 알아맞히게 하는 시험이었다.

36 묵의(墨義): 필답 시험(筆答試驗)이다. 경의(經議)로 선비를 시험할 때 필답(筆答)하게 하는 것인데 구의(口義)와 상대되는 말이다. 당나라 때에 구의를 중지하고 묵의를 시험하였으며, 송나라 때 십과(十科)에 아울러 묵의가 있었고, 명(明)나라에 와서도 그대로 따랐다.

《周禮》·《禮記》兼《論語》·《孟子》. 中書撰大義式頒行, 試義者須通經有文采乃爲中格, 不但如明經·墨義粗解章句而已.

신은 이렇게 생각합니다. 이는 후세 경의(經義)의 시작입니다. 이전의 이른바 명경(明經)이란, 묵서와 첩의를 시험하여 단지 암송한 자만 취하는 것이었을 뿐이니, 그 의리를 살피거나 문채를 구한 적이 없습니다. 왕안석은 위인이 진실로 취할 것이 없고, 급기야 스스로 삼경(三經)을 지으며 자기의 설만 오로지 주장했으니,[37] 《삼경신의》로 천하 선비들이 한결같이 자기를 따르게 하려고 했던 것은 진실로 무리였습니다. 하지만 그가 제정한 경의 규식은 지금까지 선비를 선발하는 데 쓰고 있고 백세토록 바꿀 수 없는 것이니, 이야말로 사람 때문에 말을 폐기해서는 안 된다[38]는 사례입니다.

특히 그가 "젊었을 때는 정당하게 천하의 올바른 이치를 강구한다며 문을 닫고 시부(詩賦)를 배워 짓다가, 관직에 들어와서는 세상일에

37 왕안석은 … 주장했으니: 왕안석이 지은 《모시의(毛詩義)》와 《상서의(尙書義)》와 《주관신의(周官新義)》를 합친 '삼경신의(三經新義)'를 말한다. 신종이 왕안석에게 "지금 경서를 이야기하는 자들의 설이 각각 다르니 어떻게 도덕을 하나로 만들 수 있겠는가. 경이 지은 경을 반포하고 유통시켜서 학자들이 귀일되도록 하라." 하였는데, 이 책이 희령(熙寧) 8년(1075) 6월에 완성되어 학관(學官)에 반포되었고, 강경 시험을 볼 때에는 반드시 그의 해설을 위주로 해서 답안지를 작성하였다. 《宋史》 권157 〈선거지(選擧志)3〉, 권327 〈왕안석전(王安石傳)〉.

38 사람 … 안 된다: 사람이 못나도 말이 옳으면 듣는다는 뜻이다. 《논어》 〈위령공(衛靈公)〉에 "군자는 말로 사람을 등용하지 않으며, 사람 때문에 말을 폐기하지 않는다.[君子不以言擧人, 不以人廢言.]"라고 하였다.

모두 익숙하지 못하다" 고 말한 것은 요즘 세상의 학자들이 과거공부를 익히는 폐단을 절실하게 맞추었습니다. 요즘 세상의 응시자들이 학습하는 것은 비록 오경(五經)과 염락(濂洛)[39]의 말이지만, 대부분 의리에 근본을 두거나 문채를 발현하지 못하고, 단지 장구나 모으고 부연하면서 과거를 주관하는 관원의 시험에 부응할 뿐입니다. 명목은 의리이지만, 실제는 이전 시대에 익히던 시부와 큰 차이가 없습니다. 그 폐단을 혁파하는 일은 사유(師儒)를 맡는 관원을 잘 간택하는 데 달려 있으니, 반드시 호원(胡瑗)[40] 같은 사람을 얻어서 국학(國學)을 가르치고, 과거를 주관하는 관원의 선임을 신중히 하여 반드시 구양수 같은 인물을 얻어서 문병(文柄)을 주관하게 한다면 선비들이 모두 실용에 힘쓰는 것을 배움이라고 생각하고, 의리에 근본을 두는 것을 문장이라고 생각할 것이며 무익한 빈말을 하지 않을 것이며 훗날 출세하여 나라에서 등용하면 보탬이 또한 적지 않을 것입니다.

臣按: 此後世經義之始. 前此所謂明經者, 試其墨書帖義, 但取其記誦而已, 未嘗考其義理·求其文采也. 王安石爲人固無足取, 及其自作三經, 專用己說, 欲以此一天下士子使之遵己, 固無是理, 然其所制經義之式至今用之以取士, 有百世不可改者, 是固不可以人廢言也. 及其所謂士當少壯時 "正當講求天下正理, 乃閉門學作詩賦, 及其入官, 世事

39 염락(濂洛): 염계(濂溪)에 살았던 주돈이(周敦頤)와 낙양(洛陽)에 살았던 정호(程顥)와 정이(程頤)를 가리킨다.

40 호원(胡瑗, 993~1059): 자는 실지(實之), 호는 안정(安定)이다. 범중엄(范仲淹), 손복(孫復)과 더불어 송초(宋初) 삼선생(三先生)으로 불린다. 저서로 《주역구의(周易口義)》, 《홍범구의(洪範口義)》가 있다. 《송사》 권432 〈유림전(儒林傳)3 호원(胡瑗)〉.

皆所不習," 切中今世學者習科擧之弊. 今世擧子所習者雖是五經·濂洛之言, 然多不本之義理·發以文采, 徒綴緝敷演以應主司之試焉耳. 名雖正理, 其實與前代所習之詩賦無大相遠也. 欲革其弊, 在擇師儒之官, 必得人如胡瑗者以教國學; 愼主司之選, 必得人如歐陽脩者以主文柄. 則士皆務實用以爲學·本義理以爲文, 而不爲無益之空言矣, 他日出而爲國家用, 其爲補益蓋亦不小.

희녕(熙寧) 3년,[41] 직접 진사를 시험하였는데, 처음으로 오로지 책문으로 하였고, 1천 자로 제한하도록 정하였다.

熙寧三年, 親試進士, 始專以策, 定著限以千字.

신은 이렇게 생각합니다. 전정(殿廷)에서 선비를 시험치는 일은 당나라 측천무후 때 시작되었고 송나라 초에 연원을 두었지만, 모두 시부(詩賦)를 시험하였습니다. 이 신종 때 이르러 책문을 시험하였고, 지금까지 쓰고 있습니다. 이 당시에 소식(蘇軾)이 편배관(編排官)이었는데, 당시 응시자들의 책문 시험이 대부분 아부하고 비위를 맞추는 것이어서 한 방법을 구상하여 진달했는데, 대략 "과거장의 문장은 풍속이 관계되고, 받아들이는 것은 천하가 모두 법으로 삼고 버리는 것은 천

---

41 희녕(熙寧) 3년: 송나라 신종(神宗)의 연호로, 1068~1077년 사이의 기간이다.

하가 모두 경계로 삼습니다. 지금 비로소 책문으로 선비를 선발하는데, 갑과(甲科)에 든 선비 대부분이 아부로 뽑히니, 천하 사람들이 쳐다보면서 누군들 감히 그러지 않겠습니까. 풍속이 한 번 변하면 다시 뒤집을 수 없으니, 올바른 사람이 쇠미해지면 나라도 그렇게 됩니다."라고 했습니다.

아! 소식의 이 말을 보면, 조정에서 말로 선비를 시험할 때 비록 허문(虛文)이라도 한 시대 인심의 사정(邪正)과 나라 형세의 흥쇠가 실로 여기에 걸렸음을 알 수 있으니, 정치의 원칙을 아는 사람은 더 유의하지 않으면 안 될 것입니다.

臣按: 殿廷試士始於唐武后時, 宋初沿之, 然皆試以詩賦, 至是神宗始試以策, 至今用之. 方是時, 蘇軾爲編排官, 見一時擧人所試策多阿諛順旨, 乃擬一道以進, 大略謂"科場之文, 風俗所係, 所收者, 天下莫不以爲法; 所棄者, 天下莫不以爲戒. 今始以策取士, 而士之在甲科者多以諂諛得之, 天下觀望, 誰敢不然? 風俗一變, 不可復返, 正人衰微則國隨之." 噫! 觀軾茲言, 則知朝廷以言試士雖若虛文, 而一時人心之邪正·國勢之興衰實關於此, 識治體者, 不可不加之意.

이종(理宗)이 어필을 지공거 두범(杜範)에게 보냈는데, 말하기를 "짐이 지금 훌륭한 선비를 간택하여 문형(文衡)을 맡기고자 하니, 너희 담당 관원들은 옛 폐단을 거울로 삼아야 할 것이다. 하나를 취하고 하나를 버리더라도 오직 공정하고 분명해야 한다. 경학(經學)은 깊고 순수해야 하며, 사장(詞章)은 본보기가 되어야 하며, 말은 이치에 합당해야 하고 책문은 반드시 시대를 구제해야 할 것이다. 천착하고 장구나 긁어모으기를 능사로 삼지 말며, 부박하고 기괴한 것을 숭상하지 말지어다. 서로 비교하여 살펴보면 우열이 저절로 구분될 것이니, 현명한 인재가 등용되어 짐이 정치의 성과를 새롭게 하려는 뜻에 부응하라."라고 하였다.

理宗御筆付知貢擧杜範曰: "朕爰簡儒彦, 俾典文衡, 凡爾攸司, 宜鑒舊弊. 一取一舍, 惟公惟明, 經學欲其深純, 詞章欲其典則, 言惟合理, 策必濟時, 毋以穿鑿綴緝爲能, 毋以浮薄險怪爲尙. 參稽互考, 優劣自分, 庶使賢俊畢登, 以副朕新美治功之意."

신은 이렇게 생각합니다. 송나라 때 문장의 폐단은 이종 시기에 와서 극에 달하였습니다. 매번 대비(大比)가 있을 때마다 황제가 조서를 내려 전아한 문장을 높이고 부박한 문장을 쳐냈으니, 이는 선비들의 습속이 아름다운지 추한지가 문장의 부박함과 전아함에서 드러나고, 문장의 부박함과 전아함이 실로 기화(氣化: 교화)의 성쇠에 관계된다는 점을 알았던 것입니다.

소식이 신종에게 고하기를 "원컨대, 폐하께서 담당 관원에게 분명히 명하여 실학(實學)으로 시험하고, 경사(經史)에 널리 통달한 자는 거칠더라도 버리지 말고, 조금이라도 부박한 듯한 자는 아무리 똑똑해도 반드시 쫓아낸다면, 풍속이 조금 후덕해지고 학술이 바르게 되어 충실한 선비를 얻을 수 있고 말세의 풍조에 이르지 않을 것입니다."라고 했는데, 신은 오늘날에도 그렇다고 생각합니다.

臣按: 宋朝文弊至理宗時極矣. 每遇大比, 帝輒下詔崇雅黜浮, 蓋有以見夫士習之美惡形於文辭之浮雅, 文辭之浮雅, 而實有關於氣化之盛衰也. 蘇軾告神宗曰: "願陛下明詔有司, 試之以實學, 博通經史者, 雖樸不廢, 稍涉浮誕者, 雖工必黜, 則風俗稍厚, 學術近正, 庶幾得忠實之士, 不至蹈衰季之風." 臣於今日亦然.

주희(朱熹)가 〈공거사의(貢擧私議)〉[42]에서 말하였다. "옛날에 학교와 선거(選擧)의 법은 향당에서 시작하여 수도[國都]에 이르렀으며, 덕행과 도예를 가르쳐서 현명하고 능통한 자를 선발하였다. 대개 사는 곳도 다른 데가 없었고, 관직을 하는 방법도 다른 방법이 없었으며, 인재를 선발하는 것도 다른 길이 없었다. 그러므로 선비들이 일정한 뜻을 세우고 다른 데 눈을 돌리지 않았으며, 밤낮으로 부지런히 공부하며 오직 덕업을 수양하지 못할까 두려워하였고, 작록을 얻지 못할까 걱정하지 않았다."

또 말하였다. "옛날에 대학의 가르침은 격물치지(格物致知)를 우선으로 삼았으나, 고교(考校: 시험)하는 법은 또한 9년 동안 사물을 분별하여 통달하고 의지가 굳건하여 흔들리지 않는 것을 대성(大成)으로 삼았다. 대개 천하의 일은 모두 학자가 알아야 할 바이지만, 경서에 실려 있는 이치는 각각 주관하는 바가 있다. 지금 경서를 공부하는 자는 모두 어려운 데

42 공거사의(貢擧私議): 주희(朱熹)가 과거제도에 대해서 논한 글인데, 원래의 제목은 〈학교공거사의(學校貢擧私議)〉이다. 조정에 올린 것이 아니라, 학교, 과거제도 개혁에 대한 자신의 견해를 밝힌 것이다. 《주자대전(朱子大全)》 권69 〈학교공거사의(學校貢擧私議)〉.

는 버려두고 쉬운 것만 공부하여, 가까스로 그중 하나만 연구하고 나머지에는 미치지 못한다. 제자(諸子)의 학문은 다 같이 성인(聖人)에게서 나왔고, 역사서는 고금의 흥망과 치란, 득실의 변화에 해박하여 어느 것 하나 빠트려서는 안 되지만, 학자가 어떻게 하루아침에 다 통달하겠는가. 읽어야 할 서적을 합하여 연도별로 나누어 의(義) 시험을 각각 2번 하고, 경서는 모두 《대학》·《논어》·《중용》·《맹자》의 의(義)를 각각 한 번 아울러 시험하며, 논(論)의 경우는 제자를 4과(科)로 나누어 연도를 나누어 부여하고 역사서와 시무는 경자(經子)의 법규처럼 차례로 연도를 나누어 책문을 각각 2번 시험하여, 경을 공부한 사람은 반드시 가법(家法)을 지키게 하고 의에 답하는 사람은 반드시 경문(經文)에 통달하게 하여 조목별로 여러 학설을 거론하되 자기의 의견으로 판단하게 하며, 담당 관원이 제목을 낼 때는 반드시 장구에 의지하게 하면, 경서에 통달하지 못하거나 역사에 능숙하지 못한 선비가 없을 것이고, 모두 세상 시무에 쓸 수 있을 것이다."

朱熹作〈貢擧私議〉曰: "古者學校選擧之法, 始於鄕黨, 而達於國都, 敎之以德行道藝, 而興其賢者·能者. 蓋其所以居之者, 無異處; 所以官之者, 無異術; 所以取之者, 無異路. 是以士有定志, 而無他慕, 早夜孜孜, 惟懼德業之不修, 而不憂爵祿之未至." 又曰: "古者大學之敎, 以格物致知爲先, 而其考校之法, 又以九年知類通達·强立不反爲大成. 蓋天下之事皆學者所當知, 而其理之載於經者, 則各有所主也. 今治經者類皆舍其所難, 而就其所易, 僅窮其一, 而不及其餘, 若諸子之學同出於聖人, 諸史則該古今興亡治亂得失之變, 皆不可闕者, 而學者豈能一旦盡通? 若合所當讀之書而分之以年, 試義各二道, 諸經皆兼《大學》·《論語》·《中庸》·《孟子》義各一道. 論則分諸子爲四科, 而分年以附焉. 諸史及時務以次分年如經子之法, 試策各二道, 使治經者必守家法, 答義者必通貫經文, 條擧衆說而斷以己意, 有司命題必依章句. 如是則士無不通之經·無不習之史而皆可用於世矣."

신은 이렇게 생각합니다. 주희의 뜻이 비록 위로 보고되지는 못했지만 천하에서 누구나 칭송하면서 이보다 나은 후세 공거법은 없으리라고 여겼습니다. 우리 태조 황제께서 개국 초에 천하에 조서를 내려 "홍무(洪武) 3년부터 특별히 과거를 시행하여 재능과 덕을 가진 선비를 기용할 것이니, 경을 밝히고 행실을 닦으며, 옛일에 박식하고 오늘에 통달하며, 문채와 자질이 중도에 맞고 명실이 상부하도록 힘쓰라. 그중 선발된 자는 짐이 장차 직접 궁궐 뜰에서 책문을 쓰게 하여, 학식을 보고 고하의 등급을 매겨 관직에 임명할 것이다. 과연 재주와 학문이 출중한 자는 현직(顯職) 발탁으로 대우할 것이다. 중외 문신은 모두 과거를 통하여 선발하고 과거급제를 하지 못한 자는 관직에 들어올 수 없다."라고 하셨습니다.

홍무 17년(1384)에 이르러 또 예부에 명하여 과거 정식을 반포하여 시행하게 했습니다. 3년마다 있는 대비(大比)는 자(子)·오(午)·묘(卯)·유(酉)년 가을에 향시(鄕試)를 치고, 진(辰)·무(戌)·축(丑)·미(未)년 봄에 회시를 쳤습니다. 선비는 각각 하나의 경서를 전공하고, 모두 《대학》·《논어》·《중용》·《맹자》의 사서를 겸하였습니다.

사서 의(義)는 주씨(朱氏)의 《집주(集注)》와 《장구(章句)》를 주로 하였습니다. 《주역》은 정자(程子)의 전(傳)과 주희의 의(義)를 주로 하였습니다. 《서경》은 채씨(蔡氏)의 전(傳) 및 옛 주소(注疏)를 주로 하였습니다. 《시경》은 주씨의 《집전(集傳)》을 주로 하였습니다. 《춘추》는 삼전(三傳)[43] 및 호씨(胡氏)와 장흡(張洽)[44]의 전을 주로 하였습니다. 《예기》는 옛 주소를 주로 하였습니다. 우리 태종 황제가 《오경사서대전(五經四書大全)》을 편찬하기에 이르러, 《주역》·《시경》·《서경》은 예전대로 하였고, 오직 《춘추》는 호씨를 종주로 삼았으며, 《예기》는 또 진호(陳澔)의 《집설(集說)》[45]을 더하였습니다.

초장(初場)은 초9일에 사서의(四書義)를 세 번 시험 치고, 본 경서를 네 번 시험 쳤습니다. 차장(次場)은 12일에 논(論) 한 번, 조고표내과(詔誥表內科) 한 번, 판어(判語) 5조를 시험 치고, 종장(終場)은 15일에 경사와 시무책을 다섯 번 시험 쳤습니다. 초장 및 종장에서 잘하지 못한 자는 두 번을 줄여 주었습니다.

아! 우리나라 선비 시험 제도는 비록 주씨의 분년(分年) 의견을 다 받아들인 것은 아니지만, 선비가 각각 경서 하나를 전공하고, 경서는 반드시 사서를 겸하였으니, 한결같이 오직 염락관민(濂洛關閩)[46]의 설을

---

43 삼전(三傳): 《춘추》를 해설한 《좌씨전(左氏傳)》, 《공양전(公羊傳)》, 《곡량전(穀梁傳)》을 말하는데, 호안국(胡安國)의 《호씨전(胡氏傳)》을 합쳐서 《춘추》 사전(四傳)이라고 한다.

44 장흡(張洽): 송나라 청강(清江) 사람으로 자는 원덕(元德)이며 주자(朱子)의 제자이다. 진사 출신으로 벼슬이 직비각(直秘閣)에 이르렀으며, 저서에는 《춘추집주집전(春秋集注集傳)》·《좌전몽구(左傳蒙求)》·《속통감장편사략(續通鑑長編事略)》·《역대지리연혁표(歷代地理沿革表)》 등이 있다. 《송사》 권430 〈장흡열전(張洽列傳)〉.

45 진호(陳澔)의 《집설(集說)》: 진호(1260~1341)는 도창(都昌) 사람으로, 자는 가대(可大), 호는 운주(雲住), 경귀(經歸) 선생이다. 송나라 말과 원나라 초의 저명한 경학가로, 《예기집설(禮記集說)》을 지었다.

46 염락관민(濂洛關閩): 염계(濂溪)의 주돈이(周敦頤), 낙양(洛陽)의 정호(程顥)·정이(程頤) 형제, 관중(關中)의 장재(張載), 민중(閩中)의 주희(朱熹) 등 송나라 성리학자들을 가리킨다.

주로 하여 그 근본으로 삼았고, 또한 반드시 자사(子史)와 백가(百家)의 견해, 고금 정무의 요체를 아울러 밝히게 하였으며 논과 책으로 시험하여 식견을 살폈으니, 본말(本末)이 함께 갖추어지고 문질(文質)이 중용을 얻어, 비록 주씨의 설처럼 하지 못했지만, 실로 주씨의 뜻을 수백 년 뒤에 실현한 것입니다.

제과(制科)나 수재(秀才) 같은 과목은 일체 폐지하고, 시부(詩賦)와 묵의(墨義) 같은 이전 시대의 제도는 일체 쓰지 않았으므로, 간명하면서도 요체가 있고, 분명하면서도 불가결하였다고 말할 수 있으니, 진실로 천만 년 동안 시행해도 폐단이 없을 것입니다.

【우리나라 과거는 이전 시대의 제도를 참작하여 그 중도를 취하였습니다. 이른바 명경, 굉사(宏辭)[47] 같은 과목은 일체 혁파하고, 오직 진사과 하나만 있었습니다. 홍무 3년, 천하의 행성(行省)에 조서를 내려, 이해 가을 8월부터 향시를 열고, 이듬해 봄2월 예부 회시를 열게 했습니다. 해액(解額)[48]은 5백 명을 기준으로 하고, 회시에서 1백 명을 취하였는데, 시험 친 문장은 여전히 원나라 제도를 따랐습니다.

홍무 17년에 이르러 처음 현재의 과거시험 격식을 정하였고, 18년에 회시에 단지 선비의 성명과 본관만 기록하게 하였으나 정문(程文)을 새기지 않았고, 녹문(錄文)은 21년부터 시작되었습니다. 이때부터 3년에 한 번 과거를 열고 인재 선발에 정해진 인원이 없었으며, 오직 훌륭함을 보고 선발하였습니다. 선덕(宣德)[49] 원년에 처음 정원을 없애고, 양경(兩京), 12번(藩), 귀주(貴州)에 부속된 운남(雲南)은 각각 지산(地産)에

47 굉사(宏辭): 박학굉사(博學宏辭)를 말하는바, 관리를 뽑는 과거의 이름이다. 문장 3편으로 시험하였다. 《문헌통고(文獻通考)》〈선거고(選擧考) 현량방정(賢良方正)〉

48 해액(解額): 향시(鄕試)에 입격한 사람에게 나라에서 해장(解狀)을 주어 해인(解人)이라고 하였는데, 그 총수를 말한다.

49 선덕(宣德): 명나라 선종(宣宗)의 연호로, 1426~1435년 사이이다.

따라 다소의 차이를 두고 홍무 초반 선비를 선발했던 숫자대로 회시를 보았습니다. 또한 북방 학자 가운데 문채가 있으나 스스로 드러낼 수 없는 경우도 있었으므로, 남(南)·북(北)·중(中)의 셋으로 나누어 인재를 취하였습니다.

정통(正統) 임술년[50]에 각 포정사(布政司)에 옛 정원을 늘렸고, 회시는 반을 증가시켰습니다. 경태(景泰)[51] 초, 과거 정원을 줄여 홍무, 영락 연간의 옛 인원으로 복귀하였습니다. 얼마 있다가 다시 조정하여 예전에 비해 조금 정원이 늘었습니다. 예부시는 시기에 임박하여 명을 받았는데, 이때부터 마침내 정해진 제도가 되었습니다.

홍무 갑자년(1384)부터 3년에 한 번 과거를 열기로 정해졌는데, 이때 까지 30여 번 시험이 있었습니다. 과거장 규정은 날로 증가하고 엄밀해져 일체의 병폐가 모두 남김없이 혁파되었지만, 정시(程試)의 문장 기풍이나 등용되는 인재가 이전에 부끄러운 점이 있는 듯하였습니다. 비록 더러 풍조가 그렇게 만들고 풍속의 유폐 때문이기도 했지만, 그 이유를 알지 않으면 안 됩니다.

조종조 때, 시험친 제목은 모두 경서 가운데 인륜과 치도에 관계된 중대한 도리와 제도를 뽑은 뒤에 과거 문제로 삼았습니다. 당시 문제가 그다지 많지 않았기 때문에 선비들은 중대한 요체에만 오로지 마음을 썼고, 그 공력에 순서가 있었으며, 또 여력이 있으면 다른 경서나 자사(子史)도 공부할 수 있었습니다. 주관 관원 또한 시험 보기도 쉬워서 삼장에 고루 합당하지 않은 자는 선발하지 않았습니다.

근년 이래, 학문을 담당하는 자는 응시자가 모르는 문제로 군색하게 만들고 자기의 능력을 과시하려고 마음을 먹고, 초장에는 경서에서 문제를 내면서 왕왕 은벽(隱僻)한 것을 깊이 추구하거나, 구두를 억지로 끊거나 경문을 잘게 쪼개어, 이어야 하지 말 데를 잇고 끊지 말아야 할 데는 끊어서, 결국 학자가 의거할 데가 없이 굳이 공력

50 정통(正統) 임술년: 1442년이다. 정통은 명나라 영종(英宗)의 연호로, 1436~1449년이다.

51 경태(景泰): 명나라 경제(景帝)의 연호로, 1450~1456년이다.

을 들이지 않아야할 부분에 공력을 쏟게 만들고, 도리어 강령이나 요체가 되는 곳에는 반대로 소홀하게 합니다.

이 때문에 과거장의 문제는 전보다 몇 배가 되지만, 학자는 정신과 시력을 다 소모하여 충전할 수가 없기 때문에 책문을 짓는 단계에서 이른바 고금의 제도, 이전 시대의 치적, 당대의 핵심 시무에 대해서는 힘을 쏟을 겨를이 없습니다. 심지어 우수한 성적으로 이름을 올린 자 가운데도 더러 역사책의 이름, 역대 왕조의 선후, 글자의 좌변과 우방도 모르니, 한탄할 만합니다.

그렇지만 과거 인원에는 정해진 숫자가 있어서 선발하여 채우지 않을 수 없습니다. 이 때문에 선비들은 모방이 풍조를 이루고 책문 공부는 거의 폐기하여 간혹 한두 명 책문을 배우는 자가 있을 뿐입니다. 또한 앞의 장(場)에서 미치지 못하면 조금도 눈길을 주지 않으니, 인재가 이전에 미치지 못하는 것이 어찌 이 때문이 아니겠습니까.

서적에서 적어 내어 정문(程文)을 만드는 것 또한 대부분 시들하고 조잡하며 이리저리 비트는 데 얽매어 선비들의 마음을 만족시키지 못하고, 하나를 적어 내면 논의가 분분하게 일어납니다. 그러므로 이른바 주된 의미가 되는 설은 더욱 어긋나 잘못됩니다. 출제된 시제(試題)가 오로지 하나의 설만 위주로 해야 주된 뜻이라고 하고, 성인의 경서는 심원하여 한 사람의 견해로 다 알 수 있는 것이 아니라는 점을 전혀 알지 못합니다. 이치가 정말 통하면 그것을 취하면 되는 것이지, 어찌 굳이 자기 생각과 같아야 한다는 말입니까.

선비가 반드시 합격하는 데 뜻을 두면 과거를 주관하는 관원의 의도에 맞지 않으면 합격할 수 없다고 생각하고 왕왕 성현(聖賢)의 경전의 취지를 옆으로 왜곡하고 견강부회하여 주관하는 관원의 주된 의견에 맞추니, 이는 선비의 습속만 무너뜨리는 것이 아니라, 성인의 경전에 피해가 막심합니다. 담당 관원이 자기 의견을 주로 하여 문제를 내고, 선비는 그것을 위주로 문장을 지으니, 오늘날 선비들이 이미 그것으로 출세했으니 앞으로 주관하는 관원이 되어 또 그것을 가지고 선비를 선발할 것입니다.《송사(宋史)》에서 말하는 오류의 종자가 유전한다는 것이, 오늘날 문장의 폐단과 거의 같은 부류입니다.

그렇지만 이 또한 과거시험만 그런 것은 아닙니다. 제학(提學)이나 헌신(憲臣)의 소시(小試)는 거의 더욱 심한 경우가 있습니다. 그들이 내는 문제는 더욱 자질구레하여, 이 때문에 경서의 문제 항목은 더욱 많아지고 학자들의 자질은 한계가 있어 공부가 두루 미칠 수 없습니다. 이것이 책문 공부가 거의 폐해지고 과거에서 얻는 인물이 고금에 널리 통달한 선비가 드문 이유입니다. 정통·경태 이전에 새긴 정문(程文)은 모두 선비들의 친필이고 담당 관원은 조금 수정을 가했을 뿐입니다. 하지만 근래에는 대부분 고관(考官)이 대신 지어 주고, 심지어 응시자는 그사이에 한 마디로 하지 못하니, 전혀 과거를 설치한 본래의 의미가 아닙니다.

고시관의 경우, 양경(兩京) 및 회시(會試)는 모두 조정 명령에서 나오고, 향시는 그 지방의 관원이 시험 시기에 앞서 방문하여 요청합니다. 홍무 연간 이래로 오직 학자를 기용했고, 무슨 관직에 있는지는 묻지 않았으며 유사(儒士)라도 초빙되었습니다. 뒤에 건의가 있어서 오로지 교관(敎官)을 기용하였고, 예우로 초빙하는 것은 모두 지방관이 친한 사람이었고 대부분 새로운 진사(進士)여서 지조가 적었으며, 한결같이 감림관(監臨官)의 말만 들었으며, 안팎의 권한은 모두 어사(御史)에게 돌아갔습니다. 모두 과거장에서 이루어지는 출제·각문(刻文)·열권(閱卷)·취인(取人)을 모두 한 사람이 전담하였으니, 이른바 미봉(彌封)[52]이나 등록(謄錄)은 거의 소용없는 제도가 되었습니다.

삼가 과거장의 옛 관례를 보건대, 안팎을 발로 나누어 연락하는 폐단을 막았고, 발을

52 미봉(彌封): 미봉이란 과거시험에서 응시자와 시관 사이에 친분이 있을까 봐 시험지를 교부할 적에 성명을 쓰게 하고는 그 성명 위에 종이를 붙이고 번호를 붙인 다음 도장을 찍어 밀봉하던 일을 말하는데, 붙인 것은 방(榜)을 쓸 적에야 개봉했다.《宋史 選擧志》.

친 안쪽은 고시관이 주관했고, 발을 친 바깥으로는 감시관이 주관했습니다. 제조관(提調官)은 안팎을 아울러 총괄했지만, 그 일에 가 있었을 뿐이고 취인과 각문에는 다 참예하지 못하였습니다. 순안(巡按)과 어사를 써서 감림관으로 삼은 이유는 단지 위법 행위를 규찰하는 것이었습니다. 지금 의당 담당 관원에게 칙령을 내려, 모든 과거장의 조항은 반드시 조종조의 옛 법을 복구하고, 출제는 반드시 광명정대하며 인정과 사리에 절실하며, 윤리와 치도에 관한 것을 내도록 하십시오.

소록(小錄)을 새긴 글을 정문(程文)이라고 하는데, 단지 베껴 내는 것이 선비들의 정식(程式)이고, 이것을 위에 바치는 것이 아닙니다. 문장 중에 정식으로 삼을 만한 것은 새기고, 없으면 새기지 말며, 더러 많기도 적기도 하여 굳이 같을 필요는 없습니다. 응시자를 대신하여 짓는 일은 불허하고, 결함이 있거나 번잡하면 조금 가감하면 될 것입니다.

경서의 문제 항목은 심하게 흉악한 글자가 아니면 굳이 회피할 것은 없습니다. 초장에는 경의(經義) 4조를 시험하여 3조를 통하면 합격이고, 서의(書義) 3조를 시험하여 2조를 통하면 합격으로 하고, 아니면 선발하지 않습니다. 5책 문목은 모두 10사를 기준으로 하여, 5 이상 통하지 않으면 선발하지 마십시오.

회시의 경우는 본래 숫자가 부족하면 따로 인원을 취하여 채우고, 향시의 경우는 어떤 경서를 택한 응시자가 부족하면 다른 경서를 택한 응시자로 채우십시오. 모든 정원은 제한하여 초과 인원을 불허하고, 진실로 취할 만한 자가 없으면 차라리 부족한 대로 두십시오. 전체 장(場)에서 전무하면 부족한 사람 중에서 그래도 나은 사람을 구하여 숫자를 채우십시오. 이렇게 하면 과거 항목을 통해 얻은 자들이 모두 경서에 통달하고 옛것을 배운 선비이고, 세상의 쓰임에 적용할 수 있을 것입니다.

다시 청하옵건대, 옛 제도를 밝혀 지방 향시는 회시 및 양경의 사례에 비추어 감림관을 두지 말고, 순안과 어사가 단지 과거장 밖에서 엄격하게 규찰하고, 과거장에 들어가고자 하는 선비는 전적으로 제학과 헌신의 검사에 맡기고 다른 관원의 소시(小試)

를 불허하십시오. 모든 집사(執事)에는 진사나 응시자 출신 인원을 쓰지 말아야 하니, 연줄로 인한 폐단이 우려됩니다.

저녁때가 되면 촛불을 지급하는 것이 당송(唐宋) 시대의 고사이지만, 지금 과거장에는 대필하거나 시권을 바꾸는 일이 대부분 저녁에 일어나고 있으니, 초의 지급을 폐지하고 장(場)을 줄여야 합니다. 과거 시기에 앞서 고시관을 초빙하되 반드시 상세히 두루 물어보아서 사사로움으로 함부로 천거하는 일을 불허하고 어사의 규찰을 허락하여 오직 학생과 명망이 있는 사람을 선발하고, 유사(有司)와 교직(教職)을 구분하지 말고 직임을 맡아 일을 보게 하십시오. 이어 바라건대, 발을 친 안팎의 한도를 엄격하게 알려 터놓고 드나들지 못하게 하며, 사흘에 한 번 잔치를 열어 주는 예우는 술과 안주만 보내 주고 굳이 연회를 베풀 필요는 없습니다.

고시관이 열권(閱卷)하여 거취가 결정된 뒤에는 먼저 선발된 자들의 시권에 그들의 자호(字號)를 써서 이름과 등수대로 편재하되, 같은 내용의 세 부를 작성하여 이름을 봉하고 인기(印記)하며, 그중 한 부는 자신이 쓰고, 두 부는 제조와 감시관에게 줍니다. 시기가 되면 주묵(朱墨)을 비교하여 시권이 서로 같다고 판단된 뒤에 이름을 열고, 각각 편재된 자호와 전방(塡榜)과 대조하여 바뀌지 않게 합니다. 또한 각 경서마다 각각 비권(備卷) 3~5권을 보존하여, 가져다 본 시권에 착오가 있으면 즉시 경서에 따라 비권으로 차례대로 보완합니다. 이렇게 하면 과거장의 폐단이 줄어들고, 인재를 얻어 조종조의 옛 법을 회복할 수 있을 것입니다.

또한 회시 응시자를 살펴보면, 지난날에는 과거장에 들어온 자가 극히 많았지만 2천 명을 넘지 않았으나, 지금은 많이 누적되어 이미 4천 명을 훨씬 넘습니다. 삼가 생각건대 몇 번 과거를 치른 뒤에는 날로 쌓이고 늘어나 또한 이 숫자에 그치지 않을 것입니다.

삼가 송나라 구양수가 지은 〈예부 창화시 서문[禮部唱和詩序]〉을 보니, 송나라 제도에는 고교(考校)가 50일이라고 했는데, 지금 제도에는 초8일 과거장에 들어올 때부터

20일 이후 발표할 때까지 불과 10여 일입니다. 시권은 많은데 날짜는 적어서 인재를 버려두는 일이 없을 수 없다고 생각되니, 청컨대 예부에 명을 내려 그 기한을 넉넉히 하도록 의논하고 전시(殿試)를 3월 보름으로 옮기면 고시관은 날짜와 체력에 여유가 생겨 마음과 힘을 다하여 문리(文理)를 정밀하게 살핌으로써 나라를 위해 인재를 구할 수 있을 것입니다.】【이상은 과거제도이다.】

臣按: 朱熹之義雖未上聞, 而天下莫不稱誦, 以爲後世貢擧之法未有過焉者也. 我太祖皇帝於開國之初卽詔天下曰: "自洪武三年爲始特設科擧, 以起懷才抱德之士, 務在經明行修·博古通今·文質得中·名實相稱. 其中選者, 朕將親策於廷, 觀其學識·品其高下而任之以官, 果有才學出衆者待以顯擢, 使中外文臣皆由科擧而選, 非科擧者毋得與官." 至十七年, 又命禮部頒行科擧程式, 凡三年大比, 子·午·卯·酉年秋鄕試, 辰·戌·丑·未年春會試, 士各專一經, 皆兼《大學》《論語》《中庸》《孟子》四書, 四書義主朱氏《集注》《章句》, 《易》主程朱傳義, 《書》主蔡氏傳及古注疏, 《詩》主朱氏《集傳》, 《春秋》主三傳及胡氏張洽傳, 《禮記》主古注疏. 肆我太宗皇帝修《五經四書大全》, 《易》《詩》《書》如舊, 惟《春秋》則宗胡氏, 《禮記》則又加以陳澔《集說》焉. 初場以初九日, 試四書義三道·本經四道; 次場用十二日, 試論一道·詔誥表內科一道·判語五條; 終場以十五日, 試經史時務策五道. 初場及終場未能者, 許減其二道. 嗚呼! 本朝試士之制, 雖不盡用朱氏分年之議, 然士各專一經, 經必兼四書, 一惟主於濂·洛·關·閩之說以端其本, 又必使之兼明子史百家之言·古今政務之要, 而以論·策試之, 考其識見, 本末兼該, 文質得中, 雖不盡如朱氏之說, 實得朱氏之意於數百年之後矣. 凡前代之科目如制科·秀才之類, 一切廢絶; 前代之制度如詩賦·墨義之類, 一切不用, 可謂簡而要·明而切, 眞可以行之於千萬年而無弊矣.【本朝科學參酌前代之制, 而取厥中. 凡所謂明經·宏辭諸科一切革罷, 惟有進士一科. 洪武三年詔天下行省, 以是年秋八月開鄕試, 明年春二月禮部會試. 其解額以五百人爲率, 會試取百人, 而所試之文尙仍元制. 至十七年始定今科試格式, 十八年會試止錄士子姓名·鄕貫而未刻程文, 錄文自二十一年始也. 自是三年一開科, 取人無額, 惟善是取. 宣德改元始鐫定額, 兩京十二藩貴州附雲南, 各隨地産以差多寡而會試, 如洪武初取士之數, 又以北方學者文采不能自見, 分南·北·中三數取人. 正統壬戌, 於各布政司舊額上量增之, 而會試則加以半. 景泰初, 詔除科額以復洪武·永樂之舊, 尋復鐫定, 比舊額稍增. 禮部試則臨期取旨, 自是遂爲定制. 夫自洪武甲子定爲三歲一開科, 至是三十餘試矣. 科場條貫日增日密, 一切病弊盡革無餘, 惟程試之文氣·進用之人才似乎有愧於前者, 雖或氣運之使然, 習俗之流弊, 然不可不知其故也. 祖宗時其所試題目, 皆摘取經書中大道理·大制度關係人倫治道者, 然後出以爲題, 當時題目無甚多, 故士子專用心於其大且要者, 其用功有倫序, 又得以餘力旁及於他經及諸子史, 主司亦易於考校, 非三場匀稱者不取. 近年以來, 典文者設心欲窘擧子以所不知, 用顯己能, 其初場出經書題往往深求隱僻·强截句讀·破碎經文, 於所不當連而連·不當斷而斷, 遂使學者無所據依, 施功於所不必施之地, 顧其綱領體要處反忽略焉. 以此科場題目數倍於前, 學者竭精神·窮目力有所不能給, 故於策場所謂古今製度·前代治跡·當世要務, 有不暇致力焉者. 甚至登名前列者, 亦或有不知史冊名目·朝代前後·字書偏旁者, 可歎也已. 然以科額有定數, 不得不取以足之, 以此士子倣效成風, 策學殆廢, 間有一二有策學者, 又以前場不稱, 略不經目, 人才所以不及前者, 豈不以是哉? 其錄出以爲程文者, 又多萎薾粗淺·拘泥纏繞, 不厭士心, 錄一出議論紛然, 其所謂主意之說尤爲乖繆, 凡其所命之題專主一說謂之主意, 殊不知聖經深遠, 非一人之見所能盡, 理苟通焉斯在所取矣, 何必惟已之同哉? 士子誌於必得, 謂非合主司之意, 不可以取中, 往往將聖經賢傳之旨旁求曲說·牽綴遷就以合主司所主之意,此非獨壞士習, 其爲聖經之蠹也甚矣. 有司主此以出題, 士子主此以爲文, 今日爲士子旣以此進身, 異日爲主司又以此取士,《宋史》所謂繆種流傳, 今日時文之弊殆類之也. 然此又不但科試爲然, 而提學憲臣之小試殆又有甚焉者也, 其所至出題尤爲瑣碎, 用是經書題目愈多. 學者資稟有限, 工夫不能遍及, 此策學所以幾廢, 而科擧所得罕博古通今之士也. 正統·景泰以前所刻程文, 皆士之親筆, 有司稍加潤色耳. 近日多是考官代作, 甚至擧子無一言於其間, 殊非設科之本意. 若夫考試之官, 兩京及會試皆出自朝命, 鄕試則方面官先期訪請, 洪武以來惟有學者是用, 不問是何官職, 雖儒士亦在所聘. 後乃有建言專用教官者, 其所禮聘無非方面之親私, 率多新進士, 少能持守, 一惟監臨官是聽, 內外之權悉歸禦御, 凡科場中出題·刻文·閱卷·取人皆一人專之, 所謂彌封·謄錄殆成虛設. 謹按科場舊例, 分簾內外以隔絶交通之弊, 自簾以內考試官主之, 自簾以外監試官主之, 而提調官則兼總內外焉. 然惟涖其事爾, 而取人·刻文皆不得預. 所以用巡按·御史爲監臨官者, 特以糾察其不如法者爾. 今宜敕有司, 凡科場條貫必復祖宗之舊, 所命題必光明正大·切於人情物理·關於彝倫治道者. 小錄所刻之文謂之程文, 特錄出爲士子程式也, 非用是以獻上也. 文有可爲程式者則刻, 無則否, 或多或寡不必齊同, 不許代擧子作, 如有欠闕繁冗, 稍加筆削可也. 經書題目, 無甚凶惡字面, 不必回避. 初場經義四條以通三條·書義三條以通二條爲合格, 否則不取; 五策問目通以十事爲率, 非通五以上不在取數. 會試則本數不足取別數足之, 鄕試則此經不足足以他經. 凡解額惟限之不許過數, 苟無足取者寧欠無足, 通場全無然後短中求長, 取以備數. 如此則科目所得者, 皆通經學古之士, 而適於世用矣. 更乞申明舊制, 在外鄕試俱照會試及兩京例, 不設監臨官, 其巡按·御史止於科場外嚴加糾察, 士子欲入場者, 專委提學憲臣考驗, 而亦不許他官小試, 凡百執事不許用進士·擧人出身人員, 恐有夤緣作弊. 臨晩給燭, 雖唐宋故事, 然今科場代筆換卷多在昏暮, 宜革去給燭而取減場, 先期聘考試官, 必詳加詢訪, 不許徇私濫擧, 許御史糾治, 惟有學行譽望者是取, 不分有司·教職, 見任致事. 仍乞申嚴簾內·簾外之限, 不許通融出入. 三日一宴之禮惟送酒肴, 不必宴會. 考試官閱卷去取旣定, 先將所取中卷用其字號編定名第, 一樣三本, 封號印記, 其一留以自備, 其二以授提調·監試官, 至期比朱墨卷相同然後拆號, 各照所編定字號塡榜, 不許更易. 又於各經各存備卷三五卷, 如所取卷有參錯, 卽隨經用所備卷依次補之. 如此, 庶幾科場少弊, 可以得人而復祖宗之舊矣. 又考會試擧人, 往時入場者極多, 不過二千人, 今則積多已逾四千矣, 竊恐數科之後日累日多, 又不止此數. 竊考宋歐陽脩作《禮部唱和詩》序, 謂宋制考校五十日, 今制自初八日入場, 至二十日以後揭曉, 不過十餘日, 卷多日少, 恐不能無遺才, 請下禮部議寬其日限, 而移殿試於三月望日, 庶幾考試者日力有餘, 得以盡其心力, 精詳文理, 以爲國家求才.】【以上科擧】

한 무제(漢武帝) 때, 태상 공장(孔臧)[53] 등이 의논하여 태상박사에 제자를 두고 당사자는 복호[復戶: 호역(戶役) 면제]해 주기를 청하였다. 18세 이상 된 백성 중 위의가 단정한 자를 간택하여 박사 제자로 보충하였다. 군국(郡國)·현(縣)·도읍(道邑)의 문학을 좋아하고 어른을 공경하며 정교를 엄숙히 하고 향리를 순화시키며 행실이 어긋남이 없다고 알려진 자는, 이천석으로 하여금 가부를 신중히 살펴 계해(計偕: 회계문서를 올리는 관리)와 더불어 태상에게 와서 제자처럼 학업을 받도록 하였다. 한 해가 되면 모두 그때마다 시험을 치고, 한 가지 기예 이상 능통한 자는 문학에 보임하고 출결을 관장하게 했다. 낭중(郎中)이 될 수 있는 고제(高第)는 태상이 문서로 주

53 공장(孔臧): 공안국(孔安國)의 종형(從兄)이고 벼슬은 태상(太常)을 지냈으며 글에 능하여 많은 인재를 배출하였다. 《한서(漢書)》 권88 〈유림전(儒林傳)〉.

달하였는데, 곧 탁월한 재능을 가진 뛰어난 인재는 그때그때 이름을 보고하였다.

漢武帝時, 太常孔臧等議, 請太常博士置弟子, 復其身. 擇民年十八已上儀狀端正者補博士弟子, 郡國·縣·道邑有好文學·敬長上·肅政教·順鄉裏, 出入不悖所聞者, 令二千石謹察可者, 當與計偕, 詣太常得受業如弟子. 一歲皆輒試, 能通一藝以上補文學, 掌故缺, 其高第可以爲郎中者, 太常籍奏, 卽有秀才異等, 輒以名聞.

신은 이렇게 생각합니다. 이는 태학생이 관직에 들어간 시초입니다. 한나라 때 박사 제자를 두었을 때부터 시험하여 한 가지 기예에 통달한 자는 관직에 보임했습니다. 그 뒤 당나라 사람들은 학관 생도를 설치한 적이 있고, 송나라 사람들은 삼사(三舍)의 제도가 있었습니다. 요즘 해마다 천거하는 생원(生員)은 예부에서 봉천문(奉天門) 아래에서 아뢰고, 시험에 합격하면 국자감으로 보내 학업을 닦게 하며, 자급에 따라 이부로 보내 등용합니다. 우리나라에서 관직에 들어오는 통로는 과거 항목 외에 이것이 중대하며 또 많은 인재를 얻었습니다. 【이는 학교의 연례 천거이다.】

臣按: 此太學生入仕之始. 夫自漢置博士弟子, 試通一藝者補以官, 其後唐人有學館生徒之設, 宋人有三舍之制. 今世歲貢生員, 禮部奏於奉天門下, 試中, 送國子監肄業, 循資送吏部選用. 本朝入仕之途, 科目之外, 惟此爲重, 亦多得人. 【此學校歲貢】

《주례》에서 말하였다.

재부(宰夫)는 백관부의 징령을 관장하는데, 다섯 번째가 부(府)이고【부(府)는 문서와 기물의 보관을 주관한다.】, 여섯 번째가 사(史)이며【사(史)는 문서와 사실 기술을 맡는다.】, 일곱 번째가 서(胥)이고【서(胥)는 문서의 순서를 관리하는데, 재주가 있어 십장이 된 자를 말한다.】, 여덟 번째가 도(徒)이다【도(徒)는 바삐 달려가 부름에 응하는 자이다.】.

《周禮》: 宰夫掌百官府之徵令, 五曰府【主蓄藏文書及器物者】, 六曰史【理文辭述事者】, 七曰胥【治文書之次敘, 謂才智爲什長者】, 八曰徒【趨走以應呼召者】.

신은 이렇게 생각합니다. 《주관》의 부(府)·사(史)·서(胥)·도(徒)는 바로 지금의 서리[吏員]인데, 이른바 "서인(庶人)으로 관직에 있는 자는 하사(下士)와 녹이 같다"[54]고 한 것이 이것입니다. 이때는 시험에 나가는 절차가 없었고, 진(秦)나라에 와서 유학자를 버리고 서리를 높였고, 한나라가 이를 따르면서 비로소 서리를 시험으로 뽑아 관직에 들어오게 하는 길이 생겼습니다.

역사를 살펴보면, 노온서(路溫舒)가 현의 옥리(獄吏)가 된 일,[55] 병길

---

54 서인(庶人)으로 … 같다: 《맹자》〈만장 하(萬章下)〉에서 주나라의 작록(爵祿)을 설명하면서 제후의 경우 경(卿)·대부(大夫)·상사(上士)·중사(中士)·하사(下士)로 작위를 나누고 "하사와 서인으로서 관직에 있는 자는 녹봉이 같으니, 녹봉이 농사짓는 것을 대신할 만큼 충분하다.[下士與庶人在官者同祿, 祿足以代其耕也.]"라고 하였다.

55 노온서(路溫舒)가 … 일: 한나라 관리로, 자는 장군(長君)이다. 어릴 때 양치기 생활을 하면서 늪에 자라는 부들의 잎을 엮어서 글씨 연습을 하고 틈틈이 율령(律令)을 공부하여 옥리(獄吏)가 되었다. 그 후 효렴(孝廉)으로 천거를 받아 산읍 승(山邑丞)이 되었다. 선제(宣帝)가 즉위

(丙吉)이 노(魯)의 옥리가 된 일,[56] 공승(龔勝)이 군의 서리가 된 일,[57] 조우(趙禹)가 좌사(佐史)가 된 일[58] 등이 있으니, 서리가 관직에 들어온 유래는 오래되었습니다. 우리나라의 입사하는 길은 과목(科目)과 감생(監生) 외에 서리가 있으니, 지방에 있는 번(藩)·헌(憲)·위(衛)·부(府)·주(州)·현(縣)은 각각 알아서 등용하여, 6년이나 3년을 임기로 했습니다. 부(部)의 분발(分撥)[59]은 조정에 있는 관청에 근무하면서 3년마다 평가하여 자격에 따라 서용했습니다. 【이는 서리의 출신(出身)이다.】

臣按: 《周官》之府·史·胥·徒卽今之吏員也, 所謂 "庶人之在官者, 與下士同祿" 是已. 是時未有進試之階, 至秦棄儒崇吏, 漢因之, 始有試吏入仕之途. 考之史, 若路溫舒爲縣獄吏·丙吉爲魯獄吏·龔勝爲郡吏·趙禹爲佐史之類, 則是吏員入官其來久矣. 本朝入仕之途於科目·監生之

하자 덕을 숭상하고 형벌을 완화하자는 상소를 올려 선제로부터 칭찬을 받았다. 《한서(漢書)》 권51 〈노온서전(路溫舒傳)〉.

56 병길(丙吉)이 … 일: 병길은 자가 소경(少卿)으로 노(魯) 지방의 옥리(獄吏) 출신이다. 한 무제 때 무고(巫蠱)의 옥사가 일어나자, 옥리로 있으면서 선제(宣帝)를 보호한 공으로 선제가 즉위한 후 박양후(博陽侯)에 봉해졌다가 위상(魏相)을 이어 승상(丞相)이 되었다. 병길은 사람됨이 심후(深厚)하고 자신의 선행을 자랑하지 않았고, 관속들의 허물을 감추어 주고 선행은 힘써 드러내 주었다. 《한서》 권74 〈위상병길전(魏相丙吉傳)〉.

57 공승(龔勝)이 … 일: 공승은 한나라 팽성(彭城) 사람으로, 자는 군실(君實)이다. 애제(哀帝) 때 간대부(諫大夫)와 광록대부(光錄大夫)를 역임했고, 왕망(王莽)이 집정하자 물러났다. 《한서》 권72 〈양공전(兩龔傳)〉.

58 조우(趙禹)가 … 일: 조우(趙禹)는 한 무제 때 장탕(張湯)과 함께 율령(律令)을 논정한 사람으로, 법을 가혹하게 적용하였다. 《사기》 권122 〈혹리열전(酷吏列傳)〉.

59 분발(分撥): 관청의 연락이나 조정의 전달 사항을 담당하는 서리를 말한다. 조선시대에는 조보를 발행하기 전에 그 당일(當日)에 긴요한 사항을 각사(各司)의 하인(下人)이 소지(小紙)에 써서 관원에게 먼저 돌리던 문서를 분발(分撥)이라고도 하였다.

外有吏員, 凡在外藩·憲·衛·府·州·縣任自辟擧, 以六年或三年爲滿限, 至部分撥, 在內諸司以三年爲考, 依資格敍用. 【此吏員出身】

이상은 관직에 들어오는 길을 맑게 하는 일이다.

以上淸入仕之路.

신은 이렇게 생각합니다. 우리나라 선거 제도는 한나라, 당나라, 송나라에 비하여 소략합니다. 과거 이외에 단지 감학(監學)의 직무 역임, 이원(吏員)의 자급 차례라는 두 가지 길이 정규 선발입니다. 그 밖에 경서에 밝고 행동이 바른 자, 현명하고 방정한 자, 재주와 식견을 겸비한 자, 해서(楷書)·수재(秀才)·동자(童子) 같은 경우는 모두 치폐가 일정치 않았습니다. 오직 임자(任子)[60]만 조종조에 비록 정원이 있었지만 모두 은전(恩典)에서 나왔고, 주기도 하고 안 주기도 하다가, 근년에 3품 이상 자손은 감학에 들어가는 것이 바야흐로 정례가 되었습니다. 그러므로 신이 관직에 들어가는 길에 대해 진사관에만 유독 상세하고 감생과 이원을 겸하여 언급한 것은, 현재 중요하게 여기는 것은 진

60 임자(任子): 고위 관료의 자제를 관원으로 채용하는 제도를 말한다. 《한서(漢書)》 〈애제기(哀帝記)〉 주에 "이천석(二千石) 이상의 관리로서 재임한 지 만 3년이 되면 직계의 아들 한 사람으로 낭(郞)을 시켰다."라고 했다.

사과에 있고 뒤의 두 길은 다음이기 때문입니다.

삼가 생각건대, 우리나라가 비록 크지만 백관을 봉할 때도 관복을 갖추고 축하한 적이 없습니다. 오직 선비에게 책문을 보아 우수한 성적을 거둔 뒤에 신하들이 칭찬하며 "하늘이 문운을 열었으니, 현량한 인재가 등용되도다."라고 경하합니다. 이로써 보건대 조종조에서 현자를 구하여 정치를 보좌하는 방법으로 믿은 것은 참으로 진사과보다 우선인 것이 없습니다. 그래서 백년 이래 모든 치도를 밝히고 공업을 세운 자가 다 이 길에서 나왔습니다.

《당사(唐史)》에 "바야흐로 그 선발을 사장(辭章)류로 하는 것이 부박한 문장이고 실제가 적은 듯하지만, 사안에 임하여 시행하고 사업에 힘써 은연중에 나라를 위했던 명신(名臣)이 셀 수 없었다."라고 했고, 송나라 사람들도 "호걸다운 선비가 이로부터 진출했다."라고 했습니다.

당송 시대에 선비를 시부(詩賦)로 선발하여 문식이 많고 실제가 적었는데도 오히려 당대의 호걸을 얻어 명신이 되었는데, 하물며 우리나라의 선비 선발 제도는 육경(六經)·《논어》·《맹자》의 문장에 근본을 두고 있고, 염락관민(濂洛關閩)의 설을 채택하였으니, 바로 한나라 사람들이 말하는 경술(經術)이고 송나라 사람들이 말하는 도학(道學)입니다. 선비 된 자가 진실로 여기에 전심하여 얻는 바가 있을 것입니다. 위에 있는 사람이 인물을 정선하여 신중히 선발하면 반드시 명실상부하며 바탕과 자질이 어울리게 한 뒤에야 선발에 포함될 수 있을 것이니, 얻을 수 있는 인재가 당송 시대에 그치지 않을 것입니다.

臣按: 我朝選擧之制比漢·唐·宋爲省, 科擧之外止有監學歷仕·吏員資次二途以爲常選, 其他如經明行修·賢良方正·材識兼茂·楷書·秀才·童子之類皆興廢不常, 惟任子祖宗雖有定數, 然皆出自恩典, 或與或否, 近年三品以上子孫入監方有定例. 故臣於入仕之路獨詳進士之科而兼及監生·吏員者, 以當世之所重者在進士科, 而此二途次之. 竊惟本朝雖大, 封拜百官亦未嘗具服拜賀, 惟於策士傳臚之後, 群臣致辭慶賀曰: "天開文運, 賢俊登庸." 由是觀之, 則祖宗所恃以求賢輔治之具, 誠莫先於進士一科. 是以百年以來, 凡明治體·建功業者, 皆自此途以出. 《唐史》言方其取以辭章類若浮文而少實, 及其臨事施設, 奮其事業隱然爲國名臣者, 不可勝數. 宋人亦言豪傑之士由之而進. 夫唐宋取士以詩賦, 多文而少實, 尙足以得一時之豪傑以爲名臣, 況本朝取士之製本六經·《語》·《孟》之文, 用濂·洛·關·閩之說, 卽漢人所謂經術, 宋人所謂道學者也. 爲士者誠專心於此, 而有所得焉. 上之人精擇而謹取之, 必名實相符·文質相稱, 然後得預斯選焉, 其所得之人才當不止於唐·宋而已也.

대학연의보
(大學衍義補)

—

권10

백관을 바로함[正百官]

관리 선발의 법을 공정히 함[公銓選之法]

《서경》 〈우서 익직(益稷)〉[1]에서 말하였다. "우가 말하기를 '말을 널리 받아들이고 공적을 백성들에게 밝히시고, 쓰임을 수레와 옷으로 구별하십시오.'라고 하였다."

〈虞書〉: "禹曰: '敷納以言, 明庶以功, 車服以庸.'"

채침이 말하였다.[2] "말을 널리 받아들이되 그 축적된 덕을 관찰하고, 공적을 세운 여러 사람들을 밝히되 그 성과를 상고하며, 유능한 이를 표창하고 덕 있는 이에게 관작을 명하여 보답을 후하게 할 것이다."

---

1 서경 우서 익직(益稷): 순(舜)임금이 당시 신하였던 우(禹)와 정치에 대해 주고받는 대화이다.

2 채침이 말하였다: 이하는 모두 《서경》 경문(經文)에 대한 채침의 주(注)를 말한다.

蔡沈曰: "敷納以言而觀其蘊, 明庶以功而考其成, 旌能命德, 以厚其報."

신은 이렇게 생각합니다. 인재를 시험하는 법에는 두 가지가 있는데, 하나는 말[견해]이고 하나는 공적입니다. 이른바 견해란 《예기(禮記)》에서 말한 '혹은 말로 등용한다'는 것이 그것이고, 이른바 공적이란 《예기》에서 말한 '혹은 일로 천거한다'는 것이 그것입니다.[3] 인재를 나오게 할 때 견해를 보지 않으면 그가 온축한 바를 알 수 없고, 인재를 시험할 때 공적을 보지 않으면 그 실천의 실제를 증험할 수 없습니다. 소식(蘇軾)이 말하기를, "요순(堯舜) 이래로, 인재를 나오게 할 때 견해로 하지 않은 적이 언제며, 인재를 시험할 때 공적으로 하지 않은 것인 언제인가."라고 했습니다. 이는 견해와 공적으로 인재 등용의 방법을 삼은 유래가 오래된 것입니다.

臣按: 試人之法有二, 曰言·曰功而已. 所謂言者, 《禮記》所謂 "或以言揚" 是也; 所謂功者, 《禮記》所謂 "或以事擧" 是也. 進人不以言, 則無以知其所有之蘊; 試人不以功, 則無以驗其所行之實. 蘇軾曰: "堯舜以來, 進人何嘗不以言, 試人何嘗不以功." 是則以言功爲用人之法, 其來尙矣.

---

3 예기에서 … 그것입니다: 《예기》 〈문왕세가(文王世家)〉에 나온다.

《서경》〈우서 고요모(皐陶謨)〉에서 말하였다. "고요가 말하기를 '모아서【흡은 모음이다.】 받고 펴서【부는 폄이다.】 베풀면 아홉 가지 덕【구덕은 위 문장의 '관이율' 이하 아홉 가지 일이다.[4]】을 가진 사람들이 다 일을 하며, 빼어난 인재가 관직에 있어서 백료(百僚)가 서로 스승으로 삼으며【사사란 서로 스승으로 본보기를 삼는다는 말이다.】 백공(百工)이 때에 따를 것입니다【시란 때에 맞추어 일을 한다는 뜻이다.】.'라고 하였다."

皐陶曰: "翕【合也】受敷【布也】施, 九德【卽上文 "寬而栗" 以下九事也】咸事, 俊乂在官. 百僚師師【相師法也】, 百工惟時【及時趨事】."

채침이 말하였다. "덕의 많고 적음이 비록 똑같지 않으나 군주가 오직 모아서 받아들이고 펴서 써야 한다. 이와 같으면 구덕(九德)을 갖춘 사람이 모두 자기의 일에 종사하여 크게는 천 명의 뛰어남과 작게는 백 명의 능력이 관직에 있어서, 천하의 인재로 천하의 다스림을 맡기는 셈이다. 당[唐: 요(堯)의 이름]·우[虞: 순(舜)의 이름]의 조정에 아래로 버려진 인재가 없고 위로 폐해진 일이 없음은 진실로 이 때문이었다."

---

4 구덕은 … 일이다: 《서경》〈고요모〉 제3장에서 우임금이 아홉 가지 일을 무엇이냐고 물었을 때 고요가 했던 대답에 들어 있다. "너그러우면서도 장엄하며, 유순하면서도 꼿꼿하며, 삼가면서도 공손하며, 다스리면서도 공경하며, 익숙하면서도 굳세며, 곧으면서도 온화하며, 간략하면서도 모나며, 굳세면서도 독실하며, 강하면서도 의를 좋아하는 것이니, 몸에 드러나고 시종 떳떳함이 있는 것이 훌륭한 사람입니다.[寬而栗, 柔而立, 愿而恭, 亂而敬, 擾而毅, 直而溫, 簡而廉, 剛而塞, 彊而義, 彰厥有常, 吉哉.]"라고 하였다.

蔡沈曰: "德之多寡不同, 人君惟能合而受之·布而用之. 如此, 則九德之人咸事其事, 大而千人之俊, 小而百人之乂, 皆在官使, 以天下之才任天下之治, 唐虞之朝, 下無遺才, 而上無廢事者, 良以此也."

신은 이렇게 생각합니다. 사람에게 있는 덕(德)은 모두 아홉 가지가 있는데, 사람이 가지고 있는 것은 한둘인 경우도 있고, 서넛인 경우도 있으며, 대여섯이나 일곱, 여덟 등으로 같지 않으니 많고 적음이 있게 됩니다. 군주는 덕의 다과에 따라 이를 종합하여 받아들이며, 받아들인 뒤에는 그로부터 대소나 장단에 따라 시행하여 씁니다. 재능에 따라 임무를 부여하여, 대부로 삼기도 하고 제후로 삼기도 합니다.

이렇게 되면 하나의 덕에는 그 덕에 맞는 쓰임이 있게 되고, 그중 세 가지 덕이 있으면 대부가 되며, 여섯 가지 덕이 있으면 제후가 되니, 아홉 가지의 덕이 각각 장점을 써서 모두 자기의 일에 종사하게 됩니다. 아홉 가지 덕이 모두 일에 종사하게 되면 관직에 있는 자는 모두 빼어난 사(士)일 것이므로, 관료[寮寀]들이 이어져 서로 스승으로 삼으며 직임이 갖추어져 다투어 부임할 것입니다. 채씨가 "당(唐)·우(虞)의 조정에는 아래로 버려진 인재가 없고 위로 폐해진 일이 없었다" 고 한 말이 어찌 빈말이겠습니까.

臣按: 德之在人, 其總有九, 而人之所得者則或得其一二, 或得其三四, 或得其五六七八之不同, 所以有多有寡也. 人君則隨其多寡合而受之, 既受之矣, 由是隨其大小長短施而用之, 因才授任, 或以爲大夫·或以爲諸侯. 如是則一德有一德之用, 有其三者爲大夫, 有其六者爲諸侯, 而九者之德各用所長, 而咸事其事矣. 九德咸事, 則在官者無非俊乂之士, 是以寮寀相聯, 更相師法, 職任並列, 爭相趨赴. 蔡氏所謂 "唐虞之朝, 下無遺才, 上無廢事," 夫豈虛言哉?

《주례》〈천관〉에서 말하였다. 태재는 팔법으로 관청을 다스리니, 두 번째 법인 관직【관직은 다스리는 일을 말한다.】으로 나라의 정치를 분별하고, 여덟 번째 법인 관계로 나라의 정치를 결정한다【폐(弊)는 결정이다.】.

《周禮·天官》: 太宰以八法治官府, 二曰官職【謂所治之事】, 以辨邦治; 八曰官計, 以弊【斷也】邦治.

팔칙으로 중외[都鄙]를 다스리니, 세 번째 원칙인 폐치로 관리를 제어하고【죄가 있으면 폐하고, 행적이 있으면 그대로 둔다.】, 네 번째 원칙인 녹봉【녹은 봉(俸)이다.】과 지위【위(位)는 작(爵)이다.】로 사(士)를 제어한다.

以八則治都鄙, 三曰廢置【有罪則廢, 有行則置】, 以馭其吏; 四曰祿【俸也】位【爵也】, 以馭其士.

팔통으로 왕에게 말하여 만민을 제어하니, 세 번째는 현자(賢者)를 나오게 하는 것이고【진현이란 덕이 있는 사람을 등용하는 것이다.】, 네 번째는 능력 있는 자를 부리는 것이며【사능이란 재능 있는 자에게 일을 시키는 것이다.】, 일곱 번째는 하급관리를 승진시키는 것이다【이(吏)는 하위에 있는 자이고, 달(達)은 윗자리로 승진시키는 것이다.】.

以八統詔王馭萬民, 三曰進賢【有德者進用之】, 四曰使能【有才者役使之】, 七曰達吏【吏謂在下位者, 達謂進之於上】.

〈하관〉에서 말하였다. 사사(司士)가 신하들의 판(版)을 관장하여 정령을 다스리고【신하들의 이름을 모두 판에 기록하였다.】, 매년 손익의 숫자를 올리고 내리며【손익은 출척(黜陟)을 말한다. 그 숫자에 많고 적음이 있는데, 매년 평가하여 올리고 내린다.】, 근무 연한과 귀천을 구별한다. 나라의 중외 가구 숫자 및 경대부, 사, 서인의 숫자를 파악하여 왕에게 알려 다스렸다. 덕을 알려 작을 주고, 공을 알려 녹을 주며 능력을 알려 일을 맡김으로써 오래 녹봉을 주었다.

《夏官》: 司士掌群臣之版【群臣之名皆書之版】以治其政令, 歲登下其損益之數【損益謂黜陟也, 其數有多寡, 每歲登之下之.】, 辨其年歲與其貴賤, 周知邦國都家縣鄙之數·卿大夫士庶子之數, 以詔王治. 以德詔爵, 以功詔祿, 以能詔事, 以久奠食.

신은 이렇게 생각합니다. 《예기(禮記)》〈왕제(王制)〉에 말하기를, "사마(司馬) 진사(進士)의 현명함을 논의하여 왕에게 아뢰어 그 논의를 확정하며, 논의가 확정된 뒤에 관직으로 임명하며, 관직으로 임명한 뒤에 관작을 주고, 직위가 정해진 뒤에 녹을 준다."라고 했습니다.

사사(司士)는 사마에 속한 관원입니다. 그러므로 사마에게 나아가는 모든 사(士)는 사사가 그 이름과 숫자를 적은 판을 관장하는데, 판은 지금의 책과 같습니다. 매년 동안 당사자가 못할 수도 잘할 수도 있으며, 숫자에 다과(多寡)가 있는데, 잘하고 많으면 승진하고, 못하고 적으면 강등합니다. 나이가 한창인지 늙었는지를 구별하고 얼마나 역임했는지를 표시하며, 대부 이상을 귀하다고 하고 사(士) 이하를 천하다고 하니, 모두 여기서 구별됩니다.

천하의 방국(邦國), 도회[都家], 현읍(縣邑)에 설관한 숫자가 얼마인지, 내외의 경, 대부, 사, 서자 가운데 임용된 숫자가 얼마인지, 모두 사사가 관장하여 왕에게 고하여 다스리는 것입니다. 지금 제도로는 이부(吏部) 문선(文選)이 관장하는 것이 이 일입니다. 고금의 제도가 같지 않지만, 하는 일은 한 가지입니다.

臣按: 《王制》曰: "司馬論進士之賢, 以告於王而定其論, 論定然後官之, 任官然後爵之, 位定然後祿之." 司士, 司馬之屬官也, 故凡士之進於司馬者, 皆司士掌其名數之版, 版猶今之文冊也. 每歲之間, 其人或損或益·其數有多有寡, 益而多則登之, 損而寡則下之, 辨其年齒之壯老·著其曆任之久近, 大夫以上所謂貴也, 士以下所謂賤也, 咸於是乎辨焉. 與夫天下之邦國·都家·縣邑設官之數幾何, 內外之卿·大夫·士·庶子其任用之數幾何, 皆司士之所掌, 以告於王而治之者也. 今制則屬之吏部文選所掌者, 卽其事焉. 古今之制不同, 而其事則一也.

한(漢)나라 제도에, 군현의 수상(守相)은 높은 성적을 받은 뒤에 이천 석(二千石)이 되었고, 이천석 가운데 치적이 있은 뒤에 구경(九卿)이 되었으며, 구경으로 직무를 잘 수행한 뒤에 어사대부(御史大夫)가 되었다. 그렇지만 장석지(張釋之)는 10년 동안 임용되지 못하였고,[5] 양웅(揚雄)은 3년 동안 관직을 옮기지 못하였으니,[6] 이는 아직 자격의 기준이 없었기 때문이다. 성제(成帝) 건시(建始) 4년에 와서 처음 상시조상서(常侍曹尙書) 1인을 두어 공경(公卿)을 주관하고, 이천석조상서(二千石曹尙書) 1인을 두어 군국(郡國)을 관장하였는데, 선조(選曹)의 제도가 마침내 여기서 시작되었다. 동한(東漢)의 제도에, 군국에 해당하는 선거(選擧)는 공조(功曹)에 속하고, 공부(公府)에 해당하면 동서조(東西曹)에 속하며 천태(天台)에 해당하면 이조(吏曹)에 속하였는데, 상서는 또한 선부(選部)라고 하였다.

漢制, 郡縣守相之高第者, 然後爲二千石; 二千石之有治行者, 然後爲九卿; 九卿之稱職者, 然後爲御史大夫. 然張釋之十年不得調, 揚雄三世不徙官, 蓋未有資格之拘也. 至成帝建始四年, 始置常侍曹尙書一人主公卿·二千石曹尙書一人掌郡國, 而選曹之制遂始於此. 東漢之制, 選擧於郡國屬功曹, 於公府屬東西曹, 於天台屬吏曹, 尙書亦曰選部.

---

5 장석지(張釋之)는 … 못하였고: 장석지는 한 문제(漢文帝)를 섬긴 지 10년이 되도록 선임되지 못하였다. 송기(宋祁)는 〈백관공경표(百官公卿表)〉에 한 문제 3년에 장석지가 정위(廷尉)가 되었다는 기록이 있는 것으로 보아 열전의 기록이 잘못이라고 하였다. 《한서(漢書)》 권50 〈장석지전(張釋之傳)〉.

6 양웅(揚雄)은 … 못하였으니: 왕망(王莽)과 동현(董賢)이 인사권을 가지고 발탁할 때도 양웅은 3년 동안 관직을 옮기지 못하였다. 《한서(漢書)》 권87 하(下) 〈양웅전(揚雄傳)〉.

신은 이렇게 생각합니다. 양한(兩漢) 시대 전선법(銓選法)은 대략이 이와 같습니다. 이 시대에는 아직 자격이 없었습니다.

臣按: 兩漢銓選之法大要如此, 是時猶未有資格也.

북조(北朝) 위(魏)나라 최량(崔亮)이 이부시랑(吏部侍郎)이 된 뒤 상주하여 격제(格制)를 만들었는데, 현우(賢愚)를 묻지 않고 오로지 정해(停解)[7]의 기간으로 판단하였다. 설숙(薛琡)이 상언하기를 "백성들의 운명이 장리(長吏)에게 달렸는데, 만일 근무 연수만 가지고 유능한지 아닌지 분간하지 않은 채 날아가는 기러기 떼와 똑같이 취급하면서 물고기 꿰듯 순서를 정해 놓은 뒤 장부를 들고 이름을 부르는 것은 서리 한 사람이면 충분하니, 어떻게 전형(銓衡)이라고 할 수 있겠습니까?"라고 하였다.[8] 상주한 글이 황제에게 보고되지 못하고, 위나라가 인재를 잃은 것이 최량에서부터 시작되었다.

北朝魏崔亮爲吏部侍郎, 乃奏爲格制, 不問賢愚, 專以停解日月爲斷. 薛琡上言: "黎元之命係於長吏, 若取年勞, 不簡賢否, 義均行雁, 次若貫魚, 執簿呼名, 一吏足矣, 何謂銓衡?" 書奏不報, 魏之失人自亮始.

---

7 정해(停解): 정관(停官)과 해직(解職)으로, 관직에 머무르고 해직되는 것을 말한다. 결국 근무 시간, 근무 연한과 같은 말이다.

8 설숙(薛琡)이 … 하였다: 최량이 근무 연수만 따져서 녹용(錄用)하는 제도를 '정년격(停年格)'이라고 한다. 설숙의 비판은 《북제서(北齊書)》 권26 〈설숙열전(薛琡列傳)〉에 나온다.

호인(胡寅)이 말하였다. "성명(聖明)한 제왕이 하늘을 대신하여 만물을 다스리니, 현명한 인재를 구하여 맡기는 것보다 급한 일이 없다. 지금 관문을 지키는 자는 반드시 때맞춰 성문을 열고 닫으며 순찰을 도는 자는 반드시 절차에 따라 밤과 새벽에 근무를 선다. 위리(委吏)가 되어 회계를 제대로 하지 않으면 축적에 결함이 생기고, 승전(乘田)이 되어 소와 양을 번식시키지 못하면 목장 운영에 결함이 생긴다. 이 모두 잡다한 업무지만 오히려 적당한 능력을 가진 사람이 아니면 맡길 수 없다. 둘레가 백 리가 되면 현(縣)이 되고 현에는 영(令)이 있으며, 둘레가 수백 리가 되면 주(州)가 되고 주에는 수(守)가 있는데, 통치하는 백성이 얼마나 많고 다스리는 일이 얼마나 많은데, 그 임무를 감당할 자를 선택하지 않고 연공서열에 맡기고 말았다.

천하에 선한 사람은 적고 선하지 않은 사람은 많으며, 재능 있는 사람은 얼마 없고 재주 없는 사람이 대부분인데, 재능 여부를 묻지 않고 오로지 근무한 기간으로 판단한다면, 현명하고 능력 있는 사람과 용렬하고 간흉한 자가 서로 관직에 오르내리며 모이게 되어, 현명하고 능력 있는 사람은 열에 하나 정도만 남고 나머지 열에 아홉은 모두 백성들의 해충이 될 것이다.

최량이 정년격(停年格)을 제도화한 뒤 후세에 이어 상규로 삼고, 명군(明君)과 석보(碩輔) 또한 많았는데도 결국 개혁하지 못하였으니, 이유가 무엇인가? 아마 이렇게 생각한 듯하다. 사람에게 맡기면 사심이 쉽게 개입하고, 법에 맡기면 쉽게 공정성을 확보할 수 있으며, 인재는 늘 얻을 수 없으므로 한결같이 법에 맡기는 것이 오히려 낫다는 것이다.

이와 같이 하는 것이 좋다면, 이부(吏部) 한 관청에 굳이 상서(尙書)와 소재(小宰) 및 여러 낭리(郎吏)를 둘 것 없이, 단지 설숙의 말처럼 서리에게 위임하고 장부대로 이름을 불러 고기를 꿰듯이 진출시킨들 무슨 문제가 있겠는가. 그러므로 훌륭하게 천하를 다스리는 자는 관직을 두되 오직 현자에게 맡기고 직사를 두되 능력 있는 자에게 맡기며, 이어서 신상필벌(信賞必罰)한다면 태평성대를 앉아서 이룰 것이다."

胡寅曰: "聖帝明王代天理物, 莫急於求賢才而任使之. 今夫抱關者啓閉必以時, 擊柝者晨夕必有節. 爲委吏而會計不當, 則蓄積缺矣; 爲乘田而牛羊不息, 則芻牧缺矣. 是皆小役細務, 猶不可任非其才, 若夫環百里而爲縣, 縣有令; 環數百里而爲州, 州有守, 所統凡幾民·所治凡幾事, 乃不選擇勝其任者畀之, 而付諸年格. 夫天下之善人少·不善人多, 才者無幾·不才者皆是也, 不問其才, 專以停解日月爲斷, 是賢能·庸繆·奸凶之人相爲升降, 以率會之, 賢能不能十一, 其九皆民之蠹也. 自崔亮制年格, 後世襲以爲常, 更明君·碩輔亦衆矣, 而終莫之改, 何也? 其意以謂任人則易以私, 任法則易以公, 人不常得, 不若一付之法猶爲善也. 審如是而善, 則吏部一司不必置尙書·小宰及諸郎吏, 第如薛琡之言, 委之胥吏, 按籍呼名, 魚貫而進, 何不可之有? 故善爲天下者建官惟賢·位事惟能, 而從以信賞必罰, 則太平可坐而致也."

신은 이렇게 생각합니다. 자격(資格)이라는 말은 최량에게서 시작되었는데, 역사가는 "위나라가 인재를 잃은 것이 최량에서부터 시작되었다"고 했습니다. 아! 최량이 이 정년격을 만듦으로써 어찌 단지 위나라만 인재를 잃었겠습니까. 정년격이 생긴 이래 대대로 이 법을 채용함으로써 군자는 불행하게도 쓸만한 재능을 펼치지 못하고, 소인은 불행하게도 지치(至治)의 은택을 입을 수 없게 되었으니, 이 모두 최량이 인형을 만든 잘못[9]입니다. 호인의 말은 더할 나위 없이 명백하니, 인재를 구하여 지치를 이루고자 뜻을 세운 자는 여전히 이를 거울로 삼아야 할 것입니다.

臣按: 資格之說始於崔亮, 史謂 "魏之失才自亮始." 嗚呼! 亮爲此格豈但魏之失人哉? 自有此格以來世世用之, 使其君子不幸, 而不得以展其有用之才; 其小人不幸, 而不得以蒙夫至治之澤, 是皆亮作俑之尤也. 胡寅之言明白詳盡, 有志於求才致治者, 尙鑒茲哉!

당(唐)나라 때 문관의 선발은 이부(吏部)에서 주관하고, 무관의 선발은 병부(兵部)에서 주관하였다. 모두 삼전(三銓)의 법이 있었는데, 상서는 그 하나를 주관하여 상서전(尙書銓)으로 삼았고, 시랑의 경우는 그 둘을 나누어 중전(中銓), 동전(東銓)이라고 하였다. 인재를 선택하는 법에는 네 가지가 있었다. 첫째는 몸[身]으로, 그 사람의 몸집의 풍모를 보는 것이다. 둘째는 말[言]로, 언변의 명확성을 취하는 것이다. 셋째는 글씨[書]로, 해법(楷法)[10]의 아름다움을 보는 것이다. 넷째는 판(判)으로, 이해 능력[文理]의 우

---

9 인형을 만든 잘못: 좋지 못한 선례를 만들었다는 말이다. '용(俑)'은 장사(葬事)에 쓰는 나무로 만든 허수아비로, 《맹자》 〈양혜왕 상(梁惠王上)〉에 "중니(仲尼)께서 말씀하시기를 '처음으로 용을 만든 자는 아마 후손이 없을 것이다.'라고 하였으니, 이는 사람을 형상하여 장례에 사용하였기 때문이다.[仲尼曰: "始作俑者, 其無後乎!" 爲其象人而用之也.]"라고 하였다.

10 해법(楷法): 글씨의 서체(書體)의 하나로, 해서(楷書)로 쓰는 것이다. 한(漢)나라 건국 초기에

수함을 취하는 것이다. 네 가지를 모두 취할 만하면 먼저 덕행을 보고, 덕이 같으면 재능으로 보면, 재능이 같으면 노력으로 판단하여, 5품 이상은 시험을 치지 않고, 6품 이하만 비로소 모아 글씨와 판을 시험 보았고, 시험 본 뒤에 몸과 말을 전형하여 살폈다.

唐文選則吏部主之, 武選則兵部主之. 皆爲三銓之法, 在尙書則典其一爲尙書銓, 在侍郎則分其二爲中銓·東銓. 其擇人之法有四, 一曰身, 取其體貌豐偉; 二曰言, 取其言辭辯正; 三曰書, 取其楷法遒美; 四曰判, 取其文理優長. 四者皆可取則先德行, 德均以才, 才均以勞, 五品以上不試, 六品以下始集而試觀其書·判, 已試而銓察其身·言.

신은 이렇게 생각합니다. 당나라 전선법은 신언서판(身言書判)[11]으로 인재를 선택하였는데, 네 가지 중 오직 판이 절실하게 이용되었습니다. 이는 사정에 밝고 법률을 잘 이해하며 시비를 분명히 판단하고 숨겨진 진실을 드러내지 않으면 할 수 없고, 단지 변려문을 쓰는 데 구애되고 맙니다. 몸에 반드시 풍모를 취하고, 말에 반드시 언변의 명확성을 보게 되면, 안영(晏嬰)은 용모로 떨치지 못했고[12] 배도(裴度)의

왕차중(王次仲)이란 사람이 처음으로 예자(隸字)를 가지고 해법(楷法)을 만들었다고 한다.

11 신언서판(身言書判): 《당서(唐書)》 〈선거지(選擧志)〉에 나오는데, 신수·말씨·문필·판단력으로 번역하기도 한다.

12 안영(晏嬰)은 … 못했고: 춘추 시대 제 경공(齊景公) 때의 명재상인 안영은 키가 매우 작았다고 한다. 《사기(史記)》 권62 〈안평중열전(晏平仲列傳)〉에 "안영은 키가 6척이 채 못 되지만, 몸은 제나라의 재상이 되었고, 이름은 제후 사이에 드러났다." 하였다.

체형은 작았으며,[13] 주창(周昌)은 말을 더듬었고,[14] 등애(鄧艾)는 말을 떼지 못했으니[15] 모두 버려졌을 것입니다. 비록 공자 같은 성인도 오히려 "말로 사람을 취하다가 재여(宰予)에게서 실수를 했고, 용모로 사람을 취하다가 자우(子羽)에게서 실수를 했다" 고 하였으니,[16] 하물며 전형을 맡고 있는 사람들이 모두 평범한 재능을 가진 사람들일 경우이겠습니까.

臣按: 唐銓選以身·言·書·判擇人, 四者之中惟判爲切用, 蓋非通曉事情·諳練法律·明辨是非·發擿隱伏, 不能爲也, 但其用騈儷語爲拘耳. 若其於身必取其豐偉·於言必取其辯正, 則晏嬰之貌不揚·裴度之形短小·周昌之期期·鄧艾之口吃, 皆在所棄矣. 雖以孔子之聖, 猶謂 "以言取人失之宰予, 以貌取人失之子羽," 況掌銓衡者, 皆中人之才哉?

---

13 배도(裴度)의 … 작았으며: 《구당서(舊唐書)》 권170 〈배도전(裴度傳)〉에 나온다.

14 주창(周昌)은 … 더듬었고: 주창은 한(漢)나라 패읍(沛邑) 사람이다. 고조(高祖)를 따라 진(秦)을 격파하고 또 항우(項羽)를 치는 데 공이 있어 분음후(汾陰侯)에 봉해졌다. 본래 말을 더듬었으나 바른말을 잘했는데, 고조가 태자(太子)를 폐하려고 하자 크게 화를 내며 면전에서 강력하게 반대하였다. 《한서(漢書)》 권42 〈주창전(周昌傳)〉.

15 등애(鄧艾)는 … 못했으니: 등애는 삼국 시대 위(魏)나라 장군으로 촉한(蜀漢)을 정벌하여 평정하였다. 그는 말을 떼지 못하면서 '애애(艾艾)'라고 몇 번씩 반복하곤 하였는데, 진 문왕(晉文王) 사마소(司馬昭)가 "경은 애애라고 하니, 애가 과연 몇이나 되는가.[卿云艾艾, 定是幾艾?]" 라고 놀리니, 등애가 "'봉이여 봉이여.'라고 반복하지만, 원래 하나의 봉일 뿐입니다.[鳳兮鳳兮, 故是一鳳.]"라고 하였다. 《세설신어(世說新語)》 〈언어(言語)〉.

16 공자 … 하였으니: 자우(子羽)는 공자의 제자 담대멸명(澹臺滅明)의 자(字)이다. 얼굴이 매우 못생겨서 공자에게 사사(師事)하려 하자 공자는 재주가 없으리라고 여겼다. 수업한 뒤로는 물러가 행실을 닦아 지름길로 다니지 않고 공사가 아니면 경대부(卿大夫)를 만나 보지 않았다. 뒤에 공자가 "내가 말로 사람을 취하다가 재여에게서 실수를 했고, 용모로 사람을 취하다가 자우에게서 실수했다."라고 하였다. 《사기》 권67 〈중니제자열전(仲尼弟子列傳)〉.

당나라 제도에, 서관(庶官) 5품 이상은 제칙(制敕)으로 임명하고, 6품 이하는 모두 지수(旨授)하였다.

唐制, 庶官五品以上制敕命之, 六品以下則並旨授.

신은 이렇게 생각합니다. 제칙으로 임명하는 경우는, 대개 재상이 상의하여 가하다고 아뢰고 제배합니다. 지수란 대개 이부(吏部)에서 재능을 전형하여 관직을 준 연후에 상언하며, 다만 황제의 조지(詔旨)는 이부에서 보고하면 따라야지 거부할 수 없습니다. 지금 제도는 4품 이상 및 수도에 있는 당상 5품관, 지방에 있는 방면관(方面官) 모두 관직과 이름을 갖추어 황제의 결재를 받고, 5품 이사 및 지방에 있는 4품으로 방면관이 아닌 자는 먼저 그 직임을 정한 연후에 보고하니, 또한 당나라 제도와 같습니다.

臣按: 制敕所命者, 蓋宰相商議奏可, 而除拜之也. 旨授者, 蓋吏部銓材授職, 然後上言, 詔旨但畫聞以從之, 而不可否者也. 今制四品以上及在京堂上五品官·在外方面官, 皆具職名取自上裁, 五品以下及在外四品非方面者, 則先定其職任, 然後奏聞, 亦唐制也.

장구령(張九齡)[17]이 현종(玄宗)에게 말하기를, "옛날에는 자사(刺史)가 조

17 장구령(張九齡, 678~740): 자는 자수(子壽)이고, 소주(韶州)의 곡강(曲江) 사람이다. 당나라 현종

정에 들어와 삼공(三公)이 되었고, 낭관(郎官)이 지방에 나가 백 리 지역의 수령이 되었는데, 지금은 조정의 사(士)가 들어와서는 지방에 나가지 않으니 아마 사사로운 계책에 매우 만족해서일 것입니다. 신의 어리석은 생각으로는, 다스리고자 할 때 근본은 수령보다 중요한 자리가 없기 때문에 의당 등급에 따라 그 자격을 정해야 합니다. 무릇 도독(都督)과 자사를 역임하지 않은 사람은 시랑(侍郎)과 열경(列卿)에 임명하지 말고, 현령을 역임하지 않으면 아무리 훌륭한 정치를 했더라도 태랑(台郎), 급사(給舍)에 임명하지 않으며, 도독과 수령은 아무리 멀어도 10년 동안 지방관에 두지 말아야 합니다."라고 하였다.

張九齡言於玄宗曰: "古者刺史入爲三公, 郎官出宰百里, 今朝廷士入而不出, 其於私計甚自得也. 臣愚謂欲治之本莫若重守令, 宜逐科定其資. 凡不曆都督·刺史, 不得任侍郎·列卿; 不曆縣令, 雖有善政, 不得任台郎·給·舍; 都督·守令, 雖遠者, 使無十年任外."

신은 이렇게 생각합니다. 천하의 형세는 내외가 있으니, 반드시 상급의 인재가 내외의 형세를 고르게 하고 균형을 잡아 편중하지 않게 해야 합니다. 지방에서 정치의 성과가 있으면 내직으로 발탁하고, 조

때 집현전 학사가 되고, 뒤에 중서시랑(中書侍郎)을 지냈다. 현종 개원(開元) 21년(733)에 중서령에서 우승상이 되었으나, 24년(736)에 극언(極言)으로 직간하다가 이임보(李林甫)의 모략으로 물러나 형주 장사(荊州長史)로 좌천되었다. 현종의 생일인 천추절에 역대 정치의 잘잘못을 적어서 후대의 거울로 삼도록 한 《천추금감록(千秋金鑑錄)》을 지어 바친 일이 유명하다. 《신당서(新唐書)》 권126 〈장구령열전(張九齡列傳)〉.

정에서 실적이 있으면 외임으로 발탁해야 합니다. 이렇게 하면 내외가 고루 다스려질 것입니다.

臣按: 天下之勢有內外, 要必上之人均其內外之勢, 而中持衡焉, 使不至於偏重, 外有治效擢之內職, 內有實績擢之外任, 如是則內外均矣.

현종이 이부의 전형이 공정하지 않다고 의심하자, 어사중승 우문융(宇文融)이 이부를 나누어 10전(銓)으로 하고, 예부상서 최정(崔頲) 등 10명에게 관장하도록 은밀히 청하였다. 시판(試判)이 장차 끝나 갈 때 궁궐로 불러들여 결정했는데, 이부상서와 시랑은 모두 참석하지 못하였다. 오긍(吳兢)[18]이 표를 올려 말하기를, "폐하께서 참언(讒言)을 잘못 받아들여 유사(有司)를 믿지 않으시니, 윗자리에 있으면서 신하를 다스릴 때 성의를 확장하여 사물을 감동시키는 도리가 아닙니다. 옛날 진평(陳平)과 병길(丙吉)은 한(漢)나라의 재상이면서도 전곡(錢穀)의 숫자를 대답하지 않았고 다투다 죽은 사람을 묻지 않았는데, 하물며 대당(大唐)의 황제께서 어찌 낮은 신하나 하는 전선(銓選) 같은 일을 하실 수 있겠습니까."라고 하였다.

---

18 오긍(吳兢, 670~749): 하남(河南) 개봉(開封) 사람으로, 경학과 사학에 밝았다. 무주(武周) 때 사관(史官)이 되어 실록 편찬에 참여했고 직서(直書)로 알려져 '동호(董狐)'라는 칭찬을 들었다. 당 중종과 현종 때 간의대부(諫議大夫) 겸 수문관 학사(修文館學士)를 지냈다. 《무측천실록(武則天實錄)》《예종실록(睿宗實錄)》《중종실록(中宗實錄)》 편찬에 참여했으며, 당 태종 시대의 사실 중 귀감이 될 만한 사건을 추린 《정관정요(貞觀政要)》를 편찬했다. 《당서(唐書)》 권132 〈오긍열전(吳兢列傳)〉.

玄宗疑吏部銓試不公, 御史中丞宇文融密請分吏部爲十銓, 以禮部尙書崔頲等十人掌之, 試判將畢, 召入禁中決定, 吏部尙書·侍郞皆不得預. 吳兢表以爲, "陛下曲受讒言, 不信有司, 非居上臨人推誠感物之道. 昔陳平·丙吉, 漢之宰相, 尙不對錢穀之數, 不問鬥死之人, 況大唐萬乘之君, 豈得下行銓選之事乎?"

신은 이렇게 생각합니다. 임금은 임금의 직분이 있고, 신하는 신하의 직분이 있습니다. 임금의 직분은 인재를 임용하는 데 있고, 신하의 직분은 직사를 맡는 데 있습니다. 임금이 인재를 임용하지 않고 스스로 맡으면 이는 임금이 신하의 직분을 수행하는 것입니다. 임금이 신하의 직분을 수행하면 이는 몸은 하나인데 백관(百官)의 일을 대신하게 되는 것이고, 힘이 미치지 못하는 데가 있게 되고 사려가 미치지 못하는 데가 생기며 시간이 모자라는 일도 있습니다. 결국 본래 한 사람의 간신을 방지하려고 하다가 백 사람의 간신을 키우게 되고, 한 가지 일이 잘못될까 우려하다가 결국 백 가지 폐단을 초래합니다.

이런 까닭에 임금이 정치를 할 때 한 가지 일이 있으면 하나의 관직을 설치하고, 한 명의 관원을 임용하면 한 가지 일을 맡기고, 조(曹)를 나누고 국(局)을 달리하여 위임한 뒤 임무를 완수하도록 합니다. 대개 전적으로 맡기게 되면 다른 직무에 마음을 분산시키지 않고, 간절하게 책임을 지우면 마음을 구차하게 쓰지 않을 것입니다. 임금이 맑은 마음으로 위에서 비추어 보고 또 공정하게 지지하고 믿음을 가지고 지켜 주어야 합니다. 그리하여 일은 다스려지지 않는 것이 없고 공적은 이루어지지 않는 것이 없게 됩니다.

모든 일이 이렇지 않은 것이 없는데, 하물며 현명한 인재를 구하고 적당한 관원을 찾는 것이 더욱이 정치를 하는 핵심 과제인데, 어떻게 남의 말을 믿고 자신의 사사로운 측근을 임용하고는 유사에게 책임을 지우지 않을 수 있겠습니까. 당 현종은 인사권을 열 사람에게 나누어 맡기고, 자기 한 사람이 전적으로 총괄함으로써 유사를 믿고 쓰지 않았으므로, 오긍이 "성의를 확장하여 사물을 감동시키는 도리가 아니다"라고 하였거니와, 신도 임금으로서 신하를 임용하는 법도가 아니라고 생각합니다.

臣按: 君有君之職, 臣有臣之職, 君之職在乎任人, 臣之職在乎任事. 君不任人而自任, 則是君行臣職矣, 君行臣職, 則是以一身而代百工之事, 力有所不及, 慮有所不周, 日力有所不給. 本欲以防一人之奸, 而適足以長百奸; 本欲以虞一事之廢, 而適足以致百廢. 是故人君爲治, 有一事則設一官, 用一官則司一事, 分曹而異局, 委任以責成. 蓋以任之也專, 則其志不分於他務; 責之也切, 則其心不敢以苟且. 人君淸心於上以照之, 而又持之以公·守之以信, 是以事無不治, 而功無不成. 凡事莫不皆然, 而況夫求賢審官, 尤出治之要務, 烏可信人言任己私, 而不責成於有司哉? 唐玄宗乃以銓法散任於十人, 專任乎一己, 而不信用有司, 吳兢謂 "非推誠感物之道," 臣亦謂非爲君任人之法也.

개원(開元) 18년(730), 배광정(裴光庭)[19]이 이부상서가 되어 처음 순자격(循資格)을 만들었는데, 현우(賢愚)가 하나의 기준으로 반드시 자격과 맞아야만 인사에서 제수를 받을 수 있었고 연도 제한이나 직급 승진은 건너뛸 수 없었다. 이에 오래 적체되어 관직이 없는 자들은 모두 편리하다고 하면서 '성서(聖書)'라고 불렀다. 송경(宋璟)[20]이 쟁론하였으나 어쩔 수 없었다.

배광정이 죽자, 소숭(蕭嵩)은 인재를 구하는 방도가 아니라고 생각하고 파하기를 상주하였다. 조칙에 이르기를, "사람이 30세에 과거에 나와 40세에야 관직을 얻는데, 다시 순자격을 만들어 세세히 차이를 두니, 새로운 자격법을 따르면 60세가 되어도 위(尉) 자리 하나도 벗어날 수가 없다. 지금부터 탁월한 재주나 높은 행실을 가진 사람은 차례 없이 발탁하라."라고 하였다. 그러나 제도는 있으나 시행된 사실이 없어 유사는 문서 규정만 지키면서 이전대로 순자격의 규례만 따랐다.

開元十八年, 裴光庭爲吏部尙書, 始作循資格, 而賢愚一槪, 必與格合乃得銓授, 限年躡級不得逾越. 於是久淹不收者皆便之, 謂之"聖書," 宋璟爭之不能得. 及光庭卒, 蕭嵩以爲非求才之方, 奏罷之. 詔曰: "人年三十而出身,

---

19 배광정(裴光庭, 676~733): 당나라 현종(玄宗) 때 이부상서를 지낸 인물이다. 그의 아버지 배행검(裴行儉)에 이어 인사 행정을 맡아 많은 개혁을 하였는데, 그중 하나가 순자격(循資格)이다. 《신당서(新唐書)》 권45 〈선거지 하(選擧志下)〉.

20 송경(宋璟, 663~737): 당나라 형주(邢州) 남화(南和) 사람이다. 문장에 뛰어나 측천무후가 정권을 휘두를 때 누차 좌대어사중승(左台御使中丞)에 임명되었는데, 강직한 관리로서 측천무후의 신임을 받았다. 예종 복위 후에 폐단을 혁파하고 인재를 등용하는 과정에서 태평공주(太平公主)의 미움을 받아 초주 자사(楚州刺史)로 좌천되었다. 현종 개원 초년에 다시 형부 상서에 임명되었다. 개원 4년에 요숭을 이어 재상이 되어 요숭과 함께 개원의 현상(賢相)으로 일컬어진다. 시호는 문정(文貞)이다. 《신당서(新唐書)》 권124 〈요숭송경열전(姚崇宋璟列傳)〉.

四十乃得從事, 更造格以方寸爲差, 若循新格則六十未離一尉, 自今有異才高行聽擢不次." 然有其制, 而無其事, 有司守文奉式循資例如故.

신은 이렇게 생각합니다. 한(漢)나라 동중서(董仲舒)는 대책(對策)에서 이미, "옛날에 말한 공(功)은 '관직에 임명한 사람이 관직에 어울리는가'로 차이를 두었지, 얼마나 관직에 오래 있었느냐를 말하는 것이 아니다."라고 했습니다.[21] 그러니 연로(年勞)에 대한 이야기는 한나라 때 이미 있었지만 그것을 인재 등용 방법으로 삼지는 않았습니다. 후위(後魏)의 최량(崔亮), 당나라의 배광정(唐裴光庭)에 이르러 비로소 오로지 이를 기준으로 법을 만들었습니다. 그 법은 일괄 맡기고 마음을 두지 않아, 오직 문서의 기록만을 고찰하고 시기의 선후를 근거로 삼았으니, 이른바 인물을 전형한다는 것은 단지 빈이름뿐이었습니다.

송(宋)나라 사람들의 말이 있습니다. 현명한 인재가 아래 자리에서 엎드려 있는 것은 자격에 구애되기 때문이고, 직업이 위에서 폐해지는 것은 자격이 가져온 폐해라고 했습니다. 사(士)가 염치가 적은 것은 자격을 다투기 때문이고, 백성이 폭정과 포학에 고생하는 것은 자격으로 승진한 사람이 많기 때문이라고 합니다. 만사가 피폐해지는 원인, 백관이 해이해지는 원인, 법제가 퇴폐해지는 원인을 구제하지 않는 것은 모두 자격법의 잘못입니다.

---

21 동중서(董仲舒)는 … 했습니다: 전한(前漢) 동중서(기원전 179~기원전 104)가 무제(武帝) 즉위 초에 올린 〈현량대책문(賢良對策文)〉에 나온다. 《한서(漢書)》 권56 〈동중서전(董仲舒傳)〉.

臣按: 漢董仲舒對策已謂 "古之所謂功者, 以任官稱職爲差, 非謂積日累久也", 則年勞之說, 漢已有之, 而未以爲用人之法. 至後魏崔亮·唐裴光庭始專以此立法. 其爲法也一付之無心, 惟文移簿籍是稽, 歲月先後是據, 所謂銓量人物者, 徒建空名而已. 宋人有言, 賢才伏於下者, 資格礙之也; 職業廢於上者, 資格率之也. 士之寡廉鮮恥者, 爭於資格也; 民之困於暴政虐令者, 資格之人衆也. 萬事之所以刓弊, 百吏之所以廢弛, 法製之所以頹壞, 而不救者, 皆資格之失也.

덕종 때, 협률랑(協律郎) 심기제(沈既濟)[22]가 황제에게 말하기를, "근세 작록(爵祿)의 잘못은 네 가지 지나친 점에 있습니다. 입사(入仕)의 문호가 너무 많고, 세주[世冑: 세가(世家)] 가문을 너무 우대하며, 녹리(祿利)의 밀천이 너무 후하고, 책임 지우는 명이 너무 가볍습니다. 신은 녹리를 가볍게 하고, 책임을 무겁게 해야 한다고 생각합니다.

고금의 선발 방법에는 과목이 세 가지 있었는데, 덕(德)과 재능[才], 그리고 노고[勞]였습니다. 지금 이부(吏部)의 법령에 비록 '덕을 헤아려 임용하고, 재주를 헤아려 관직을 주며, 노고를 계산하여 승진시킨다'고 했지만, 고과를 매기는 법은 모두 문서에 기록된 경력과 언사가 오르내리는 사이

---

22 심기제(沈既濟, 750?~800?): 《임씨전(任氏傳)》, 《침중기(枕中記)》의 저자로 알려진 중국 중당(中唐)의 전기 작가 겸 역사가이다. 특히 《침중기》는 당대 전기 소설 대표작이다. 덕종(德宗) 때, 재상(宰相) 양염(楊炎)의 추천으로 사관(史官)이 되었고, 781년에 양염이 실각하자 절강성(浙江省) 여수(麗水)의 사호참군(司戶參軍)으로 좌천되었다. 훗날 중앙에 돌아와 이부 원외랑(吏部員外郎)에 이르렀다. 《자치통감(資治通鑑)》 권225 〈당기(唐記)〉 42.

에 달려 있고, 시랑(侍郞)이 신통하지 않으면 알 수가 없으니, 편안한 행동과 느린 말씨는 덕이 되지 않고, 고매한 문장과 잘 쓴 글씨는 재주가 되지 않으며, 누적된 자급과 성적은 노고가 되지 않으니, 진실로 잡고 놓치지 않으려고 해도 오히려 인재를 얻지 못하는데 하물며 수없이 많은 사람들이 있고 이목이 부족한 경우이겠습니까. 감식안이 밝지 않고 선택이 정밀하지 않은 것은 법이 그렇게 만든 것입니다.

임금은 시세의 변화를 보고 법을 제정하고 시대를 살펴 정책을 세웁니다. 이전 시대의 인재 선발은 모두 주부(州府)에서 살펴 천거하였는데, 제(齊)나라, 수(隋)나라 때 서치(署置: 관리 임명)가 대부분 청탁을 통해 이루어졌기 때문에 당시 논의하던 사람들이 '사사로움을 따르느니 스스로 천거하는 것이 낫고, 밖으로 넘쳐나느니 안에서 거두는 것이 낫다'고 했습니다. 그래서 주부(州府)의 권한을 파하고 이부에 귀속시켰는데, 이는 당시 폐해를 바로잡는 임시 법이지 나라를 경영하는 영원한 법이 아닙니다.

신은 청하건대, 5품 이상 및 관청의 장관은 재신(宰臣)이 승진시키거나 서용하되 이부와 병부가 참여할 수 있게 하시고, 6품 이하는 요좌(僚佐)의 경우에는 주부에서 임용하면, 전형의 임무는 사방에 위임되고 결주(結奏)의 완성은 두 부(部)에 귀일될 것입니다. 먼저 수령을 선택한 뒤에 그 권한을 주고, 고위 관직은 먼저 서용한 뒤 보고하고, 낮은 관직은 판단력[版]을 듣되 황제의 명이 없어도 되게 하십시오. 수령이나 장수의 선발이 공정하지 않으면 이부와 병부에서 살펴서 천거하고, 성상께서 밝은 눈과 총명으로 멀리 보고 들어서, 사사로운 처사를 벌 주십시오. 감히 신중하게 천거하지 않는 자는, 작은 사안은 꾸짖어 내보내고, 큰 사안은 형전(刑典)으로 바로잡는다면, 책임 완수와 관직 임용에 누가 감히 힘쓰지 않겠습니까"라고 하였다.

德宗時, 協律郎沈旣濟言於其君曰: "近世爵祿, 其失有四太, 入仕之門太多·世冑之家太優·祿利之資太厚·督責之令太薄. 臣以爲當輕其祿利, 重其督責. 夫古今選用之法, 其科有三, 曰德也·才也·勞也. 今吏部甲令雖曰度德居任·量才受職·計勞升敘, 然考校之法皆在書判簿曆·言辭俯仰之閒, 侍郎非通神不可得而知, 則安行徐言非德也, 空文善書非才也, 累資積考非勞也. 苟執不失猶乖得人, 況衆流茫茫, 耳目有不足者乎? 蓋非鑒之不明·擇之不精, 法使然也. 王者觀變以制法, 察時而立政. 前代選用皆州府察擧, 至於齊·隋署置多由請托, 故當時議者以爲與其率私不若自擧, 與其外濫不若內收, 是以罷州府之權, 而歸於吏部, 此矯時懲弊之權法, 非經國不刊之常典. 臣請五品以上及群司長官, 宰臣進敘, 吏部·兵部得參議焉; 六品以下, 或僚佐之屬聽州府辟用, 則銓擇之任委於四方, 結奏之成歸於二部. 必先擇牧守然後授其權, 高者先署而後聞, 卑者聽版而不命. 其牧守將帥或選用非公, 則吏部·兵部得察而擧之, 聖主明目達聰逖聽遐視, 罪其私冒, 不慎擧者, 小加譴黜, 大正刑典, 責成授任, 誰敢不勉?"

호인(胡寅)이 말하였다. "전선(銓選)에서 연한에 따른 자격의 폐단은 천하를 다스리는 데 뜻이 있는 사람이라면 마땅히 개혁하여 시행해서는 안 되는 것인데, 어찌 모두 지혜가 못 미치는 것인가. 이는 자신이 사사로움이 없을 수 없고 남도 공정할 수 없다고 짐작하고, 스스로 인재를 알아볼 수 없고 남도 인재를 알아볼 수 없다고 생각하기 때문에, 차라리 기성 법령에 맡겨 열 명을 뽑아 다섯 명이라도 얻고자 생각하기 때문이다.

만일 모두 개혁할 수 없다면, 심기재(沈既濟)의 의견 또한 심각한 폐단을 구제할 수 있다. 이부(吏部)로 하여금 문서를 살피고 성법을 지켜 인재의 현부에 대해서는 하나도 간여하지 못하게 하고, 중대한 관직은 재신(宰臣)에게 맡겨 임용하거나 승진시키고 아래 관직은 주부(州府)의 천거를 따르되, 천거가 사사로움을 따르고 적절하지 않을 경우 이부가 살피고 어사(御史)가 안핵한다면, 어찌 인재를 얻지 못할 걱정이 있겠는가.

그렇지만 세상에는 개혁하지 못할 폐단은 없으니, 주(周)나라와 한(漢)나라의 훌륭한 법도 최량과 배광정이 하루아침에 폐지하였으니, 최량과 배광정이 만든 법이라고 어찌 고치기 어려울 리가 있겠는가. 정치는 사람에게 달려 있으니, 사람이 있으면 정치는 거행되게 마련이다. 그 근본은 임금이 백성을 사랑하는 마음을 가지고 있느냐 없느냐에 달려 있을 뿐이다."

胡寅曰: "銓選年格之弊, 有志於治天下者, 莫不以爲當革, 而莫有行之者, 豈皆智之不及歟? 蓋以自不能無私, 而度人之不能公也; 自以不能知人, 而度人之亦不能知人也, 故寧付之成法, 猶意乎拔十得五而已. 縱未可盡革, 如沈既濟之論亦可救其甚弊, 俾吏部守按籍成法, 人才之賢否一不預焉. 大則委宰臣敘進, 下則聽州府辟擧, 其徇私不稱則吏部覺察·御史按劾, 豈有不得人之患哉? 雖然, 世無不可革之弊, 以周·漢良法, 崔亮·裴光庭一朝而廢之, 則崔亮·裴光庭所建, 何難改之有? 爲政在人, 人存則政擧矣. 其本則係乎人君有愛民之意與否耳."

육지(陸贄)[23]가 그의 임금【덕종이다.】에게 말하였다. "치도(治道)의 급선무는 인재를 얻는 데 있으나, 인재를 알아보기 어려움은 성철(聖哲)도 병통으로 여겼습니다.[24] 그 말을 듣다 보면 그 행실을 보장할 수 없고, 그 행실을 찾다 보면 혹 재능 있는 사람을 버려두게 됩니다. 근무 성적을 비교하게 되면 교묘하게 허위로 꾸미는 사람들이 번성하게 되는 한편 단정한 사람들이 드물게 진출하고, 화려한 명성을 따르게 되면 이름만 좇는 경쟁이 더욱 조장되어 아주 물러나고자 하는 사(士)들이 이기기 어렵습니다.

평소 아는 친한 관계거나 본말을 상세히 아는 것이 아니므로, 뜻과 행실을 탐지하고 기국과 능력을 조사한 뒤에 도를 지키며 쓰임새를 감추고 있는 사람을 알아볼 수 있고, 이름을 팔고 용모만 꾸미는 자의 거짓을 용납하지 않게 됩니다. 그러므로 이전 시대 향리 천거법(鄕里薦擧法)과 장리 벽거제(長吏辟擧制)가 있어서, 경력을 밝히고 널리 시험하며 증거가 되는 행실을 널리 구하여 벼슬만 좇는 행태를 종식시킬 수 있었습니다.

옛날 주(周)나라는 백경(伯冏)을 태복(太僕)으로 삼고 명하기를, "너의 신료를 삼가 선발하되, 말을 잘하고 얼굴빛을 좋게 하며 편벽되고 옆으로 아부하는 자를 쓰지 말고 착한 사람을 쓰도록 하라.[愼簡乃僚, 罔以巧言令色便

---

23 육지(陸贄, 754~805): 자는 경여(敬輿), 시호는 선(宣)이다. 당나라 덕종(德宗) 때 관원으로, 병법에 밝고 문장을 잘 지어 많은 조서가 그의 손에서 나왔고, 후세에 그의 주의를 모아 《육선공주의(陸宣公奏議)》로 간행하였다. 《당서(唐書)》 권139 〈육지열전(陸贄列傳)〉.

24 인재를 … 여겼습니다: 《서경》 〈고요모(皐陶謨)〉에 고요가 "인재를 알아보는 데 달려 있고 백성을 편안히 하는 데 달려 있습니다.[在知人, 在安民.]"라고 하자, 우(禹)가 말하기를 "너의 말이 옳으나 모두 그와 같이 하는 것은 요(堯) 임금께서도 어렵게 여겼다. 인재를 알아보면 명철하여 훌륭한 사람을 벼슬시키며, 백성을 편안히 하면 은혜로워서 모든 백성들이 그리워한다.[咸若時, 惟帝其難之. 知人則哲, 能官人. 安民則惠, 黎民懷之.]"라고 하였다.

僻側媚, 其惟吉士.]"라고 했습니다.[25] 이는 옛 왕조는 대관(大官)에게 명하고, 대관이 스스로 요속(僚屬)을 선발했던 명확한 증거입니다. 후세에 여러 사람의 논의를 놔두고 자신의 권한만 중히 여기며, 공적인 천거를 폐지하고 사사로운 은혜를 베풀었으니, 이런 폐단이 모든 품계에 두루 행해졌기 때문에, 만일 당시 재상의 마음에 들지 않으면 관직에 오르지 못했습니다.

결국 중책을 담당하는 길이 더욱 좁아졌고, 선행으로 나아가는 길이 점차 좁아져, 매번 임명을 기다릴 때면 항상 인재 부족으로 고충을 겪었습니다. 평소에는 너무 지나치게 정밀함을 추구하고, 급할 때는 자리 채우는 것도 어렵습니다. 신이 부끄럽게도 재상으로 있으면서 곧바로 황상께 아뢰어 현자를 구하고 관원을 찾아 조금은 기강과 제도를 세웠습니다. 모든 백사(百司)의 장관으로 부이(副貳) 등의 관직을 겸하는 경우 및 양성(兩省) 공봉(供奉)의 직책에 대해서는, 노력과 성과를 함께 살피어 장려, 임용하는 것입니다. 아울러 재신이 의견서를 작성하여 보고하면 그 나머지 대성(臺省)의 요속은 장관에게 위임하여 이 중에서 선택하며, 재능의 실제를 조목별로 진술하여 황상께 서장(書狀)으로 보고합니다. 한번 천거를 거치면 종신토록 보임(保任)하고, 각각 임명장 안에 천거하여 제수한 사유를 갖추어 적어 놓습니다. 현자를 얻으면 고과에 반영하여 관품을 더해 주고, 실상과 어긋나면 봉록을 빼앗아 벌금을 내게 합니다. 자주 인재를 천거하면 포상하여 승진시키고, 자주 잘못을 범하면 파면합니다. 단지 하급 관료에서만 찾아내지 않고 대관(大官)에도 시험하는데, 예전 역

---

25 주(周)나라는 … 했습니다: 주나라 목왕(穆王)이 백경을 태복정(太僕正)에 임명하고 한 말이다. 《서경》 〈주서(周書) 경명(冏命)〉에 나온다.

사서에서 '현달하면 그가 천거하는 사람을 본다.[達則觀其所擧.]'는 말[26]이 바로 이런 의미입니다."

또 말하였다. "재보(宰輔)라는 제도는 통상 몇 사람에 불과하고, 사람이 아는 범위는 본디 한계가 있기 때문에 필시 많은 사(士)를 두루 알 수도 없고 많은 인재를 다 살펴볼 수도 없습니다. 만일 관원을 모두 임명하려고 하면 이치로 보아 여기저기 돌아다니며 물어보아야 하는데, 친구들에게 물어본다면 이는 엎어진 수레를 후회하는 격이니 잘못된 전철을 바꾸지 못할 것이며, 조정에 있는 신료들에게 물어본다면 이는 사사로운 천거를 구하는 것이니, 필시 공적인 천거의 장점만 못할 것입니다. 두 가지 방법의 장단점에 대해서는 폐하께서 상세히 선택하시기에 달렸습니다. 그렇지만 장관에게 위임하여 요속을 신중히 고르는 것만 못할 듯합니다. 이 방법은 선택하는 대상이 이미 적고, 찾는 바 또한 정밀하며, 능력 있는 자를 얻으면 감식안이 있다는 명성이 있을 것이고, 실상을 잃었으면 어둡고 오류를 범한 책임을 물어야 합니다. 하물며 지금의 재보는 지난날 대성(臺省)의 장관이며, 지금의 대성 장관은 바로 장래의 재신(宰臣)입니다. 단지 직명이 잠시 다른 것일 뿐 본디 하는 일이 아주 다른 것이 아니니, 어찌 장관으로 있을 때는 한두 요속을 천거할 수 없고, 재신의 지위에 있으면 백 명 천 명의 관료들을 선택할 수 있다는 말입니까.

성인(聖人)이 제도를 만들 때 반드시 사물에게 맞는지 헤아렸으며, 한 사람에게서 모든 능력을 기대하지 않았고, 미치지 못하는 일을 사람에게

---

26 역사서에서 … 말: 출전은 미상이다. 진(晉)나라 원굉(袁宏)의 《후한기(後漢記)》 권16에 노공(魯恭)이 올린 대책에 "궁할 때는 그 사람이 지키는 신조를 보고, 현달하면 그 사람이 베푸는 바를 본다.[窮則觀其所守, 達則觀其所施.]"라는 말이 나오는데, 본문과 딱 일치하지는 않는다.

책임 지우지도 않았습니다. 높은 자리에 있는 사람은 요체를 관할하고, 낮은 자리에 있는 사람은 세세한 일을 맡습니다. 그러므로 임금은 보신(輔臣: 재상)을 택하고, 보신은 장관들을 택하며, 장관들은 요속을 택합니다. 책임이 더욱 높아지면 선택하는 대상이 더욱 적고, 시험하는 대상의 지위가 점차 낮아지게 되면 천거는 점차 가벼워집니다. 그러므로 관직에 진출시킬 때는 자격을 갖춘 인물을 선택하였고, 선발에서 부족한 사람을 뽑는 잘못을 저지르지 않습니다. 부류가 같으면 실질과 행동을 상세히 알고, 자격이 있는 사람을 뽑으면 요행을 막을 수 있으니, 장차 인재를 얻는 데 힘쓰는 방법으로는 이보다 쉬운 것이 없습니다.

그러므로 선발이 낮고 먼 데서 시작되어 처음 조정에 오르는 경우에는 각각 장리에게 맡겨 임용하게 하면 아래로 현자를 남겨 두는 일이 없을 것이고, 중앙 관직에 나와 이미 직무를 맡은 경우에는 이제 재신이 차례로 진출시키면 조정에 빈 관직이 없을 것이며, 재주와 덕이 모두 훌륭한 사람은 여러 번 시험하여 도리를 벗어나지 않는 뒤에 임금이 의지하고 일을 맡기면 온 나라에 버려지는 인재가 없을 것입니다."

陸贄言於其君【德宗】曰: "理道之急在於得人, 而知人之難, 聖哲所病. 聽其言, 則未保其行; 求其行, 則或遺其才. 校勞考, 則巧僞繁興, 而端方之人罕進; 徇聲華, 則趨競彌長, 而沈退之士莫勝. 自非素與交親備·詳本末, 探其志行, 閱其器能, 然後守道藏用者, 可得而知; 沽名飾貌者, 不容其僞. 是以前代有鄕里擧選之法·長吏辟擧之制, 所以明曆試廣·傍求證行能息馳騖也. 昔周以伯冏爲太僕, 命之曰: '愼簡乃僚, 罔以巧言令色便僻側媚, 其惟吉士.' 是則古之王朝命其大官, 而大官得自簡僚屬之明驗也. 後世舍僉議而重己權, 廢公擧而行私惠. 是使周行庶品, 苟不出時宰之意者則莫致焉,任重之道益微, 進善之途漸隘, 每須任使, 常苦乏人, 居常則求精太過, 有急則備位不充. 臣待罪宰相, 卽以上陳, 求賢審官, 粗立綱制, 凡是百司之長兼副貳等官及兩省供奉之職, 幷因察擧勞效須加奬任者, 並宰臣敘擬以聞, 其餘臺省屬僚請委長官選擇, 指陳才實, 以狀上聞. 一經薦揚, 終身保任, 各於除書之內具開擧授之由, 得賢則進考增秩, 失實則奪俸贖金, 亟得則褒升, 亟失則黜免, 非止搜揚下位, 亦可閱試大官, 前志所謂 '達則觀其所擧', 卽此義也."

又曰: "宰輔常制不過數人, 人之所知固有限極, 必不能遍諳多士·備閱群才. 若令悉命群官, 理須展轉詢訪, 若訪於親朋, 則是悔其覆車, 不易前轍之失也; 若訪於朝列, 則是求其私薦, 必不如公擧之愈也. 二者利害, 惟陛下詳擇, 恐不如委任長官, 謹柬僚屬, 所柬旣少, 所求亦精, 得賢有鑒識之名, 失實當暗繆之責. 況今之宰輔則往日臺省長官也, 今之臺省長官乃將來之宰臣也. 但是職名暫異, 固非行業頓殊, 豈有爲長官之時, 則不能擧一二屬吏; 居宰臣之位, 則可擇千百具僚? 聖人制事, 必度物宜, 無求備於一人, 無責人於不逮, 尊者領其要, 卑者任其詳. 是以人主擇輔臣, 輔臣擇庶長, 庶長擇佐僚, 所任愈崇, 故所擇愈少, 所試漸下, 故所擧漸輕, 進不失倫, 選不失類, 以類則詳知實行, 有倫則杜絶僥求, 將務得人, 無易於此. 是故選自卑遠, 始升於朝者, 各委長吏任擧之, 則下無遺賢矣; 置於周行, 旣任於事者, 於是宰臣序進之, 則朝無曠職矣; 才德兼茂, 曆試不踰者, 然後人主倚任之, 則海內無遺士矣."

호인이 말하였다. "재상 육지의 청은 간략하고 쉽게 적용할 수 있으며, 긴요하고 쉽게 지킬 수 있다."

胡寅曰: "陸相所請簡而易用, 要而易守."

신은 이렇게 생각합니다. 육지의 이 말은 장관이 각각 그 요속을 천거한 뒤 재신(宰臣)에게 맡겨 차례로 승진하게 하려는 것입니다. 장관이 합당한 인재를 얻었다면 참으로 인재를 얻은 것입니다. 만일 합당한 인재가 아니라면 편파적인 청탁이라는 사사로움을 면치 못할까 우려하였습니다. 이런 까닭에 더욱 중요한 것은 차례로 승진시키는 가운데 합당한 인물을 얻는 것입니다. 반드시 천거는 하되 반드시 등용되지 못하며, 그사이에 상벌의 권한을 두었으니 더욱 훌륭합니다.

臣按: 陸贄此言, 蓋欲長官各擧其屬, 然後付宰臣敘進之也. 夫長官得其人, 則誠足以得人矣. 苟非其人, 恐不免有偏溺請屬之私, 是故其要尤在於敘進者之得其人也. 必其擧而不必其用, 寓賞罰之柄於其間, 斯善矣.

송(宋)나라 제도에, 관직 등용 시험에는 공거(貢擧)·주음(奏蔭)·섭서(攝署)·유외(流外)·종군(從軍)의 5등급이 있었다. 이부(吏部)의 전형은 오직 주현(州縣) 장관의 막료 직책만 주의(注擬)하고, 문신(文臣) 소경(少卿)과 감(監) 이상은 중서성(中書省)에서 주관하며, 조정 관원은 심관원(審官院)에서 주관하고, 무신(武臣) 자사(刺史)와 부솔(副率) 이상 내직(內職)은 추밀원(樞密院)에서 주관하며, 사신(使臣)은 삼반원(三班院)에서 주관하였다. 그 뒤 관리 선발을 맡은 관직이 넷으로 분리되었다. 문관 선발은 심관동원(審官東院), 유내전(流內銓)에서 했고, 무관 선발은 심관서원(審官西院), 삼반원(三班院)에서 했다. 원풍(元豐)[27] 연간에 제로를 정한 뒤에 전주법(銓注法)은 모두 선부(選部)로 귀속되었고, 심관동원은 상서좌선(尙書左選)으로, 유내전은 시랑좌선(侍郎左選)으로, 심관서원은 상서우선(尙書右選)으로, 삼반원은 시랑우선(侍郎右選)으로 되었다.

宋制, 凡入試有貢擧·奏蔭·攝署·流外·從軍五等. 吏部銓惟注擬州縣官幕職; 文臣少卿·監以上, 中書主之; 京朝官則審官院主之; 武臣刺史·副率以上內職, 樞密院主之; 使臣則三班院主之. 其後典選之職分爲四, 文選曰審官東院·曰流內銓, 武選曰審官西院·曰三班院. 元豐定制, 而後銓注之法悉歸選部, 以審官東院爲尙書左選, 流內銓爲侍郎左選, 審官西院爲尙書右選, 三班院爲侍郎右選.

신은 이렇게 생각합니다. 송나라 전선법(銓選法)은 대략 이와 같습니다. 그렇지만 분산과 주관에 일관성이 없어서 시도 때도 없이 바뀌었습니다. 우리나라 문관 선발은 이부에서 주관하고, 무관 선발은 병부에서 주관하며, 나라를 세운 이래로 오늘날까지 한번도 바뀌지 않았으니, 한 시대의 정법(定法)이라고 부를 만합니다.

---

27 원풍(元豐): 송나라 신종(神宗)의 연호. 1078~1085년.

臣按: 宋銓選之法大略如此, 然散主不一, 更革不常. 我朝文選則主於吏部, 武選則主於兵部, 自立國以來至於今日, 未嘗有所更易, 可謂一代之定法也.

태조(太祖)가 이부 남조(吏部南曹)에게 조칙을 내려, 승진이나 발탁할만한 인재는 중서문하성에 보내 검증한 뒤 보고하라고 하였다. 전형이 단지 자력(資曆: 근무 경력)을 근거로 하다 보면 혹 뛰어난 인재가 하급 관료로 침체되어 있을까 황상이 우려했기 때문이다.

太祖詔吏部南曹, 以人才可付升擢者, 送中書門下引驗以聞. 上慮銓衡止憑資曆, 或英才沈於下僚故也.

신은 이렇게 생각합니다. 송 태조(宋太祖)의 이런 조치는 인사를 관리하는 법도를 얻었다고 할 수 있습니다. 임금이 진실로 통상의 선발 중에도 불시에 발탁하는 조치를 내릴 수 있다면, 인재가 침체되는 일이 없을 뿐 아니라, 인사를 담당한 관청 또한 조심해야 할 바를 알아 마음을 다하지 않을 수 없을 것입니다.

臣按: 宋太祖此擧可謂得操縱之法, 人君誠能於常選之中不時拔擢, 非獨人才無所淹沈, 而銓司亦知所憚, 而不敢不盡心也.

진종(眞宗)이 신언서판(身言書判)을 조정에서 시험한 뒤 등급을 매기고 은혜를 베풀었다. 그리고 특별히 조칙을 내려, "나라에서 관리들의 직무를 조사하고 신언서판으로 그 능력을 계량하니, 이에 신하들에게 명하노니 고과를 더욱 정밀히 하여 자격 여부를 결정하고 차이에 따라 의망(擬望: 후보로 삼음)하는 것을 상례로 삼으라."라고 하였다. 뒤에 의논하는 자가 신언서판을 무익하다고 하여 폐지하였다.

신종(神宗) 희녕(熙寧) 4년(1071), 마침내 전시(銓試) 제도를 정하였고, 수선(守選)[28] 매년 2월과 8월에 단안(斷案) 두 번, 또는 율령(律令)의 대의(大義) 다섯 번, 혹 의(議) 세 번을 시험한 뒤 더하여 경의(經義)를 시험하였다. 법관(法官)은 전조(銓曹)의 찬식(撰式)과 같아서, 시험을 보아 3등급으로 매기고, 상등은 선발 시험을 면제하여 관직에 주의(注擬: 임명)하고, 우등(優等)은 자급을 올려주었는데 판(判)에서처럼 자격을 뛰어넘고 과거급제를 하지 않은 사람에게 급제 자격을 주었다. 이로부터 다시는 판을 시험하지 않았고, 이어서 임면은 은격(恩格: 황제의 명으로 주는 상)으로 선발하였다. 관직을 역임하고 천거를 받은 5명은 그대로 시험을 면제하고 관직에 임명하였다.

自眞宗朝試身·言·書·判者第推恩, 乃特詔曰: "國家覈吏治, 而以四事程其能, 爰命從臣精加詳考以成資闕, 爲差擬率以爲常." 後議者以身·言·書·判爲無益, 乃罷. 神宗熙寧四年, 遂定銓試之制, 凡守選者歲以二月·八月試斷案二, 或律令大義五, 或議三道, 後增試經義. 法官同銓曹撰式, 考

28 수선(守選): 거인(擧人)이나 임기 만료로 물러난 6품 이하 관원으로, 이부의 전선(銓選)을 기다리는 사람이다. 관원의 결원 때 채용 방안의 하나이다.

試第爲三等, 上等免選注官, 優等升資, 如判超格, 無出身者賜之出身. 自是不復試判, 仍去免選恩格, 若歷任有擧者五人, 自與免試注官.

신은 이렇게 생각합니다. 송나라 초기에 당나라 제도를 계승했고, 전시(銓試: 인사 시험) 또한 신언서판을 채용하였다가, 희녕 4년에 이르러 처음 전시 제도를 정하였습니다. 수선(守選) 대상은 시험하였는데, 바로 지금 행이(行移: 관청의 문서보고)를 시험하는 것에 비할 수 있으며, 율의(律義)를 시험하는 것은 지금의 초의(招擬)를 시험하는 것에 비할 수 있고, 경의(經義)를 시험하는 것은 지금의 논책(論策)에 비할 수 있습니다. 그렇지만 이때 시험을 본 뒤 또 임용 뒤의 보거(保擧)[29]가 있었는데, 해마다 시험이 2월, 8월에 그쳤습니다. 지금 제도는 자급의 서열에 따라 승진, 임용하고 해마다 모두 여섯 번 선발이 있으며, 선발 때에 이르러 시험을 칩니다.

신은 삼가 생각건대, 나라에서 인재를 등용할 때는 먼저 가르치고 나중에 임용해야 합니다. 만일 임용할 초기에 전시법이 없다면 어떻게 그 속에 온축된 바와 재능의 적절함을 알아서 비교한 뒤 임용하겠습니까. 우리나라의 전시법은 대략 송나라와 비슷하여, 과거에는 오로지 문서만 고찰하고 가상 질문으로 시험하여 그 판단과 처치를 봅니다. 책(策)이나 논(論)을 시험 보기도 하고 또 그 학문과 식견이 어느

29 보거(保擧): 천거하는 사람이 그의 신분을 보증하여, 후일에 천거받은 자가 죄를 지으면 천거한 사람이 책임을 지는 일이다.

정도인지 보기도 했습니다.

사람의 재능은 있을 수도 있고 없을 수도 있으며, 누구는 문학(文學)에 우수하고 누구는 정사(政事)에 우수하여, 장점을 취하면 모두 임용할 수 있습니다. 신이 청하건대 세 가지를 겸한 자를 아울러 시험하여 논, 책, 문이의 세 가지에 두루 능통하면 상(上)으로 하고, 두 가지에 능통하면 중(中)으로 하고, 하나에 능통하면 차중(次中)으로 하고, 모두 불통하면 하(下)로 합니다. 그렇지만 시험 대상의 인품 고하, 재능과 식견 여부가 반드시 결원에 어울리는 것은 아니기 때문에 내외 관직에 결원이 생기면 전조(銓曹)에서 필시 차례에 따라 배치하고 경좌(卿佐)에게 보고하여 미리 비교한 뒤, 전형에 합당한 관원을 모두 모아 반드시 시험 대상의 재주가 관직과 서로 부합한 연후에 전형하여 주의할 것입니다. 한 해 동안 매 계절 첫 달에 자급에 따라 미리 선발할 인원을 모았다가, 1백 명, 또는 2~3백 명씩 매월 한 번 모아 시험을 치되, 선발 시기가 되기를 기다리지 않고 시험을 시작하는 것은 하루 정도의 기간으로는 그 가운데 요행히 대신 시험을 치는 자가 있을까 우려해서입니다.

시험 치는 주제는 논, 책, 문이【문이는 사송(詞訟)을 판결하고, 사안을 처치하며, 죄명을 질의하고, 화폐와 곡식을 징수하며, 간사한 폐단을 금지하고 개혁하는 등의 일을 말하는데, 모두 행이의 서식에 의하여 문서를 작성하여, 신정(申呈)·관첩(關牒)·구본(具本)·출방(出榜)·작초(作招) 등으로 만드는데, 죄를 탄핵하는 문서인 탄장(彈章)과 비슷하다.】 등으로 정해진 시기에 구애받지 않고 해당 관청에서 틈이 나면 바로 요속을 감시(試等) 등의 명목으로 임명하고, 감생(監生)을 모아 시험 칩니다.

미봉(彌封)[30]이나 순감(巡監)[31]은 모두 과거시험처럼 하고, 시험이 끝난 뒤 시험지 확인 표시를 차례로 시험지에 첨부하여 선발에 응할 감생은 반드시 다섯 차례 시험을 친 뒤 입선합니다. 입선하는 날에 또 반드시 세 가지 주제를 시험하여 이전 누적 시험을 통틀어 비교하여, 상등(上等)은 수도 조정의 부이(府貳), 주수(州守)의 관직을 주고, 중등은 현정(縣正)이나 부쉬(府倅)의 관직을 주며, 차중(次中)으로 논(論)과 책(策)를 잘한 자는 한산(閑散)의 관직을 주며 행이를 잘한 자는 바쁜 관직을 주며, 하등은 유외(流外)의 잡다한 관직을 줍니다. 이렇게 하면 인재 등용에 재능을 왜곡하지 않고 관직마다 모두 적절한 인재를 얻을 것입니다.

臣按: 宋初承唐制, 銓試亦用身·言·書·判, 至熙寧四年始定銓試之制. 守選者試斷案, 卽今試行移之比; 試律義, 卽今試招擬之比; 試經義, 卽今試論策之比. 然是時旣試矣, 而又用人保擧, 歲試止於二月·八月. 今制則循資序以進用, 歲凡六選, 至臨選時乃試焉. 臣竊以爲國家用人, 敎養之於先而任用之於後, 苟當進用之初, 而無銓試之法, 則何以知其中之所蘊·才之所宜, 而校量以任用之哉? 我朝銓試之法大略似宋, 往者專考文移, 設爲假如以試之, 以觀其判斷處置. 其所或試策或試論, 又以觀其學問·才識之所至也. 夫人才有能有不能, 或優於文學, 或長於政事, 取其所長皆可任用. 臣請兼夫三者, 而並試之, 論·策·文移三

30 미봉(彌封): 과거를 볼 때 응시자와 시관 사이에 친분으로 인해 부정행위가 있을까 우려하여 시험지를 교부할 적에 성명을 쓰게 하고 그 성명 위에 종이를 붙이고 번호를 붙인 다음 도장을 찍어 밀봉하던 일로, 이는 방(榜)을 쓸 적에야 개봉했다. 《송사(宋史)》 〈선거지(選擧志)〉.

31 순감(巡監): 과거시험 감독을 말한다.

者俱通爲上, 通二者爲中, 通一者爲次中, 俱不通者爲下. 旣試之矣, 然所試者其人品高下·才識能否未必皆稱其所缺之員, 故凡遇內外官有缺, 銓曹必須依次排比, 申達卿佐, 預爲校量, 總會其當銓之官, 必所試之人其才與官相稱然後銓注, 宜於一歲之間每季之首, 循其資次, 豫集應選之人, 或一百或二三百, 每月一集而試之, 不待臨選始試, 恐取其一日之長, 其中有僥幸假代者也. 其所試之題或論或策或文移【文移如判斷詞訟·處置事宜·問擬罪名·催征錢糧·禁革奸弊之類, 俱依行移體式立爲案卷, 或申呈, 或關牒, 或具本, 或出榜, 或作招擬彈章】, 不拘定時, 遇本部有暇隙, 卽署僚屬爲監試等名目, 集監生而試之, 彌封·巡監一如科試. 旣試, 將所試卷批號等第附卷, 凡入選監生必須五試然後入選, 臨選之日又必並試三題, 通以前累試者較之. 上等爲京朝府貳·州守之職, 中等爲縣正·府倅之職, 次中善於論策者爲閑散之職, 善於行移者爲煩劇之職, 下者爲流外冗雜之職. 如此則用人不枉其才, 而庶官皆得人矣.

소식(蘇軾)이 황제에게 말하였다.[32] "임금을 귀중히 여기는 것은, 여탈(予奪) 권한이 군주에게서 나오고 사람들의 논의에 견제를 받지 않는 데 있습니다. 천하의 학자라면 벼슬을 하려고 하지 않는 자가 없고, 벼슬을 하는 사람이라면 귀하게 되고자 하지 않는 자가 없습니다. 그 욕구를 따

32 소식(蘇軾)이 황제에게 말하였다: 《동파전집(東坡全集)》 권47 〈책별이(策別二)〉에 나온다. 《당송팔가문초(唐宋八家文抄)》 권136에 〈책(策) 요행을 억제함[抑僥倖]〉이라는 제목으로 실려 있다.

르자면 천하를 통틀어 모두 귀하게 된 뒤에야 가능하겠지만, 그것은 따를 수 없는 것이므로 벼슬살이는 쉽게 얻을 수 없고 귀함은 쉽게 이룰 수 없는 것입니다. 이는 관직을 아껴서가 아닙니다.

작록은 군주에게서 나오는 것이니, 군주가 줄 만하다고 생각하면 주는 것이고 군주가 빼앗을 만하다고 생각하면 빼앗는 것입니다. 그들 가운데 입방아를 찧는 자가 있어도 두려워할 것 없습니다. 천하에 두려워할 만한 것이 있으니, 부렴(賦斂: 세금징수)은 균등하게 하지 않으면 안 되고, 형벌은 공평하게 하지 않으면 안 되며, 수령은 잘 선택하지 않으면 안 됩니다. 이 세 가지야말로 진실로 천하의 안위를 결정하는 것이므로 두려워할 만합니다. 그러나 내가 작상(爵賞)을 신중히 하고 관직을 아끼고자 하면 말 많은 자들은 시끄럽게 떠들며 안 된다고 할 것을 어찌 근심하겠습니까.

근세 이래, 관리는 많은데 권원은 적어서 한 관직을 세 사람이 공유합니다. 자리에 있는 사람 한 명에, 떠난 사람이 한 명이고, 엿보는 자가 또 한 명이니, 이는 하나의 관직에 두 사람이 있으면서 아무 일도 없이 녹봉을 먹는 것입니다. 또한 관직에 나오는 날은 얼마 되지 않으면서 한가하게 보내는 날은 길어서, 관직에 나왔을 때 얻은 녹봉으로 한가하게 보낼 때 의지할 밑천으로 삼습니다. 그러므로 탐관오리는 항상 많지만 금지할 수 없으니, 이것이 인재 등용의 가장 큰 폐단입니다."

蘇軾言於其君曰: "所貴乎人君者, 予奪自我, 而不牽於衆人之論也. 天下之學者莫不欲仕, 仕者莫不欲貴, 如從其欲, 則擧天下皆貴而後可, 惟其不可從也, 是故仕不可以輕得, 而貴不可以易致, 此非有所吝也. 爵祿出乎我者也, 我以爲可予而予之, 我以爲可奪而奪之. 彼雖有言者, 不足畏也, 天下可畏者, 賦斂不可以不均, 刑罰不可以不平, 守令不可以不擇, 此誠足以致天下之安危而可畏者也. 我欲愼爵賞·愛名器, 而囂囂者以爲不可, 是烏足恤哉? 近歲以來, 吏多而闕少, 率一官而三人共之. 居者一人, 去者一人, 而伺之者又一人, 是一官而有二人者, 無事而食也. 且其涖官之日淺, 而閑居之日長, 以其涖官之所得, 而爲閑居仰給之資, 是以貪吏常多而不可禁, 此用人之大弊也."

신은 이렇게 생각합니다. 관리는 많은데 궐원은 적기 때문에 송나라 때도 오히려 하나의 관직을 세 사람이 공유했지만, 지금은 한 관직이 비기를 기다리는 사람이 세 사람에 그치지 않습니다. 장차 그 궐원이 생기는 사유를 그대로 따르고 불문에 부친다면 인재가 날이 갈수록 적체될 것이고, 자급의 차례에 와서 기용한다면 이미 쇠약해지고 늙을 것입니다. 쇠약해지고 늙은 사람은 지기(志氣)가 꺾이고 근력이 미치지 못하여, 이런 사람을 임용하여 사무를 처리하고 백성을 다스려 일이 온전하고 백성이 편안하기를 바라기는 어려울 것입니다. 만일 일체 도태시키고 다른 인재를 선택한다면 그들은 벼슬길에 많은 해를 보냈기 때문에 돌아가 생계를 꾸리며 남은 생을 보낼 길이 없어 왕왕 엎어져 살 곳을 잃을 것입니다. 하물며 그들이 쇠약해지고 늙은 이유가 모두 우리 자급 제도에 제한을 받아 그렇게 된 것이니, 어진 군자라면 진실로 차마 하지 못할 일입니다.

소식은 "그들 가운데 입방아를 찧는 자가 있어도 두려워할 것 없습니다."라고 했지만, 아, 문왕(文王)은 정책을 펴고 인을 베풀 때 반드시 하소연할 데가 없는 사람을 우선하였고,[33] 이윤(伊尹)은 한 사내라도 살 곳을 얻지 못하면 자신의 허물로 여겼습니다.[34] 더구나 사(士)는 바로 하늘이 낸 백성 가운데 빼어난 자들인데, 우리의 입법이 좋지 못하여 쇠약해져 늙게 만들고는 버리기까지 한다면 이 어찌 태평성대의 일이겠습니까. 지금의 대책으로는, 반드시 조정하여 관직에 들어온 자는 실제 효용이 있게 하고 도태되어 물러난 자가 살 곳을 잃고 탄식하지 않도록 해야 할 것입니다.

【우리 왕조의 입사(入仕)하는 길은 크게 두 가지가 있는데, 세공(歲貢)과 과거(科擧)입니다. 세공법은 매년 학교에서 생원(生員)을 천거하여 예부(禮部)로 보내고, 시험에 합격하면 국자감(國子監) 생도로 보임합니다. 부(府)의 학교에서는 해마다 1명을 천거하고, 주(州)의 학교에서는 3년에 2명을, 현(縣)의 학교에서는 2년에 1명을 천거하여, 식름(食廩)[35]의 선후로 차례를 매겼으니, 학교에 다니는 자는 이미 자격이 있는 것입니다.

---

33 문왕(文王)은 … 우선하였고: 《맹자》 〈양혜왕 하(梁惠王下)〉에 "늙어서 아내가 없는 사람을 홀아비[鰥], 늙어서 남편이 없는 사람을 과부[寡], 늙어서 자식이 없는 사람을 무의탁자[獨], 어려서 부모가 없는 사람을 고아[孤]라고 합니다. 이 네 부류의 사람들은 천하의 곤궁한 백성으로서 하소연할 곳이 없는 자들입니다. 문왕(文王)은 정사를 펴고 인을 베푸시되 반드시 이 네 부류의 사람들을 먼저 하셨습니다."라고 하였다.

34 이윤(伊尹)은 … 여겼습니다: 《서경(書經)》 〈열명 하(說命下)〉에, 은(殷)나라 탕왕(湯王)의 재상인 이윤(伊尹)이, "내가 나의 임금을 요순처럼 만들지 못한다면 시장에서 종아리를 맞는 것처럼 내 마음이 부끄러울 것이요, 한 사내라도 살 곳을 얻지 못한다면 이는 또한 나의 죄라고 할 것이다." 하였다. 이에 대한 인용이 《맹자(孟子)》 〈만장 상(萬章上)〉에 나온다.

35 식름(食廩): 원래는 식량인데, 학교에서 먹는 식사를 말하며, 곧 등교했다는 말로 보인다. 명나라의 경우 생원 중에 일정한 수를 부(府)·주(州)·현(縣)에서 선발하여 이들에게 향거(鄕擧)에 들어가게 하는 동시에 의식 비용을 지급하였다. 늠생(廩生)이라고 한다. 조선 시대 원점(圓點)과 비슷한 점이 있다. 성균관과 사학의 유생 중에 식당 출입 장부인 도기(到記)의 원점이 50개 이상 되는 자를 대상으로 과거응시 자격을 주었다. 원점은 아침저녁 두 번의 식사를 1점으로 하였다. 《대전회통(大典會通)》 권3 〈예전(禮典)〉.

과거의 경우, 매 3년마다 한 번 과거를 열고, 향시(鄕試)에 합격한 자를 예부에 보냅니다. 시험에 합격하면 관직을 주고, 합격하지 못하면 국자감에 보내 학업을 익혀 다음 과거를 기다리게 합니다. 누차 급제하지 못한 자 또한 감생(監生)으로써 자급 차례로 입사하게 합니다.

과거에는 정해진 합격자 수가 있고, 세공에는 규정된 수가 있으므로, 학교의 천거와 이부의 선발에서, 그 인재가 적당히 상응하게 선발되고 크게 남거나 부족한 숫자는 없습니다. 홍무(洪武)·영락(永樂) 이래, 선발, 임용된 자가 부족하다는 말은 듣지 못했고, 선발을 원하는 자가 적체되어 있다는 말도 듣지 못했으니, 이는 조종조의 법제가 한 번 정해진 뒤 유사(有司)가 받들어 시행하면서 감히 변경하지 못했기 때문입니다.

근래 학교에 있는 학생들 대부분이 노쇠하여 45세에 국자감에 들어가는 사례가 생긴 것이 안타깝다고 말하는 사람들이 있습니다. 그 뒤에 또 나라 재정이 부족하여 납속(納粟)·상마(上馬)·입감(入監) 등의 명목을 세워, 이를 통해 과거와 세공 외에 따로 샛길을 열었습니다. 그 결과 선발, 임용의 조정이 이 숫자에 그치지 않고 입사하는 길이 전에 비하여 한층 다양해졌으며, 인재는 날이 갈수록 쌓여 가서 결국 이전보다 몇 배가 되었습니다.

옛 제도에, 각사(各司)의 역사 감생(歷事監生)[36]은 3개월 동안 근무 태도를 고찰하여 선발 명부에 이름을 올려 해당 관청에 머물며 일을 처리하게 했습니다. 그랬다가 선발 때가 되면 바로 데려다 임용했는데, 실제 근무 기일이 많으면 2~3년인 사람도 있었습니다. 후에 감생의 숫자가 많아져서 근무를 반년 또는 1년으로 줄이고 곧장 이부(吏部)에 보내 선발에 부치거나 휴가를 주어 집에 있게 했습니다. 지금 수차(需次)[37]가

36 역사 감생(歷事監生): 감생은 국자감에서 공부하는 학생인데 명(明)초에는 감생을 매우 중히 여겨서, 민사(民事)를 채방(採訪)케 하거나 송옥(訟獄)을 평리(平理)하는 일, 심지어는 포정사·안찰사의 일을 맡기도 하였으니, 이처럼 실무를 하는 감생을 말한다.

37 수차(需次): 결원이 나면 보임(補任)되기 위해 대기하는 것 또는 대기자를 말한다.

10년인데 선발되지 못한 사람이 있어서, 적체가 이미 오래되었고 인원수는 더욱 늘어나 앞으로 만 명에 이를 것입니다. 그러므로 한 시대의 인재로 국자감에 있으면서 학업을 닦는 숫자는 적고, 부처에 있으면서 선발을 기다리는 날은 많으니, 신은 적체가 오래되면 될수록 많아져 이 숫자에 그치지 않을까 두렵습니다.

나라에서 인재를 양성하고도 임용하지 못하고, 임용할 때가 되어서는 모두 노쇠하고 혼미하여 일을 할 수 없는 사람이 되니, 이는 단지 인재의 병폐일 뿐 아니라, 나라에 크게 누가 됩니다. 아! 화락하면서도 시끌시끌하게 학생이 많아서 학교에서 다 수용할 수 없는 상황이 곧 나라의 인재가 풍부한 것입니다. 그런데 선발 과정에 적체되어 늙어 죽을 때까지 관직 하나 얻지 못한다면, 어찌 태평성대에 있을 수 있는 일이겠습니까. 이는 비단 선비의 불행만이 아닙니다.

나라의 인재는 집안의 자제(子弟)와 같습니다. 자제가 머리가 허옇도록 혼인을 못했다면 부형으로서 필시 그 처지를 우려할 것입니다. 나라가 인재를 양성하면서 늙도록 첫 관직을 차지하여 임금에게 도움이 되지 못하니 어찌 우려스럽지 않겠습니까. 정말 걱정되고 우려되는 점은 미리 인원을 줄이고 조정할 수 없기 때문이 아닙니다. 줄이고 조정하는 일은 반드시 입사할 자들이 때맞추어 실제로 효용을 발휘하고, 물러날 자들이 훗날 갈 곳이 없다는 탄식을 하지 않게 해야 하는 것입니다. 그렇지만 위에 있는 자가 그 경중을 헤아리고 완급을 파악하여 결연히 반드시 시행하고 사람들의 원망 때문에 느슨해지지 않도록 하지 않는다면, 아무리 줄이고 조정할 수 있는 대책이 있더라도 시행할 수 없을 것입니다.

옛사람이 말하기를 "한 집안의 곡소리가 어찌 한 로(路)의 곡소리만 하겠는가"라고 하였는데,[38] 신 또한 "한 사람의 원망이 어찌 천만 사람의 원성만 하겠는가"라고 말하

---

38 옛사람이 … 하였는데: 송(宋)나라 범중엄(范仲淹, 989~1052)이 재상으로 있을 때 각 노(路)의 감사(監司)들의 명부를 보고 무능한 관리의 성명에 표시를 하고 차례로 경질하였다. 추밀

렵니다. 일시 원망하는 것을 끝도 없이 원망하는 것과 비교할 때 어느 쪽이 더 원망이 많겠습니까. 어찌 우리나라가 믿고 다스리는 것은 인재라는 것을 생각하지 않습니까.

오늘날 인재 등용은 반드시 자격(資格)을 따르고, 선발을 원하는 인재는 왕왕 선발 과정에서 늙어서도 때맞추어 등용되지 못하고, 등용될 때는 태반이 노쇠합니다. 노쇠한 사람은 지기(志氣)가 꺾이고 근력이 피폐해지고, 자신이나 자손을 위해 생계를 도모하지 않는 사람은 거의 없으니 지금 아무것도 하지 않는 자리나마 잃는다면, 7년 된 병에 3년 된 쑥을 구하지 않는 것[39]과 같습니다. 그러니 훗날 등용될 자는 모두 노쇠한 사람이고, 노쇠한 사람이 천하에 가득찬 상황에서 정사가 다스려지고 백성이 편안하기를 바라기는 어렵습니다. 정사가 다스려지지 않고 백성이 편안하지 않은 것은 나라가 어지럽고 망할 조짐입니다. 또한 나라에서 선비를 기르는 것은 장차 무엇에 쓰려는 것입니까? 백성을 위해서입니다. 천하에 백성이 많습니까, 선비가 많습니까? 말하는 사람은 오직 선비의 원망만 두려워하고 백성들의 원망은 고려하지 않으니, 무슨 까닭입니까.

그렇다면 지금 어떤 대책을 써야 하겠습니까? 청컨대, 이부(吏部)에 명을 내려 본 부(部)의 선발 희망 감생(監生)을 통틀어 계산하여, 몇 년부터 몇 년까지 총수가 얼마이고, 현재 이부에 있는 자가 얼마이며, 휴가를 간 자는 얼마인지, 이부에서 1년을 기준으로 대략 임용할 감생이 몇 명인지 계산해서 그 숫자가 몇 년에 가서 인재가 소진될

(樞密) 부필(富弼, 1004~1083)이 보다 못해 "어르신께서는 붓 한 번 대시는 것이지만 한 집안에 곡소리 나는 것을 어찌 아시겠습니까."라고 하자, 범중엄이 이렇게 말했다고 한다. '노(路)'는 송나라 때의 행정 구역 이름이다. 《송사기사본말(宋史紀事本末)》 권5.

39 7년 … 것: 오랜 병에 대책이 없다는 말이다. 《맹자》 〈이루상(離婁上)〉에 "지금 왕도 정치를 하려는 자는 마치 7년 동안 앓아 온 병을 고치기 위해 3년 묵은 약쑥을 구하는 것과 같으니, 만일 지금이라도 약쑥을 뜯어 비축해 두지 않는다면 종신토록 얻지 못할 것이다."라고 하였다.

지 모두 계산하게 하십시오. 그런 뒤에 천하의 포정사(布政司), 부(府)·주(州)·현(縣)에 알려, 선발을 기다리며 집에 있는 감생이 몇 명인지 조사하여 계산하되, 나이와 생년월일을 자세히 기록하여 문서책으로 만들어 이부에 보고하도록 하십시오.

그런 뒤 황제의 명을 받아 문학과 명망이 있는 경좌(卿佐)를 임명하여 각 포정사에 칙서를 가지고 가서 순(巡)·안(按) 2사(司)에서 회동하여, 선발을 원하는 감생을 총회 장소에 모아 놓고 대략 과거시험처럼 시험을 치게 합니다. 첫날에는 경서(經書) 가운데 논(論) 하나를 시험치고, 다음날은 시무책(時務策)과 행이(行移) 각 하나를 시험치게 합니다. 세 주제 가운데 전부 통과한 자를 상(上), 둘을 통과한 자를 중(中), 하나를 통과한 자를 하(下)로 하고, 하나도 통과하지 못한 자는 불합격[不中] 처리 합니다.

합격한 자는 명단책을 만들어 부(部)로 보내 차례로 선발하여 임용하고, 불합격한 자는 일반 백성으로 삼습니다. 합격자 가운데 벼슬살이를 원하지 않는 자 가운데, 상등(上等)인 자는 요수(遙授)[40]하여 서울 관직을 주어 퇴임하게 하고, 문학(文學)이 있는 자에게는 조교(助敎)나 학록(學錄) 같은 자리를 주며, 정사(政事)가 있는 자는 감사(監事)나 서반(序班) 같은 자리를 주되, 그 호정(戶丁) 세 사람의 부역을 면제해 줍니다. 중등(中等)인 자는 지방직 8품 직명을 제수하고, 2정(丁)을 면제해 주며, 하등(下等)인 자는 관대(冠帶)를 내려주고 1정을 면제해 줍니다. 정(丁)이 없는 자는 해당 리(里)의 한정(閑丁)에게 지급합니다. 시험을 치기 전에 아뢰어 시험을 면제받기를 청한 자는 하등의 사례처럼 합니다.

이렇게 하면 벼슬하는 자는 등용될 수 있고 벼슬하지 않는 자는 살 곳을 잃지 않을 것입니다. 그렇지만 이는 한때 부득이하여 임시로 취하는 구폐 대책일 뿐이지, 이 어찌 조종조에서 인재를 양성하던 처음의 뜻이겠습니까.

---

40 요수(遙授): 지방에 있는 사람에게 중앙의 관직을 임명하는 것인데, 실제로는 취임하지 않는다.

성조(聖朝)에 학교를 설립하고 사유(師儒)를 선택하여 생도를 교육하고 식량을 넉넉하게 주었으며 부역을 면제하였고 공부할 시간도 넉넉히 주었으니, 인재를 육성하여 나라에 등용하려던 것입니다. 선비는 뜻을 세워 배움에 힘쓰고 학문을 완성하여 은혜에 보답할 것을 생각해야 하니, 이것이 길러 준 은혜를 저버리지 않는 것입니다. 그런데 도리어 세월만 보내면서 식량만 허비하고 나이가 들어서도 여전히 문장 하나 짓지 못한다면, 이런 무리들은 위로 성은(聖恩)을 버리고 아래로 학교를 욕보이는 것입니다. 이들에 대해 성주(成周)에서는 불초(不肖)한 자를 가려내던 법[41]을 시행하여 먼 지방으로 물리치고 종신토록 학교에 넣어 주지 않았으니 이 또한 지나친 것이 아닐 것입니다.

다만 그들이 노쇠해진 까닭이 본디 그들이 분발하여 노력하지 않은 죄 때문이기는 하지만, 또한 우리 명나라의 사체에 몽매한 자들이 망령되이 요행의 문호를 열어 놓아 벼슬길을 막고 억눌렀기 때문이기도 합니다. 그들이 이미 스스로의 허물을 알고 시험 치기를 원치 않으니, 일단 한때의 부득이한 구폐 대책이긴 하지만, 요컨대 불가함을 교훈으로 삼아야 합니다. 이 뒤로 과거와 역사(歷事)는 한결같이 조종조의 기존 법을 준수하고, 이 두 가지 길 외에 따로 국자감에 들어가는 길을 열지 못하도록 함으로써 홍무, 영락 연간의 융성을 회복한다면, 인재는 적체되지 않을 것이고 현명한 자와 그렇지 못한 자가 뒤섞이지 않을 것입니다.

오늘날 현자를 구하여 다스리는 일보다 더 급선무는 정말 없습니다. 어떤 사람은 "그렇게 하면 선발 과정에 진실로 밝아질 것이다. 그렇지만 군읍(郡邑)의 학교에 있는 생원(生員) 가운데 나이가 이미 늙었는데 과거에 합격하지 못한 사람은 어떻게 처리할 것인가?"라고 합니다. 저는 이렇게 생각합니다.

---

41 성주(成周)에서 … 법: 성주(成周)란, 주공(周公)이 성왕(成王)을 보필하여 제도를 완비하고 홍성한 시대를 이룩한 시기를 지칭하는 말이다.

학교에 있는 생원 가운데 나이가 이미 한참 먹은 사람의 경우, 문리(文理)에 통하지 않은 자는 서리에 충당하여 백성으로 삼는 것이 이미 조정의 정해진 규례입니다. 오직 학문이 성취되고 나이가 먹은 사람의 경우, 관직에 나오게 하고자 하면 자급의 차례가 상응하지 못하고, 물러나게 하고자 하면 학행은 취할 만한지라, 왕왕 학교에서 늙어 죽는 것이 애석할 뿐입니다.

제가 지금 이부(吏部)의 세공 생원을 보니, 초시에 합격한 자 가운데 국자감에 오지 못한 자는 왕왕 시험 삼아 선발하여 교직(敎職)을 삼고, 각각 남에게 손을 빌려 요행을 꾀하니, 아래와 같이 하는 편이 낫습니다. 즉, 학교 생원 가운데 45세 이상으로 10년 정도 재학한 자나 일찍이 향시에 6차 응시한 자를 조사하고, 제학(提學)[42]과 헌신(憲臣)에게 명하여 순(巡)·안(按) 및 번(藩)·얼(臬)[43] 두 사(司)에서 회동하여, 매 5년마다 한 번 시험을 치십시오. 그중 3장(場)에 통과한 자를 합격으로 쳐서, 시험 친 글을 수록하여 당사자와 함께 이부로 보내 시험을 본 뒤 그대로 국자감에서 1년을 있게 하고 차례대로 궐원을 기다려 오로지 교직으로 임용하는 것이 낫습니다. 이렇게 하면 학교의 생도들도 늙어 죽도록 등용되지 못하는 자가 없을 것입니다.】

臣按: 吏多而闕少, 在宋時猶一官, 而三人共之. 今待一官之闕不止三人也, 將因其故而不問歟, 則人才日積愈多, 及其資次而用之已衰老矣. 衰老之人志氣消沮, 筋力不逮, 用如是之人以理務治民, 而欲事妥民安難矣. 如一切汰而擇之, 則彼奔走仕途多曆年歲, 歸無生計以度餘生, 往往至於顚連失所, 況彼之所以衰老皆限於吾之資級使然, 仁人君子固

42 제학(提學): 주현(州縣)의 각급 학교 행정을 관리하는 관원으로 제거학사사(提擧學事司)의 약칭이다.

43 번(藩)·얼(臬): 번과 얼은 명·청대의 관직명으로 번사(藩司)와 얼사(臬司) 즉 포정사(布政司)와 안찰사(按察司)를 칭하는데, 조선의 절도사(節度使)와 관찰사에 해당한다.

有所不忍也. 蘇軾所謂“彼雖有言亦不足畏.” 嗚呼, 文王發政施仁必先無告, 伊尹一夫不獲以爲己辜, 況士乃天民之秀者, 吾之立法不善, 使之至於衰老而又棄之, 是豈盛世之事乎? 爲今之計, 必須調停之, 而使其入仕者有效用之實, 汰退者無失所之歎, 斯善矣. 【本朝入仕之途, 其大者有二, 曰歲貢, 曰科擧. 歲貢之法, 每歲學校貢生員赴禮部, 試中補國子監生, 府學歲貢一人·州學三年二人·縣學二年一人, 以食廩先後爲次, 則在學校者已有資格也. 科擧則每三年一開科, 中鄕試者赴禮部, 中試則授以官. 不中者, 送監肄業以俟下擧; 屢不第者, 亦以監生資次入仕. 科擧有定額, 歲貢有常數, 學校貢擧與吏部選調, 其人才適足以相當, 而無甚有餘不足之數. 洪武·永樂以來, 選用者未聞乏人, 而需選者未聞淹滯, 蓋以祖宗法制一定, 而有司奉行, 不敢有所更革也. 近世言者憫士子之在學校者多衰老, 乃開四十五歲入監之例. 其後又因國計不足, 立納粟·上馬·入監等名目. 是於科·貢之外別開岐徑, 選用之調止於此數, 而入仕之路比舊加多, 其人才日積月累, 遂致數倍於前. 舊制, 各司歷事監生三閱月考過勤謹, 附名選簿, 仍留所司辦事, 臨選方行取用, 其實歷日期有多至二三年者. 後以坐監者數多, 減歷半年或一年卽送吏部附選, 給假家居, 今有需次十年不得選者, 積累旣久, 員數愈多, 迨將及萬. 是以一時人才在監肄業之數少, 在部聽選之日多. 臣恐積愈久而愈多, 不止此數也. 國家養才而不得用, 及其用之, 皆衰老昏毛不能事事之人, 此非獨人才之病, 其爲國家之累也大矣. 嗟夫! 闒闒啾啾, 黌舍至不能容, 是乃國家人才之盛, 若夫充積於選調, 老死而不得一官, 夫豈盛時所宜有哉? 此非但士子之不幸也. 夫國家之於人才, 亦猶人家之於子弟. 子弟白首而無室家, 爲父兄者則必爲之憂慮. 國家儲養人才, 白首乃不得沾一命爲君相者, 寧能不爲之憂慮乎? 所以憂而慮之者, 非豫有以消息調停之不可也. 消息調停, 必使入仕者有及時效用之實, 汰退者無後時失所之歎, 斯可矣. 然非在上者權其輕重·知其緩急, 決然以必行, 而不以人怨爲解, 則雖有可以消息調停之策, 亦不可行矣. 古人有言“一家哭何如一路哭”, 而臣亦云

"一人怨何如千萬人怨." 怨之於一時者, 比之怨之無窮已者, 孰爲多乎? 何不思曰 "我國家所恃以爲治者, 人才也." 今日用人必循資格, 而人才需選者往往老於選調, 而不得及時以進用. 及用之太半衰老矣. 衰老之人志氣消沮, 筋力廢弛, 其不爲身家·子孫計者無幾, 失今不爲之所, 猶七年之病而不求三年之艾也. 則夫異日所用者皆衰老之人, 衰老之人布滿天下, 而欲事理·民安, 難矣. 事不理·民不安, 亂亡之兆也. 且國家養士, 將何爲乎? 爲乎民而已! 天下之民多乎? 士多乎? 說者乃獨畏士之怨, 而不恤民之怨, 何哉? 然則爲今之計奈何? 請敕吏部通算本部需選監生, 自某年起至某年止總數若幹人, 見到部者若幹, 給假者若幹, 本部以一年爲率, 大約計用監生若幹, 通計其數至某年方才盡絶, 而又通行天下布政司·府·州·縣, 查算聽選家居監生若幹, 備細開具年甲·日期, 造冊申部. 然後請旨選差卿佐有文學風力者, 齎敕詣各布政司, 會同巡·按二司, 聚集聽選監生於總會處, 開場考試略如科試. 初日於經書中出論一道試之, 次日試時務策及行移各一道. 三題全通者爲上, 通二者爲中, 通一者爲下, 全不通者爲不中. 其中者造冊送部, 依次選用, 不中者爲民. 中者之中有不願仕者, 上等者遙授以京秩致仕, 有文學者授以助教·學錄之類, 有政事者授以監事·序班之類, 免其戶丁三名差役. 中等者授以在外八品職名, 優免二丁. 下等者賜以冠帶, 免其一丁, 無丁者以本裏內閑丁給之. 其有未試之前告願免試者, 如下等之例. 如此則仕者得以效用, 而不仕者不致失所矣. 雖然, 此特一時不得已權宜救弊之策耳, 是豈祖宗所以教養人才之初意哉? 夫聖朝設立學校, 選擇師儒以教生徒, 優以廩餼, 免其差役, 優遊之以歲月, 欲其成才以爲國家之用, 士子立志務學, 底於成立, 以圖補報, 是爲不負作養之恩, 顧乃苟延歲月, 虛廢廩給, 至於衰邁尙不能措一辭, 如此之徒上孤聖恩, 下辱學校, 雖加以成周簡不肖之法, 屛之遠方, 終身不齒亦不爲過. 但彼之所以衰老者, 固由其不能奮發勉勵之罪, 然亦以我之昧於事體者妄開幸門, 擠塞仕路, 有以扼之故也. 彼旣自知其愆, 不願就試, 姑爲此一時不得已救弊之策, 要之不可爲訓也. 自此以後, 凡科擧·歷事一遵祖宗成法, 於此二途之外, 不得別開入監門路,以復洪武·永樂之盛, 則人才不至於淹滯賢, 否不至於混淆矣. 今日求賢爲治之務, 誠莫有急於此者. 或曰 "如此則選途固淸矣, 其郡邑學校之中, 有生員年已近艾, 而未得出身者, 何以處之?" 曰學校之中生員年已長大, 不通文理者充吏爲民, 朝廷已有定例. 惟夫學問有成, 年歲長大, 欲進之則資次未應, 欲退之則學行可取, 往往老死學校中, 可惜也. 竊見今吏部歲貢生員, 初試中未到監者, 往往試選爲敎職, 各有假手於人以圖僥幸, 不若就學校生員中, 稽考年四十五以上·食廩將及十年及曾曆鄕試六次入場者, 命提學憲臣會同巡·按及藩·臬二司每五年一次考驗. 其中有通三場者試中, 錄其所試文字, 連人送部考試, 仍令坐監一年, 循次待闕, 專用以爲敎職. 如此則學校之生徒, 亦無有老死不用者矣.】

소식이 또 말하였다. "지금 가장 편리한 방법은, 관리 가운데 6차 이상 고과(考課)한 자들의 명단을 이부(吏部)에 보고하고, 이부에서 자급(資級)과 고과의 차이, 천거 관원의 많고 적음에 따라 그 이름을 차례로 적은 다음, 한두 명의 대신에게 섞어 다스리게 하면서 재능과 기량의 우열을 참고하여 등급을 정하고 연말에 황제에게 아뢰어 조칙에 따라 천자가 폐치(廢置)하게 하는 것입니다.

천하의 관리 중에 매년 사망하거나 죄를 지어 면직된 자가 몇 명인지 헤아려 그 숫자를 더하고 빼서 황제에게 보고한 등급을 가지고 보충하되, 숫자가 차면 그칩니다. 벼슬을 주고 빼앗는 일 또한 현명하고 불초한 자들 사이에서 섞여 나오고 획일적인 제도가 없다면, 천하의 관리가 감히 반드시 관직을 차지하겠다는 마음을 갖지 못하여, 장차 스스로 분발하고 노력하여 세상에 이름을 내려고 노력할 것입니다.

그런데 논자들은 반드시 "법이 일정하지 않고 재능의 우열로 차이를 두면, 이는 사사로운 호오(好惡)에 따라 임용하는 폐단을 열게 될 것이다"라고 합니다. 신은 그렇게 생각하지 않습니다. 법이라는 것은 본래 그 대강을 보존하는 것이며, 시행 과정에서 어느 정도 변화하는 것은 본디 사람에게 맡기는 것입니다. 반드시 "법에 맡기고 사람에게 맡기지 않아야 하니, 천하 사람들은 필시 믿을 수 없다" 고 말한다면, 획일적인 제도가 과연 간사한 짓을 하지 못하게 할지 신은 모르겠습니다."

軾又曰: "方今之便, 莫若使吏六考以上, 皆得以名聞於吏部, 吏部以其資考遠近·擧官之衆寡, 而次第其名, 然後使一二大臣雜治之, 參之以其才器之優劣而定其等, 歲終而奏之, 以詔天子廢置. 度天下之吏每歲以物故·罪免者幾人, 而增損其數, 以所奏之等補之, 及數而止. 使其予奪亦雜出於賢不肖之間, 而無有一定之制, 則天下之吏不敢有必得之心, 將自奮厲磨淬以求聞於時. 然而議者必曰 "法不一定, 而以才之優劣爲差, 則是好惡之私有以啓之也". 臣以爲不然. 夫法者存其大綱, 而其出入變化固將付之於人, 必如曰 "任法而不任人, 天下之人必不可信", 則夫一定之制, 臣未知其果不可以爲奸也."

신은 이렇게 생각합니다. 소식(蘇軾)이 이미 인재 등용에 획일적인 제도를 적용해서는 안 된다고 말하고, 또 벼락출세를 좇는 문을 열어 천하로 하여금 관원 선발을 일상화하고 망령된 마음을 생기게 해서는 안 된다고 말했습니다. 진실로 그 말대로라면 법에 맡기는 것은 안 되고, 사람에게 맡기는 것도 안 됩니다. 그렇다면 어떻게 하면 되겠습니까?

소식이 확고하게 "법이라는 것은 본래 그 대강을 보존하는 것이며, 시행 과정에서 어느 정도 변화하는 것은 본디 사람에게 맡기는 것"이라고 했으니, 요컨대 반드시 맞는 사람을 임용해야 하고 일정한 법에 따라 시켜야 한다는 말입니다. 마땅히 얻어야 할 자격이 있는 사람에 따라 벼슬을 올리고 내리며 진퇴시키는 권한을 주되, 확실히 꼭 지켜야 하는 법 가운데서 은연 중 꼭 그럴 수 없는 기제가 있으니 인물과 법령이 아울러 행해지고 자격과 명망이 아울러 적용되어, 사(士)는 적체되거나 벼락출세를 바라는 폐단이 없어지고, 나라에서는 모두 인재를 얻어 활용할 수 있을 것입니다.

臣按: 蘇軾旣言用人不可有一定之制, 又言不可開驟進之門, 使天下常調擧·生妄心. 誠如其言, 則任法旣不可, 任人又不可, 然則如之何而可也? 軾固言 "法者存其大綱, 而其出入變化固將付之於人," 要必任用得其人, 使之於常法之中, 隨其資格之所當得者, 寓夫抑揚進退之權, 於截然可必之中, 而有隱然不可必之機, 則人法兼行·資望並用, 而士無淹滯驟進之弊, 而國家皆得人以爲用矣.

호인(胡寅)이 말하였다. "사람은 각기 재능이 있고 쓰임이 같지 않기 때문에 예로부터 취재(取才)에는 반드시 여러 방법이 있었고 오히려 취재가 좁은 것을 걱정하였다. 지금은 그저 진사(進士)와 임자(任子)[44]만

44 임자(任子): 가문을 보고 그 자제를 기용하는 추천제이다.

으로 천하의 인재를 다 모으려고 하다 보니, 버려지는 인재가 많이 보인다. 현능한 사람을 내가 등용하고자 한다면 마땅히 옛사람들이 사(士)를 선발하던 제도를 거행해야 한다. 향거(鄕擧)라든가, 진사(進士)라든가, 은임(恩任)이라든가 하는 방식으로, 과목(科目)을 설치하기도 하고, 벽소(辟召)를 허락하기도 하며, 자천(自薦)을 인정하기도 하고, 적임자를 끌어들이기를 권하여, 온 나라 안을 아울러야 한다. 3년에 5백 명의 비율로, 여러 부류로 그 숫자를 고르게 나누어, 재상(宰相)이 임용된 자의 자질에 따라 그 시비를 가려 상과 벌이 각각 정당함을 잃지 않게 해야 한다. 이렇게 시행하면 비록 쇠퇴하고 어지러운 풍속을 흥기시키고 삼왕(三王)의 제도를 넘어서는 일도 가능한데, 어찌 정년격(停年格)을 적용하겠는가."

胡寅曰: "夫人各有才而其用不同, 故自古取才必有數路, 猶患其狹. 今徒以進士·任子而欲盡天下之才, 多見其有遺矣. 必欲賢能皆爲吾用, 當擧古人取士之制, 或以鄕擧, 或以進士, 或以恩任, 或設科目, 或許辟召, 或聽自薦, 或令引類, 合四海之內, 三年之中以五百人爲率, 而均其數於衆流, 爲宰相者因任原·省是非, 賞罰各不失當焉. 率是以行, 雖起衰亂之俗, 而躋三王之製可也, 何停年格之足用乎?"

신은 이렇게 생각합니다. 자격(資格)에 따라 인재를 등용한 것이 지금까지 수천 년이니, 하루아침에 개혁하여 없애기는 참으로 어렵습니다. 위로 강건하고 밝은 군주가 있고, 아래로 공정한 신하가 아니라면 이 사안을 논의할 수 없습니다. 그렇지만 세대를 잇는 임금이 반드시 모두 현명한 것이 아니고, 일을 맡은 신하가 반드시 모두 걸맞은 인물은 아니니, 감별할 수 있는 총명함을 가지고 한때 나의 지혜가 남음을 보이기보다, 따르고 지킬 만한 법을 세워서 오래도록 내 자손의 부족함을 보필하는 것이 낫지 않겠습니까? 반드시 일정한 법을 세우고, 정해진 법 가운데 때에 따라 폐단을 보완하여 법 밖으로 나가지 않게 하면 좋을 것입니다.

오늘날의 인재 선발법에 대해 말씀드리겠습니다. 조종조 이래 문무(文武)를 아울러 임용하였고, 문관 선발은 이부(吏部)에서 주관하였고, 무관 선발은 병부(兵部)에서 주관하였습니다. 병부의 무신(武臣) 선발은 처음에 공로의 차례로 임용하였다가 나중에는 순전히 자식에게 맡기는 법을 적용했으니, 아버지가 죽으면 자식이 계승하고 자식이 없으면 형이나 동생이 계승했습니다. 정해진 자격이 있어서, 도지휘(都指揮) 같은 경우는 도독(都督)에 이르렀으니, 재능으로 발탁하였고 더욱이 오로지 자격(資格: 근무 기간)으로 하지 않았습니다.

문신(文臣)의 관직에 들어오는 길은 한 가지가 아니었고, 크게 세 가지가 있었으니 진사(進士)·감생(監生)·이원(吏員)입니다. 이원은, 자격이 높은 경우는 7품에 그쳤고, 임용되면 좌이(佐貳)·막직(幕職)·감당(監當)·관고(管庫)의 직책을 맡겼으며, 보천(保薦)하는 자가 아니면 주군(州郡)의 정원(正員)이 될 수 없었습니다.

감생의 경우, 학교의 천거 및 진사 시험을 보았다가 급제하지 못한 응시자 출신으로, 태학(太學)에서 학업을 닦다가 자격에 따라 진출합니다. 먼저 부(府)나 부(部) 같은 관청에서 예비로 근무한 뒤에 인사를 담당하는 관청에 그 이름을 보내고, 자격에 따라 살펴서 높고 낮음을 정한 뒤 관직을 줍니다.

감생과 이원 두 부류는 비록 각각의 자격(資格)[45]이 있고, 진사의 초임 또한 갑제(甲第)[46]에 따르지만, 자격 차례에 따르지 않고 발탁할 때는 왕왕 통상의 과정을 넘기도 하니, 이 또한 전적으로 자격에 달린 것은 아닙니다. 이것이 우리 성조(聖祖)에서 인재 등용에 대한 법을 만든 깊은 뜻이니, 진실로 이전 시대에 미치지 못했던 바입니다. 그렇지만 법을 적용한 지 이미 오래되었으므로 폐단이 없을 수 없습니다.

무신(武臣)의 폐단은 천하의 위소(衛所)는 정해진 수가 없고 설치한 관직은 정원이 있어서, 세습 무관이 항상 그 지위를 채우고 계속 이어서 감축되는 인원은 얼마 되지 않고, 새로 공을 세운 사람은 또 날이 갈수록 증가하여 한이 없으니, 이후 장차 어떻게 대처할지 모르겠습니다.

이른바 문신(文臣)의 폐단은 이렇습니다. 근년 이래 관리로 선발을 원하는 인원은 많은데 결원은 적어서, 자격 차례를 계산하면 늙어 죽을 때까지 관직 하나 얻을 수 없고, 감생(監生)은 더욱 심합니다.

아! 우리나라가 나라를 세운 지 백여 년이 지났지만, 이전에는 인재가 이처럼 적체되어 있다는 말을 들은 적이 없었는데 요즘은 이런 일이 생겼으니, 이 어찌 이유가 없겠습니까. 이렇게 된 이유를 찾아서 권한을 가진 신하에게 특별히 명령하여 널리 논의하고 깊이 연구하여 선처할 방도를 찾아야 할 것입니다. 반드시 벼슬길을 맑게 하고

---

45 자격(資格): 앞서도 간주나 본문 해석에서 드러낸 바 있지만, 자격이란 말은 현재의 자격이라는 일반적 의미가 아니라 순자격(循資格)이란 말이다. 근무한 기간과 고과로 관직 임명의 근거를 삼는 법이다. 오늘날 호봉에 따라 직급이 상승하는 제도와 유사하다.

46 갑제(甲第): 과거에서 수석으로 급제하는 것을 말하지만, 여기서는 급제 성적 정도의 의미로 보인다.

선발을 소통시켜, 진출하는 자는 모두 때맞추어 등용되는 인재가 되고, 물러나는 자는 직위를 잃고 희망이 없다는 탄식을 면하게 해야 할 것입니다. 이렇게 하면 조종의 옛 제도를 회복하고 만년토록 다스리며 나라를 보전할 수 있을 것입니다.

臣按: 資格用人幾千年於茲, 一旦欲革而去之, 誠難矣. 非上有剛明之君, 下有公正之臣, 不可以議此也. 然繼世之君未必皆賢, 任事之臣未必皆稱, 與其用能鑒別之明, 以顯吾智力有餘於一時, 孰若立可持循之法, 以輔吾子孫不足於久遠哉? 必也立爲一定之法, 而於定法之中隨時補弊, 而不出於法之外, 斯善矣. 請卽今日選法言之, 祖宗以來文武並用, 文選主於吏部, 武選主於兵部. 兵部之選武臣, 其始也以功次而用, 其後也純用任子之法, 父死子繼, 無子者兄若弟繼之. 有定格也, 若夫都指揮以至都督, 則以才能擢用焉, 又不專於資格矣. 文臣入仕之途非一端, 其大者有三, 進士也·監生也·吏員也. 吏員資格其崇者止於七品, 用之爲佐貳·幕職·監當·管庫之職, 非有保薦者, 不得爲州郡正員. 監生則出自學校之貢選及擧人試進士不第者, 其肄業太學也, 循資以出, 先歷事於府部諸司, 然後次其名於選曹, 循資而考之, 以定其高下而授以職焉. 監生·吏員二者, 雖各有資格, 進士初任亦循其甲第. 及其不次擢用往往越常調焉, 是又不專在於資格也. 此我聖祖立法用人之深意, 誠有前代所不及者, 然而用之旣久不能無弊. 武臣之弊, 則天下衛所有定數·設官有定員, 世襲之官恒滿其位, 繼繼繩繩銷減無幾, 新立功次之人, 則又日增月益無有限極, 不知其後將何以處之也. 所謂文臣之弊, 近年以來吏員需選者人多缺少, 計其資次乃有老死不能得一官者, 而監生尤甚. 嗚呼! 我朝立國以來百餘年矣, 前此未聞人才有如此淹滯者, 而今乃有之, 是豈無其故哉? 盍求所以致此之由, 特命用事之臣博論深究以求善處之術, 必使仕路澄澈, 選法疏通, 所進者皆及時有用之才, 所退者免失職無聊之歎, 如此則可以復祖宗之舊, 而制治保邦於萬年矣.

이상은 '관리 선발의 법을 공정히 함'이다.

以上公銓選之法.

신은 이렇게 생각합니다. 천하의 일은 그 이해득실이 항상 반반이고, 조정에서 세운 법 또한 그렇습니다. 또한 자격대로 인재를 등용하는 데 대해, "이 법이 만들어진 이후 용렬한 자들은 편하게 직급을 올리고 폐기되지 않으며, 빼어난 자들은 재능을 발휘하며[47] 나왔다가 결국 돌아오니, 이것이 자격법을 유지해서는 안 되는 이유이다"라고 합니다. 그렇지만 이 법이 있기 전에도 인사 관청에서 관원을 임명하면서 하위직에 30년씩 있고 과거에 붙고도 녹봉을 얻지 못한 자가

47 재능을 발휘하며: 원문의 '탈영(脫穎)'은 빼어남을 보여 준다는 뜻이다. 낭중지추(囊中之錐)의 고사에서 나왔다. 전국 시대 조(趙) 나라 평원군(平原君)의 문객이었던 모수(毛遂)가 자신을 신뢰하지 않는 평원군에게 "내가 진작 주머니 속에 들어갈 수 있었다면 송곳 끝이 전체가 다 삐져나왔을 것이요, 그 끝만 보일 뿐이 아니었을 것이다.[使遂蚤得處囊中, 乃穎脫而出, 非特其末見而已.]"라고 하였다. 《사기(史記)》 권76 〈평원군열전(平原君列傳)〉.

있었으니, 또한 이것이 자격법이 없을 수 없는 이유입니다. 그러니 자격에 따라 인재를 등용하는 법의 이해득실을 어떻게 판단하겠습니까.

아! 하늘이 이 백성을 낳았으나, 현명하고 지혜로운 자는 항상 적고 어리석고 불초한 자는 항상 많았습니다. 크고 무거운 천하의 일보다 또한 항상 세세하고 가벼운 일들이 많았습니다. 그런 까닭에 임금이 다스릴 때 천하 사람들을 등용하여 천하의 일을 다스리면서 어찌 모든 사람이 현명하고 지혜롭기를 바라지 않았겠습니까? 그렇지만 인품에는 고하(高下)가 있고, 사체에는 대소(大小)가 있으며, 관직에는 존비(尊卑)가 있으니, 그 사안을 헤아려 관직을 설치하고, 관직에 따라 인재를 등용해야 합니다. 반드시 관직과 직사가 걸맞고, 인재와 관직이 걸맞게 한다면 직사가 다스려지지 않음이 없어 정무(政務)가 거행되고 치도(治道)가 이룩될 것입니다.

그렇지만 인품의 고하 가운데도 또 고하(高下)가 있고, 사체의 대소 가운데도 또 대소(大小)가 있으며, 관직의 존비 가운데도 또 존비(尊卑)가 있으니 일률적으로 고르게 할 수는 없습니다. 그 일률적으로 고르게 할 수 없는 가운데에서 관직을 두어 전체적으로 유지하여 각각 조절하고 헤아리게 합니다. 마치 저울추가 물건을 달고 척도로 물건을 재서 경중(輕重)과 장단(長短)이 각각 유지에 적합하고 한편으로 치우치지 않게 하는 것과 같으니, 적당한 사람을 얻지 않으면 안 되는 것입니다.

그렇지만 인재는 항상 얻을 수 있는 것이 아니므로 부득이하게 법에 맡기는 것입니다. 설사 조정이 항상 인재를 얻어 임명한다면 법이 없어도 될 것입니다. 그런 사람이 항상 있는 것이 아니라서 옛사람의 인재 등용에 사람과 법을 겸용하기를 중시했던 것입니다. 천 명, 백 명의 재능을 모아 한두 사람의 이목으로 결정할 때, 만일 살펴볼 장부, 기준을 제한하는 법제, 자격의 차례가 없이 하나하나 기억하고 사람마다 선택하려고 하면, 지혜도 두루 미치지 못하고 힘도 달리고 날짜도 충분하지 못할 것입니다. 하물며 거짓으로 사기를 치고, 청탁하여 요구하고, 유용(流用)하여 덮는 등 온갖 간계(奸計)가 출몰하는 경우이겠습니까.

이렇게 볼 때, 사람에게 진실로 맡기지 않으면 안 되겠지만, 법 또한 정해지지 않으면 안 될 것입니다. 일정한 법을 준수하면서 변화에 능통한 사람에게 맡겨, 경력의 적절함을 따르고 재주가 가진 능력에 따르되 재량을 발휘하고 자격을 쓰지 않는 것도 아니고 순전히 자격만 쓰는 것도 아닌 방식으로 하십시오. 자격을 쓰지 않는 것은 비상한 인재를 대우하거나 중요한 직책에 임명하거나 번잡한 사무를 개혁하기 위해서입니다. 자격을 쓰는 것은 재주가 작은 자를 대우하고 자격이 얕은 자에게 맡기며 직무가 용잡한 것을 고치기 위해서입니다.

이렇게 일정한 법을 세우고, 또 공명정대한 사람을 얻어 전형(銓衡)을 관장하면서, 재능에 따라 직임을 주고 시기에 따르고 제도에 맞추며 조정하고 조절하십시오. 통상적인 조정 중에 통상적이지 않은 조정이 있게 되면, 조정이 비록 일정하지 않은 듯하지만 실제로는 통상적인 조정의 범위 밖에서 나오는 것이 아닙니다. 그러므로 인재가 점진적으로 임용되면서도, 탁월한 인재는 점진적으로 하지 않고, 관직은 차례로 승진하면서도 긴요한 관직은 차례로 하지 않습니다. 큰 공적이나 대단한 재능 및 나라에 창졸간의 비상사태가 있지 않으면 결코 병졸을 장수로 삼거나 하급관리를 경상(卿相)에 이르게 해서는 안 됩니다.

우리 조종조의 훌륭한 입법은 이전 시대를 뛰어넘으며, 일찍이 자격법을 쓰지 않는 적이 없었지만 쓰지 않은 경우가 있었고, 비록 품계가 구분되지 않은 듯하였지만 실제로는 구분하지 않는 적이 없었습니다. 이유는 이렇습니다. 지금 제도에는, 문관직 4품 및 수도에 있는 당상관, 지방에 있는 5품 이상 관원에 결원이 생기면 모두 이름을 적어 보고하고, 5품 이하부터는 이부(吏部)가 비로소 전주(銓注: 인물 심사 및 임명)하니, 이것이 이른바 자격법을 쓰면서도 쓰지 않는 경우가 있다는 말입니다.

상서(尙書)와 시랑(侍郎) 이하부터는 재능으로 임용하고, 비록 품계를 구분하지 않는 듯하지만, 한림원(翰林院)과 국자감(國子監)에는 경서(經書)에 통달하고 문장을 잘 쓰지 못하는 자를 임명하지 않습니다. 품계 또한 구분하지 않은 적이 없습니다. 재임하는 신료는 추천을 통해 차례와 관계없이 임용할 수 있고, 이미 직질(職秩)이 차서 부(部)에 이르렀으면 반드시 그 공적을 살피고 통상의 조정을 거쳐 임용합니다. 조종조의 좋은 법과 아름다운 의도가 이와 같았으니, 이 또한 만세토록 준수해야 하고 바꾸지 말아야 할 것입니다.

臣按: 天下之事其利害得失恒相半, 而朝廷所立之法亦然. 且如資格以用人, 說者謂此法既立之後, 庸碌者, 便於歷級而升, 不致沈廢; 挺特者, 脫穎而出, 遂至邅迴, 則是資格不可有也. 然未有此法之前, 選司注官有老於下位三十年, 出身不得祿者, 則又是資格不可無也. 然則資格用人其利害得失如何? 嗟夫! 天生斯民, 賢智者恒少, 而愚不肖者恒多; 天下之事巨而重者, 又常不若細而輕者之爲衆也. 是故人君爲治, 用天下之人, 以理天下之事, 寧不欲人人皆用其賢且智也. 然人品有高下, 事體有大小, 官職有崇卑, 量其事而設其官, 隨其官而用其人, 必使官與事稱·人與官稱, 則事無不理, 而政務擧, 治道成矣. 然人品高下之中又有高下, 事體大小之中又有大小, 官職崇卑之中又有崇卑, 不可以一律齊也. 於其不可一律齊之中, 而設官以總持之, 使之各得其劑量焉, 如權衡之稱物·尺度之度物, 輕重·短長各適其可, 而不倚於一偏, 非得其人不可也. 然人不常得, 於是不得已而任之以法焉. 使朝廷常得人而任之, 則雖無法亦可也, 如其人之不常有何, 此古人用人貴於人法兼用也. 夫群千百人之才品, 而決於一二人之耳目, 苟無簿籍之稽考·法制之禁限·資次之循曆, 而欲一一記憶之·人人掄選之, 吾恐其智有所不周·力有所不逮·日有所不給矣. 而況夫僞妄詐冒·請托干求·那移蒙蔽·奸計百出者哉? 由是觀之, 人固不可以不任, 而法亦不可以不定. 守一定之法, 而任通變之人, 使其因資歷之所宜, 隨才器之所能, 而量加任使, 非不用資格亦不純用資格. 不用資格所以待非常之才·任要重之職·釐煩劇之務; 用資格所以待才器之小者·任資曆之淺者·厘職務之冗雜者. 其立爲法一定如此, 而又得公明之人以掌銓衡, 隨才授任, 因時制宜而調停消息之, 於常調之中而有不常之調, 調雖若不常, 而實不出乎常調範圍之外. 人以漸而用, 而出類之才, 則不以漸; 官以次而升, 而切要之職, 則不以次. 非有大功德·大才能及國家猝有非常之變, 決不拔卒爲將·徒步而至卿相也. 我祖宗立法之善超越前代, 未嘗不用資格, 而有不用者焉, 雖若不分流品, 而實未嘗不分焉, 何則? 今制文職四品及在京堂上官·在外方面五品以上官, 有缺員皆具名以聞, 自五品以下吏部始得銓注, 此所謂用資格, 而有不用者也. 自尙書·侍郞以下惟才是用, 雖若不分流品. 然翰林院·國子監非通經能文者不授之, 其於流品又未嘗不分焉. 臣寮之在任也, 則得推擧不次用之, 旣滿秩到部, 則必考其功跡按常調以用焉. 祖宗良法美意有如此者, 此又萬世所當遵守, 而不可更革者也.

대학연의보

(大學衍義補)

—

권11

백관을 바로함[正百官]

고과의 법을 엄격히 함[嚴考課之法]

《서경》〈순전(舜典)〉에서 말하였다. 3년에 한 번 공적을 살피시고, 세 번 살핀 다음 어두운 자와 밝은 자를 내치고 올려 주시니 여러 공적이 다 밝아졌다.

〈舜典〉: 三載考績, 三考黜陟幽明, 庶績咸熙.

채침이 말하였다. "고(考)는 실제를 살피는 것이다. 삼고(三考)는 9년이니, 9년이면 사람의 현부(賢否)와 일의 득실(得失)을 볼 수 있다. 이에 따라 밝은 사람을 올려주고 어두운 자를 내쳐서 상벌을 분명하고 미덥게 하면 사람마다 일의 성과에 힘쓰게 되니, 이 때문에 여러 공적이 다 밝아졌다."

蔡沈曰: "考, 核實也. 三考, 九載也, 九載則人之賢否·事之得失可見. 於是陟其明而黜其幽, 賞罰明信, 人人力於事功, 此所以庶績咸熙也."

신은 이렇게 생각합니다. 이는 만세토록 고과(考課)의 조상입니다. 3년이란 천도(天道)가 일변하는 절기이니, 9년이 되면 세 번 변하는 것입니다. 천도가 세 번 변하게 되면 인사(人事)가 정해집니다. 사람이 뜻을 세우고 일을 할 때 반드시 일정함이 있지는 않기 때문에, 전에는 진취적이었던 사람이 뒤에는 퇴보하기도 하고, 처음에는 부지런했던 사람이 끝에는 게을러지기도 합니다. 오늘은 이렇지만 내일도 반드시 모두 이와 같지는 않을 것이고, 이 사안은 그렇지만 다른 사안은 반드시 그렇지 않을 것입니다. 잠시 동안은 남을 현혹시킬 수 있지만 오래되면 본색이 드러나지 않는 경우가 없습니다.

3년, 6년 동안 정치가 변하지 않는다면 진실로 그 대략을 알 수 있을 것이지만, 어찌 뒤에 어떨지 알겠습니까. 반드시 길게 9년 정도 변하지 않는다면 끝내 변하지 않을 것이니, 이때 그 결과에 따라 쫓아내는 것입니다. 성인(聖人)의 입법은 느슨하면서도 상세하고 상세하면서도 곡진하여 진실로 만세의 법이 될 수 있으니, 어찌 한 시대에만 다여러 공적이 밝아지겠습니까. 만세토록 적용하고 만세토록 모두 밝아질 것입니다.

순 임금 시대에 이 법을 세운 이래, 후세에 대부분 준수하며 적용하지 못하여, 1년에 한 번 고과하기도 하고, 30개월에 한 번 고과하기도 하며, 혹 6년으로 판단하기도 하고, 혹 3년으로 판단하기도 하였습니다. 그러나 이들 모두 우리나라에서 이 순 임금 시대의 공적 고과법을 한 시대의 법으로 삼아 백세토록 전승한 것보다 못합니다.

臣按: 此萬世考課之祖. 夫三年者天道一變之節也, 至於九年則三變矣. 天道至於三變, 則人事定矣. 蓋人之立心行事未必皆有恒也, 銳於前者,或退於後; 勤於始者, 或怠於終. 今日如此, 而明日未必皆如此; 此事則然, 而他事則未必然. 暫則可以眩惑乎人, 久則未有不敗露者也. 爲政於三年·六年不變, 固可見其概矣, 安知其後何如哉? 必至於九年之久而不變, 則終不變矣, 於是從而黜陟之. 聖人立法緩而詳, 詳而盡, 眞可以爲萬世法也, 豈但使一世之庶績咸熙而已哉? 萬世用之, 而萬世咸熙矣. 帝世立此法以來, 後世多不能遵用, 或以一年爲一考, 或以三十月爲一考, 或以六期爲斷, 或以三年爲斷, 未有若我朝本帝世考績之法以爲一代之法百世相承者也.

《서경(書經)》〈주관(周官)〉에서 말하였다. 6년에 오복[1]이 한 번 조회하고 또 6년【12년이 된다.】에 왕이 때맞추어 순행하여, 제도를 사악에서 살피고, 제후는 각각 방악에서 조회하니, 크게 출척을 밝힌다.

〈周官〉: 六年五服一朝, 又六年【十二年也】王乃時巡, 考制度於四嶽, 諸侯各朝於方嶽, 大明黜陟.

채침이 말하였다. "오복은 후(侯)·전(甸)·남(男)·채(采)·위(衛)이다.

1 오복: 왕이 있던 수도[王畿]를 중심으로 5백 리씩 나누어 등급을 만든 구역 다섯 개를 말한다. 상고(上古)에는 전복(甸服)·후복(侯服)·수복(綏服)·요복(要服)·황복(荒服)이었고 주대(周代)에는 후복(侯服)·전복(甸服)·남복(男服)·채복(采服)·위복(衛服)으로 구분되었다.

6년에 한 번 경사(京師)에 조회하면 12년에 왕이 한 번 순행한다. 때맞추어 순행한다는 것은 순(舜) 임금이 사중(四仲)에 순행한 것과 같은 것이며, 제도를 살핀다는 것은 순 임금이 시(時)와 월(月)을 맞추고 일(日)을 바로잡으며, 율(律)·도(度)·양(量)·형(衡)을 통일하는 등의 일과 같은 것이다. 제후가 각기 방악(方岳)에서 조회한다는 것은 순 임금이 동쪽 제후를 만나 본 것과 같은 것[2]이며, 크게 출척을 밝힌다는 것은 순 임금이 밝은 사람을 올려주고 어두운 자를 내친 것[3] 같은 일이다. 드물게 할지 자주 할지는 때에 따라 다르고, 번거롭고 간략함이 제도에 따라 다르니, 제왕의 다스림이 때에 따라 가감함을 알 수 있다."

蔡沈曰: "五服, 侯·甸·男·采·衛也. 六年一朝會京師, 十二年王一巡狩. 時巡者, 猶舜之四仲巡狩也. 考制度者, 猶舜之協時月正日·同律度量衡等事也. 諸侯各朝方嶽者, 猶舜之肆覲東后也. 大明黜陟者, 猶舜之黜陟幽明也. 疏數異時, 繁簡異制, 帝王之治因時損益者可見矣."

2 제후가 … 것: 《서경》 〈우서 순전(舜典)〉 8장에, "순수하는 해의 2월에 동쪽 지방을 순수하여 대종(岱宗)에 이르러 시(柴) 제사를 지내시며 산천을 바라보고 차례를 정하여 제사하고 마침내 동쪽 제후들을 만나 보시니, 다섯 가지 서옥(瑞玉)과 세 가지 폐백과 두 가지 생물(生物)과 한 가지 죽은 예물이었다.[歲二月, 東巡守, 至于岱宗柴, 望秩于山川, 肆覲東后, 五玉·三帛·二生·一死贄.]"라고 하였다.

3 크게 … 것: 《서경》 〈우서 순전(舜典)〉 27장에, "3년에 한 번씩 공적을 상고하고 세 번 상고한 다음 어두운 자와 밝은 자를 내치고 올려 주시니 여러 공적이 다 빛났는데, 삼묘(三苗)를 나누어 등지셨다.[三載考績, 三考黜陟幽明, 庶績咸熙, 分北三苗.]"라고 하였다.

신은 이렇게 생각합니다. 지금 제도에 3년이 되면 방면(方面: 지방) 및 부(府)·주(州)·현(縣) 장관은 한 번 조회를 하는데, 이것이 곧 '6년에 오복이 한 번 조회'하는 제도입니다. 다만 주나라에는 순수(巡狩)하는 제도가 있었고 제후가 6년마다 조회하였는데, 지금은 3년에 한 번 하는 것일 뿐입니다.

조회를 오는 신하는 각각 다스리는 곳에서 반드시 알아야 할 사안에 대해 책으로 만들어 조정에 바치니, 이것이 제도를 살피는 전통이 남은 것입니다. 정책을 시행한 자는 상을 주고 발탁하는 규정이 있고 그렇지 못하면 파직하여 쫓아내니, 이 또한 파출을 분명히 하는 것입니다.

이 제도는 《서경》 〈우서(虞書)〉에 한 번 보이고, 뒤에 천여 년 만에 〈주관〉에 다시 나타납니다. 주(周)나라는 지금까지 거의 3천 년에 가까운데, 겨우 두 번 나타나는 것입니다. 한(漢)·당(唐)·송(宋)나라에는 모두 없습니다. 아! 이것이 성조(聖祖)에서 정치를 제어하고 나라를 보전하는 것이 어떤 왕보다 탁월한 이유일 것입니다.

臣按: 今制三年方面及府州縣官一朝覲, 卽此六年五服一朝之制也. 但周有巡狩之制, 而諸侯朝以六年, 而今則三年一朝耳. 來朝之臣各以其所治須知之事造冊, 以獻於朝廷, 是考制度之餘意也. 政績擧者有賞擢之典, 否則廢黜焉, 是亦大明黜陟也. 斯制也一見於《虞書》, 後千載餘復見於《周官》. 周至於今日幾三千年矣, 僅再見焉, 漢·唐·宋皆無之. 嗚呼, 此聖祖制治保邦, 所以卓冠乎百王也歟!

《주례(周禮)》〈천관(天官) 태재(太宰)〉에서 말하였다. 한 해가 끝나면 모든 관청으로 하여금 각각 그들의 정무(政務)를 바르게 하고, 회계를 받으며【회(會)란 통합한 계산[大計]이다.】, 지금까지 한 일의 공적 상황을 듣고【가지고 온 일의 공적 상황을 듣는다.】 판단하여 왕에게 보고하고【왕에게 아뢴다.】 폐출하거나 그냥 둔다【폐치란 공이 있는 자는 그대로 두고 그의 관작을 승진시키고, 공이 없는 자는 폐기하여 그의 관직을 물린다.】. 삼년이 되면 관리들의 다스림을 대대적으로 헤아려 벌하거나 상을 준다.

《周禮》〈太宰〉. 歲終則令百官府各正其治, 受其會【大計也】, 聽其致事【聽其事來至者之功狀】而詔王【奏白於王】廢置【有功者置之進其爵, 無功者廢之退其爵】, 三歲則大計群吏之治而誅賞之.

신은 이렇게 생각합니다. 《주례》에 한 달이 끝나면 월요(月要)가 있고 열흘이 끝나면 일성(日成)이 있으니, 이는 날짜나 달에 모두 고과가 있었다는 것이고, 한 해가 끝나면 세회(歲會)가 있었으니 이는 한 해마다 고과가 있었다는 것입니다. 그래서 한 해가 끝나고 대계(大計)에는 그 동안 했던 일을 듣고 왕에게 보고하여 폐치(廢置)의 법을 시행합니다. 그렇지만 그들의 정무를 폐할지 둘지 각각 헤아리고, 아직 벌주거나 상을 주지는 않습니다. 3년 정도의 기간이 되면 관리들의 다스림을 대대적으로 헤아려 서로 비교한 뒤 벌과 상의 법을 시행합니다.

날짜로 하는 고과는 재부(宰夫)가 받고, 월별로 하는 고과는 소재(小宰)가 받으며, 해마다 하는 고과는 태재(大宰)가 받아, 매년 왕에게 아뢰고, 삼년이 되면 어두운 자는 벌주고 밝은 자는 상을 줍니다. 이렇게 삼대(三代) 태평성대를 누릴 때 고과를 엄격하게 하고 회계를 온당하게 하였으니, 상하가 서로 돕고 체통이 문란해지지 않았던 것은 이 때문일 것입니다.

臣按: 《周禮》月終則有月要, 旬終則有日成, 則是日月皆有考也, 至於一歲之終, 則有歲會, 則是一歲有考也. 於是歲終大計, 則聽其所致之事, 詔王行廢置之法, 然猶各計其所治之當廢當置者, 而未行誅賞也. 至於三年之久, 則大計群吏之治, 相與比較, 而行誅賞之法焉. 其考以日也, 宰夫受之; 考以月也, 小宰受之; 考以歲也, 大宰受之. 每歲而詔於王, 至於三歲, 則誅其幽而賞其明, 此三代盛時考核嚴而會計當, 上下相維, 體統不紊也, 其以此歟!

《주례》〈지관(地官) 소사도(小司徒)〉에서 말하였다. 한 해가 끝나면 속관(屬官)이 다스린 성과【일을 다스린 총계.】를 살펴 벌주거나 상을 주며, 관리들로 하여금 요회(要會: 회계 결산)를 바르게 하여 일을 가지고 오게 한다.

〈小司徒〉. 歲終則考其屬官之治成【治事之計】而誅賞, 令群吏正要會而致事.

《주례》〈추관(秋官) 사구(司寇) 소사구지직(小司寇之職)〉에서 말하였다. 한 해가 끝나면 속관에게 명하여 회계를 들이고【회계 현황.】, 일을 가지고 오게 한다【일을 가지고 와서 왕에게 준다는 말이다.】.

小司寇. 歲終乃命其屬入會【會計之狀】, 乃致事【謂致事與王】.

신은 이렇게 생각합니다. 선유(先儒)가 말하기를, "성주(成周)의 육경(六卿)이 먼저 속관(屬官)을 고찰하고 난 뒤 목백(牧伯)에게 알려 주며, 목백이 그 결과에 따라 제후를 살핀다. 고과가 준비된 뒤에 천자에게 올리기 때문에 〈주관(周官)〉에서 '육경이 매년 왕에게 아뢰어 관리들의 다스림을 헤아려 벌주고 상을 준다.'라고 하였다. 서한(西漢)에서는 군국(郡國) 수상(守相)을 고과할 때, 승상(丞相)과 구경(九卿)은 군국의 회계 문서를 섞어 평가하고, 천자에게 이르면 승상의 요청을 받았다. 한나라는 고대에서 그리 멀리 떨어지지 않았기 때문에 여전히 옛 의도가 남아 있었다."라고 했습니다.[4]

지금 제도는, 내외 관청들이 각각 스스로 관속을 고과하고 난 뒤 이부(吏部)에 알리고, 이부가 고과의 평가 등급을 정한 뒤 조정에 보고하여 출척을 시행하니, 또한 이런 뜻입니다.

臣按: 先儒謂 "成周六卿先考其屬官, 而後倡牧伯, 牧伯從而考諸侯. 考課既備, 然後上之天子, 故周官六卿每歲, 則詔王計群吏之治而誅賞之. 西漢課郡國守相, 而丞相·九卿則雜考郡國之計書, 至天子則受丞相之要. 漢去古未遠, 故猶有古意." 今制內外諸司各自考其官屬, 然後達於

---

4 선유(先儒)가 … 했습니다: 왕안석(王安石)이 한 말이다. 《주례집설(周禮集說)》 권2 〈천관총재(天官冢宰)〉에 나온다.

吏部, 吏部定其殿最, 聞於朝廷以行黜陟, 亦是此意.

한(漢)나라 법에, 6조(條)로 이천석(二千石)을 살피고, 한 해를 마치면 사실을 보고하여 등급 평가를 거행하였다.

漢法, 以六條察二千石, 歲終奏事, 擧殿最.

한나라 때 군수(郡守)는 영장(令長)을 물리쳐 놓고 스스로 고과하여 등급을 매길 수 있었으며, 자사(刺史)가 군국의 수상을 고과할 수 있고, 승상과 어사는 군국의 회계문서를 섞어 고과할 수 있으며, 천자는 승상의 요청을 받는다.

漢郡守辟除令長得自課第, 刺史得課郡國守相, 而丞相·御史得雜考郡國之計書, 天子則受丞相之要.

신은 이렇게 생각합니다. 한나라 고과법은 역사서에 기재되어 있지 않은데, 한 해가 끝나면 승상이 등급을 고과하여 황제에게 아뢰어 상벌을 시행한다는 말이 〈병길전(丙吉傳)〉에 보입니다.[5] 윤옹귀(尹翁歸)

5 한 해가 … 보입니다: 《한서(漢書)》 권74 〈병길전〉에 나온다.

가 부풍(扶風)이 되어 도적을 잡는 성적이 항상 삼보(三輔)에서 1등이었고,[6] 한연수(韓延壽)는 동군 태수(東郡太守)가 되어 옥사 재판을 크게 줄임으로써 천하에서 1등이었으며,[7] 진만년(陳萬年)과 정창(鄭昌)은 모두 수상(守相)의 높은 성적으로 조정에 들어와 우부풍(右扶風)이 되었으며,[8] 의종(義縱)과 주박(朱博)은 모두 현령으로 높은 성적을 받아 조정에 들어와 장안령(長安令)이 되었던 사실[9]이 그들의 열전 곳곳에 보입니다. 이런 사실로 보건대, 한 시대의 고과법에는 반드시 성법(成法)이 있었음을 알 수 있습니다.

臣按: 漢考課之法史所不載, 惟歲竟丞相課其殿最, 奏行賞罰, 見於〈丙

6 윤옹귀(尹翁歸)가 … 1등이었고: 한나라 때 장안(長安)에서 동쪽을 경조(京兆)·장릉(長陵), 북쪽을 풍익(馮翊)·위성(渭城), 서쪽을 부풍(扶風)이라 했는데 그 후 장안 인접지(隣接地)를 삼보(三輔)라 하였다. 《한서(漢書)》 권76 〈윤옹귀전(尹翁歸傳)〉.

7 한연수(韓延壽)는 … 1등이었으며: 한연수(韓延壽)는 자가 장공(長公)으로 영천 태수(潁川太守)를 거쳐 좌풍익(左馮翊)이 되었는데, 고릉(高陵)을 지나다 형제가 전답을 다투는 송사를 만나자, 한연수는 골육(骨肉)끼리 쟁송하는 것은 관리가 교화를 잘 펴지 못한 탓이라고 자책하자, 다투던 형제가 쟁송을 멈추었고 고을 풍속이 순화되었다. 《한서(漢書)》 권76 〈한연수전(韓延壽傳)〉.

8 진만년(陳萬年)과 … 되었으며: 진만년은 한 선제 때 사람인데, 현령으로 높은 성적을 받아 조정으로 들어왔다. 윗사람의 비위를 잘 맞췄으며, 특히 외척(外戚) 허사(許史) 에게 뇌물을 많이 바쳤다. 《한서》 권66 〈진만년전(陳萬年傳)〉. 정창(鄭昌) 역시 한 선제 때의 인물로 자는 차경(次卿)이다.

9 의종(義縱)과 … 사실: 의종은 한나라 하동(河東) 사람이다. 벼슬은 장릉(長陵)·장안(長安) 영(令)을 거쳐 정양(定襄)·남양 태수(南陽太守)를 역임했다. 백성 다스리기를 너무 엄혹하게 하여 응격(鷹擊)이란 별호가 있었다. 뒤에 참형을 당했다. 《사기》 권122 〈혹리열전(酷吏列傳)〉. 주박(朱博)은 한(漢)나라 때 사람으로 4개 현의 현령(縣令)과 2개 주의 자사(刺史)를 지냈는데, 정사를 함에 있어서 법대로 엄하게 다스려 많은 치적을 세웠다. 《한서》 권83 〈주박전(朱博傳)〉.

吉傳〉. 尹翁歸爲扶風, 盜賊課常爲三輔最; 韓延壽爲東郡太守, 斷獄大減爲天下最; 陳萬年·鄭昌皆以守相高第入爲右扶風; 義縱·朱博皆以縣令高第入爲長安令, 散見於各人之傳. 由是以觀, 其一代考課之典必有成法可知矣.

한 무제(漢武帝) 때, 동중서(董仲舒)의 대책에서 말하였다. "옛날에 말한 공(功)이란 관직에 임용하여 직무에 어울리는지로 차이를 두었지, 근무 일수가 얼마나 오래되었는가를 말하는 것이 아니었습니다. 그러므로 작은 재주로는 아무리 날짜가 쌓여도 낮은 관직을 벗어나지 못하였고, 현명한 재주를 가진 사람은 오래지 않아 보좌(輔佐: 재상)가 되는 것이 폐해가 되지 않았습니다. 그러므로 유사(有司)는 힘과 지혜를 다하여 자기 직업을 힘써 다스려 공을 세웠습니다. 지금은 그렇지 않고, 날짜만 쌓아서 높은 자리를 차지하고 오래 근무하여 관직을 차지합니다. 그래서 염치가 문란해지고 현명한 자와 불초한 자가 뒤섞여 참된 인재를 얻을 수 없습니다."

武帝時, 董仲舒對策曰: "古所謂功者以任官稱職爲差, 非謂積日累久也. 故小材雖累日, 不離於小官; 賢材雖未久, 不害爲輔佐. 是以有司竭力盡知, 務治其業而以赴功. 今則不然, 累日以取貴, 積久以致官. 是以廉恥貿亂·賢不肖渾淆, 未得其眞."

호인이 말하였다. "후세에 정치가 옛날에 미치지 못하는 큰 이유로 세 가지가 있는데, 임금이 선비를 취하고, 인재를 등용하며, 관직을 맡기는 데 선왕(先王)을 본받지 않는 것이다. 선비를 취하는 데는 향거리선(鄕擧里選)보다 좋은 것이 없고 사장(詞章)을 재는 것보다 나쁜 것이 없다. 인재 등용에는 인물에 따라 직임을 맡기는 것만한 것이 없고 잘할 수 없는 자리에 등용하는 것보다 나쁜 것이 없다. 관직 임용에는 오래 두고 옮기지 않는 것이 가장 좋고, 이곳저곳 옮겨 다니는 것이 가장 나쁘다. 가장 좋은 방법은 옛날에 모두 시행하였고, 가장 나쁜 방법은 후세에 모두 따르고 있다.

한나라, 위(魏)나라 이래로 동중서가 옳다고 말한 것을 무시하고 다시는 거행하지 않았으며, 옳지 않다고 말한 것은 더하고 덧붙여 정규 법령으로 만들었다. 염치는 도가 손상되었고 어리석은 자들이 남의 위에 있으니, 백성들에게 얼마나 병폐가 되겠는가. 반드시 대략이나마 선왕을 본받고 묵은 폐단을 모두 덜어내어 밝은 임금과 현명한 재상이 결단하여 시행해야 할 것이다. 그렇게 하면 두루 현명한 인재를 얻어 중외에 포진시키어, 요순 같은 임금이 되고 성왕이나 강왕 시대[10]의 풍속을 이룩할 수 있을 것이다."

胡寅曰: "後世治不及古者其大有三, 人君之取士·用人·任官不師先王也. 取士莫善於鄕擧里選, 莫不善於程其詞章也; 用人莫善於因人任職, 莫不善於用非其所長也; 任官莫善於久居不徙, 莫不善於轉易無方也.

10 성왕이나 강왕 시대: 《사기(史記)》 권4 〈주본기(周本紀)〉에 "성왕과 강왕 시대에 천하가 태평하여 형벌을 쓰지 않은 지 40년이었다."라고 할 정도로 태평성대를 이루었다.

莫善焉者, 古皆行之; 莫不善焉者, 後世皆蹈之. 自漢魏以來, 董子所謂是者, 蔑不復擧; 所謂不是者, 附益增損以爲典常. 廉恥道喪·愚不肖居人上, 爲斯民病, 豈有量哉? 必也略法先王, 盡蠲宿弊, 明君賢相斷而行之, 其庶幾乎遍得賢才森布中外, 致君堯·舜而措俗成·康乎!"

신은 이렇게 생각합니다. 동중서가 말한 "근무 일수가 얼마나 오래 되었는가"가 곧 〈주관〉의 "사사(司士)가 오래 녹봉을 주었다" 는 말이다. 그렇지만 사사는 왕에게 알리되, 반드시 덕에 대해 먼저 보고한 뒤 작위를 주었고, 공을 보고한 뒤 녹을 주었으며, 능력을 보고한 뒤 직사를 준 뒤 오래 녹봉을 주었던 것입니다. 후세에는 날짜만 쌓아서 높은 자리를 차지하고 오래 근무하여 관직을 차지하니, 다시는 덕과 공 및 능력을 고찰하지 않고, 오직 근무 기간의 선후만으로 판단합니다. 이는 옛사람이 왕에게 아뢴 세 가지 방도에서 지금 시대에는 겨우 한 가지만 쓰는 것입니다. 이렇게 인재를 등용하고 관직에 임용하면서 염치가 문란하지 않고 현명한 자와 불초한 자가 뒤섞이지 않기를 바라기는 어렵습니다.

그렇지만 천하의 크기, 관직의 다수가 천만 정도에 그치지 않기 때문에, 근무 기간으로 판단하지 않고 하나하나 걸맞는지 구별하려고 하면 얼마나 길이 어렵습니까. 고교법(考校法)을 만들어 누적된 근무 일수를 세는 가운데서도 덕과 공, 능력의 항목을 나누어, 보통 재주를 가진 사람은 일정한 자급을 따르고, 남다른 재주를 가진 사람은 차례 없이 발탁하는 방안이 있습니다.

동중서의 대책에서 말했듯이, 작은 재주로는 아무리 날짜가 쌓여도 낮은 관직을 벗어나지 못하고, 현명한 재주를 가진 사람은 오래지 않아도 보좌(輔佐)가 되기에 해가 되지 않는다면, 사람들은 흥기할 바를 알고, 힘과 지혜를 다하여 자기 직업을 힘써 다스려 공을 세울 것이고, 염치가 문란한 데 이르지 않고 현명한 자와 불초한 자가 뒤섞이는 데 이르지 않아, 나라의 정무는 틀림없이 정비될 것입니다.

臣按: 仲舒所謂積日累久以爲功, 是卽〈周官〉司士以久奠食者也. 然司士詔王必先之以德詔爵, 以功詔祿, 以能詔事, 而後及於以久奠食焉. 後世累日以取貴, 積久以致官, 則不復考其德功與能, 惟以日月先後爲斷, 是則古人所以詔王者有三, 而今世僅用其一也. 以是用人·任官, 而欲其廉恥不貿·亂賢不肖不渾淆, 難矣. 然則天下之大·官職之多奚啻千萬, 不斷以歲, 月而欲一一別其稱否, 其道何繇? 曰立爲考校之法, 就積日累久之中而分德·功與能之目, 常才則循夫一定之資, 異才則有不次之擢. 如董子之策, 小才雖累日, 不離於小官, 賢才雖未久, 不害爲輔佐, 則人知所興起, 莫不竭力盡知, 務治其業以赴功, 而廉恥不至貿亂, 賢不肖不至於渾淆, 而國家之政務無不修擧矣.

선제(宣帝)가 비로소 직접 정사(政事)를 보았다. 승상 이하 각기 직무에 따라 직사를 아뢰고 할 말을 상주하였으며, 황제는 공적과 능력을 살펴 시험하였다. 시중(侍中)과 상서(尙書)로 공로가 옮겨야 할 사람이나 남다른 사람은 후하게 대우하여 상을 내려 주었다. 이천석(二千石)으로 다스린 효과가 있는 사람은 그때마다 옥새를 찍은 문서로 격려하였다. 공경(公卿)

에 궐원이 생기면 표한 데서 선발하여 차례로 임용하였다. 또한 조칙으로 군국(郡國)에서 해마다 갇힌 죄수를 보고하되, 매질로 옥사한 사람이 연루된 각 현, 작위, 마을에 대해, 승상과 어사가 성과 등급을 고과하여 보고하도록 했다.

宣帝始親政事, 自丞相以下各奉職奏事, 敷奏其言, 考試功能, 侍中·尙書功勞當遷及有異善厚加賞賜, 二千石有治理效輒以璽書勉勵, 公卿闕則選諸所表以次用之. 又詔令郡國歲上繫囚, 以掠笞若瘐死者所坐各縣爵里, 丞相·御史課殿最以聞.

황룡(黃龍) 원년(기원전 49)에 조칙을 내렸다. "올린 회계 문서가 형식적인 문서일 뿐이고, 기만을 일삼아 고과를 피하기에 힘쓰는데, 삼공(三公)은 마음을 쓰지 않으니, 짐이 장차 누구에게 맡기겠는가. 어사가 회계 문서를 살펴 사실이 아니라고 의심되는 자는 법으로 조사하여 진위가 혼란하지 않게 하라."

黃龍元年, 詔曰: "上計簿具文而已, 務爲欺謾以避其課, 三公不以爲意, 朕將何任? 御史察計簿, 疑非實者按之, 使眞僞毋相亂."

신은 이렇게 생각합니다. 한 선제는 명실(名實)을 종합하고 핵심을 파악한 군주였고 고과법에 특히 엄격하였습니다. 공적과 능력을 살펴 시험하고 다스린 효과가 있는 사람은 그때마다 옥새를 찍은 문서로 격려하였으며 표시한 데서 선발하여 차례로 임용하였습니다. 군국(郡國)에서 해마다 갇힌 죄수를 보고하되, 매질로 옥사한 사람에 대해서는 승상과 어사가 성과 등급을 고과하도록 하였습니다. 그렇지만 오히려 올린 회계 문서가 형식적인 내용으로 기만할까 걱정되어 어사를 시켜 조사하여 허위가 진실을 혼란시키지 않도록 했습니다.

아! 잘한 일은 상이 있고 나쁜 일에는 벌이 있으며, 나아가 어사에게 명하여 조사하게 하고 형식적인 내용이 있을까 걱정하였습니다. 선제가 이렇게 종합하고 핵심을 파악하였는데도, 당시에 왕성(王成)은 오히려 호구(戶口)를 허위로 늘려 상을 받았으니,[11] 사람의 허위를 이토록 막기 어려운데 더구나 대충하면서 신중을 기하지 않는 경우이겠습니까.

우리나라에서는 경관(京官)으로 임기가 차면 이부(吏部)에서 살핀 뒤에 도찰원(都察院)에서 또 그 실상을 조사하며, 지방관의 경우는 주(州)와 부(府) 및 번(藩)의 관청에서 살핀 뒤 또 헌사(憲司)에서 살피니, 이 또한 한나라 사람들이 어사에게 사실이 아닌지 조사하여 진위가 서로 혼란하지 않도록 했던 뜻입니다.

臣按: 漢宣帝綜核名實之主也, 故於考課之法特嚴. 考試功能, 有治理效, 輒以璽書勉勵, 選用所表; 郡國上係囚, 有笞掠瘐死者, 又詔丞相·御史課殿最. 然猶恐其上計簿具文欺謾, 又使御史按之, 使其毋以僞亂

11 왕성(王成)은 … 받았으니: 왕성은 한(漢)나라 선제(宣帝) 때의 사람인데, 교동상(膠東相)으로 있으면서 외방의 유민 8만여 명이 경내(境內)로 몰려들었다고 보고하여 관내후(關內侯)의 관작을 받았다. 곧 병사했는데, 혹자의 말에는 왕성이 허위로 보고하여 큰 상을 받았다고 하였다. 《한서》 권89 〈순리전(循吏傳)〉.

眞. 噫, 善有賞, 惡有罰, 而又命御史按之, 恐其具文. 宣帝如此綜核, 而在當時, 王成猶以僞增戶口受賞, 人僞之難防也如此, 況漫不加意者乎? 本朝在京官考滿, 吏部旣考之, 而都察院又核其實, 在外則州若府及藩司旣考, 而又考之於憲司, 是亦漢人命御史察其非實, 毋使眞僞相亂之意.

동한(東漢)의 제도에, 태위(太尉)가 사방의 군사 업무에 대한 공적 평가를 관장하는데, 한 해가 다하면 곧 그 평가 결과를 보고하여 상벌을 시행하였다. 사도(司徒)는 백성 관련 업무에 대한 공적 평가를 관장하는데, 한 해가 다하면 곧 그 평가 결과를 보고하여 상벌을 시행하였다. 사공(司空)은 물길과 토지 업무에 대한 공적 평가를 관장하는데, 한 해가 다하면 그 평가결과를 보고하여 상벌을 시행하였다.

東漢之制, 太尉掌四方兵事功課, 歲盡卽奏其殿最而行賞罰; 司徒掌人民事功課, 歲盡則奏其殿最而行賞罰; 司空掌水土事功課, 歲盡則奏其殿最而行賞罰.

신은 이렇게 생각합니다. 이는 동한 고과의 일입니다. 태위·사도·사공이란 것은 한나라 시대의 삼공(三公)입니다. 각각 한 해가 다하면 그 평가 결과를 보고하여 상벌을 시행하였으니, 너무 빠른 잘못이 있고, 다시는 순 임금의 3년에 한 번 고과하는 제도는 아니었습니다.

臣按: 此東漢考課之事. 所謂太尉·司徒·司空者, 漢世之三公也. 各於歲盡而奏其殿最以行其賞罰, 則失於太驟, 非復有虞三載一考之制矣.

한나라 제도에, 주목(州牧)이 이천석의 장리(長吏) 가운데 직위를 감당하지 못하는 자를 상주하면, 이 사안을 모두 삼공에게 하달하고, 삼공이 서리를 파견하여 증거를 조사한 뒤에 폐출하였다. 광무(光武) 연간에 명찰(明察)[12]을 쓰고 다시는 삼부(三府)에 맡기지 않았으며 권한을 자거(刺擧)[13]하는 관리에게 귀일시켰다. 주부(朱浮)[14]가 상소하였다. "폐하께서 옛 법전을 적용하지 않으시고, 자거 관원을 믿고 정보(鼎輔: 삼공)의 직임을 진 자를 쫓아내셨으며, 심지어 널리 아뢰면 곧 파면하여 물러나게 하였으니, 복안(覆案)이 삼부(三府)에 전달되지 않고 죄로 견책할 때 명징한 조사를 받지 못합니다. 폐하께서는 사자(使者)를 복심(腹心)으로 삼고, 사자는 종사(從事)를 이목(耳目)으로 삼으니, 이는 상서(尙書)의 판단이 백석(百石)의 관리에게서 결정되는 것입니다. 그러므로 신하들이 가혹하고 각박한 것을 각자 스스로 능력이라고 여기고, 겸하여 사사로운 정 때문에 편애를 증가시키기 때문에 죄가 있는 자는 마음으로 복종하지 않고 허물이 없는 자는 근거 없는 문서에 연루되니 성쇠에 상관없이 적용하고 후대 임금에게 전해줄 방도는 아닙니다."

---

12 명찰(明察): 명찰은 관리의 업무 평가를 조사하는 방법이다.

13 자거(刺擧): 간악한 자를 탄핵하여 배척하고 공이 있는 사람을 들어 밝히는 일을 말한다. 주로 대간(臺諫)을 말한다.

14 주부(朱浮): 한나라 광무제 때의 대신이다. 《후한서(後漢書)》 권33 〈주부열전(朱浮列傳)〉.

漢制, 州牧奏二千石長吏不任位者, 事皆下三公, 三公遣掾吏按驗, 然後黜退. 光武時用明察, 不復委任三府, 而權歸刺擧之吏, 朱浮上疏曰: "陛下不用舊典, 信刺擧之官, 黜鼎輔之任, 至於有所敷奏便加退免, 覆案不關三府, 罪譴不蒙澄察. 陛下以使者爲腹心, 使者以從事爲耳目, 是謂尙書之平決於百石之吏, 故群下苛刻各自爲能, 兼以私情容長增愛, 故有罪者心不厭服, 無咎者坐被空文, 非所以經盛衰·貽後王也."

신은 이렇게 생각합니다. 고과법은 먼저 장리에게 위임한 뒤에 대신에게 보고됩니다. 반드시 득실의 증거를 조사한 뒤 위에 보고하여 승진시키거나 내쫓으니, 관리의 선악이 모두 그 실제에 타당하고 사람들은 권면하고 징계할 바를 알게 됩니다. 진실로 장리의 말만 믿는 것도 본디 안 되며, 불신하는 것도 안 됩니다. 이는 정치에 인물을 얻는 것이 귀하지만 명실을 종합하고 상세히 조사하며 잘하면 상을 주고 아니면 반드시 벌을 주는 이유인 것입니다.

【우리 명나라의 3년에 한 번 조회하는 법에 대해 생각해 보겠습니다. 천하의 포정사(布政司)와 안찰사(按察司), 주부현(府州縣)의 관리는 각각 반드시 알아야 할 문서책을 가지고 와서 조회합니다. 6부(部)와 도찰원은 그들이 시행한 사건 가운데 미처 보고를 마치지 못한 것을 조사하여 조정에서 탄핵하고 아뢰며 출척을 시행합니다.

근래 선출 과정이 적체되었기 때문에 법을 만들어 소통시키고 있는데, 그때마다 순안 어사(巡按御史)의 낱낱이 열거한 보고문서를 증거로 천하의 관료를 나오고 물러나게 하여, 다시 그 실제 행적을 고찰하여 죄상을 기록하지 않고, 곧장 노질(老疾: 늙고 병듦)·파연(罷軟: 능력이 모자람)·탐폭(貪暴: 탐욕스럽고 포악함)·소행불근(素行不謹: 평소 행실을 삼가지 않음) 등의 명목으로 폐출하니, 전혀 조종조의 처음 의도가 아닙니다. 옛 제도를 살펴보면, 관원의 임기가 차면 말미를 주어 부(部)에 오게 하여, 평균 고과를 얻었거나 직무에 걸맞지 않은 자 또한 다시 관직을 맡겨 반드시 9년의 긴 기간과 3고(考)가 끝나기를 기다렸다가 파출하거나 강등했습니다. 사안에 연루되어 강등당하거나 제명(除名)당했을 때도 사정을 말할 수 있도록 허락하였고, 아무리 처형에 임했더라도 반드시 반복 보고하였습니다. 그 법이 인재를 아끼고 끊어 버리는 것을 가볍게 하지 않은 것이 이와 같으니, 인(仁)이 지극했고 의(義)를 다하였다고 할 수 있습니다. 그들이 어떤 사람인데 곧장 이러한 명목을 붙이며, 이른바 '소행불근'의 경우는 더욱 터무니없으니, 이는 다시는 사람들의 개과천선을 인정하지 않는 것으로, 경서(經書)의 '잘못을 고치는 데 인색하지 않다[改過不吝]',[15] '잘못이 있으면 고치기를 꺼리지 않는다[過則勿憚改]'는 말[16]이 모두 그른 셈이 됩니다.

사람이 어려서부터 젊을 때까지, 젊어서부터 늙을 때까지, 지닌 자질과 행동하는 것이 어찌 모든 일이 다 좋고 잘못이 없을 수 있겠습니까. 벼슬을 하지 않으면 그만이지만, 한 번 지방 관직을 지내면 얼마간은 사람들에 의해 미움을 받게 마련이니, 비록 안연(顏淵)이나 민자건(閔子騫)[17]의 행실이 있어도 면하지 못할 것입니다.

제가 한나라 시대를 보니, 장리(長吏) 가운데 직위를 감당하지 못하는 자에 대해서는 삼공이 서리를 파견하여 증거를 조사한 뒤에 폐출하였고, 그 뒤 삼부(三府)에 맡기지

---

15 잘못을 … 않는다: 《서경》 〈중훼지고(仲虺之誥)〉에서 중훼가 탕(湯) 임금의 덕을 칭송하면서 한 말이다.

16 잘못이 … 말: 《논어》 〈학이(學而)〉에서 공자가 한 말이다. 이 구절에 대해 《논어집주(論語集註)》에서는 "허물이 있으면 마땅히 빨리 고쳐야 되고, 두려워하고 어렵게 여겨서 구차하게 편안히 있으려고 하지 않는다.[有過則當速改, 不可畏難而苟安也.]"라고 설명했다.

17 안연(顏淵)이나 민자건(閔子騫): 덕행으로 유명한 인물이다. 《논어》 〈선진(先進)〉에 "덕행은 안연(顏淵)·민자건(閔子騫)·염백우(冉伯牛)·중궁(仲弓)이요, 언어는 재아(宰我)·자공(子貢)이요, 정사는 염유(冉有)·계로(季路)요, 문학은 자유(子游)·자하(子夏)이다."라고 하였다.

않고 권한을 자거(刺擧)하는 관리에게 귀속시켰습니다.

주부(朱浮)가 "죄가 있는 자는 마음으로 복종하지 않고 허물이 없는 자는 근거 없는 문서에 연루된다" 고 한 의미는 이런 것 같습니다. 당시 장리가 비록 마음으로 복종하지 않았어도 여전히 이름 붙일 죄가 있고, 비록 근거 없는 문서로 죄를 입었어도 여전히 살필 문서가 있었다는 것입니다.

지금은 사후에 절혜(節惠)의 시호[18]까지 더해 주어도, 이런 애매하고 분명하지 않은 나쁜 명성이 죽을 때까지 한으로 남습니다. 하물며 탐욕스럽다고 해서 반드시 포악한 것은 아니며, 포악하다고 해서 반드시 탐욕스러운 것도 아니고, '늙고 병들었다'고 평가했다고 해서 반드시 실제로 늙고 병든 것도 아니며, '능력이 모자란다'고 평가했다고 해서 반드시 실제로 능력이 모자란 것도 아니고, '평소 행실을 삼가지 않았다'는 평가는 무엇을 지목하는 것인지 알지 못하는데 더구나 어떻게 마음으로 승복하겠습니까.

송(宋)나라 한억(韓億)[19]이 집정(執政)이 되었을 때, 매번 천하의 로(路)에서 관리들의 작은 잘못을 수합한 것을 볼 때마다 언짢아하며 "천하가 태평하면 성주(聖主)의 마음에 비록 초목이나 곤충까지도 모두 자기 살 곳을 찾게 하고자 한다. 벼슬하는 사람은 크게는 공경(公卿)이 되기를 바라고, 다음으로는 시종(侍從) 신하가 되기를 바라며, 아래로는 경조관(京朝官)이 되기를 바라는데, 어찌하여 성세(聖世)에 금고(禁錮: 관직 진출

---

18 절혜(節惠)의 시호: 절혜는 죽은 사람의 여러 가지 선행 가운데 특별한 것을 뽑아 시호를 내린다는 말이다. 《예기(禮記)》 〈표기(表記)〉에서 공자가 "선왕은 시호를 주어 죽은 사람의 이름을 높여 주는데, 훌륭한 행실 가운데 줄여서[節] 하나에 대해 은혜를 내리니, 이는 그 이름이 행실보다 지나친 것을 수치로 여겼기 때문이다.[先王謚以尊名, 節以壹惠, 恥名之浮於行也.]" 라고 하였다.

19 한억(韓億): 송(宋)나라 진종(眞宗)·인종(仁宗) 때 사람으로 자는 종위(宗魏), 시호는 충헌(忠獻)이다. 벼슬은 영성지현(永城知縣)·하북전운사(河北轉運使)·참지정사(參知政事)·태자소부(太子少傅) 등을 지냈다. 《송사(宋史)》 권315 〈한억열전(韓億列傳)〉.

금지조치)하려고 하는가."라고 하였습니다.

아! 성세에 사람을 금고하는 것은 태평성대의 아름다운 일이 아닙니다. 그렇지만 천하에 관직을 잃은 사람들이 군현에 가득찬 것 또한 어찌 조정의 복이겠습니까. 이윤(伊尹)이 "한 사내가 살 곳을 얻지 못하면, 이는 나의 허물이다."라고 했으니,[20] 인사권을 가진 군자라면 신중히 생각해야 할 것입니다.】

臣按: 考課之法先委之長吏, 然後以達大臣, 必須按驗得失, 然後上聞以憑黜陟, 則吏之臧否咸當其實, 而人知所勸懲也. 苟惟長吏之言是信固不可, 而不信之亦不可, 此爲治所以貴乎得人, 而綜核名實, 而信賞必罰也.【仰惟本朝三年一朝覲, 天下布政·按察諸司·府州縣官吏各齎須知文冊來朝, 六部·都察院行查其所行事件有未完報者, 當廷劾奏之, 以行黜陟. 近歲爲因選調積滯, 設法以疏通之, 輒憑巡按·御史開具揭帖以進退天下官僚, 不復稽其實跡·錄其罪狀, 立爲老疾·罷軟·貪暴·素行不謹等名以黜退之, 殊非祖宗初意. 按舊制, 官員考滿給由到部, 考得平常及不稱職者亦皆復任, 必待九年之久·三考之終然後黜降焉. 其有緣事降職·除名, 亦許其伸理, 雖當臨刑亦必覆奏, 其愛惜人才, 而不輕棄絶之如此, 可謂仁之至·義之盡矣. 彼哉何人, 立爲此等名目, 其所謂素行不謹者尤爲無謂, 則是不復容人改過遷善, 凡經書所謂 "改過不吝" "過則勿憚改" 皆非矣. 夫人自幼至壯, 自壯至老, 其所存·所行安能事事盡善, 而無過擧哉? 不仕則已, 一履外任稍爲人所憎疾, 則雖有顔·閔之行, 有所不免矣. 竊觀漢時, 長吏不任位者, 三公遣掾吏案驗然後黜退, 其後不任三府, 而權歸刺擧之吏, 朱浮謂 "有罪者心不厭服, 無咎者坐被空文", 意當時長吏雖心不厭服,

---

20 이윤(伊尹)이 … 했으니: 은(殷)나라 탕왕(湯王)의 재상인 이윤이, "내가 나의 임금을 요순처럼 만들지 못한다면 시장에서 종아리를 맞는 것처럼 내 마음이 부끄러울 것이요, 한 사내라도 살 곳을 얻지 못한다면 이는 또한 나의 허물이다."라고 하였다. 《서경(書經)》 〈열명 하(說命下)〉. 맹자도 이 의미를 《맹자(孟子)》 〈만장 상(萬章上)〉에서 부연 설명하였다.

然猶有罪可名, 雖被空文然猶有文可考. 今則加以空名如死後節·惠之諡, 受此曖昧不明之惡聲以至於沒齒齎恨, 況貪者未必暴, 暴者未必貪, 老疾未必老疾, 罷軟未必罷軟, 素行不謹不知何所指名, 又何以厭服其心哉? 宋韓億爲執政, 每見天下諸路捃拾官吏小過, 輒不懌曰: "天下太平, 聖主之心, 雖草木昆蟲, 皆欲使之得所. 仕者, 大則望爲公卿, 次亦望爲侍從, 下亦望爲京朝官, 奈何錮之於聖世?" 嗚呼! 禁錮人於聖世, 固非太平美事, 然使天下失職之人布滿郡縣, 亦豈朝廷之福哉? 伊尹曰: "一夫不獲, 時予之辜." 當道君子尙愼思之.】

진 무제(晉武帝) 때, 두예(杜預)[21]가 조칙을 받고 출척의 고과를 시행하였다. 그 대략은 다음과 같다. 옛날에 관직을 설치하고 직무를 구분하여 작록을 나누어 주고, 육전(六典)을 널리 펴서 고찰을 상세히 하였다. 그렇지만 명철한 재상에게 의지하여 널리 자문을 받고 널리 아뢰게 하였다. 말세에 이르러 마음속에 의심이 생기니 눈과 귀로 보아야 믿고, 눈과 귀로 본 것을 의심하게 되니 문서만 신뢰하게 되었다. 문서가 더욱 번잡해지면서 관직 수행에 더욱 허위가 생겼고, 법령이 늘어남에 따라 교묘한 허식이 많아졌다. 지금은 달통한 관리에게 위임하여 각각 통솔하는 관원을 고과하여, 1년 이후에 매년 우수한 자 1인을 상급[上第]으로 삼고, 열등한 자 1인을 하급[下第]으로 삼아, 계해(計偕)[22]를 통해서 이름을 보고하는 것만

21 두예(杜預, 222~285): 진(晉)나라 학자. 《춘추좌씨경전집해(春秋左氏經傳集解)》를 지어 좌씨학(左氏學)을 집대성하여 《좌전》을 춘추학의 정통적 지위에 올려놓았고, 또 《춘추장력(春秋長曆)》을 지었다. 《진서(晉書)》 권34 〈두예열전(杜預列傳)〉.

22 계해(計偕): 《사기》 권121 〈유림열전(儒林列傳)〉에 대한 사마정(司馬貞)의 《사기색은(史記索隱)》

못하다. 이렇게 6년을 하면 임금은 모두 모아서 살펴, 6년 동안 직무수행이 우수한 자는 초탁하여 등용하고 6년 동안 열등한 자는 면직한다. 우수한 점이 많고 열등한 데가 적은 자는 서용하고, 열등한 데가 많고 우수한 데가 적은 자는 좌천한다.

晉武帝時, 杜預承詔爲黜陟之課, 其略曰: 古者設官分職以頒爵祿, 弘宣六典以詳考察, 然猶倚明哲之輔疇諮博訪, 敷奏以言. 及至末代, 疑諸心而信耳目, 疑耳目而信簡書, 簡書愈煩, 官方愈僞, 法令滋彰, 巧飾彌多. 今莫若委任達官, 各考所統在官, 一年以後每歲言 "優者一人爲上第, 劣者一人爲下第, 因計偕以名聞". 如此六載, 王者總集采按, 其六歲處優擧者超用之, 六歲處劣擧者奏免之. 其優多劣少者, 敍用之; 劣多優少者, 左遷之.

신은 이렇게 생각합니다. 두예의 이 주(注) 역시 6년을 임기 만료로 삼았고, 순 임금의 제도를 복구한 것이 아닙니다. 그렇지만 매년 달통한 관원이 통솔하고 있는 관원을 고과하고, 6년이 지난 뒤에 출척하는 그 법 또한 좋습니다. 대개 분명하게 주장을 기록하여 황제에게 보고하였으니, 저 후세에 자문에 어두움을 더하고 상고할 문서도 없고, 풍문으로 들었을 뿐 검증한 실적도 없는 경우와 비교하여 진실로 우월한 방법입니다.

에 "계(計)는 계리(計吏)이고, 해(偕)는 '함께'라는 뜻으로, 영(令)이 계리와 함께 태상으로 보내는 것이다."라고 설명하였다. 계해는 지방의 관원이 회계를 보고하기 위해 중앙으로 올라갈 때, 지방의 우수한 인재가 서울의 최고 교육기관에서 다른 인재들과 함께 학업을 닦을 수 있도록 함께 데리고 가는 것을 말한다. 여기서는 계리와 같은 의미로 보인다.

臣按: 杜預此注亦是以六年爲滿考, 非復有虞之制也. 然每歲達官各考所統, 六年而後黜陟之, 其法亦善. 蓋明著奏牘以上聞, 視彼後世暗加詢訪, 而無案牘可稽, 得於風聞而無實跡可驗者, 固爲優也.

당(唐)나라 고공법(考功法)[23]은 낭중(郎中)과 원외랑((員外郎) 각 1명을 두었는데, 문무(文武) 백관의 공과(功過)와 선악을 판단하는 고과법을 관장한다. 모든 관청의 장관은 매년 속관의 공과를 비교하여 9등급을 매기고, 대규모로 모아 놓고 읽는다. 유내(流內) 관원[24]은 4선(四善)으로 서술한다.

1. 덕과 의로 이름났다.[德義有聞]

2. 청렴과 신중이 밝게 드러났다.[淸愼明著]

3. 공평함이 칭찬할 만하다.[公平可稱]

4. 삼가고 근면하며 나태하지 않다.[恪勤匪懈]

근시(近侍)에서 진방(鎭防)에 이르기까지는 27가지의 최(最: 우수, 으뜸)가 있다.

【1. 행해야 할 일을 진헌하고 행하지 말 일을 폐지하도록 건의하며, 버려진 인물을 수습하여 궐원을 보충하는 것이 근시의 최이다.

2. 인물을 전형하고 훌륭한 인재를 발탁하는 것이 인사를 담당한 관청의 최이다.

3. 맑은 것을 드러내고 탁한 것을 물리치며, 포폄이 정당한 것이 고과의 최이다.

4. 예제와 의식이 모두 경전(經典)에 맞는 것이 예관의 최이다.

23 고공법(考功法): 《당육전(唐六典)》 〈이부(吏部) 고공낭중(考功郎中)〉에 나온다.

24 유내(流內) 관원: 정1품에서 종9품까지의 관원을 말한다.

5. 음률이 조화롭고 정도를 잃지 않는 것이 악관의 최이다.

6. 판결이 적체되지 않고 생사여탈이 이치에 맞는 것이 판사의 최이다.

7. 부(部)의 통솔에 방도가 있고 경비에 실수가 없는 것이 숙위의 최이다.

8. 병사를 훈련시키고 무기를 충실히 갖추는 것이 독령의 최이다.

9. 추국(推鞫: 죄인 심문)이 실정에 맞고 처단이 공평하게 하는 것이 법관의 최이다.

10. 문장 교정을 정밀하게 살피고 이해에 밝은 것이 교정의 최이다.

11. 뜻을 받들어 자세히 아뢰고 출납을 명민하게 하는 것이 선납(宣納)의 최이다.

12. 훈도에 법도가 있고 생도가 학업에 충실한 것이 학관의 최이다.

13. 상벌이 엄하고 밝으며 전쟁에는 반드시 이기는 것이 장수의 최이다.

14. 예의가 덕스럽게 행해지고 부서가 엄숙하고 맑은 것이 정교(政教)의 최이다.

15. 기록이 상세하고 올바르며 문장과 이치가 아울러 갖추어진 것이 문사(文史)의 최이다.

16. 찾아보고 규찰하는 것이 정밀하고 탄핵이 정당한 것이 규정(糾正)의 최이다.

17. 조사가 철저하고 잘못을 찾아내어 숨김이 없는 것이 구간(句簡)의 최이다.

18. 직사를 정비하고 뜻을 받들어 일을 이루는 것이 감독의 최이다.

19. 공과(功課)를 충실히 하면서도 정장(丁匠)을 원망이 없게 하는 것이 역사(役使)의 최이다.

20. 논 갈고 김매기를 시기를 맞추어 수확의 성과를 올리게 하는 것이 둔관(屯官)의 최이다.

21. 열고 닫기를 철저히 하고 출납을 분명히 하는 것이 창고의 최이다.

22. 천체의 변화와 움직임을 관측하고 탐구가 정밀한 것이 역관(曆官)의 최이다.

23. 점(占)과 의복(醫卜)으로 효험을 많이 보이는 것이 방술(方術)의 최이다.

24. 검찰(檢察)하는 데 방도가 있어 여행자들이 막힘이 없는 것이 관진(關津)의 최이다.

25. 시장과 가게가 소란하지 않고 간사한 상행위가 없는 것이 시사(市司)의 최이다.

26. 크고 살찌게 먹여 번식을 많이 시키는 것이 목관(牧官)의 최이다.

27. 변경을 깨끗하고 엄숙히 하고, 보루를 수리하는 것이 진방(鎭防)의 최이다.】

1최 4선을 상상(上上)으로 하고, 1최 3선을 상중(上中)으로 하며, 1최 2선을 상하(上下)로 한다. 최가 없고 2선이 있으면 중상(中上)이고, 최가 없고 1선이면 중중(中中)이며, 직사는 그럭저럭 해 나가지만 선이나 최라는 소리를 듣지 못하면 중하(中下)이다. 애증에 따라 사사로운 정에 따르고 처단이 이치에 어긋하면 하상(下上)이고, 공공성을 저버리고 사사로움을 따르며 직무를 폐기하고 빠트리면 하중(下中)이며, 관직에 있으면서 모함하고 사기 치며 탐욕스러운 정상이 있으면 하하(下下)이니, 이것이 이른바 9등급이다. 모든 고과의 확정은 모두 상서성에 모아 등급을 알려준 뒤 황제에게 보고하였다.

唐考功之法, 考功郎中·員外郎各一人, 掌文武百官功過善惡之考法. 凡百司之長, 歲較其屬功過差以九等, 大合衆而讀之, 流內之官敘以四善, 一曰德義有聞·二曰清愼明著·三曰公平可稱·四曰恪勤匪懈, 自近侍至於鎭防有二十七最【一曰獻可替否·拾遺補闕爲近侍之最, 二曰銓衡人物·擢進才良爲選司之最, 三曰揚清激濁·褒貶必當爲考較之最, 四曰禮製儀式動合經典爲禮官之最, 五曰音律克諧·不失節奏爲樂官之最, 六曰決斷不滯·予奪合理爲判事之最, 七曰部統有方·警備無失爲宿衛之最, 八曰兵士調習·戎裝充備爲督領之最, 九曰推鞫得情·處斷平允爲法官之最, 十曰讎較精審·明於刊定爲校正之最, 十一曰承旨敷奏·吐納明敏爲宣納之最, 十二曰訓導有方·生徒充業爲學官之最, 十三曰賞罰嚴明·攻戰必勝爲軍將之最, 十四曰禮義德行·肅清所部爲政教之最, 十五曰詳祿典正·詞理兼擧爲文史之最, 十六曰訪察精審·彈擧必當爲糾正之最, 十七曰明於勘覆·稽失無隱爲句簡之最, 十八曰職事修理·供承强濟爲監掌之最, 十九曰功課皆充·丁匠無怨爲役使之最, 二十曰耕耨以時·收獲成課爲屯官之最, 二十一曰謹於蓋藏·明於出納爲倉庫之最, 二十二曰推步盈虛·究理精密爲曆官之最, 二十三曰占候醫卜效驗多著爲方術之最, 二十四曰檢察有方·行旅無壅爲關津之最, 二十五曰市廛弗擾·奸濫不行爲市司之最, 二十六曰牧養肥碩·蕃息滋多爲牧官之最, 二十七曰邊境淸肅·城隍修理爲鎭防之最.】一最四善爲上上, 一最三善爲上中, 一最二善爲上下, 無最而有二善爲中上, 無最而有一善爲中中, 職事粗理·善最不聞爲中下, 愛憎任情·處斷乖理爲下上, 背公向私·職務廢闕爲下中, 居官諂詐·貪濁有狀爲下下, 此所謂九等也. 凡定考, 皆集於尙書省唱第然後奏.

신은 이렇게 생각합니다. 당나라 고과법은 모든 관청의 장관이 매년 속관의 공과를 비교하여 9등급을 매겼으니, 매년 고과를 하는 것 또한 순 임금이 3재, 3고를 하는 제도[25]가 아닙니다. 그렇지만 후세의 고과법과 비교하면 취할 만한 점이 있으니, 선(善)에 대해 상세하고 최(最)에 간략한 점입니다. 대개 선으로 덕행을 드러내고, 최로 재능을 드러냈으니, 선과 최가 서로 교차 평가되면서 나누어 9등급으로 삼았고, 그것으로 중외 관원을 평가하였습니다. 상(上)인 자는 계급을 올려주고, 그다음은 녹봉을 올려 주고, 그 아래는 녹봉을 빼앗고, 또 그 아래는 해임하였으니, 또한 옛사람들의 출척의 은미한 뜻에 가깝습니다.

25 순 임금이 … 제도: 본 권11 첫머리에 인용된 《서경》 〈순전(舜典)〉의 말을 가리킨다. 채침은 3고는 9년이라고 하였다. 즉 3재 3고란 3년에 한 번씩 고과하여 9년 동안 3번 고과하는 법을 말한다.

臣按: 唐考課之法, 凡百司之長歲較其屬功過, 差以九等, 則是以每歲而考之, 亦非有虞三載三考之制. 然以後世考課之法較之, 猶有可取者焉, 以其詳於善而略於最也. 蓋善以著其德行, 最以著其才術, 以善與最相爲乘除, 分爲九等, 以考中外官, 上者加階, 其次進祿, 其下奪祿, 又在下解任, 亦庶幾古人黜陟之微意也歟.

송(宋)나라 초기에는 옛 제도를 따라, 문무(文武) 상참관(常參官)은 각각 관청의 직무가 한가롭고 바쁜 것으로 월한(月限: 달별 기한)을 삼고, 임기가 차면 바로 관직을 옮겼다. 태조(太祖)가 이름에 따라 실효를 거두도록 책임 지우는 방도가 아니라고 생각하여, 심관원(審官院)을 두어 중외 직사를 고과하게 하였다. 새로 교체되는 경조관은 불러서 면대하여 행적을 평가하여 공적이 있지 않으면 직질 승진을 허락하지 않는다. 그 뒤 입법하여 문신은 5년, 무신은 7년 동안 장사죄(贓私罪)가 없어야 비로소 직질을 옮길 수 있었다. 7계(階)에 선발된 사람【종정랑(從政郞)·선교랑(宣敎郞)·문림랑(文林郞)·통직랑(通直郞)·승직랑(承直郞)·승의랑(承議郞)·봉의랑(奉議郞)을 말한다.】은 고과 등급 순서로, 범법 사실이 없거나 업적이 있으면 교체되어 옮기고 순자(循資)라고 부른다. 고제법(考第法)은, 내외에서 선발된 사람이 1년에 한 번 고과하는데, 흠이 난 날짜가 있으면 고과가 성립하지 않는다. 3고 동안 교체되지 못하면 다시 한 해 돌아간 뒤 기록하여 제4고로 삼는다. 이미 기록한 성적은 중복 계산할 수 없다. 그 뒤 또 심관원·고과원(考課院)을 설치하였고, 모든 평상시 인물 선발은 유내전(流內銓)[26]이 주관하였고, 주거(奏擧: 황제에게 아뢰어 천거함) 및 역임하는 동안 사죄(私罪)[27]에 연루된 경우는 고과원에서 주관하였다.

宋初循舊制, 文武常參官各以曹務閑劇爲月限, 考滿卽遷. 太祖謂非循名責實之道, 罷歲月敘遷之制, 置審官院考課中外職事, 受代京朝官引對磨勘, 非有勞績不許進秩. 其後立法, 文臣五年·武臣七年, 無贓私罪始得遷秩, 其七階選人【謂從政郎·宣教郎·文林郎·通直郎·承直郎·承議郞·奉議郎】則考第資序無過犯或有勞績者遞遷, 謂之循資. 凡考第之法, 內外選人周一歲爲一考, 欠日不得成考, 三考未替, 更周一歲書爲第四考, 已書之績不得重計. 其後又立審官院·考課院, 凡常調選人, 流內銓主之; 奏擧及歷任有私累者, 考課院主之.

신은 이렇게 생각합니다. 송나라 고과법은, 처음 입법할 때 문신 5년, 무신 7년이었고, 그 뒤 고제법(考第法)은 1년에 한 번 고과했으니 모두 순 임금의 고적법이 아니었습니다. 그렇지만 이미 이부(吏部)가 있고 심관원(審官院)·고과원(考課院)이 있었으니, 거듭 잘못을 범하였고 또 성주(成周) 육전(六典)의 제도도 아니었습니다.

---

26 유내전(流內銓): 중국 송나라 때 선발하는 전형 관원의 하나이다. 《송사(宋史)》 〈선거지(選擧志)〉에, "원풍(元豐) 때 제도를 정한 이후에 전주(銓注)하는 법이 모두 선부(選部)에 속하게 되었는데, 심관동원(審官東院)이 상서좌선(尙書左選)이 되고, 유내전(流內銓)이 시랑좌선(侍郎左選)이 되고, 심관서원(審官西院)이 상서우선(尙書右選)이 되고, 삼반원(三班院)이 시랑우선(侍郎右選)이 되었는바, 이에 이부(吏部)에 사선법(四選法)이 있게 되었다."라고 하였다.

27 사죄(私罪): 공무를 집행하다가 착오로 저지른 죄 이외의 죄를 말한다.

臣按: 宋考課之法, 其初立法文臣五年·武臣七年, 其後考第之法以一年爲一考, 皆非有虞考績之法. 然旣有吏部又有審官院·考課院, 則失之重復, 又非成周六典之制.

사마광(司馬光)이 그의 임금【인종(仁宗).】에게 말하였다. "옛부터 현자를 얻기로는 요순(堯舜) 시대보다 성대한 적이 없었습니다만, 직(稷)이 곡식을 파종하고 익(益)이 산림을 주관하고, 수(垂)가 공공(共工)이 되고 용(龍)이 납언(納言)을 맡았으며, 설(契)이 오교(五教)를 펴고, 고요(皐陶)가 형벌을 밝혔으며 백이(伯夷)가 예(禮)를 담당하였고 뒤에 기(夔)가 음악을 맡았으니,[28] 모두 각각 하나의 관직을 지키고 종신토록 바꾸지 않았습니다. 지금 신하들의 재주는 진실로 위의 8인에 비할 바가 아니고, 8인의 관직에 두루 맡게 하고는 멀리는 3년 가깝게는 몇 달만에 바꾸어 버리니, 이러면서 직사를 정비하기 바라고 공적을 이루기 바랄 수는 없는 것입니다. 설사 부지런하고 삼가는 신하가 있어서 마음과 힘을 다하여 직무를 본다 해도, 사람들 마음에 미흡하고 치적이 드러나지 않아 위에 있는 사람은 의심하고 같은 반열에 있는 사람은 질시하며 아래에 있는 사람은 원망합니다. 이렇게 되면 조정에서 혹 사람들의 말만 듣고 벌을 주기도 하니, 부지런하고 삼가는 신하가 맥이 풀릴 수밖에 없습니다.

간사한 신하는 기이한 재주로 현혹하여 사람들을 시끄럽게 하고 교유를 맺어 명예를 사서, 관직에 있은 지 얼마 되지 않아 명성이 사방에 퍼

28 직(稷)이 … 맡았으니: 《서경》의 〈요전(堯典)〉과 〈순전(舜典)〉에 나오는 내용을 추린 말이다.

지지만 근심거리와 폐단을 쌓아 두었다가 후세 사람들에게 남겨 주게 됩니다. 이렇게 되면 조정에서는 혹 사람들의 말만 듣고 상을 주니 간사한 자들이 다투어 승진하지 않을 수가 없습니다. 이렇게 되는 이유는 나라에서 명분만 취하지 실질을 취하지 않으며, 문서상으로 벌을 준다고 하지만, 그 의도에는 벌을 주지 않았기 때문입니다. 무릇 명분으로 상을 주면 천하가 명분을 꾸며 공을 구하고, 문서로만 상을 주면 천하가 문서를 교묘히 만들어 죄에서 도망칩니다."

司馬光告於其君【仁宗】曰: "自古得賢之盛莫若唐虞之際, 然稷降播種, 益主山林, 垂爲共工, 龍作納言, 契敷五敎, 皐陶明刑, 伯夷典禮, 後夔典樂, 皆各守一官終身不易. 今以群臣之才固非八人之比, 乃使之遍居八人之官, 遠者三年, 近者數月, 輒以易去, 如此而望職事之修·功業之成, 不可得也. 設有勤恪之臣悉心致力以治其職, 群情未洽, 績效未著, 在上者疑之, 同列者嫉之, 在下者怨之. 當是時朝廷或以衆言而罰之, 則勤恪者無不解體矣. 奸邪之臣衒奇以嘩衆, 養交以市譽, 居官未久聲聞四達, 蓄患積弊以遺後人. 當是時朝廷或以衆言而賞之, 則奸邪者無不爭進矣. 所以然者, 其失在於國家采名不采實·誅文不誅意. 夫以名行賞, 則天下飾名以求功; 以文行賞, 則天下巧文以逃罪矣."

신은 이렇게 생각합니다. 사마광이 말한 '명분을 취하지 실질을 취하지 않으며, 문서상으로 벌을 준다고 하지만, 그 의도에는 벌을 주지 않는다'는 두 마디는 후세 고과의 폐단에 절실하게 들어맞습니다. 임금이 인재를 등용할 때 진실로 전임으로 오래 맡기면 누구나 재능을 다 발휘하고 쓰임을 다할 수 있고, 남들이 폄훼하고 칭찬하는 말도 오래되면 또한 저절로 안정될 것입니다. 이렇게 되면 그 명분에 따라 실질을 책임 지우고 문서를 보고 그 의도를 찾을 수 있을 것이니, 등용하고 버리는 것이 마땅해지고 상벌이 공평해질 것입니다.

臣按: 光所謂 "采名不采實, 誅文不誅意" 二言者, 切中後世考課之弊. 人君用人誠能專而久, 則人人得以盡其才·究其用, 而人所毁譽之言久亦自定. 於是因其名而責其實, 就其文以求其意, 則用舍當而賞罰公矣.

사마광이 말하였다.[29] "다스림의 요체로는 용인(用人)보다 우선할 것이 없지만, 사람을 알아보는 일[知人]은 성인(聖人)도 어렵게 여겼습니다.[30] 폄훼와 칭찬을 잘 살펴보면 애증이 다투어 나아오고 선악이 뒤섞이며, 공적의 실상을 살펴보면 교묘한 사기가 횡행하고 진위가 서로 덮여 있습니다. 그러니 그 근본을 요약하면 지극히 공정하고 지극히 명석해야 한다는 것입니다. 임금은 남에게 물어보아 자신이 결정하고 각 장관 스스로 속관을 고과하게 하지만, 재상이 총괄하고 천자가 상벌을 결정하니, 무슨 번거로운 수고가 있겠습니까?"

---

29 사마광이 말하였다: 《자치통감강목(資治通鑑綱目)》 권15 위(魏) 청룡(青龍) 14년 조 기사에 나온다.

30 사람을 … 여겼습니다: 《서경》 〈고요모(皐陶謨)〉에 고요가 "인재를 알아보는 데 달려 있고 백성을 편안히 하는 데 달려 있습니다.[在知人, 在安民.]"라고 하자, 우(禹) 임금이 말하기를 "너의 말이 옳으나 모두 이와 같이 하는 것은 요(堯) 임금께서도 어렵게 여기신 일이다. 인재를 알아보면 명철하여 훌륭한 사람을 벼슬시키며, 백성을 편안히 하면 은혜로워서 모든 백성들이 그리워한다."라고 하였다.

또 말하였다. "고적법은 요순 임금이 한 일로 그 시대의 관원은 직위에 오래 있으면서 직임을 전담하여 수행했고, 입법이 너그러웠으며 책임의 완성은 기한을 멀리 주었습니다. 그러므로 곤(鯀)이 치수(治水)를 할 때도 9년 동안 이룩하지 못한 뒤에 그 죄를 다스렸고, 우(禹)가 치수를 하면서 9주(州)가 같아진 뒤에 그 공을 포상했습니다.[31] 쌀과 소금[32]의 관리에 대한 성과를 낸 것도, 하루아침에 성과를 내라고 책임을 지운 것도 아니었습니다."

司馬光曰: "爲治之要, 莫先用人, 而知人聖人所難也, 故求之毁譽, 則愛憎競進, 而善惡混淆; 考之功狀, 則巧詐橫生, 而眞僞相冒. 要其本在至公至明而已. 人主詢諸人而決諸己, 使各長官自考其屬, 而宰相總之, 天子定其賞罰, 則何勞煩之有?"
又曰: "考績之法, 唐虞所爲, 當世之官居位久而受任專, 立法寬而責成遠, 故鯀之治水九載弗成, 然後治其罪; 禹之治水九州攸同, 然後賞其功. 非但效米鹽之課, 責旦夕之效也."

신은 이렇게 생각합니다. 우리나라는 백관의 고과법을 이부(吏部)에 배속했고, 내외 관원은 모두 3년에 한 번 고과하고, 6년에 재고(再考)하며, 9년에 통고(通考)하여 비로소 출척의 법을 시행합니다. 이는 순

31 곤(鯀)이 … 포상했습니다: 《서경(書經)》 〈홍범(洪範)〉에 나온다.
32 쌀과 소금: 쌀과 소금, 즉 백성의 생활필수품으로, 흔히 자질구레한 것을 뜻하는 말로 쓰인다.

임금의 제도입니다. 관직 임기가 끝난 사람은 문서책을 만들어 그가 재임 중 했던 일과 공적을 갖추어 기록하고, 속관은 그의 장점을 먼저 살피고 최목(最目: 성적표, 고과표)을 작성합니다. 어사에게 보내면 상세히 살피고 또 최목을 작성합니다.

이때에 이르러 성적을 고과하는데, 공적의 실상을 상고하고 전최를 기록하는데, 모두 3등급으로, 첫째는 칭(稱), 둘째는 평상(平常), 셋째는 불칭(不稱)입니다. 기록한 뒤에는 불러와 아뢰고 황제의 명을 받아 다시 직임을 맡기며, 6년 재고 또한 이와 같습니다. 9년 통고는 이전 2고에 기록된 것을 다 계산하여 관직을 올리고 내릴 등급을 결정합니다. 그 입법은 간결하면서도 핵심적이며, 상세하면서도 극진하여, 한(漢)나라와 당(唐)나라 이래 없었던 법입니다.

그 법에서, 어사가 상세히 고찰하는 것은 바로 한 선제가 어사에게 명하여 전최를 살피는 것이고, 고어(考語: 고과에서 평가한 말)을 기록하는 것은 바로 당나라 사람들이 그 선최(善最)를 등급 매기는 것입니다. 문서책을 고찰하고 불러서 보고 황제에게 아뢰는 것은 바로 송나라 사람들이 불러 대면하고 결정한 것입니다. 한 시대의 제도이면서 각 시대의 장점을 겸하였고, 또 순 임금이 3고를 거쳐 어둡고 밝은 관원을 출척했던 뜻에 근본을 두었으니, 어찌 만세의 훌륭한 법이 아니겠습니까.

臣按: 本朝以百官考課之法屬之吏部, 內外官皆以三年爲一考·六年再考·九年通考, 始行黜陟之典, 是則有虞之制也. 官滿者則造爲牌冊, 備書其在任行事·功績, 屬官則先考於其長, 書其最目, 轉送御史考核焉, 亦書其最目. 至是考功, 稽其功狀, 書其殿最, 凡有三等, 一曰稱, 二曰平常, 三曰不稱. 旣書之, 引奏取旨令復職, 六年再考亦如之. 九年通考乃通計前二考之所書者, 以定其升降之等. 其立法之簡而要·詳而盡, 漢·唐以來所未有也. 其以御史考核, 卽漢宣命御史考殿最也; 書以考語, 卽唐人第其善最也; 稽其牌冊, 引以奏對, 卽宋人之引對磨勘也. 以一代之制, 而兼各代之所長, 而又本於有虞三考黜陟幽明之意, 豈非萬世之良法歟?

이상은 '고과의 법을 엄격히 함'이다.

以上嚴考課之法.

신은 이렇게 생각합니다. 이부가 맡은 직임으로는 전선(銓選)과 고과(考課)가 가장 중대합니다. 전선은 근무 기간으로 그 자격의 정도를 계산하여 그대로 임용하고, 고과는 근무 기간으로 그 직무의 수행 여부를 검증하여 그에 따라 관직을 올리고 내립니다. 처음 관직에 들어갈 때는 자격에 따라 관직의 고하가 정해지고, 이미 임기가 끝난 뒤에는 고과를 통해 관직을 올리고 내립니다.

예로부터 현자를 구하고 관원을 심사하는 법은 이 두 가지 길을 벗어나지 않았습니다. 진실로 이부의 경좌(卿佐)를 잘 선발하여 스스로 자신의 속관을 고르게 한다면, 전형을 맡은 자는 자격이 있는 자 가운데서 재주 있는 자를 헤아릴 것이고, 공과를 조사하는 자는 고과 외에서 재주 있는 자를 발탁할 것입니다. 공명정대하고 불편부당하게 처리하면 나라에서는 인재를 얻는 효과를 보게 되어, 나랏일은 온당히 처리되고 백성들은 편안해져 정치를 제어하고 나라를 보전하는 근본이 수립될 것입니다.

臣按: 吏部職任之大者莫大於銓選·考課. 銓選是以日月計其資格之淺深, 而因以試用; 考課是以日月驗其職業之修廢, 而因以升降. 其初入仕也, 以資格而高下其職; 其旣滿考也, 以考課而升降其官, 自古求賢審官之法, 不外乎此二途而已. 誠能擇吏部之卿佐, 俾自擇其屬, 秉銓衡者量才於資格之中, 核功過者拔才於考課之外, 惟公惟明, 不偏不黨, 則國家有得人之效, 事妥民安, 而制治保邦之本立矣.

추천의 도를 높임[崇推薦之道]

《주역》〈태괘(泰卦)〉에서 말하였다. 초구(初九)는 띠풀이 엉켜 있는 뿌리를 뽑는 것과 같아【모(茅)는 뿌리가 서로 엉킨 것이다.】, 동류들과 함께 가니 길하다【휘(彙)란 동류이다.】.

《易》〈泰〉: 初九, 拔茅茹【茅根之相連者】以其彙【類也】, 征吉.

정이(程頤)가 말하였다. "군자가 나아갈 때에는 반드시 동류들과 서로 끌어당겨 마치 띠풀의 뿌리처럼 하나를 뽑으면 연결되어 일어나는 것과 같다. 군자가 나아갈 때에는 반드시 동류들과 함께 가니, 다만 뜻이 함께 선(善)을 행하기 즐거워하는 데에 있을 뿐만 아니라, 실로 서로 의뢰하여 덕을 이룬다. 그러므로 군자와 소인이 홀로 서서 붕우의 도움을 받지 않는 자가 없었던 것이다. 예로부터 군자가 지위를 얻으면 천하의 현자가 조정에 모여서 마음을 함께하고 힘을 합하여 천하의 소통하고 편안함을 이루고, 소인이 지위에 있으면 불초한 자가 함께 나온 뒤에 그 당이 우세하여 천하가 꽉 막히는 것이니, 각각 같은 부류를 따르는 것이다."

程頤曰: "君子之進必與其朋類相牽援, 如茅之根然, 拔其一則牽連而起矣. 君子之進必以其類, 不唯志在相先樂於與善, 實乃相賴以濟, 故君子·小人未有能獨立不賴朋友之助者也. 自古君子得位, 則天下之賢萃於朝廷, 同誌協力以成天下之泰; 小人在位, 則不肖者並進, 然後其黨勝而天下否矣, 蓋各從其類也."

신은 이렇게 생각합니다. 한 명의 군자를 진출시키면 여러 군자가 진출하고, 한 명의 소인을 진출시키면 여러 소인이 진출합니다. 이것이 〈태괘〉 초구의 "띠풀이 엉켜 있는 뿌리를 뽑는 것"이라는 상(象)입니다. 태평을 가져오는 길 또한 많은 방법이 있지만, 《주역》에서 성인이 굳이 이를 한 괘의 처음에 연결시켜, 임금이 천지의 지나친 것을 제어하고 모자란 것을 보완하여 생민(生民)을 보호하는 일은 여러 군자를 얻어 보좌로 삼지 않으면 태평의 공적을 이룰 수 없음을 보인 것입니다. 이것이 치세를 이루려는 자는 반드시 인물 등용에 신중하고 전적으로 위임함으로써 태평한 정치를 이루고 또한 추천의 도를 높여 유구하게 태평 시대를 보전하였던 이유입니다.

臣按: 進一君子則衆君子進, 進一小人則衆小人進, 此〈泰〉之初九所以有 "拔茅茹以其彙" 之象也. 夫致泰之道亦多端矣, 而作《易》聖人必以是, 而係於一卦之初者, 以見人君欲財成輔相天地, 以左右乎生民者, 非得衆君子以爲之佐, 不可以成泰功也. 此致治者所以必愼於用人·專於委任以致夫泰治, 而又崇推薦之道以保其泰於悠久焉.

《서경》〈주서(周書) 주관(周官)〉에서 말하였다. 현자에게 미루고 유능한 이에게 사양하면 모든 관원들이 화목하고, 화목하지 않으면 정사가 잡스러울 것이다. 천거된 자가 그 관직을 잘하면 이는 너희가 유능한 것이며, 천거된 자가 걸맞은 사람이 아니면 이는 너희가 책임을 다하지 못하는 것이다.

〈周官〉曰: 推賢讓能, 庶官乃和, 不和政龐. 擧能其官, 惟爾之能, 稱匪其人, 惟爾不任.

왕안석(王安石)이 말하였다.[33] "길[道]은 둘이니, 의(義)와 이(利) 뿐이다. 현자에게 미루고 유능한 이에게 사양하는 것은 의를 실천하는 방

33 왕안석(王安石)이 말하였다: 《서경》〈주서 주관〉에 대한 채침의 집전(集傳)에 나온다.

법으로, 대신(大臣)이 의에서 나오면 의에서 나오지 않는 사람이 없으니, 이것이 서관이 다투지 않고도 화목해지는 이유이다. 현자를 덮고 능력 있는 자를 해치는 것이 이익 때문으로, 대신이 이익에서 나오면 이익에서 나오지 않는 자가 없으니, 이것이 서관이 다투면서 불화하는 이유이다. 서관이 불화하면 정치가 반드시 잡스럽고 어지러워진다. 칭(稱) 또한 천거이다. 천거된 사람이 자신의 관직을 잘 수행하면 이 또한 천거한 이의 능력이고, 걸맞지 않는 사람을 천거하는 것은 또한 천거한 자가 그 책임을 다하지 못한 것이다. 옛날에 대신이 인재 천거를 통해 임금을 섬겼는데, 그 책임이 이와 같았다."

王安石曰: "道二, 義·利而已. 推賢讓能所以爲義, 大臣出於義, 則莫不出於義, 此庶官所以不爭. 而和蔽賢害能所以爲利, 大臣出於利, 則莫不出於利, 此庶官所以爭而不和. 庶官不和, 則政必雜亂, 而不理矣. 稱亦擧也, 所擧之人能修其官, 是亦爾之所能; 擧非其人是亦爾不勝任. 古者大臣以人事君, 其責如此."

신은 이렇게 생각합니다. 순 임금 조정에서 우(禹)를 백규(百揆)로 삼았으나, 우는 직(稷)과 설(契), 고요(皐陶)에게 양보했고, 수(垂)를 공공(共工)으로 삼았으나, 수는 수(殳)와 장(斨), 백여(伯與)에게 양보했습니다. 익(益)은 주(朱)·호(虎)·웅(熊)·비(羆)에게 양보했고, 백이는 기(夔)와 용(龍)에게 양보했습니다.[34]

---

34 순 임금 … 양보했습니다: 《서경》 〈우서(虞書) 순전(舜典)〉에 나온다.

아! 임금은 그 인물이 현능하다고 임용했는데, 그 당사자는 스스로 현능하지 않다고 하여 현자에게 미루고 능력 있는 자에게 양보하였습니다. 서로 화목하기가 이와 같으니, 이것이 백관이 조정에서 화목하고 많은 업적이 모두 빛나는 것입니다.

성왕(成王)이 요순의 관직을 둔 뜻을 우러러 이렇게 본받았고, '현자에게 미루고 유능한 이에게 사양하기'를 신하들에게 바랐으니, 이는 순 임금 조정의 9관이 서로 양보한 것을 본받고 싶었기 때문입니다. 또한 경계하기를, "천거된 자가 그 관직을 잘하면 이는 너희가 유능한 것이며, 천거된 자가 걸맞은 사람이 아니면 이는 너희가 책임을 다하지 못하는 것이다."라고 하였으니, 그 절실한 바람이 깊습니다.

臣按: 有虞之朝, 命禹爲百揆, 而禹則遜之稷·契·皐陶, 命垂爲共工, 而垂則遜之殳·斨·伯與. 益之遜於朱·虎·熊·羆; 伯夷遜於夔·龍. 噫! 君以其人爲賢能而用之, 而其人不自賢·不自能而推之賢·讓之能. 其相與和穆也如此, 此百官和於朝, 而庶績所以咸熙也歟. 成王仰惟唐虞建官之意而時若之, 而以推賢讓能望其臣, 蓋欲其效虞廷之九官濟濟相讓也, 而又戒之曰 "擧能其官, 惟爾之能, 稱匪其人, 惟爾不任," 其切望之也深矣.

《춘추곡량전(春秋穀梁傳)》에서 말하였다.[35] 공부하면서도 방법을 몰라 마음의 뜻이 트이지 않는 것은 자신의 죄이다. 마음의 뜻이 이미 트였는데 명예가 들리지 않는다면 벗의 죄이다. 명예가 이미 들리는데 담당 관

35 춘추곡량전(春秋穀梁傳)에서 말하였다: 소공(昭公) 19년에 나온다.

리가 천거하지 않으면 담당 관리의 죄이다. 담당 관리가 천거했는데 임금이 등용하지 않으면 임금의 잘못이다.

《春秋穀梁傳》曰: 學問無方·心志不通, 身之罪也; 心誌旣通而名譽不聞, 友之罪也; 名譽旣聞, 有司不擧, 有司之罪也; 有司擧之, 王者不用, 王者之過也.

신은 이렇게 생각합니다. 이 말은, 신하가 되어 현자를 보고도 천거하지 않고, 임금이 되어 신하가 현자를 천거했는데도 등용하지 않는 것은 다 같이 잘못이 있다는 것입니다.

臣按: 此言則爲臣者見賢而不擧·爲君者其臣擧賢而不能用, 鈞爲有失.

《춘추좌씨전(春秋左氏傳)》에서 말하였다. 양공(襄公) 3년. 기해(祁奚)가 나이 많은 것을 이유로 치사(致仕: 관직을 그만둠)를 청하였다. 진후(晉侯: 진 도공(晉悼公))이 후임을 물었다. 기해는 해호(解狐)를 천거했는데, 그는 기해와 원한이 있었다. 진후가 후임으로 삼으려고 했는데 해호가 죽었다. 진후가 또 물었다. 대답하기를 "오(午)【기해의 아들이다.】가 좋겠습니다."라고 하였다.

이때 양설직(羊舌職)이 죽었다. 진후가 "누가 대신할 수 있겠는가?"라고 하니, 대답하기를 "적(赤)【양설직의 아들 백화(伯華)이다.】이 좋겠습니다."라고 하였다. 이에 기오를 중군위로 삼고, 양설적에게 보좌하게 했다.

군자는 다음과 같이 평하였다. "기해가 이때 잘 천거하였다. 자기 원수를 천거한 것은 아첨한 것이 아니고, 자기 아들을 세운 것은 두둔한 것이 아니었으며, 자기 부하를 천거했으나 무리를 만들지 않았다. 결과적으로 제대로 해호는 천거되었고, 기오는 지위를 얻었으며, 백화는 관직을 얻었다. 하나의 관직을 논의하면서 세 가지 일이 이루어졌으니 잘 천거한 것이다. 이는 오직 기해가 훌륭했기 때문에 동류를 천거할 수 있었던 것이니, 《시경》에 '갖추어져 있도다, 그래서 비슷하도다.'라고 했는데,[36] 기해가 그런 덕성을 갖춘 인물이었다."

《左傳》: 襄公三年, 祁奚請老, 晉侯問嗣焉, 稱解狐, 其仇也, 將立之而卒. 又問焉, 對曰: "午也可【祁奚子】." 於是羊舌職死矣, 晉侯曰: "孰可以代之?" 對曰: "赤也可【職之子伯華】." 於是使祁午爲中軍尉, 羊舌赤佐之. 君子謂 "祁奚於是能擧善矣." 稱其仇不爲諂, 立其子不爲比, 擧其偏不爲黨, 解狐得擧·祁午得位·伯華得官, 建一官而三物成, 能擧善也. 夫唯善故能擧其類, 《詩》云: "維其有之, 是以似之." 祁奚有焉.

신은 이렇게 생각합니다. 다른 역사서[37]에는 이런 내용이 있습니다. 기해가 대부로서 나이 많은 것을 이유로 치사를 청하였는데, 진나라 임금이 누구를 후임으로 시켰으면 좋겠느냐고 물었을 때 해고가 좋겠다고 대답했답니다. 임금이 그대의 원수가 아니냐고 물었더니, "임

36 시경에 … 했는데: 《시경》 〈상상자화(裳裳者華)〉에 나온다.

37 다른 역사서: 어떤 역사서인지 미상이다.

금께서는 좋은 사람을 물었지 원수인지 묻지 않았습니다."라고 대답했답니다. 또 누구를 국위(國尉)로 삼으면 좋겠느냐고 묻자 오(午)가 좋겠다고 대답했답니다. 임금이 그대의 아들이 아니냐고 묻자, "임금께서는 좋은 사람을 물었지, 자식인지 묻지 않았습니다."라고 했답니다. 군자가 "기해는 밖으로 천거할 때 원수를 피하지 않았고, 안으로 천거할 때 친척을 피하지 않았으니, 지극히 공정하다고 하겠다."라고 했는데, 그 말이 좌씨(左氏)의 말에 비해 더욱 명백합니다. 이른바 공정[公]이란 한 마디에 이르러서는, 진실로 신하가 현자를 천거하여 임금을 보필할 때의 핵심적인 도리를 경계한 것입니다.

臣按: 他書有曰: 祁奚爲大夫請老, 晉君問孰可使嗣, 對曰: "解狐可." 君曰: "非子之仇乎?" 對曰: "君問可, 非問仇也." 又問孰可以爲國尉, 對曰: "午也可." 君曰: "非子之子乎?" 對曰: "君問可, 非問子也." 君子謂 "祁奚外擧不避仇讎, 內擧不避親戚, 可謂至公矣." 其言比左氏尤爲明白, 至其所謂公之一言, 眞誠人臣擧賢輔君之要道也.

해호(解狐)는 형백류(荊伯柳)와 원한이 있었다.[38] 간자(簡子)가 해호에게 묻기를, "누구를 상당수(上黨守)로 삼을 수 있겠는가?"라고 하니, 대답하기를 "형백류가 좋습니다."라고 하였다. 간자가 "그대의 원수가 아닌가?"라고 하니, 대답하기를 "신은 듣건대, 충신은 현자를 천거할 때 원수라고

38 해호(解狐)는 … 있었다: 이 이야기는 《태평어람(太平御覽)》 권429 〈인사부(人事部)〉에 '한자(韓子)'의 말로 나온다.

하여 피하지 않고, 폐할 때는 친근하다고 편들지 않는다고 합니다."라고 하였다. 간자가 훌륭한 말이라고 하고, 마침내 형백류를 수로 삼았다.

解狐與荊伯柳爲怨. 簡子問於狐曰: "孰可以爲上黨守?" 對曰: "荊伯柳可." 簡子曰: "非子之仇乎?" 對曰: "臣聞忠臣擧賢不避仇讎, 其廢也不阿親近." 簡子曰: "善." 遂以荊伯柳爲守.

신은 이렇게 생각합니다. 선유(先儒)의 말에, 사람들이 혐의를 피하는 것은 모두 자신의 안을 돌아볼 때 부족하기 때문이라고 했습니다.[39] 또 은혜와 원수를 선명하게 구분하는 것은 덕이 있는 사람의 말이 아니라고도 했습니다.[40] 하물며 신하가 임금을 섬기는 도리로는 나라를 위하여 현자를 천거하는 것이 가장 중요한데, 만일 친족이나 원수라는 이유로 피하게 된다면, 그 인물의 수준을 알 수 있습니다.

臣按: 先儒有言, 凡人避嫌者皆內不足也. 又曰, 恩仇分明, 非有德者之言. 況人臣事君莫大於薦賢爲國, 苟以親仇之故而有所避就焉, 則其人可知矣.

---

39 선유(先儒)의 … 했습니다: 《이정유서(二程遺書)》 권18 〈유원승수편(劉元承手編)〉에 나온다.

40 은혜와 … 했습니다: 이 말은 여조겸(呂祖謙)의 말로 보인다. 《계자통록(戒子通錄)》 권7 〈변지록(辨志錄) 여태사(呂太史)〉에 나오는데, 여기에는 "은혜와 원수, 네 글자를 선명하게 구분하는 것은 도가 있는 사람의 말이 아니고, 좋아하는 사람이 없다는 세 마디는 덕이 있는 사람의 말이 아니다.[恩讎分明此四字, 非有道者之言也; 無好人三字, 非有德者之言也.]"라고 하였다.

《논어》〈자로(子路)〉에서 말하였다. 중궁(仲弓)이 계씨(季氏)의 재신(宰臣)이 되어 정치에 대해 물었다. 공자가 말하기를, "유사에게 먼저 시키고 작은 허물은 용서해 주며, 현자와 재주 있는 사람을 천거해야 한다."라고 하였다. "어떻게 현자와 재주 있는 사람을 알고 천거합니까?"라고 하니, "네가 아는 사람을 천거하라. 네가 알지 못하는 사람은 남이 버려두겠는가?"라고 하였다.

《論語》: 仲弓爲季氏宰, 問政, 子曰: "先有司, 赦小過, 擧賢才." 曰: "焉知賢才而擧之?" 曰: "擧爾所知. 爾所不知, 人其舍諸."

주희가 말하였다. "현자란 덕이 있는 자이고, 재주 있는 사람이란 능력이 있는 사람이니 천거하여 등용하면, 유사에 모두 걸맞은 사람을 얻을 것이고 정치는 더욱 다스려질 것이다."

朱熹曰: "賢有德者 · 才有能者擧而用之, 則有司皆得其人, 而政益修矣."

정이가 말하였다. "사람은 각기 그 친척과 친한 연후에 친척 외의 사람들과도 친하게 된다. 중궁이 '어떻게 현자와 재주 있는 사람을 알고 천거합니까'라고 하자, 공자는 '네가 아는 사람을 천거하라. 네가 알지 못하는 사람은 남이 버려두겠는가' 하였으니, 여기서 중궁과 성인의 마음 씀씀이의 크고 작음을 알 수 있다. 이 뜻을 미루어 가면, 한 마음으로 나라를 흥하게 할 수 있고 한마음으로 나라를 잃게 할 수 있는 것이 단지 공(公)과 사(私)의 차이에 있을 뿐이다."

程頤曰: "人各親其親, 然後不獨親其親. 仲弓曰 '焉知賢才而擧之', 子曰 '擧爾所知. 爾所不知, 人其舍諸', 便見仲弓與聖人用心之大小. 推此義, 則一心可以興邦, 一心可以喪邦, 只在公私之間爾."

신은 이렇게 생각합니다. 성인의 말이 지극히 가까운 사례를 들었지만, 위아래로 다 통합니다. 공자의 이 말은 비록 중궁이 재신이 되었을 때 한 말이지만, 미루어 확대하면, 군주가 천하를 다스릴 때 조정에 있는 신하가 각기 자기가 알고 있는 현자와 유능한 자를 천거하면, 사람들마다 알고 있는 사람이 모두 천거되어 등용될 것이며, 천하의 현자와 유능한 자 가운데 버려지는 자는 없을 것입니다.

臣按: 聖人言雖至近, 上下皆通. 孔子此言雖爲仲弓爲宰而發, 然推而廣之, 使人君之治天下, 在朝之臣各擧其所知之賢才, 則人人所知者皆擧而用之, 而天下之賢才無遺者矣.

맹자가 말하였다.[41] "말에 실질이 없으면 상서롭지 못하고, 상서롭지 못한 실질로 치면, 현자를 가리는 것이 여기에 해당한다."

---

41 맹자가 말하였다: 《맹자》 〈이루 하(離婁下)〉에 나온다.

孟子曰: "言無實不祥, 不祥之實, 蔽賢者當之."

장식(張栻)이 말하였다.[42] "하늘이 이 현자를 낳아 인재로 삼았는데, 현자를 가리는 자가 현자를 방해하고 나라를 병들게 하니, 무엇이 이보다 상서롭지 못하겠는가."

張栻曰: "天生斯賢以爲人也, 蔽賢之人妨賢病國, 不祥孰甚焉."

신은 이렇게 생각합니다. 하늘이 현자와 유능한 자를 낳아 임금의 쓰임으로 삼았으니, 사람이 끌어다 진출시킬 수 있으면 그 상서로움이 클 것입니다. 아첨하고 질시하는 자들이 덮고 진출하지 못하게 하면, 당사자에게만 상서롭지 못한 것이 아니라 나라가 불행하니, 이런 자가 있는 것이 어찌 대단히 상서롭지 못한 일이 아니겠습니까. 한나라 조칙에 "현자를 덮는 행위는 드러내 놓고 주륙하는 벌을 받아야 한다"고 했는데,[43] 이런 이유로 상서롭지 못한 자는 북쪽 승냥이와 호랑이가 있는 것으로 던져도 될 것입니다.

---

42 장식(張栻)이 말하였다: 《맹자》 〈이루 하(離婁下)〉의 집주(集注)에 나온다.

43 한나라 … 했는데: 《한서(漢書)》 권6 〈무제기(武帝紀)〉에 "현자를 진출시키면 높은 상을 받고, 현자를 덮는 행위는 드러내 놓고 주륙하는 벌을 받아야 한다."라고 하였다.

臣按: 天生賢才以爲君用, 人能引而進之, 其爲祥也大矣. 媢疾之人蔽之而不容其進, 非但不祥於其身, 國而不幸, 有斯人, 豈非大不祥哉? 漢詔有云 "蔽賢蒙顯戮", 以是不祥之人投諸豺虎有北可也.

순경(荀卿)이 말하였다.[44] "하급 신하는 임금을 재화로 섬기고, 중급 신하는 임금을 몸으로 섬기며, 상급 신하는 임금을 인물 천거로 섬긴다."

荀卿曰: "下臣事君以貨, 中臣事君以身, 上臣事君以人."

신은 이렇게 생각합니다. 어떤 사람이 나라에 보답하는 방법으로 어떤 것이 큰가 물었습니다. 현자를 천거하는 일이 가장 중대합니다. 대개 한 몸의 지혜와 능력을 다해도 그 효과가 적지만, 많은 사람의 지혜와 능력을 다하면 그 효과가 많습니다. 이렇게 보면 신하가 임금을 섬기는 방도에 대해, 그 고하를 알 수 있습니다.

臣按: 或人問報國孰爲大? 曰薦賢爲大. 蓋竭一身之智力其效少, 竭衆人之智力其效多, 由是以觀, 則人臣之所以事其君者, 其高下可知矣.

44 순경(荀卿)이 말하였다: 《순자(荀子)》 권19 〈대략편(大略篇)〉에 나온다.

한 무제(漢武帝)가 조칙을 내리기를, "짐이 일을 맡은 사람에게 깊이 새기도록 명령을 내려 청렴하고 효성스러운 사람을 천거하여 풍속을 이루어 성인이 남긴 뜻을 계속 빛내고자 하였다. '열 집이 살고 있는 고을에도 반드시 충실하고 미더운 사람이 있다.'라고 했으나,[45] 지금 혹 온 고을을 통틀어 한 사람도 추천하지 않기에 이르렀으니, 이는 교화가 밑에까지 내려가지 않고 행적을 쌓은 군자가 위로 알려지는 것을 막고 있는 것이다. 또한 현자를 진출시키면 높은 상을 받고, 현자를 덮는 행위는 드러내 놓고 주륙하는 벌을 받는 것이 옛 법도이다. 천거하지 않는 자를 죄주는 데 대해 논의하라."라고 하였다. 유사(有司)가 아뢰기를, "효성스러운 사람을 천거하지 않는 것은 조사를 받들지 않는 것이니, 마땅히 불경죄(不敬罪)로 논해야 하고, 청렴한 사람을 살피지 않는 것은 직임을 감당하지 못하는 것이니 면직시켜야 합니다."라고 하였다.

漢武帝詔曰: "朕深詔執事, 興廉擧孝, 庶幾成風, 紹休聖緖. 夫'十室之邑必有忠信', 今或至闔郡不薦一人, 是化不下究, 而積行之君子壅於上聞也. 且進賢受上賞, 蔽賢蒙顯戮, 古之道也. 其議不擧者罪", 有司奏 "不擧孝·不奉詔當以不敬論, 不察廉不勝任也, 當免."

신은 이렇게 생각합니다. 등용되지 않은 현자의 경우, 그 진출 여부는 현직 공경(公卿)과 대부(大夫)에게 달렸습니다. 후세의 입법에, 천거된 자의 현부(賢否)에 따라 거주(擧主: 천거한 관원)를 연좌하는 경우는

45 열 집이 … 했으나: 《논어》 〈공야장(公冶長)〉에서 공자가 한 말이다.

있었지만, 현자를 진출시키지 못했다고 해서 현임 관원을 벌하여 반드시 진출시키도록 책임 지우는 경우는 없었습니다. 한나라 시대는 옛날과 멀리 떨어지지 않았기 때문에 황제의 조칙 반포가 여전히 옛 의미를 보존하고 있었습니다.

臣按: 未用之賢, 其進與否在公卿·大夫之見任者, 後世立法, 因其所擧賢否, 而坐其擧主則有矣; 未有以賢之不進, 而誅其見任者以責其必進者也. 漢去古未遠, 故其詔令之頒猶有古意存焉.

위 명제(魏明帝) 때, 사인(士人)들이 대부분 바삐 나아가는 데만 힘쓰고 청렴하고 겸손한 도가 결여되어 있었으므로, 유식(劉寔)이 《숭양론(崇讓論)》을 지어 바로잡았다. 그 대략은 다음과 같다.

옛날에 성왕(聖王)이 천하를 교화할 때 겸양을 귀하게 여긴 이유는 현명한 인재를 진출하게 하고 경쟁을 그치게 하려는 것이다. 인정상 누구나 자기가 현명하다고 생각하기 때문에, 현자에게 양보하여 스스로 밝아지기를 권하였다. 그 결과 겸양의 도리가 흥기했고 현명하고 유능한 사람이 찾지 않아도 스스로 오게 되었고 지극히 공정한 천거가 저절로 확립되었다. 백관이 갖추어 임명되자, 백관의 부관 또한 갖추어졌다. 한 관직이 결원이 되면 여러 관원 가운데 가장 많이 양보를 받은 사람을 등용하는 것이 심사의 방도였다. 위에서 조정에 있는 신하들이 서로 양보하면 아래에서는 모두 교화가 되니, 현자에게 미루고 유능한 이에게 사양하는 풍조가 이로부터 생겨났다. 관직에 있는 사람 가운데에도 현명한 자가 많을 것인데, 어찌 모두 현자에게 양보하는 것이 귀한 줄을 모르겠는가. 단지 시대가 모두 양보할 줄 모르니 익숙하게 풍속이 되었기 때문에 하지 않는 것일 뿐이다.

魏明帝時, 士人多務進趨, 廉遜道缺, 劉寔著《崇讓論》以矯之. 其略曰: 古者聖王之化天下所以貴讓者, 欲其出賢才·息爭競也. 夫人情莫不皆欲己之賢, 故勸令讓賢以自明, 故讓道興, 賢能之人不求而自至矣, 至公之擧自立矣, 百官具任, 爲百官之副亦具以矣. 一官缺擇衆官所讓最多者而用之, 審之道也. 在朝之士相讓於上, 下皆化之, 推賢讓能之風從此生矣. 夫在官之人其中賢明者亦多矣, 豈皆不知讓賢爲貴耶? 直以時皆不讓, 習以成俗, 故不爲耳.

신은 이렇게 생각합니다. 당송(唐宋) 시대의 관리 천거에서 자대(自代) 제도는 대개 이 유식의 논의에 근본을 두고 있는데, 그 사람의 재능을 보고 등용하는 것일 뿐 아니라, 실로 미루고 양보하는 풍조를 높이기에 충분한 것이었습니다.

臣按: 唐宋擧官自代之制, 蓋本寔之此論, 非獨可以見其人材用之, 實亦足以崇推讓之風焉.

당나라 적인걸(狄仁傑)[46]이 장간지(張柬之)[47]·요원숭(姚元崇)[48]·환언범(桓彦

46 적인걸(狄仁傑, 630~700): 강직한 간언(諫言)으로 이름난 당(唐)나라의 명신(名臣)이다. 적인걸

範)[49]·경훈(敬暉)[50] 등 수십 명을 천거하였는데, 모두 명신(名臣)이었다. 누군가가 적인걸에게 "천하의 도리(桃李)가 모두 공의 문하에 있다."라고 하자, 적인걸이 "현자를 천거하는 것은 나라를 위한 것이지, 나를 위한 것이 아니다."라고 하였다.

唐狄仁傑薦張柬之·姚元崇·桓彥範·敬暉等數十人, 率爲名臣. 或謂仁傑曰: "天下桃李悉在公門." 仁傑曰: "薦賢爲國, 非爲私也."

장열(張說)[51]은 즐겨 후진(後進)을 추천하였고 사람들의 장점을 잘 활용하였으며, 천하의 이름이 알려진 사(士)들을 많이 끌어와서 황제의 정치

의 사후인 705년에 그가 천거하여 재상에 오른 장간지(張柬之)가 무후가 병든 틈을 타 중종을 복위시켜 당나라 황실을 회복시켰다. 혹자가 적인걸에게 말하기를 "천하의 도리(桃李)가 모두 공의 문에 있었다."라고 할 정도로, 적인걸이 훌륭한 좌주(座主) 역할을 하여 많은 인재를 배출하였다. 도리(桃李)는 복사꽃과 오얏꽃을 말하는데, 현사(賢士)를 비유한다. 《당서(唐書)》 권89 〈적인걸열전(狄仁傑列傳)〉.

47 장간지(張柬之): 당나라 때의 명신으로, 자는 맹장(孟將), 시호는 문정(文貞)이다. 측천 무후의 총신(寵臣) 장창종(張昌宗) 등을 베어 당나라의 사직을 회복했다.

48 요원숭(姚元崇): 당나라 중종(中宗)·현종(玄宗) 때 사람 요숭(姚崇)이다. 자는 원지(元之), 시호는 문헌(文獻), 초명(初名)이 원숭(元崇)이었다. 벼슬은 동주 자사(同州刺史)·병부 상서(兵部尚書) 등을 지냈다. 양국공(梁國公)에 봉해졌다. 《당서(唐書)》 권96 〈요숭열전(姚崇列傳)〉.

49 환언범(桓彥範): 당나라 무후(武后) 때 부양군왕(扶陽郡王)에 봉해졌다. 《당서(唐書)》 권91 〈환언범열전(桓彥範列傳)〉.

50 경훈(敬暉): 당나라 무후(武后) 때 평양군왕(平陽君王)에 봉해졌다. 《당서(唐書)》 권91 〈경휘열전(敬暉列傳)〉.

51 장열(張說, 663~730): 당나라 중종(中宗)·현종(玄宗) 때의 재상이다. 봉각사인(鳳閣舍人), 좌승상 등의 관직을 두루 역임하였으며, 연국공(燕國公)에 봉해졌다. 《당서(唐書)》 권97 〈장열열전(張說列傳)〉.

를 보좌하고, 전장(典章)을 창제하여 한 시대의 왕법(王法)이 시작되었다. 진현원(進賢院)을 맡아, 일찍이 장구령(張九齡)[52]을 천거하여 고문에 대비하였다. 장열이 죽자, 황제가 그의 말을 생각하고 불러서 비서소감(秘書少監)·집현전 학사(集賢院學士)로 삼았다.

張說喜推籍後進, 善用人之長, 多引天下知名士, 以佐佑王化·粉澤典章, 成一王法始. 知進賢院, 嘗薦張九齡, 可備顧問. 說卒, 上思其言, 召爲秘書少監·集賢院學士.

신은 이렇게 생각합니다. 대신이 모두 적인걸이나 장열이 현자를 천거하듯이 할 수 있다면, 나라를 위한 치도(治道)에 많은 도움이 될 것입니다. 이극(李克)이 말하기를, "천거를 받는 사람에 대해 완전히 알아야 한다."라고 했는데, 두 신하의 천거가 이와 같았으니, 그 사람들의 현명함을 알 수 있습니다.

臣按: 爲大臣者皆能如狄仁傑·張說之薦賢, 其爲國家治道之助多矣. 李克曰: "達觀其所擧." 二臣之所擧如此, 則其人之賢可知也已.

---

52 장구령(張九齡, 678~740): 자는 자수(子壽)이고, 소주(韶州)의 곡강(曲江) 사람이다. 당나라 현종 때 집현전 학사가 되고, 뒤에 중서시랑(中書侍郎)을 지냈다. 개원(開元) 21년(733)에 중서령에서 우승상이 되었으나, 24년(736)에 극언(極言)으로 직간하다가 이임보(李林甫)의 모략으로 물러나 형주 장사(荊州長史)로 좌천되었다. 《당서(唐書)》 권99 〈장구령열전(張九齡列傳)〉.

최우보(崔祐甫)가 승상이 되었는데, 천거를 하면 오직 적절한 인물이었고 스스로 의심하거나 두려워하지 않고 지극한 공정성을 가지고 시행하였다. 덕종(德宗)이 일찍이 말하기를 "남들이 말하길 경(卿)이 등용하는 사람이 대부분 친척이나 연고가 있는 사람이라고 하던데, 왜 그런가?"라고 하니, 대답하기를, "신이 폐하를 위하여 백관을 선택하는 데 감히 상세하고 신중하지 않을 수 없습니다. 만일 평소 알지 못하는 사람이라면 어떻게 그 사람의 재능과 행실을 파악하여 등용할 수 있겠습니까?"라고 하였다.

崔祐甫爲相, 薦擧惟其人, 不自疑畏, 推至公以行. 德宗嘗謂之曰: "人言卿所用多涉親故, 何也?" 對曰: "臣爲陛下擇百官不敢不詳愼, 苟平生未之識, 何以諳其才行而用之?"

사마광이 말하였다.[53] "인재를 등용할 때는 친소(親疏)나 신고(新故)의 차이가 없고 오직 현명한가 불초한가를 살펴야 한다. 그 사람이 분명 현명하지 않은데 친고가 있다고 해서 취한다면 진실로 공정한 것이 아니고, 현명한데도 친고가 있다고 해서 버려둔다면 또한 공정한 것이 아니다. 천하의 현자를 한 사람이 다 알 수 있는 것이 아니기 때문에 만약 반드시 평소 아는 사람을 기다려 등용하면 버려지는 인재가 역시 많을 것이니, 반드시 많은 사람을 천거하고 공정하게 취할

53 사마광이 말하였다: 《자치통감강목(資治通鑑綱目)》 권46 당(唐) 대종(代宗) 대력(大歷) 14년 조 기사에 나온다.

뿐이며, 그 사이에 터럭만큼이라도 사사로움을 두지 않으면, 인재를 버려두거나 관직을 비워 두는 병폐가 없을 것이다."

司馬光曰: "用人者無親疏·新故之殊, 惟賢不肖之察. 其人未必賢也, 以親故而取之, 固非公也; 苟賢矣, 以親故而舍之, 亦非公也. 天下之賢非一人所能盡, 若必待素識而用之, 所遺亦多, 必也擧之以衆·取之以公而已, 不置毫髮之私於其間, 則無遺才曠官之病矣."

문종(文宗) 때, 중서문하성에서 상주하여 청하기를, 경조(京兆), 하남 윤(河南尹) 및 천하의 자사(刺史)는 각기 본부, 본도에서 평상시 선발한 사람 중에 택하여 현령(縣令), 사록(司錄), 녹사(錄事), 참군인(參軍人)을 삼아, 고과 성적을 갖추어 재능을 보고하여 천거하도록 하였다. 자사가 천거한 두 사람이 상하(上下)의 고과를 받으면 작질을 더해주고, 재임 연도가 이미 오래된 사람은 우대하여 고쳐 진출시키며, 1백 관(貫) 이하의 뇌물죄를 지은 자는 천거한 관원의 관질을 깎고, 1백 관 이상인 자는 먼 벽지 작은 고을로 옮기도록 청하였다.

文宗時, 中書門下奏請京兆·河南尹及天下刺史, 各於本府·本道常選人中擇堪爲縣令·司錄·錄事·參軍人, 具課績·才能聞薦. 如刺史所擧並兩人得上下考者, 就加爵秩; 在任年考已深者優與進改; 如犯贓至一百貫已下者擧主量削階秩, 一百貫已上者移守僻遠小郡.

신은 이렇게 생각합니다. 사람을 알기 어렵지만 절개를 쉽게 변하게 만드는 것으로는 이익[利]만한 것이 없습니다. 오늘 이익을 취하지 않았다고 해도 어떻게 앞으로도 다 취하지 않으리라고 보장하겠습니까? 사람은 본래 보장하기 어렵지만 남의 죄에 연루된 이유 또한 반드시 모두 그 실상을 알 수 있는 것이 아니니, 천거한 관리[擧主]를 연좌시키는 이 법은 명분은 아름답지만 실제로는 쉽게 시행하지 못하는 것이었습니다.

臣按: 人之難知而節之易變者莫如利, 今日不取, 安保其他日之皆不取哉? 此事不取, 安保其他事之皆不取哉? 人固難保矣, 而所以坐人罪者又未必皆得其實, 此連坐擧主之法名, 雖美而實未易行也.

오대(五代) 주 세종(周世宗)이 한림학사, 양성(兩省) 거령록(擧令錄)을 제수하는 날에 바로 천거한 자의 성명을 서명하여, 천거된 자가 탐욕으로 관직을 부패하게 하면 아울러 연좌하라고 명하였다.

五代周世宗令翰林學士·兩省擧令錄, 除官之日, 仍署擧者姓名, 若貪穢敗官並當連坐.

호인(胡寅)이 말하였다.[54] "인재를 보임하는 것이 천하에서 가장 어

54 호인(胡寅)이 말하였다: 《자치통감강목(資治通鑑綱目)》 권59 '주나라가 거령록법을 제정하였

렵다. 무릇 중간 정도의 인재[中人]는 만에 하나도 못되니 중인도 본디 쉽게 얻을 수 없고, 중인 이하는 세상에 널렸다. 화란이 닥치고 곤궁에 처하며, 세력과 이익에 맞닥뜨리고 파당이 교체되는 두려움을 맛볼 때가 행실과 신조를 바꾸는 계기이다. 중인은 한 번 들어가면 한 번 나가고, 참고 참지 못하는 것, 감히 하는 것과 감히 하지 않는 것이 항상 중간 정도를 유지하며 심한 데 이르지는 않는다면, 참고 감히 하지 않는 마음이 우세한 것이고, 매우 두렵고 급박하면 참지 못하고 감히 하는 마음이 터져 나온다. 이것은 인정상 대부분 통상 그러하고 사리상 필연의 이치이다. 진실로 지금 그 사람이 그렇지 않다는 것을 안다고 해서 어떻게 앞으로 달라지지 않을지 알겠는가. 하물며 그 이하 사람이겠는가.

그러므로 연좌법은 아름다운 듯하지만 실제로는 폐단이다. 아름다운 듯하기 때문에 처음에는 흥분해서 높이 평가하지만, 실제로는 폐단이기 때문에 끝내는 폐기되어 버린다. 설령 엄하여 그런 사태는 막을 것이라고 말한다 해도 간사한 자들이 엿보고 그 폐단이 더욱 심해진다면 어떻게 할 것인가.

임금이 오로지 학문에 열중하고 도리에 밝아서 진실한 현자를 알아보고 발탁하여 보상(輔相)으로 삼는다면, 산에 나무를 길러 비축하고 연못에 물고기를 기르듯이 인재들이 갖추어지고 인재 확보의 방안이 될 것이다. 오직 임금이 취할 바이고 이는 하루아침의 노력으로 되는 것이 아니다. 법을 세워 보임하면서 구차하게 목전에 닥쳐서 공급하는 것은 낮은 대책인 것이다."

다[周制擧令錄法]' 조 기사에 나온다.

胡寅曰: "保任, 天下之至難也. 夫中人以上不萬一焉, 中人固不易得矣, 中人以下滔滔是也. 迫禍難·處困窮·臨勢利·怵交黨, 此改行易守之會也. 中人者一出一入焉, 忍與不忍·敢與不敢相權於中, 未至於甚, 忍而不敢之心勝; 怵迫甚矣, 不忍而敢之心決. 此人情之大常·物理之必至也. 誠知其人今不爲是, 安知其他日渝與不渝也, 而況其下者乎? 故連坐之法似美而實弊, 似美故其初激昂, 實弊故其終廢格. 若曰吾姑嚴爲之防爾, 則奸人竊之其弊益甚, 然則奈何? 曰: 人君惟典學明道, 識拔眞賢, 以爲輔相, 則有成材之具·得人之方, 如儲木於山·育魚於淵, 惟君所取, 此非一日之力也. 立法保任, 苟給目前, 策之下也."

신은 이렇게 생각합니다. 호인이 "임금이 오로지 학문에 열중하고 도리에 밝아서 진실한 현자를 알아보고 발탁하여 보상(輔相)으로 삼는다면, 인재들이 갖추어지고 인재 확보의 방안이 될 것이다."라고 한 말은 근본을 미루어 보고 자기를 돌아보는 논의입니다.

臣按: 胡寅所謂 "人君典學明道·識拔眞賢以爲輔相, 則有成材之具·得人之方", 此推本反己之論.

송 태종(宋太宗) 옹희(雍熙) 2년(985), 한림학사·양성(兩省)·어사대(御史台)·상서성(尙書省) 관원이 각각 경관(京官)·막직(幕職) 및 주현에서 조정에 올라올 만한 자들을 천거하라고 명하였다. 순화(淳化) 원년(990),[55] 재상 이하에서 어사중승에 이르기까지 각각 조정 관원 1인을 천거하여 전운사(轉運使)로 삼도록 명하였다.

宋太宗雍熙二年, 令翰林學士·兩省·御史台·尙書省官各於京官·幕職·州縣中擧可升朝者一人. 端拱三年, 令宰相以下至御史中丞, 各擧朝官一人爲轉運使.

신은 이렇게 생각합니다. 송나라 때 내외 관원은 모두 조정 대신이 천거를 책임지도록 명하였고, 소극적인 선발법을 쓰지 않았습니다.

臣按: 宋朝內外官皆責令在廷大臣擧薦, 不顓顓用選法也.

순화(淳化) 2년(991),[56] 내외 관원 중에서 보증하고 천거한 자 가운데 변절하고 규정을 벗어난 자는 거주(擧主: 천거자)가 자수하고 그 죄를 밝히라고 명하였다.

端拱四年, 令內外官所保擧人有變節逾濫者, 擧主自首, 原其罪.

---

55 순화(淳化) 원년(990): 원문에는 '端拱三年'으로 되어 있으나, 단공 연호는 2년(989)에서 끝나고 990년부터는 순화(淳化) 연호가 시작된다. 이 사실은 순화 원년에 있었으므로 바로잡아 번역하였다. 《송사(宋史)》 권160 〈선거지(選擧志)〉.

56 순화(淳化) 2년(991): 원문에는 '端拱四年'으로 되어 있으나, 이 사실은 순화 2년에 있었으므로 바로잡아 번역하였다. 《송사(宋史)》 권160 〈선거지(選擧志)〉.

신은 이렇게 생각합니다. 거주(擧主)를 연좌시키는 법을 시행한 지가 오래되었습니다만, 여기에 또 거주가 자수하고 죄를 밝히는 규정을 나란히 세웠으니, 천거된 사람의 일이 아직 드러나기 전에 자수하고 밝히는 것을 인정했으니, 이미 드러난 뒤에는 반드시 연좌죄에 얽을 것입니다. 이 법이 정말 시행된다면 천거한 자 및 천거를 받은 사람이 모두 두려워하게 될 것입니다.

臣按: 擧主連坐之法行之久矣, 而此又立擧主自首原罪之比, 蓋以所擧之人事未彰露卽許首原, 旣已彰露必坐以連坐之罪. 此法苟行, 則所擧及受擧之人咸知懼矣.

진종(眞宗)이 조칙을 내렸다.[57] "매년 끝날 때마다, 한림학사 이하 상참관(常參官)들은 함께 외임 경조관(外任京朝官), 삼반 사신(三班使臣), 막직(幕職), 주현의 관원 가운데 말을 분명히 하고 행적을 다스려 어떤 일이든 맡길 수 있는 자 각 1인을 천거하라. 혹은 자기가 알고 있는 자도 좋고, 혹은 여럿이 칭찬하는 인물도 좋다. 합문사(閤門司)과 어사대가 계획을 세워 재촉하게 하라. 해가 끝나도록 천거하는 공문을 보내지 않으면 즉시 보고하여 문책하는 벌을 내려야 할 것이다."

眞宗詔: "每年終, 翰林學士以下常參官並同擧外任京朝官·三班使臣·幕

57 진종(眞宗)이 조칙을 내렸다: 천희(天禧) 2년(1018)의 일이다. 《속자치통감장편(續資治通鑑長編)》 권73 〈진종(眞宗)〉.

職·州縣官各一人明言治行堪何任使, 或自己諳委, 或衆共推稱. 至令閤門·御史台計會催促. 如年終無擧官狀, 卽奏聞當行責罰."

신은 이렇게 생각합니다. 송나라 임금이 현자의 천거에 이처럼 절실하였으니, 후세의 본보기가 될 만합니다.

臣按: 宋朝人君切於擧賢如此, 可以爲後世法.

진종(眞宗)이 거관(擧官) 자대제(自代制)[58]를 복구하였다. 상참관(常參官) 및 절도사(節度使)·관찰사(觀察使)·방어사(防禦使)·자사(刺史)·소윤(少尹)·기적령(畿赤令) 등 7품 이상의 깨끗하고 명망 있는 관원은 관직 제수가 끝난 뒤 사흘 이내에 표를 올려 한 사람에게 양보하여 자대하게 하였다. 도성에 있는 자는 합문에 제출하고, 지방에 있는 자는 역(驛)에 부쳐 보고하게 하였다. 그 표는 중서문하에 송부하였다. 관원이 궐원이 생길 때마다 천거를 많이 받은 사람을 헤아려 제수하였다.

眞宗復擧官自代之制, 常參官及節度·觀察·防禦使·刺史·少尹·畿赤令並七品以上淸望官, 授訖三日內上表讓一人以自代. 在內者於閤門投下, 在外者附驛以聞, 其表付中書門下, 每官闕則以見擧多者量而授之.

58 자대제(自代制): 전임자가 후임자를 천거하는 제도이다.

신은 이렇게 생각합니다. 이 거관 자대제를 정말 거행하면, 이부와 병부에 각각 명단 장부 1부를 두고, 사양을 받은 관원의 현황 표를 차례로 적어, 하나는 조정에 바치고 하나는 관청에 둡니다. 이에 근거하여 인사 이동에서 승진과 발탁의 자료로 삼으면 현자나 유능한 자를 등용하는 데 보탬이 없지 않을 것입니다.

臣按: 此擧官自代之制, 誠能擧而行之, 吏·兵二部各立簿籍二, 編次所讓表狀, 一以進內, 一以留司, 據此以爲銓用升擢之資, 其於進用賢才不爲無益.

사마광(司馬光)이 임금【철종(哲宗).】에게 말하였다. "사람의 재능에는 각각 잘하는 것이 있고 사람을 알아보기 어려움을 성현(聖賢)도 중대하게 여겼습니다. 만일 전적으로 아는 사람만 끌어오면 사사로움이 끼었다는 혐의 때문에 여론을 승복시키기 어렵고, 그저 자급의 순서만 따른다면 관직에 적절한 인물이 없을 것이니, 어떻게 치세를 이룰 수 있겠습니까. 직위에 있으면서 관직에 달통한 사람이 아는 사람을 천거한 뒤 함께 협력하여 지극히 공정함으로써 재야에 현자를 버려두는 일이 없는 것이 최선입니다. 10항목에 의하여 관리를 선발하기를 청합니다.

1. 의리를 실천하고 순수하며 굳어서 사표(師表)가 될 만한 인물 등급【한숭(韓嵩)이 한휴(韓休)를 천거한 경우.[59]】

59 한숭(韓嵩)이 … 경우: 당 현종이 궁중에서 연회를 베풀거나 후원(後苑)에서 사냥하면서 조금이라도 지나친 점이 있다 싶으면 좌우 사람들을 돌아보면서 "한휴(672~739)가 알고 있

2. 절조가 있고 방정하여 헌납(獻納)에 대비할 만한 인물 등급【이교(李嶠)가 계옹(季邕)을 천거한 경우.[60]】

3. 지혜와 용기가 남보다 뛰어나 장수에 대비할 만한 인물 등급【사안(謝安)이 사현(謝玄)을 천거한 경우.[61]】

4. 공정하고 총명하여 감사(監司)에 대비할 만한 인물 등급【광형(匡衡)이 공광(孔光)을 천거한 경우.[62]】

5. 경술에 정통하여 강독(講讀)에 대비할 만한 인물 등급【소망지(蕭望之)가 설광덕(薛廣德)을 천거한 경우.[63]】

6. 학문이 해박하여 고문(顧問)에 대비할 만한 인물 등급【장열(張說)이 장구

는가?"라고 물었는데, 말을 마치자마자 곧바로 한휴의 간쟁하는 소장이 올라오곤 하였다. 그래서 현종은 기분이 우울하여 몸이 수척할 지경에 이르렀으나 "한휴가 힘써 간쟁하고 물러나면 내 잠자리가 편안하다. 내가 한휴를 기용한 것은 사직을 위해서이지 내 자신을 위해서가 아니다."라고 하였다. 《당서(唐書)》 권98 〈한휴열전(韓休列傳)〉.

60 이교(李嶠)가 … 경우: 당 중종(唐中宗) 때 《당서(唐書)》 권94 〈이교열전(李嶠列傳)〉.

61 사안(謝安)이 … 경우: 사현은 진(晉)나라 사람으로 사안(謝安) 의 조카이다. 사안은 사현을 천거하였고, 사현이 건무장군(建武將軍)에 임명된 뒤, 부견(苻堅)의 백만 대군을 정예 8천 군사로 비수(肥水)에서 대파하였다. 《진서(晉書)》 권79 〈사현열전(謝玄列傳)〉.

62 광형(匡衡)이 … 경우: 광형은 한(漢)나라 동해(東海) 사람으로, 경서에 두루 능통하였으며 특히 시(詩)의 강설에 뛰어났다. 선제(宣帝) 때 평원문학(平原文學)이 되고, 원제(元帝) 때 태자소부(太子少傅)·승상(丞相)이 되어 낙안후(樂安侯)에 봉해졌다. 《한서(漢書)》 권81 〈광형전(匡衡傳)〉. 공광(孔光)은 전한(前漢)의 유학자로 공자의 14대손이다. 경학(經學)에 밝아 지위가 승상에까지 이르렀다가 왕망이 전권(專權)한 뒤에 여러 번 사직했으나 허락받지 못해 결국 태사(太師)가 되었다가 비난을 받았다. 《한서》 권81 〈공광전(孔光傳)〉.

63 소망지(蕭望)가 … 경우: 설광덕은 한(漢)나라 패군(沛郡) 사람으로 소망지(蕭望之)의 추천에 의하여 간의대부(諫議大夫)에 제수되고 다시 어사대부(御史大夫)에 올랐다. 원제(元帝)가 종묘에 제사를 지낼 때에 편문(便門)으로 나가 누선(樓船)을 타려고 하자, 설광덕이 다리를 이용해서 가지 않으면 자결해서 피로 수레바퀴를 더럽혀 종묘에 들어갈 수 없게 할 것이라고 간쟁하여 만류하였다. 《한서》 권81 〈설광덕전(薛廣德傳)〉.

령(張九齡)을 천거한 경우.[64]】

7. 문장이 전아하고 아름다워 저술에 대비할 만한 인물 등급【위원충(魏元忠)이 오긍(吳兢)을 천거한 경우.[65]】

8. 옥송(獄訟)을 잘 판단하여 공정함을 다하고 실상을 파악하는 인물 등급【원앙(袁盎)이 장석지(張釋之)를 천거한 경우.[66]】

9. 재정과 부세를 잘 관리하여 공사가 모두 편하게 한 인물 등급【이우(李祐)가 이손(李巽)을 천거한 경우.[67]】

10. 법령을 연습하여 의심스러운 죄를 결단할 수 있는 인물 등급【병길(丙吉)이 우정국(于定國)을 천거한 경우.[68]】

직책에 따라 일을 담당하는데, 상서(尙書) 이하에서부터 매년 10항목 중에서 3명을 천거하고, 중서성(中書省)에서 거주(擧主) 및 천거된 자의 성명을 기록하여 매년 말 천거하지 않는 자나 천거 인원이 부족한 자를 조사하도록 하십시오. 혹 서울이나 지방에 일이 있으면 정무를 맡은 관원

---

64 장열(張說)이 … 경우: 장열(張說, 667~730)이 동시대의 문학가 장구령(張九齡, 678~740)을 높이 평가하여 당 현종에게 천거하였다. 《신당서(新唐書)》 권126 〈장구령열전(張九齡列傳)〉.

65 위원충(魏元忠)이 … 경우: 위원충은 당(唐)나라 송성(宋城) 사람으로 초명은 진재(眞宰), 시호는 정(貞)이다. 벼슬은 전중시어사(殿中侍御史)·중서령(中書令)을 역임했다. 《당서》 권122 〈위원충열전(魏元忠列傳)〉, 《당서》 권132 〈오긍열전(吳兢列傳)〉.

66 원앙(袁盎)이 … 경우: 장석지는 원앙의 천거로 알자(謁者)로 승진하였다. 《자치통감강목(資治通鑑綱目)》 권3下 한 문제(漢文帝) 3년.

67 이우(李祐)가 … 경우: 이 일은 미상이다. 이손은 당나라 순종(順宗) 때 염철사(鹽鐵使)가 되어, 당대에 나라를 부유하게 만들어 명성이 높았던 유안(劉晏)과 이름을 견주었다. 《舊唐書》 卷123 〈李巽列傳〉.

68 병길(丙吉)이 … 경우: 병길은 한 무제(漢武帝) 때 승상(丞相)으로, 병길의 병이 위독하자 천자가 문병하면서 후임으로 누가 좋은지 물었다. 병길은 두연년(杜延年), 우정국(于定國), 진만년(陳萬年)을 추천하였다. 《漢書》 卷74 〈魏相丙吉傳〉.

이 각각 천거된 항목에 따라 선발하여 보내게 하십시오."

司馬光言於其君【哲宗】曰: "人之才性各有所能, 知人之難聖賢所重, 若專引知識, 則嫌於挾私難服衆心; 若止循資序, 則官非其人何以致治? 莫若使在位達官人擧所知, 然後克協至公·野無遺賢矣. 欲乞以十科取士, 一曰行義純固可爲師表科【如韓嵩之薦韓休】, 二曰節操方正可備獻納科【如李嶠之薦季邕】, 三曰智勇過人可備將帥科【如謝安之薦謝玄】, 四曰公正聰明可備監司科【如匡衡之薦孔光】, 五曰經術精通可備講讀科【如蕭望之之薦薛廣德】, 六曰學問該博可備顧問科【如張說之薦張九齡】, 七曰文章典麗可備著述科【如魏元忠之薦吳兢】, 八曰善聽獄訟盡公得實科【如袁盎之薦張釋之】, 九曰善治財賦公私俱便科【如李祐之薦李巽】, 十曰練習法令能斷請讞科【如丙吉之薦於定國】. 應職事官自尙書以下, 每歲於十科中擧三人, 中書省鈔錄擧主及所擧官姓名, 歲終不擧及人數不足, 按敕施行. 或遇在京及外方有事, 執政各隨所擧之科選差."

신은 이렇게 생각합니다. 천하의 인재는 이 10항목에 국한되지 않고, 더구나 각 등급 중 등용해야 할 사람도 많고 적기가 같지 않을 것입니다. 신의 어리석은 생각으로는 소순(蘇洵)이 말한 것처럼 해야 합니다. 《서경》에 "무슨 무슨 일을 했다.[載采采.]"라고 했으니,[69] 천거하는 사람은 그의 행적을 분명히 밝혀야 하고, "아무개는 청렴한 관리다.

---

69 《서경》에 … 했으니: 《서경》 〈고요모(皐陶謨)〉에서, 고요가 우 임금에게 아홉 가지 덕을 진언하며 "아, 훌륭합니다. 행실을 총괄하여 말할진댄 아홉 가지 덕이 있으니, 그 사람이 소유한 덕을 총괄하여 말할진댄 아무 일과 아무 일을 행했다고 말하는 것입니다.[都亦行有九德, 亦言其人有德, 乃言曰載采采.]"라고 하였다.

일찍이 어떤 일이 있었는데 그의 청렴함을 알 수 있었다", "아무개는 유능한 관리다. 일찍이 어떤 일이 있었는데 그의 능력을 알 수 있었다"라고 해야 합니다. 비록 반드시 비상한 공적이 있어야 하는 것은 아니지만, 모두 천거할 만한 실상이 있어야 하며, 단지 "청렴하고 유능하다"라고만 기록한 것은 받아들이지 말아야 합니다. 이렇게 하면 인재를 선발하는 길이 넓어질 것이고, 당로자가 그 재능과 기량을 참작하여 등용하면 인재를 얻을 수 있을 것입니다.

臣按: 天下人才不拘拘於此十科, 況其各科之中所當用者, 亦有多寡不同. 臣愚以爲當如蘇洵所云,《書》曰 "載采采," 擧人者當明著其跡, 曰 "某人廉吏也, 嘗有某事知其廉," "某人能吏也, 嘗有某事知其能." 雖不必有非常之功, 而皆有可擧之狀, 其特曰 "廉能而已" 者不聽. 如此, 則取人之路廣, 當道者量其才器而用之, 庶乎其得人矣.

영종(英宗) 때 중외 신료들에게 조칙을 내렸다. 문자관(文資官)[70] 중에서 직위 고하를 막론하고 행실이 평소 저명한 자, 관리의 치적이 남보다 뛰어나 발탁하여 임용할 수 있는 사람을 천거하도록 하였다. 또한 관청에서 사(使) 이하 3반(班)까지의 사신(使臣) 가운데, 장령(將領) 및 행진(行陳)에 임용할 만한 사람을 천거하도록 하였다.

70 문자관(文資官): 금(金)나라 제도에 진사(進士)는 문산관(文散官), 즉 문관으로서 벼슬을 갖지 못한 사람에게 주는 품계를 받는데, 이를 문자관이라고 했다. 《금사(金史)》 권53 〈선거(選擧) 이(二) 문무선(文武選)〉.

사마광(司馬光)이 말하였다. "처음에 신이 듣고는 경하하며 손뼉을 쳤습니다. 나중에 의논하는 자가 모두 '몇 년 전에도 이런 조칙이 있었고 천거된 자가 매우 많았는데 조정에서 발탁되었다는 말은 들은 적이 없다. 지금 이 또한 옛일을 정비해서 허명을 꾸민 것일 뿐, 현자를 구하는 실질적인 방안이 아니다.'라고 했습니다. 정말 이와 같다면 진실로 무슨 보탬이 되겠습니까? 바라건대 앞으로 지금 신료들이 천거하는 사람을 자급에 따라 각각 장부 하나에 써서 이름을 나란히 적고 궁중에 가지고 계십시오. 부본(副本)은 해당 관청에 내려보내, 문무 관원 중에 위에 올려 파견해야 할 궐원이 생기면 아울러 천거된 관원 명부 안에 있는 자급 인원 가운데에서 친히 선택하여 정하십시오."

英宗時詔中外臣僚, 於文資官內, 不以職位高下擧行實素著·官政尤異可備升擢任使之人; 又於諸司使以下至三班使臣內, 擧其堪充將領及行陣任使之人. 司馬光言: "臣始聞之不勝慶抃, 旣而議者皆言 '數年之前亦有此詔, 所擧甚衆, 未聞朝廷曾有所升擢, 今茲蓋亦修故事·飾虛名而已, 非有求賢之實也.' 若果如此, 誠有何益? 乞將今來臣僚所擧之人, 隨其資敍各置一簿, 編其姓名, 留之禁中, 其副本降付所司, 遇文武官員有闕應係上件差遣者, 並乞於所擧官簿內資敍人中, 親加選擇點定."

신은 이렇게 생각합니다. 사마광이 "몇 년 전에도 이런 조칙이 있었으며, 지금 하는 일 또한 옛일을 정비해서 허명을 꾸민 것일 뿐이다."라고 말한 것은, 후세에 조칙의 폐단에 딱 들어맞는 말이며, 단지 현자를 구하는 한 가지 일만 그런 것이 아닙니다. '명단 장부를 궁중에 두라’고 한 말은 더욱 절실하고 중요합니다만, ‘궐원이 생기면 친히 결정하라’는 말은 좋지 않은 듯합니다.

신의 어리석은 생각으로는 반드시 담당 관청에서 각각 후보를 보고하기를 기다린 뒤에, 이 명단 장부에 근거하여 합당한지 여부를 살펴서 결정해야 합니다. 이렇게 하면 임금은 당대의 인재에 대해 모두 근거를 가지고 인물을 알아볼 것이고, 또한 천거된 인물의 득실에 따라 추천한 사람의 현명 여부를 알 수 있을 것입니다.

臣按: 光所言“數年前亦有此詔, 而今之所行亦是修故事·飾虛名而已”, 此切中後世詔令之弊, 非但求賢一事然也. 所謂置簿禁中一說尤爲切要, 但欲遇闕親爲點定, 似乎未善. 臣愚以爲必須待所司各擬以聞, 然後據此簿考其當否以點定之. 如此則人君於一世之人才, 皆有所據以知其人, 亦可因所擧之得失, 以知其人之賢否.

소식(蘇軾)이 말하였다. “천하의 관리에 대해 한 사람, 한 사람 알 수가 없기 때문에 장리(長吏)를 시켜 천거합니다. 또한 사사로운 마음으로 천거하여 제대로 된 사람을 얻지 못할까 걱정하기 때문에 장리에게 맡깁니다. 훗날 낭패한 일이 있으면 연좌하여 과오가 무거운 경우에는 죄도 같이 줍니다.

또한 사람을 알기 어려운 일은 요순(堯舜)부터도 걱정으로 여겼습니다. 오늘 착하다가 내일 나쁜 짓을 하는 것도 보장할 수 없는데, 하물며 십여 년 뒤에, 젊은이는 장년이 되고 장년은 노인이 된 뒤에 여전히 한때의 말을 끄집어내어 함께 그 죄를 받게 한다면 너무 지나치지 않겠습니까. 천하 사람으로 벼슬을 하면서 뜻을 얻지 못했을 경우에는 열심히 좋은 일을 하여 천거를 구하지 않는 사람이 없고, 관직에 나간 뒤에야 근심이 없기 때문에 거침없이 못하는 바가 없습니다.

지금 주현(州縣)에서 장리가 직접 그의 청렴과 근면한 절개를 보게 되면 천거하지 않을 수 없는 상황인데, 또 어떻게 그가 종신토록 할 짓을 알겠습니까. 한 현(縣)의 장관은 한 현의 속관을 살피고, 한 군(郡)의 장관은 한 군의 속관을 살필 뿐이며, 직사(職司)를 맡은 자는 속군(屬郡)을 살필 뿐입니다.

이 셋은 소속이 얼마 되지 않으니, 그들의 탐욕, 청렴, 관대함과 사나움, 능력 여부에 대해 알지 못한다고 말할 수는 없습니다. 지금 속관에게 죄가 있는데 장관이 바로 보고하지 않았다가 훗날 아뢴 경우는 그 장관은 잘못 살핀 데 불과하고 관직을 떠난 자는 더욱이 연좌하지 않습니다. 직사가 속군을 살피고, 군현에서는 각각 그 속관을 살피는 것은, 사람이 못할 바가 아닌데 벌하는 것이 매우 가볍습니다."

또 말하였다. "요즘 세상에는 뇌물을 받은 관리를 무겁게 적발하는데, 왜 그렇습니까? 탐욕스러운 관리는 처음에 반드시 청렴을 가장하여 천거되기를 바라고, 천거하는 자는 모두 왕공(王公) 같은 귀인이고 그 아랫사람 또한 경대부(卿大夫)의 반열에 있는 사람으로, 자신이 임명하여 관직에 두었으므로 그 동류의 무리들을 아끼지 않음이 없습니다. 그러므로 나무뿌리가 굳게 얽혀 변동이 없으니 이는 연결된 자가 많기 때문입니다. 마치 도적들이 양민을 겁박하여 구차하게 모면하려는 것과 같습니다. 법을 만드는 폐단이 여기에 이르렀으니 또한 변질되었습니다.

신의 대책처럼, 직사(職司)나 수령의 죄로 천거관을 죄주고, 천거관의 죄로 직사나 수령을 죄주십시오. 지금 천거관과 천거된 자의 죄를 같게 보고 또 가하니, 천거관도 어쩔 수가 없으며, 끝내 종신토록 청렴할 자를 안 뒤에 천거할 수가 없고, 오직 행, 불행에 맡길 수밖에 없습니다. 만일 그 죄로 직사나 수령을 죄준다면 그들의 형세는 진실로 감독할 수 있을 것입니다."

蘇軾曰: "天下之吏不可以人人而知也, 故使長吏擧之. 又恐其擧之以私, 而不得其人也, 故使長吏任之. 他日有敗事則以連坐, 其過惡重者其罪均. 且夫人之難知, 自堯舜病之矣, 今日爲善, 而明日爲惡, 猶不可保, 況於十數年之後, 其幼者已壯·其壯者已老, 而猶執其一時之言, 使同被其罪, 不已過乎? 天下之人仕而未得志也, 莫不勉强爲善以求擧, 惟其旣以致官而無憂, 是故蕩然無所不至. 方其在州縣之中, 長吏親見其廉謹勤幹之節, 則其勢不可以不擧, 又安知其終身之所爲哉? 一縣之長察一縣之屬, 一郡之長察一郡之屬, 職司者察其屬郡者也. 此三者其屬無幾耳, 其貪·其廉·其寬猛·其能與不能不可謂不知也. 今其屬官有罪, 而其長不卽以聞, 他日有以告者, 則其長不過爲失察, 其去官者又以不坐. 夫職司察其屬郡·郡縣各察其屬, 此非人之所不能, 而罰之甚輕."

又曰: "今之世所以重發贓吏者, 何也? 夫吏之貪者, 其始必詐廉以求擧, 擧者皆王公貴人, 其下者亦卿大夫之列, 以身任之居官, 莫不愛其同類等夷之人, 故其樹根牢固而不可動, 蓋以連坐者多故也, 如盜賊質劫良民以求苟免, 爲法之弊至於如此, 亦可變矣. 如臣之策, 以職司守令之罪罪擧官, 以擧官之罪罪職司守令. 今使擧官與所擧之罪均, 縱又加之, 擧官亦無如之何, 終不能知終身之廉者而後擧, 特推之於幸不幸而已. 苟以其罪罪職司守令, 彼其勢誠有以督察之."

신은 이렇게 생각합니다. 소식의 이 말은 대체로 직사나 수령이 속관에 대해 감독하는 상황이기 때문에 천거관의 죄로 죄주는 것입니다. 직사나 수령에 마땅한 인물이 있으면, 오늘의 자신 임무는 그 속관을 다스리는 것입니다. 그 속관이 죄가 있는데 살피지 못하면 진실로 죄가 있는 것입니다. 천거한 관원의 경우 지난날 천거한 일로 오늘 죄를 받는데, 그가 또 어떻게 예측할 수 있겠습니까.

신의 어리석은 생각으로는, 의당 거주(擧主)가 처음 천거할 때 보임(保任)의 연좌 실상을 명백히 갖추어, 만약 천거된 사람이 천거한 바와 같지 않을 경우, 사정이 탄로 나기 전에 실상을 갖추어 아뢰도록 하여 발각되면 잘못 천거한 벌을 용서하는 것입니다. 이렇게 하면 인재를 천거하는 사람이 기댈 데가 있어서 천거하는 데 용기를 낼 것이고, 천거를 받은 자는 두려워할 바가 있으므로 함부로 절개를 바꾸지 못할 것입니다.

臣按: 蘇軾此言蓋以職司守令於其屬, 有可督察之勢, 而欲以擧官之罪罪之. 夫職司守令在其人, 今日之己任則爲其屬. 其屬有罪, 而不察固有罪矣. 若夫擧官前日之所擧, 而今日有罪, 彼又何預哉? 臣愚以爲宜令擧主於初擧之時, 明具保任連坐之狀, 若其所擧之人有不如所擧, 許其於事情未露之前, 具實發覺之, 則原其繆擧之罰. 如此則擧人者有所恃, 而敢於薦揚; 受擧者有所畏, 而不敢改節矣.

이상은 '추천하는 도를 높임'이다.

以上崇推薦之道

대학연의보
(大學衍義補)

―

권12

백관을 바로함[正百官]

관직 남용의 잘못을 경계함[戒濫用之失]

《주역》〈해괘(解卦)〉에 말하였다. 육삼(六三)은 지고 있는데 또 타고 있어서, 도적을 오게 하니, 바르더라도 부끄러우리라.

《易·解》: 六三, 負且乘, 致寇至, 貞吝.

《대전(大傳)》[1] 에 말하였다. "지는 것은 소인(小人)의 일이고, 타는 것은 군자(君子)의 기구이다. 소인이면서 군자의 기구를 탄다면, 도둑이 빼앗으려고 생각하는 것과 같다. 위로 능멸하고 아래로 포악하니, 도적이 죄를 성토하는 것이다."

《大傳》曰: 負也者, 小人之事也; 乘也者, 君子之器也. 小人而乘君子之器, 盜思奪之矣; 上慢下暴, 盜思伐之矣.

---

1 대전(大傳): 《주역》〈해괘(解卦)〉 육삼(六三)의 상(象)에 대한 정전(程傳)을 말한다. 아래 '정이가 말하였다' 역시 육삼 효에 대한 정전이다.

정이(程頤)가 말하였다. "육삼(六三)은 음(陰)이고 부드러운데 하(下)의 위에 있으니, 자기 자리가 아닌 데에 거처하는 것으로, 마치 소인이 아래에 있어서 지고 있어야 하는데 수레를 타고 있으니, 거처할 곳이 아니므로 반드시 도적질할 상황에 이를 것이다. 비록 하는 짓을 바르게 하더라도 비루하고 부끄러울 것이다. 소인이면서 성대한 지위를 훔쳤으니, 아무리 힘써 바른 일을 하더라도 기질이 비루하고 본디 위에 있을 물건이 아니므로 끝내 부끄러울 것이다."

程頤曰: "六三陰柔居下之上, 處非其位, 猶小人宜在下, 以負荷而且乘車, 非其據也, 必致寇奪之至. 雖使所爲得正, 亦可鄙吝也. 小人而竊盛位, 雖勉爲正事, 而氣質卑下, 本非在上之物, 終可吝也."

신은 이렇게 생각합니다. 인품(人品)에는 군자와 소인의 구별이 있고, 그 하는 일에도 군자와 소인의 차이가 있습니다. 임금이 인재를 등용할 때는 인품에 따라 각각 자기 일을 하게 해야 하면, 군자와 소인은 자기 자리에 머물고 근거할 데가 아닌 데 근거를 잡는 일이 없습니다.

군자와 소인만 각기 마음이 편한 것이 아니라, 천하 사람들도 편안하지 않은 사람이 없을 것입니다. 위아래가 모두 편안하고 포악하거나 태만한 잘못이 없고, 군자는 군자의 관직을 차지하고 소인은 소인의 일을 맡게 되면, 존귀한 지위에 있는 사람은 모두 세상에서 말하는 군자일 것이고, 비천한 일을 맡은 사람은 세상에서 말하는 소인일 것입니다. 위에서 태만하지 않고 아래에서 포악하지 않다면, 누가 감히 분수가 아닌 것을 바랄 생각을 하겠습니까.

臣按: 人品有君子·小人之別, 而其所事亦有君子·小人之異. 人君用人當隨其人品, 而使之各事其事, 則君子·小人各止其所, 而無有非所據而據者矣. 非惟君子·小人各安其心, 而天下之人亦莫不安之矣. 上下相安, 而無暴慢之失, 君子而乘君子之器, 小人而任小人之事, 凡居尊貴之位者, 皆世所謂君子也; 凡任卑賤之事者, 皆世所謂小人也. 上不慢而下不暴, 則孰敢萌非分之望也哉?

《주역》〈정괘(鼎卦)〉에서 말하였다. "구사(九四)는 솥의 발이 부러져 왕공에게 바칠 음식을 엎었으니【속(餗)은 솥에 담긴 음식이다.】, 형벌이 무거워 흉하다【형옥(形渥)이란 무안하여 땀이 흐르는 것이다.】【형옥의 본래 의미는 형옥(刑剭)으로, 무서운 형벌을 말한다.】."

《鼎》: 九四, 鼎折足, 覆公餗【鼎實也】, 其形渥【赧汗也】, 凶【形渥本義以爲刑剭, 謂重刑也】.

공자가 말하였다.[2] "덕이 박하면서 지위가 높고, 지혜가 적으면서 계책이 크고, 힘이 적으면서 짐이 무거우면, 화가 미치지 않는 경우가 드물다. 《주역》에 '솥의 발이 부러져 왕공에게 바칠 음식을 엎었으니, 형벌이

2 공자가 말하였다: 《주역》〈계사 하전(繫辭下傳)〉에 나온다.

무거워 흉하다.'라고 했으니, 맡은 일을 감당하지 못한다는 말이다."

子曰: "德薄而位尊, 知小而謀大, 力小而任重, 鮮不及矣.《易》曰: '鼎折足, 覆公餗, 其形渥, 凶', 言不勝其任也."

정이가 말하였다. "사(四)는 대신의 지위이고, 천하의 일을 맡은 자이다. 천하의 일을 어찌 한 사람이 홀로 책임질 수 있겠는가? 반드시 천하의 현자와 지혜로운 자를 구하여 함께 협력해야 할 것이다. 마땅한 사람을 얻으면 천하의 정치가 수고롭지 않게 이룩될 것이고, 등용할 때 마땅한 사람이 아니면 나라의 일을 망치고 천하의 우환을 초래할 것이다. 음유(陰柔)한 소인은 등용해서는 안 되는 자인데 등용하면 직임을 감당할 수 없어서 일을 망치니 마치 솥의 발이 부러지는 것과 같다. 솥의 발이 부러지면 왕공에게 바칠 음식이 기울어져 엎어질 것이다. 음식이란 솥에 담겨 있는 내용물이다. 대신의 지위에 있으면서 천하의 책임을 맡고 있는데, 등용한 사람이 마땅한 사람이 아니라서 엎어지고 망치는 데 이르면 그 직임을 감당하지 못하는 것이고 매우 부끄러운 일이다."

程頤曰: "大臣之位, 任天下之事者也. 天下之事豈一人所能獨任? 必當求天下之賢智, 與之葉力, 得其人, 則天下之治可不勞而致也; 用非其人, 則敗國家之事, 貽天下之患. 陰柔小人不可用者也而用之, 其不勝任而敗事, 猶鼎之折足也. 鼎折足, 則傾覆公上之餗, 餗, 鼎實也. 居大臣之位, 當天下之任, 而所用非人至於覆敗, 不勝其任, 可羞愧之甚也."

주진(朱震)이 말하였다.[3] "지위에는 덕이 있어야 하고, 계획에는 지혜를 헤아려야 하며, 직임에는 능력이 맞아야 하니, 세 가지에 각기 내실이 있으면 쓰임에 이롭고 몸에 편안하다. 소인은 뜻이 얻는 데 있을 뿐이니 남의 나라를 요행히 만에 하나라도 화가 미치지 않는 경우가 드물다. 예부터 한번 낭패하여 땅에 떨어지면 몸이 죽더라도 그 책임을 채우기 어려운 것이니, 의리를 알지 못하는 데 뿌리가 있기 때문이다.

朱震曰: "位欲當德, 謀欲量知, 任欲稱力, 三者各得其實, 則利用而安身. 小人志在於得而已, 以人之國僥幸萬一, 鮮不及禍, 自古一敗塗地·殺身不足以塞其責者, 本於不知義而已."

신은 이렇게 생각합니다. 선유가 말하기를, "옛날 임금은 반드시 능력과 덕을 헤아린 뒤에 관직에 제수했고, 옛날 신하도 반드시 능력과 덕을 헤아린 뒤에 직임을 맡았다."라고 했습니다.[4] 비록 백관이나

3 주진(朱震)이 말하였다: 이 말은 《한상역전(漢上易傳)》 권8에 나온다. 주진은 송나라의 학자로, 자가 자발(子發)이며, 경학(經學)에 뛰어나 세상에서는 한상 선생(漢上先生)이라고 불렀다.

4 선유가 … 했습니다: 명나라 반사조(潘士藻)가 편찬한 《독역술(讀易述)》 권13에 '공씨(龔氏)'의 말이라고 나온다. 공씨(龔氏)는 진(晉)나라 말기의 인물로, 지금의 강서성 연산현(鉛山縣) 북쪽의 하호산(荷湖山)에 있는 아호(鵝湖)에 은거하며 거위를 길렀던 인물이 아닌가 한다. 뒤에 송(宋)나라의 주희(朱熹)가 여조겸(呂祖謙)·육구연(陸九淵) 형제와 함께 이곳의 아호사(鵝湖寺)에서 강학하였는데, 이로 인해 후에 사현당(四賢堂)이 세워지고 결국은 문종서원(文宗書院)으로 사액받기에 이른다. 뒤에는 서원이 산 정상으로 옮겨지고 아호서원(鵝湖書院)으로 개칭되었다. 《산당사고(山堂肆考)》 권16 아호(鵝湖).

서리도 오히려 안 되는데, 하물며 대신(大臣)이겠습니까. 임금이 되어 인물 선택에 밝지 못하고 신하가 되어 스스로 지위 선택을 살피지 못하면 반드시 몸은 망치고 군주는 위험해지며, 나라를 잘못되게 하고 천하를 어지럽히니, 모두 직임을 감당할 수 없기 때문입니다.

그렇지만 신하가 스스로 지위 선택을 살피지 못하면 한 몸, 한 집안의 재난일 뿐이지만, 임금이 인물 선택에 밝지 못하면 그 화가 어찌 한 사람, 한 집안에 그치겠습니까. 위로 조종조 천만 년의 기틀을 뒤엎고, 아래로 백성 천만 명의 운명을 해칠 것입니다. 아! 임금이 대신을 임용하면서 그 덕을 헤아리지 않고 그 지혜를 묻지 않고 능력을 재지 않고 가벼이 존귀한 지위에 제수하고 중대한 계획을 함께 논의하며 중대한 임무를 맡겨야 하겠습니까.

臣按: 先儒有言, 古之人君必量力度德, 而後授之官; 古之人臣亦必量力度德, 而後居其任. 雖百工胥吏, 且猶不可, 況大臣乎? 爲君不明於所擇, 爲臣不審於自擇, 必至於亡身危主·誤國亂天下, 皆由於不勝其任之故也. 雖然, 人臣不審於自擇, 一身一家之禍爾, 人君不明於所擇, 則其禍豈止一人一家哉? 上以覆祖宗千萬年之基業, 下以戕生靈千萬人之身命. 嗚呼! 人君之任用大臣焉, 可不量其德·詢其知·度其力, 而輕授之尊位, 與之大謀, 委之大任哉?

《서경》 〈열명 중(說命中)〉[5]에서 말하였다. 관직을 사사로이 가까운 자에

5 열명 중(說命中): 은나라 부열(傅說)이 정승이 되어 고종(高宗)에게 진계(進戒)한 말을 기록하

게 미치지 않게 하여 유능한 자에게 맡기고, 작위가 악덕이 있는 자에게 미치지 않게 하여 현자를 쓰소서.

《書》〈說命〉: 官不及私昵, 惟其能; 爵罔及惡德, 惟其賢.

여조겸(呂祖謙)이 말하였다.[6] "관작이 사사로운 자나 악한 자에게 비치는 것은 하늘을 본보기로 삼는 총명함이 아니다."

呂祖謙曰: "官爵及私惡, 非憲天聰明矣."

신은 이렇게 생각합니다. 천하의 치란은 관직의 인재 등용에 달려 있습니다. 현자와 유능한 자가 있으면 일이 이치대로 되고, 인물이 관직에 걸맞으면 천하가 이를 통해 다스려집니다. 관직에 유능한 사람을 쓰지 않고, 자기와 사사로이 친한 자는 관직을 맡기고, 작위에 덕을 논하지 않고 악덕을 가진 사람에게도 작위를 주면서, 그 사람이 그 관직에 걸맞는지 아닌지, 그 사람의 덕이 그 작위에 걸맞는지 아닌지 고려하지 않는다면, 모든 일이 무너지고 명기(名器)가 남용될 것이니, 천하가 어떻게 어지럽지 않을 수 있겠습니까.

였다.

6 여조겸(呂祖謙)이 말하였다: 명나라 호광(胡廣) 등이 편찬한 《서경대전(書經大全)》 권5에 나온다.

臣按: 天下治亂在乎庶官用人, 惟其賢能, 則事得其理, 人稱其官, 而天下於是乎治矣. 官不用能, 苟己所私昵者, 亦任之以官, 爵不論德, 而人有惡德者, 亦畀之以爵, 不復計其人之稱是官與否, 其德之稱是爵與否, 則庶事隳, 而名器濫矣, 天下豈有不亂者哉?

《시경》〈조풍(曹風) 후인(候人)〉에서 말하였다. 저 후인【후인(候人)은 도로에서 손님을 맞이하고 전송하는 관원이다.】은 창과 창대를 메려니와【하(何)는 메는 일이다.】【돌은 창이다.】, 저 사람은【기(其)는 음이 기(記)이다.】 적불(赤芾)한 자가 3백 명이나 되도다【불(芾)은 면복(冕服)의 슬갑이다. 삼명(三命)은 붉은 슬갑이다.】.[7] 도요새가【제(鵜)는 작은 새이다.】 어량에 있으니 그 날개를 적시지 않도다. 저 사람이여, 의복이 걸맞지 않도다.

《詩》〈曹風·候人〉篇曰: 彼候人【道路送迎賓客之官】兮, 何【揭也】戈與祋【殳也】, 彼其【音記】之子, 三百赤芾【冕服之韠, 三命赤芾】. 維鵜【小鳥也】在梁, 不濡其翼. 彼其之子, 不稱其服.

---

7 적불(赤芾)한 … 되도다: 정작 군자는 등용하지 않고, 소인배만 득실거린다는 말이다. 《시경집전(詩經集傳)》에 불(芾)은 면복(冕服)의 슬갑이고, 일명(一命)은 주황색(朱黃色) 슬갑에 패옥을 차고, 재명(再命)은 붉은 슬갑에 검은 패옥을 차고, 삼명(三命)은 붉은 슬갑에 푸른 패옥을 차며, 대부(大夫) 이상은 붉은 슬갑에 수레를 탄다고 하였다. 진 문공(晉文公)이 조(曹)나라에 쳐들어갔을 때 조(曹)나라 임금에게 희부기(僖負羈)를 등용하지 않은 것과 수레를 타는 자가 3백 명이나 됨을 비판하였다.

주희(朱熹)가 말하였다.[8] "이는 군주가 군자를 멀리하고 소인을 가까이 한 것을 풍자한 구절이다. '저 후인이 창과 창대를 멘 것은 당연하거니와, 저 소인으로서 적불한 자가 3백 명이나 됨은 어째서인가.'라고 말한 것이다."

朱熹曰: "此刺其君遠君子而近小人之詞. 言彼候人而何戈與祋者宜也, 彼其之子而三百赤芾何哉?"

진호(陳澔)가 말하였다.[9] "저어새는 항상 물속으로 들어가 물고기를 잡아먹는다. 지금 어량 위에 있으면서 남의 물고기를 훔쳐 자기 먹이로 삼으면서도 한 번도 날개를 적신 적이 없으니, 마치 소인이 높은 자리에 있으면서 녹봉을 훔치고 관복에 어울리지 않는 것과 같다."

陳澔曰: "鵜鶘常入水中食魚, 今乃在魚梁之上, 竊人之魚以自食, 未嘗濡濕其翼, 如小人居高位以竊祿, 而不稱其服也."

신은 이렇게 생각합니다. 인품에는 고하가 있고 작위에는 존비가 있습니다. 인품이 낮은 자가 낮은 자리에 있으면서 천한 일을 맡고, 인

8 주희(朱熹)가 말하였다: 《시경집전(詩經集傳)》 해당 편에 달린 주자의 주이다.
9 진호(陳澔)가 말하였다: 《예기대전(禮記大全)》 권26 〈표기(表記)〉에 나온다.

품이 높은 자가 존귀한 자리에 있으면서 중대한 정무를 맡는 것이 의당합니다. 도리어 비천한 사람에게 존귀한 관복을 입게 하고 청요직(清要職)[10]을 맡게 한다면 어떻게 어울릴 수 있겠습니까.

臣按: 人品有高下, 爵位有崇卑, 人品之下者, 居卑位而執賤役; 人品之高者, 居尊位而任大政, 宜也. 顧乃使卑賤之人衣尊貴之服·居清要之任, 豈得爲稱哉?

《논어》〈위정(爲政)〉에 말하였다.: 애공(哀公)이 묻기를 "어떻게 하면 백성이 복종합니까?"라고 하니, 공자가 대답하기를, "곧은 사람을 등용하고 굽은 자를 버리면【조(錯)는 버려둔다[舍置]이다.】 백성들이 복종할 것이고, 굽은 자를 등용하고 곧은 자를 버려두면 백성들이 복종하지 않을 것입니다."라고 하였다.

《論語》: 哀公問曰: "何爲則民服?" 孔子對曰: "擧直錯【舍置也】諸枉則民服, 擧枉錯諸直則民不服."

정이(程頤)가 말하였다.[11] "등용하고 버리는 것이 의리에 맞으면 민

10 청요직(清要職): 통상 한림원 등 청직(清職)과 서사대 등 요직(要職)을 말한다. 조선의 경우, '청직'은 학식이 높은 사람에게 나라의 대계(大計)와 관련된 일을 맡기며, 홍문관이나 예문관 관원이 이에 속한다. 요직은 주로 인사, 감찰을 담당하는 직책으로 정랑이나 좌랑, 사간원·사헌부의 관원을 말한다.

심이 복종한다."

程頤曰: "擧錯得義, 則民心服."

사양좌(謝良佐)가 말하였다. "곧은 것을 좋아하고 굽은 것을 싫어함은 천하의 지극한 인정이다. 이를 따르면 백성들이 복종하고, 거스르면 백성들이 떠나는 것은 필연적인 이치이다. 그러나 혹 도(道)로 밝히지 않는다면 곧은 사람을 굽었다 하고, 굽은 사람을 곧다고 여기는 자가 많을 것이다. 그러므로 군자는 거경(居敬)을 중대하게 여기고 궁리(窮理)를 귀하게 여긴다."

謝良佐曰: "好直而惡枉, 天下之至情也. 順之則服, 逆之則去, 必然之理也. 然或無道以照之, 則以直爲枉·以枉爲直者多矣. 是以君子大居敬, 而貴窮理也."

신은 이렇게 생각합니다. 임금이 현자에게 관직을 맡기고 불초한 자를 물리치면, 등용하는 자는 모두 정직한 관원일 것이고 버려두는 자는 모두 굽은 자들일 것이니, 기강을 펴고 정사를 베푸는 것이 모두 인정에 순하고 본성을 거스르지 않으며 백성들이 심복하지 않음이

11 정이(程頤)가 말하였다: 주자(朱子)의 《논어집주(論語集注)》에 나온다. 아래 사양좌(謝良佐)의 말도 같다.

없을 것입니다.

만일 그렇지 않고, 굽은 자를 등용하고 곧은 자를 도리어 버려두는 것은 남의 나쁜 점을 좋아하고 남의 좋은 점을 싫어하는 것이므로, 인심을 복종시키기에 부족할 뿐 아니라, 장차 이 때문에 화란을 초래하기 어렵지 않을 것입니다.

臣按: 人君任賢退不肖, 所擧用者皆正直之士, 所舍置者皆枉曲之人, 則凡布爲紀綱·施爲政事者咸順乎人情, 而不拂其性, 而民無有不心服者矣. 苟爲不然, 於其枉者則擧用之, 而於其直者反舍置焉, 是謂好人之所惡, 惡人之所好, 非但不足以服人心, 將由是而馴致於禍亂也, 不難矣.

한 문제(漢文帝)가 상림위(上林尉)에게 동물들에 대한 수효 등이 적힌 장부에 대해 물었는데 상림위가 대답하지 못하였다.[12] 호랑이 우리를 지키던 하급 관리 색부(嗇夫)[13]가 곁에 있다가 상림위를 대신하여 대답하였는데 매우 자세하였다. 문제는 장석지(張釋之)에게 색부를 상림령(上林令)에 임명하라고 명하였다. 장석지가 앞으로 나서며 "폐하께서는 주발(周勃)[14]

12 한 문제(漢文帝)가 … 못하였다: 《사기(史記)》 권102 〈장석지열전(張釋之列傳)〉에 나온다.

13 색부(嗇夫): 농사를 관장하는 한(漢)나라의 지방 관리이다.

14 주발(周勃): 한 고조(漢高祖)의 개국공신으로 강후(絳侯)에 봉해졌다. 한 고조는 일찍이 말하기를, "유씨(劉氏)를 편안하게 할 사람은 반드시 주발이다." 하였는데, 그 뒤에 여후(呂后)의 친정 족속들이 난리를 일으키자 주발은 그들을 모두 베어 없애고 유씨를 보호하였다. 《사기》 권57 〈주발세가(周勃世家)〉.

이나 장상여(張相如)[15]가 어떤 사람이라고 생각하십니까?"라고 하니, 황제가 "어른다운 사람이다."라고 하였다.

장석지가 "이 두 사람은 어떤 사안에 대해 말할 때 입 밖으로 말을 하지 못했는데, 어찌 이 색부가 주절주절 말 잘하는 것을 본받겠습니까. 또한 진나라는 도필리[刀筆吏: 서기(書記)]를 임명함으로써 서리들이 다투면서 서둘러 일을 처리하고 사소한 것을 따지는 것으로 서로 잘났다고 뻐겼지만, 그들은 형식적으로만 일을 처리했을 뿐 내실이 없었고, 황제는 잘못을 지적해 주는 말을 들을 수 없어 나라는 흙이 무너지듯 허물어졌습니다. 지금 폐하께서는 색부의 말주변 때문에 파격적으로 승진시키려고 하는데, 신은 천하 사람들이 바람 따라 휩쓸리듯 다투어 말재주만 키우고 실속은 없을까 두렵습니다. 무릇 아랫사람이 윗사람을 본받는 것은 그림자가 형체를 따르고 메아리가 소리에 답하는 것보다 빠르니, 등용하고 버려두는 일은 신중하게 하지 않으면 안 될 것입니다."라고 하니, 황제가 "훌륭한 말이다."라고 하고, 수레에 올라 장석지를 불러 수레에 타게 하고는 천천히 가면서 진나라의 병폐를 물었고, 공거령(公車令)에 임명하였다.

漢文帝問上林尉諸禽獸簿, 尉不能對, 虎圈嗇夫從旁代尉對甚悉, 詔張釋之拜嗇夫爲上林令. 釋之前曰: "陛下以周勃·張相如何如人也?" 上曰: "長者." 釋之曰: "此兩人言事曾不能出口, 豈效此嗇夫喋喋利口捷給哉? 且秦以任刀筆之吏, 爭亟疾苛察相高, 其敝徒文具而無實, 不聞其過, 陵遲至於

---

15 장상여(張相如): 장상여는 한(漢)나라 고조(高祖)와 문제(文帝) 때의 중신으로 흉노를 쳐서 큰 공을 세웠다. 《사기》 권102 〈장석지열전(張釋之列傳)〉.

土崩. 今陛下以嗇夫口辯而超遷之, 臣恐天下隨風而靡, 爭爲口辨而無其實. 夫下之化上疾如影響, 擧錯不可不審也.” 帝曰: “善.” 就車召使參乘, 徐行問秦之敝, 拜公車令.

신은 이렇게 생각합니다. 옛사람이 논의하기를, 곽나라가 망한 이유는 훌륭함을 좋아하면서도 등용하지 못하고, 악함을 싫어하면서도 버리지 못했기 때문이라고 했습니다.[16] 한 문제는 한 번 장석지의 말을 듣고는 바로 색부를 기용하지 않았으니, 석지의 말을 좋다고 여겼을 뿐 아니라, 또 오라고 해서 같이 수레를 탔고 공거령에 등용하였으므로, 악함을 싫어하고 버릴 수 있었으며 훌륭함을 좋아하고 등용할 수 있었다고 평가할 수 있습니다.

또한 장석지가 색부의 말주변을 언급하고자 하면서 먼저 주발과 장상여의 신중하고 어눌함을 인용하였으니, 《주역》에서 말한 “약속을 받아들이되 창문을 통해서 한다.”라고 한 뜻[17]입니다. 여기서 신은 문제가 다른 사람의 말을 편히 듣고 인재 등용에 신중함을 보았을 뿐 아니라, 나아가 한나라 시대는 상고 시대와 멀지 않아서 임금과 신하 사이에 서로 틈이 없었음을 알 수 있었습니다. 후세의 임금은 신하에

16 옛사람이 … 했습니다: 《관자(管子)》 〈납간(納諫)〉에 나온다. 곽나라는 주나라의 작은 제후국으로 산동(山東) 지역에 있었는데, 기원전 670년 제(齊)나라에게 멸망하였다.

17 주역에서 … 뜻: 《주역》 〈감괘(坎卦)〉에서 “약속을 받아들이되 창문을 통해서 하면 끝까지 허물이 없을 것이다.[納約自牖, 終无咎.]”라고 했는데, 임금을 깨우치고자 하면 임금이 이미 잘 아는 사실로부터 시작해야 한다는 뜻이다.

대하여 일이 있을 때도 물어본 적이 없었고 어쩌다 묻더라도 감히 대답하지 못하였으니, 하물며 감히 임금이 말하기 전에 질문을 가정하여 임금을 깨우쳤겠습니까.

臣按: 古人論郭之所以亡, 以其善善而不能用, 惡惡而不能去, 文帝一聞釋之之言卽不用嗇夫, 不徒善釋之之言, 而又引之以同車, 用爲公車令, 可謂惡惡而能去·善善而能用矣. 且釋之欲言嗇夫之辯給, 先引周·張之謹訥, 其《易》所謂納約自牖者夫. 臣於是非但見文帝聽言之易·用人之謹, 而又且見漢世去古未遠, 而其君臣相與之無間也. 後世人君於其臣, 有事固未嘗問, 問或不敢答, 況敢於未言之先, 而設問以啓之乎?

한 문제가 일찍이 꿈에서 하늘에 오르려다 오르지 못하였는데, 황두랑(黃頭郞)[18] 하나가 하늘로 밀고 올라가는데 그의 옷 허리띠 뒤가 뚫어져 있었다. 문제는 잠에서 깨어 점대(漸臺)로 가서, 남모르게 꿈속에서 본 사람을 찾다가, 등통(鄧通)을 보았는데 옷 뒤가 뚫어진 것이 꿈속에서 보았던 사람이었다. 불러서 이름을 물어보니 성은 등이고 이름은 통이라고 하였다. 등(鄧)은 오를 등(登)과 같다. 이리하여 등통에서 상을 내렸고, 관직이 상대부(上大夫)에 이르렀다.

---

18 황두랑(黃頭郞): 뱃사공을 말한다. 토(土)가 수(水)를 이긴다는 뜻에서, 토의 색깔인 황색(黃色) 모자를 썼으므로, 황모랑(黃帽郞) 혹은 황두랑(黃頭郞)이라고 했다 한다. 《한서(漢書)》 권93 〈영행전 등통(佞幸傳鄧通)〉.

文帝嘗夢欲上天不能，有一黃頭郎推上天，顧見其衣尻帶後穿，覺而之漸臺，以夢中陰目求推者郎．見鄧通，其衣後穿夢中所見也．召問其名姓，姓鄧名通，鄧猶登也．於是賞賜通官至上大夫．

신은 이렇게 생각합니다. 고종(高宗)이 꿈을 꾸었는데 상제(上帝)가 부열(傅說)을 주셨으니[19] 이는 그 정성이 지극히 감응하여 통한 것입니다. 후세 임금 중에는 옛날 제왕의 정심(正心) 학문과 현자를 좋아하는 정성을 가지고 그들이 했던 일을 본받으려고 하지 않았습니다. 그러니 어찌 심신이 혼미하고 어지러워 사특한 기운이 그 사이로 들어오지 않으리라 장담하겠습니까. 문제가 한나라의 덕있는 군주였으나 꿈 때문에 등통을 등용하였으니, 잠결에 황홀하게 본 일을 가벼이 믿고 글자의 음과 훈이 우연히 부합한 글을 가져다 붙였으니, 그의 훌륭한 덕에 크게 허물이 되었습니다.

臣按：高宗夢帝賚傅說，蓋其精誠感通之極也．後世人主無古帝王正心之學·好賢之誠，而欲效其所爲，安知非其心神昏惑瞀亂，而邪氣得以乘間入之耶？文帝爲漢令主，而以夢用鄧通，輕信寤寐恍忽之見，附會音訓偶合之文，其爲盛德累也大矣．

---

19 고종(高宗)이 … 주셨으니: 은(殷)나라 고종(高宗)이 부열(傅說)을 얻은 일을 말한다. 부열이 부암에서 죄수들과 함께 천역(賤役)을 하면서 숨어 지냈는데, 고종이 성인(聖人)을 얻는 꿈을 꾸고 나서 백관을 시켜 그곳에 가서 부열을 찾아 데리고 왔다. 《서경(書經)》 〈주서(周書) 태서(泰誓)〉.

무제(武帝) 때, 방사(方士) 난대(欒大)[20]가 함부로 큰소리를 하고 지내면서 반성할 줄 몰랐다. 황제를 보고 말하기를 "신이 항상 바닷가를 오가는데, 안기(安期)와 연문(羨門)[21]의 무리를 보니 말하기를 황금(黃金)을 만들 수 있고 황하가 터질 것을 막을 수 있으며, 죽지 않는 약을 얻을 수 있고 신선이 될 수 있다고 합니다."라고 하여 대폭 오리장군(五利將軍)에 임명되었다. 뒤에 바다로 가서 그의 스승을 찾았고, 황제는 사람을 시켜 따라가 검증하게 하였다. 소견이 없으면서 크게 스승을 보았다고 망언을 하였고 술수 또한 통하지 않아【말에 증거가 없다는 말이다.】 무고죄로 허리가 잘렸다.

武帝時, 方士欒大敢爲大言, 處之不疑. 見上言曰: "臣常往來海上, 見安期羨門之屬, 曰黃金可成, 而河決可塞; 不死之藥可得, 仙人可致也." 乃拜大爲五利將軍. 旣而入海求其師, 上使人隨驗, 無所見, 而大妄言見其師, 方又多不售【謂所言之方無驗】, 坐誣罔腰斬.

윤기신(尹起莘)이 말하였다.[22] "무제는 처음에 방사에게 기망을 당했으나, 방사의 말이 증명되지 않자 또한 왕왕 잡아다 벌을 주었고, 문성 장군(文成將軍) 소옹(少翁)[23] 같은 부류는 모두 용서받지 못하였으니,

---

20 방사(方士) 난대(欒大): 난대의 이야기는 《사기(史記)》 권28 〈봉선서(封禪書)〉에 나온다.

21 안기(安期)와 연문(羨門): 안기생(安期生)과 연문자(羨門子)이다. 안기생은 봉래산(蓬萊山)에 거주했다는 선인(仙人)이고, 연문자는 역시 고대의 선인 연문자고(羨門子高)로, 진 시황(秦始皇)이 일찍이 동해(東海) 가를 유람하면서 연문자고 등의 선인을 찾았다고 한다.

22 윤기신(尹起莘)이 말하였다: 《자치통감강목》 권4下의 발명(發明)에 나온다.

이 또한 황제의 밝은 판단이다."

尹起莘曰: "武帝於方士始雖爲其所罔, 及所言不驗, 則亦往往取而戮之, 如文成·少翁之類皆在所不赦, 是又帝之明斷也."

신은 이렇게 생각합니다. 장군이라는 칭호는 무신(武臣)에게 주는 봉호(封號) 수단인데 이를 허무맹랑한 거짓말을 하는 자에게 베풀었으니, 정작 무기를 가지고 있는 무관들이 어떻게 맥이 풀리지 않을 수 있겠습니까. 그렇지만 오리(五利)라는 명칭은 통상적인 직질이 아니고, 단지 난대를 위해 이런 이름을 붙여 준 것도 불가한데, 더구나 공경이나 대부의 현달한 직질을 이런 자들에게 더해 주겠습니까.

윤씨(尹氏)가 "무제가 난대를 벌준 것은 밝은 판단이다."라고 했지만, 신은 판단은 판단이지만 밝다고는 보지 않습니다. 대개 총명함이 이치를 비출 정도가 되면 미혹되지 않고, 사후에 밝은 판단을 내리는 것보다 미리 밝은 판단을 내리는 것이 훨씬 낫습니다. 비록 그렇지만 등용하지 않았을 때 본 것을 믿고는 의심하지 않고, 등용한 뒤에는 징험하지 않아 마음으로 자기의 잘못을 깨닫지 못하고는 오히려 숨기고 비호하면서 남이 알까 두려워하는 자들과는 차이가 있습니다. 아! 이것이 무제가 시호로 '무(武)' 자를 받은 이유일 것입니다.

---

23 문성 장군(文成將軍) 소옹(少翁): 소옹은 제나라 지방 출신의 방술사(方術士)로 문성 장군(文成將軍)에 봉해졌다. 소옹은 무제가 신선을 좋아하고 죽은 애인인 이 부인(李夫人)을 연모하자, 무제에게 이 부인을 보여 주겠다고 하면서 술법을 써서 무제를 홀렸는데, 끝내 영험이 없어 사형을 당하였다.

臣按: 將軍之號所以封拜武臣者, 乃以施之矯誣誕妄之人, 則夫被堅執銳者, 安得不解體哉? 然五利之名非常秩也, 特爲之立此名耳且猶不可, 況以公卿大夫顯然之秩位, 而加之此輩哉? 尹氏謂 "武帝能誅欒大輩, 爲明斷", 臣竊以爲斷則斷矣, 未明也. 蓋明足以燭理則不惑, 與其明斷之於後, 又曷若明斷之於先哉? 雖然其視諸未用, 則信之而不疑, 旣用而無驗心悟其非, 猶爲之隱忍, 而遮護之惟恐人知焉者, 則亦有間矣. 噫, 此武帝所以爲武也歟.

무제(武帝)가 총애하는 후비 이씨(李氏)를 후(侯)로 삼고자, 그 오빠 이광리(李廣利)를 이사 장군(貳師將軍)으로 삼고, 수만 명을 징발하여 대완국(大宛國)에 가서 정벌하게 하고 이사성(貳師城)에 이르러 좋은 말을 잡기를 기약했기 때문에 봉호로 삼았다.[24]

武帝欲侯寵姬李氏, 乃拜其兄廣利爲貳師將軍, 發數萬人往伐宛, 期至貳師城取善馬, 故以爲號.

24 무제(武帝)가 … 삼았다: 이광리(李廣利, ?~기원전 88)는 중산(中山) 사람이다. 좋은 말이란 한혈마(汗血馬)인데, 고대 준마의 일종이다. 《한서》 권6 〈무제기(武帝紀)〉에 "태초(太初) 4년에 이사장군(貳師將軍) 이광리(李廣利)가 대완왕(大宛王)의 머리를 베고 한혈마를 획득하여 돌아오니, 〈서극천마가(西極天馬歌)〉를 지었다."라고 하였다. 그 주에 "대완에 옛날부터 천마종(天馬種)이 있었는데, 하루에 천 리를 달리고 앞 어깨 부분에서 피와 같은 땀을 흘렸다."라고 하였다.

사마광(司馬光)이 말하였다. "무제가 총애하는 후비를 후(侯)로 삼고자 이광리를 장군으로 삼았으니, 공이 없으면 후로 삼을 수 없는 데다 고제(高帝)의 약속을 저버리지 않으려는 의도였다. 그렇지만 군사를 지휘하는 일은 중대한 일이고, 나라의 안위와 백성의 생사가 달린 문제인데, 어리석고 현명함을 가리지 않고 요행히 얼마 안 되는 공적을 바라고 그에 빙자하여 명호를 삼고 자기가 좋아하는 데 사사로운 마음을 썼다. 이는 봉국(封國)에서는 있었지만 장수를 두는 데는 없었던 일이니, 한 고조와의 약속을 지켰다고 평가하는 것은 지나치다."

司馬光曰: "武帝欲侯寵姬, 而使廣利將, 意以爲非有功不侯, 不欲負高帝之約也. 然軍旅大事, 國之安危·民之死生係焉, 苟爲不擇賢愚而授之, 欲僥幸咫尺之功, 藉以爲名而私其所愛. 蓋有見於封國無見於置將, 謂之能守先帝之約, 過矣."

신은 이렇게 생각합니다. 나라의 작위들은 공이 있는 신하를 위하여 준비한 것으로, 어울리는 공에 따라서 어울리는 작위를 주어 보답합니다. 무제가 총애하는 후비의 오빠를 후로 삼고자 하여 공을 세워서 후의 작위를 갖도록 했으니, 이 어찌 제왕이 작위를 만들어 공적에 대해 상을 주었던 처음 의도이겠습니까.

臣按: 國家列爵以待有功之臣, 因其有是功, 而報授之以是爵也. 武帝欲侯寵姬之兄, 乃使之立功以取侯爵, 是豈帝王列爵賞功之初意哉?

광무제(光武帝)가 즉위하여, 대사공(大司空)을 의논하여 선발했는데, 〈적복부(赤伏符)〉에 "왕량(王梁)이 호위를 주관하니 현무(作玄武)가 되었다."라는 말이 있었다.[25] 황제가 야왕(野王) 땅이 위(衛)나라가 옮겨간 곳이고, 현무는 물의 신 이름이며, 사공은 물과 토지를 다스리는 관원이라고 생각하여, 이에 왕량을 발탁하여 대사공으로 삼았다. 또한 참위설의 내용에 따라 손함(孫咸)을 행 대사마(行大司馬)로 삼으려고 했다가 사람들이 좋아하지 않자 그만두었다.

光武卽位, 議選大司空, 而《赤伏符》曰: "王梁主衛作玄武帝." 以野王衛之所徙, 玄武水神之名, 司空水土之官, 於是擢梁爲大司空, 又欲以讖文用孫咸行大司馬, 衆不說乃己.

신은 이렇게 생각합니다. 참위서는 당우(唐虞: 요순), 삼대(三代)에는 나타나지 않았다가 애공(哀公)[26]과 평공(平公) 시대에 나타났는데, 모두 세상을 미혹시킬 밑천으로 삼으려는 허위의 무리들이 지어낸 것입니다. 광무제는 성인(聖人)에 비유될 정도로 존경을 받았고 모든 일을 판결했는데, 그가 제수한 삼공(三公) 세 사람 가운데 두 사람이 참위서

25 광무제(光武帝)가 … 있었다: 적복부는 예언이 쓰인 붉은 색깔의 부적을 말한다. 광무제가 된 유수(劉秀)가 장안(長安)에 있을 때 강화(彊華)가 적복부를 가져왔다. 《후한서(後漢書)》 권1 상 〈광무제기 상(光武帝紀上)〉. 광무제는 참위설(讖緯說)을 믿고는 그 설에 따라 관직을 제수하는 경우가 있었다. 당시 왕량은 북방 지역의 야왕(野王) 땅의 수령으로 있었는데, 그곳이 북방의 상징인 현무(玄武)의 땅이라는 이유로 그를 대사공(大司空)에 임명하였다. 《후한서》 권52 〈왕량열전(王梁列傳)〉.

26 애공(哀公): 노나라의 마지막 임금이다.

에서 취하였다가 여론이 그 재능에 부정적이자 한 명을 줄였으나, 왕량이 잠시 후 죄에 연루되어 폐해졌으니, 참서를 과연 어떻게 믿겠습니까.

선유(先儒)가 광무제는 영명하고 강건한 군주라고 하였는데, 직접 왕망(王莽)이 기괴함을 숭상했던 것을 보고도 자신이 그 길을 밟았으니, 성대한 덕에 어찌 작은 허물이겠습니까.

臣按: 符讖之書不出於唐虞三代, 而起於哀平之世, 皆虛僞之徒要世取資者所爲也. 光武尊之比聖, 凡事取決焉, 其拜三公三人, 而二人取諸符讖, 逮衆情觖望才減其一, 而王梁尋坐罪廢, 讖書果安在哉? 先儒謂光武以英睿剛明之主, 親見王莽尙奇怪而躬自蹈之, 其爲盛德之累亦豈小哉?

순제(順帝) 초, 중관(中官: 내시)은 양자를 들여 작위를 세습하도록 허가하였다. 어사 장강(張綱)이 상서하기를 "문제와 명제 시대를 살펴보니 덕의 교화가 더욱 번성했습니다만, 중관과 상시(常侍)는 두 사람에 지나지 않았고 가까운 신하에게 내리는 상도 겨우 몇 금(金) 정도였으니, 비용을 아끼고 백성을 소중히 여겼기 때문에 집은 넉넉했고 사람은 충분했습니다. 그러나 지난번 이래로 공이 없는 소인이 모두 관작을 가지게 되었으니, 백성을 아끼고 관직을 중히 여기며, 하늘의 도를 받들고 도를 따르는 방도가 아닙니다."라고 하였다.

順帝初, 聽中官得以養子襲爵, 御史張綱上書曰: "竊尋文明二帝德化尤盛,中官·常侍不過兩人, 近幸賞賜裁滿數金, 惜費重民, 故家給人足. 而頃者以來, 無功小人皆有官爵, 非所以愛民重器·承天順道也."

호인(胡寅)이 말하였다. "모토(茅土)[27]를 봉해 주는 것은 공훈이 있는 사람을 대우하고 현명한 덕이 있는 사람을 드러내는 방도인데 신체가 불완전한 천민에게 더해 주고, 사속(似續)의 임무는 선조를 계승하고 후손에게 전하는 방도인데 아버지가 없는 집에 책임을 지우는 것이다. 또한 죄 없는 사람을 해치고 생명을 살리는 도리가 사그라들며 재물을 소모하고 화란의 계제를 키울 것이니, 하나의 조치로 인해 여섯 가지 실책이 함께 발생하는 것이다. 천하와 나라를 다스리는 자가 심사숙고하여 통렬히 개혁하지 않을 수 있겠는가."

胡寅曰: "茅土之封所以待功勳·建賢德而加諸刀鋸之賤, 似續之任所以繼先祖·傳後來, 而責諸不父之家. 且殘無罪之人, 息生生之道, 耗蠹財用, 崇長禍階, 一擧而六失並焉. 有天下國家者, 可不深思而痛革之哉?"

신은 이렇게 생각합니다. 옛날에 엄인(閹人: 내시)이 궁궐에서 일을 했

27 모토(茅土): 제후(諸侯)를 봉할 때 제후에게 주는 흙을 말한다. 옛날 천자가 제후를 봉할 때에는 그 방면의 색토(色土) 즉 동방은 청토(靑土), 서방은 백토, 남방은 적토, 북방은 흑토를 꾸러미에 싸서 주어 사(社)를 세우게 하였다. 《서경(書經)》 〈우공(禹貢)〉.

던 것은 남녀 사이의 욕정이 없고, 자손의 연루도 없기 때문이었습니다. 지금 거세를 한 뒤에 또 양자를 얻어 작위를 세습한다면, 또한 세대를 끊지 말고 일반 사인(士人)을 쓰는 것이 낫지 않겠습니까. 우리 성조(聖祖)께서 내신(內臣)에 대해 따로 관직 명칭을 두고 조정의 관청들과 다르게 했던 것은, 그 사려가 얼마나 깊고 원대하였습니까.

臣按: 古者以閹人給事內庭, 以其無男女之欲·子孫之累故也. 今既宮之, 而又使之得以養子襲其爵, 又何若勿絶其世, 而隻用士人哉? 我聖祖於內臣別立官稱, 而與外諸司不同, 其慮一何深且遠哉!

영제(靈帝) 때, 시장에서 장사하는 서민들로 선릉(宣陵)의 효자라고 자칭하는 자가 수십 명이었는데, 모두 태자사인(太子舍人)에 제수하라고 명하였다. 황제가 학문을 좋아하여 직접 〈황희편(皇羲篇)〉 50장을 저술하여, 문부(文賦)를 잘하는 학생들을 불러 홍도문(鴻都門) 아래에서 모두 대기하고 글을 짓게 하였다. 뒤에 척독(尺牘: 편지) 및 공서(工書)·조전[鳥篆: 고문 전서(篆書)]을 짓는 자를 모두 더 불러왔는데 마침내 수십 명에 이르렀다. 낙송(樂松) 등이 행실도 없이 세력만 좇는 무리들을 다수 끌고 와서 그 사이에 끼워 두고 여항의 세세한 일을 즐겨 진달하였으므로 황제가 매우 좋아하였고 차서와 상관없이 관직을 주어 대우하였다.

靈帝時, 市賈小民有相聚, 爲宣陵孝子者數十人, 詔皆除太子舍人. 帝好文學, 自造〈皇羲篇〉五十章, 引諸生能爲文賦者, 並待制鴻都門下, 後諸爲尺牘及工書鳥篆者皆加引召, 遂至數十人. 樂松等多引無行趣勢之徒置其間,喜陳閭里小事, 帝甚說之, 待以不次之位.

채옹(蔡邕)이 봉사(封事)를 올렸다. "옛날에 사(士)를 선발할 때는 반드시 제후로 하여금 해마다 천거하게 했습니다. 효무제 시대에는 군(郡)에서 효자와 청렴한 자를 천거하였고 또 현량(賢良)이나 문학(文學) 선발제도가 있었으므로 명신(名臣)이 배출되었고 문무(文武)가 함께 홍성했는데, 한나라에서 인재를 얻는 길은 몇 가지 뿐이었습니다.

서화(書畫)나 사부(辭賦)는 소소한 재능이고, 나라를 바로잡고 정치를 하는 데는 능력이 없습니다. 폐하께서 〈황희편〉 50장에 마음을 두어 바둑, 장기를 대신하고자 하였으니,[28] 교화를 통해 선비를 선발하는 근본이 아닙니다. 또한 학생들이 이익을 다투어 글 짓는 자들이 솥 끓듯 할 것이며, 연달아 속어를 써서 광대 같이 남의 것을 베꼈습니다. 혹은 이미 만들어진 문장을 훔치고, 헛되이 이름을 얻으면 모두 발탁되어 다시 이를 바꿀 수는 어렵겠지만 다시 이들에게 백성을 다스리거나 주군(州郡)에 있게 할 수도 없을 것입니다.

옛날 효선제(孝宣帝)께서 석거(石渠)에 유생들을 모았고, 장제(章帝)는 학사(學士)를 백호(白虎)에 모아, 경서에 능통하고 의미를 풀이하게 하였으니,[29] 문무(文武)를 우대하고 중시한 일은 의당 따라야 합니다. 선

28 바둑 … 하였으니: 아무것도 하지 않는 것보다는 낫다는 말이다. 공자가 말하기를, "종일토록 배불리 먹고 마음 쓰는 바가 없으면 어렵다. 장기나 바둑이라도 두는 것이 가만히 있는 것보다 오히려 낫다."라고 하였다. 《논어(論語)》 〈양화(陽貨)〉.

29 효선제(孝宣帝)께서 … 하였으니: 백호는 백호관(白虎觀)인데, 미앙궁(未央宮) 안에 있었다.

릉의 효자라는 자들은 허위의 소인들이지 본래 골육이 아니며, 산릉에 떼로 모여 효자라는 이름을 빌린 자들로 의리를 갖다 부칠 데가 없습니다. 간사한 일을 꾸미는 자들이 그 속에 들어 있기까지 합니다. 태자 관속은 마땅히 훌륭한 덕이 있는 사람을 선발해야 하는데, 어찌 단지 무덤의 흉악하고 추한 자를 선발하겠습니까. 이보다 더 상서롭지 않은 일은 없을 것입니다. 의당 이들을 시골로 돌려보내어 기만과 거짓을 밝혀야 합니다."

蔡邕上封事曰: "古者取士必使諸侯歲貢, 孝武之世郡擧孝廉, 又有賢良文學之選. 於是名臣輩出, 文武並興, 漢之得人數路而已. 夫書畫·辭賦, 才之小者, 匡國治政未有其能. 陛下遊意篇章, 聊代博奕, 非以爲教化取士之本, 而諸生競利, 作者鼎沸, 連偶俗語, 有類俳優, 或竊成文虛冒名氏, 皆見拜擢, 難復收改, 但不可復使治民及在州郡. 昔孝宣會諸儒於石渠, 章帝集學士於白虎, 通經釋義. 其事優大文武之道, 所宜從之. 宣陵孝子虛僞小人, 本非骨肉, 群聚山陵, 假名稱孝, 義無所依, 至有奸軌之人通容其中. 太子官屬宜搜選令德, 豈有但取丘墓凶醜之人? 其爲不祥莫大焉. 宜遣歸田里, 以明詐僞."

《후한서》 권3 〈숙종효장제기(肅宗孝章帝紀)〉에 "건초(建初) 4년 11월에 태상(太常), 장(將), 대부(大夫), 박사(博士), 낭관(郎官) 및 제생(諸生)·제유(諸儒)들로 하여금 백호관에 모여서 오경(五經)의 동이(同異)를 강의하게 하였다. 그리고 장제가 친히 임석하여 결정을 내리되, 효선제(孝宣帝)의 감로(甘露)·석거(石渠)의 고사와 같이 《백호의주(白虎議奏)》를 만들었다."라고 하였다.

신은 이렇게 생각합니다. 임금은 좋아하고 숭상하는 대상을 조심하지 않으면 안 됩니다. 일단 치우친 기호가 있으면 소인이 엿보고, 그들이 임금의 작록을 훔쳐 종신토록 부귀를 누릴 밑천으로 삼으니, 올라탈 틈만 있으면 못하는 짓이 없습니다. 임금은 오직 이치를 궁구하고 경(經)에 마음을 두어 환히 안정된 식견을 가지고 확고히 안정된 원칙을 지키면, 외물에 동요되지 않고 이설에 흔들리지 않으니 소인이 타고 들어올 틈이 없을 것입니다.

臣按: 人君好尙不可不謹, 一有所偏嗜, 而爲小人所窺伺. 彼欲竊吾之爵祿, 以爲終身富貴之資, 凡有可乘之間, 無所不至矣. 人主惟窮理居敬, 灼有一定之見, 確有一定之守, 不爲外物所動, 異說所遷, 則小人無所乘其隙矣.

영제(靈帝) 초, 서저(西邸)를 열고 관작을 팔았는데, 이천석(二千石)은 이천만 전(錢)이었고, 사백석(四百石)은 사백만 전이었다. 그 가운데 덕이 있어서 선발에 응한 자는 반 또는 1/3을 받았다. 영장(令長)은 현(縣)의 빈부에 따라 가격이 달랐고, 부자는 먼저 받고 가난한 자는 관직에 부임한 뒤 배로 갚게 하였다. 또 사사로이 좌우 신하들에게 공경(公卿)을 팔게 하여 공(公)은 천만 전을, 경(卿)은 오백만 전을 받았다.

靈帝初, 開西邸賣官, 二千石二千萬·四百石四百萬, 其以德次應選者半之或三分之一, 令長隨縣豐約有賈, 富者先入, 貧者到官倍輸. 又私令左右賣公卿, 公千萬·卿五百萬.

신은 이렇게 생각합니다. 진한(秦漢) 이래 곡식을 내고 관직에 보임하는 법령이 있었습니다만, 변방을 위한 계책이거나 흉년이 들었기 때문이었지 자기의 사익을 위해서가 아니었습니다. 존귀하기가 천자이고 부유하기로는 사해(四海)를 가지고 있으니, 작은 땅이라도 내 것이 아닌 것이 없고 백성 하나도 내 신하가 아닌 사람이 없습니다. 민간에 있는 것 가운데 천자의 소유가 아닌 것이 없고 민가에 보관되어 있는 것 가운데 나라의 저축이 아닌 것이 없는데, 어찌 굳이 정부 창고 안에 거두어 둔 뒤에 자기의 부라고 하겠습니까.

저 상홍양(桑弘羊)[30]이나 왕안석(王安石)[31]의 무리가 장사치들의 작은 이익을 다투어 나라를 부유하게 하려고 했지만, 군자는 그들을 도적질하는 신하라고 생각하였습니다. 역사서에 분명히 기록되어 있고 사람들의 눈귀에 남았으니, 천만 년이 하루 같습니다. 두려워하지 않을 수 있겠습니까. 염려하지 않을 수 있겠습니까.

臣按: 秦漢以來, 有納粟補官之令, 然多爲邊計及歲荒爾, 非以爲己私

---

30 상홍양(桑弘羊): 상홍양은 전한(前漢) 무제(武帝)·소제(昭帝) 때의 정치가로 13세 때 암산(暗算)의 재주를 인정받아 시중(侍中)에 오른 후 경제 관료로서 염철과 술의 전매, 균수법(均輸法), 평준법(平準法) 등을 시행하였는데, 이는 국가 재정만을 풍족하게 하였다. 국가 재정을 위해서라면 세세한 것까지 따져서 백성들에게 징수하였으므로 백성들이 그를 가혹한 수탈자로 여기고 상홍양을 삶아 죽여야 비가 온다는 말이 있었다. 《한서(漢書)》 권58 〈복식전(卜式傳)〉.

31 왕안석:(王安石, 1021~1086). 북송(北宋) 시대의 정치가이자 문장가로, 호는 반산(半山), 자는 개보(介甫)이다. 강서성(江西省) 출신이며, 시인·문필가이기도 하다. 신법(新法)을 통해 균수법(均輸法), 청묘법(青苗法), 시역법(市易法), 모역법(募役法), 보갑법(保甲法), 보마법(保馬法) 등을 실시하였다. 이 역시 부국강병에 초점을 맞추어 국가 재정 확충 중심의 정책이 됨으로써 사마광 등의 비판을 받았다. 《송사(宋史)》 권327 〈왕안석열전(王安石列傳)〉.

也. 夫尊爲天子, 富有四海之內, 尺地莫非其有, 一民莫非其臣, 凡在黎者, 孰非天子之所有; 藏在民家者, 孰非國家之所儲, 奚必斂於府庫之中然後爲己富哉? 彼桑弘羊·王安石之徒競商賈刀錐之利, 將以富國, 君子以之爲盜臣, 史書昭然, 在人耳目, 千萬世如一日焉, 可不畏哉, 可不念哉!

진 혜제(晉惠帝) 때 양준(楊駿)[32]을 논핵하여 죽였는데, 공으로 후(侯)가 된 자가 1천 81명이었다. 부함(傅咸)이 말하기를, "공이 없는데도 상을 받는 것은 나라에 화란이 있는 것을 즐기는 것이니, 화란이 일어나면 다시 큰 공적을 세울 것입니다. 사람이 되어 화란을 즐긴다면 못할 짓이 있겠습니까."

晉惠帝時論誅楊駿功, 侯者千八十一人. 傅咸曰: "無功而受賞, 莫不樂國有禍, 禍起當復有大功也. 人而樂禍, 其有極乎?"

신은 이렇게 생각합니다. 나라가 불행하여 사건이 터졌을 때, 공이 있어 상으로 관작을 받아야 할 신하에 대해서도 반드시 합당한지 검

32 양준(楊駿): 진 무제(晉武帝)의 장인이다. 그는 무제가 죽고 혜제(惠帝)가 즉위하자 국정을 도맡아서, 자기의 친당(親黨)만을 등용하고 정권을 농락하다가 가후(賈后) 에게 미움을 받아 결국 삼족(三族)이 멸하였다. 《진서(晉書)》 권94 〈은일열전 동양(隱逸列傳董養)〉.

증한 뒤에 그에 따라 등급을 매기는데, 하물며 공이 없는데 일률적으로 상으로 승진시킬 수 있겠습니까. 공이 있다고 해서 반드시 승진시킨다면 사람들은 이를 기회로 폐단을 일으키고 요행을 바라는 마음을 품을 것이니, 후세에 공을 감안하여 상을 주려는 자라면 부함의 말을 생각하지 않으면 안 됩니다.

臣按: 國家不幸有事, 臣之有功而當受爵賞者, 必須考驗當否, 而爲之等第, 況無功而可一例升賞乎? 夫有功而必升賞, 則人得以夤緣作弊, 而懷僥幸之心, 後世有欲按功行賞者, 不可不思傅咸之言也.

당 고조(唐高祖)가 무호(舞胡) 안질노(安叱奴)를 산기시랑(散騎侍郎)으로 삼았다. 이강(李綱)이 간언하기를 "옛날에 악공(樂工)은 사(士)와 같은 반열에 두지 않았습니다. 비록 자야(子野)[33]나 사양(師襄)[34]처럼 현명하더라도 종신대를 이었으며 직업을 바꾸지 못하였습니다. 지금 천하가 새로 안정되어 의를 세운 공신들에 대한 상을 주는 일도 아직 펴지 못하였고 재주가 높은 사람이나 석학들도 오히려 시골에 적체되어 있으니, 후세에 본보기가 될 방법이 아닙니다."

唐高祖以舞胡安叱奴爲散騎侍郎. 李綱諫曰: "古者樂工不與士齒, 雖賢如

---

33 자야(子野): 춘추 시대 진(晉)나라 악사(樂師)였던 사광(師曠)의 자이다. 그는 귀가 대단히 밝아 음률(音律)에 통했다 한다.

34 사양(師襄): 춘추 시대의 유명한 악사 양자(襄子)로 거문고 연주에 능했다. 공자가 사양에게 거문고를 배웠다는 내용이 《공자가어(孔子家語)》〈변악해(辯樂解)〉에 나온다.

子野·師襄, 皆終身繼世, 不易其業. 今天下新定, 建義功臣行賞未遍, 高才碩學猶滯草萊, 非所以垂模後世也."

태종 때, 어사 마주(馬周)가 상소하기를 "왕장통(王長通)·백명달(白明達)은 본래 악공, 여조(輿皂: 천역을 하는 하인)의 잡류이고, 위철제(韋烮提)·곡사정(斛斯正)은 본래 다른 재주가 없이 오직 말 조련만 할 줄 압니다. 비록 기술이 남들보다 뛰어나더라도 넉넉히 금이나 비단을 하사하여 집안을 부유하게 해줄 수는 있지만 지금처럼 직위를 넘어 높은 작위를 주어 조정에서 더불어 정치를 하게 하여 조회 때 패옥을 울리고 신발을 끌게 하니, 신은 부끄럽습니다. 조정의 명을 나중에 개정하지 못하더라도 의당 조정 반열에 두어 사대부와 같은 대오에 있게 해서는 안 됩니다."라고 하니, 황제가 그 말을 훌륭하게 여기고 마주를 시어사(侍禦史)에 제수하였다.

太宗時, 御史馬周上疏曰: "王長通·白明達本樂工輿皂雜類, 韋烮提·斛斯正本無他才, 獨解調馬, 雖術逾等夷, 可厚賜金帛以富其家, 今超授高爵, 與政外廷, 朝會鳴玉曳履, 臣竊恥之. 若朝命不可追改, 尙宜不使在列與士大夫爲伍." 帝善其言, 除周侍禦史.

신은 이렇게 생각합니다. 이강(李綱)과 마주(馬周)는 모두 잡류 출신자는 패옥을 울리고 비단신을 신지 못하며, 사대부와 조정에 대오를 같이할 수 없다고 말했으니, 조정을 존중하고 사류(士類)를 중시했기 때문입니다. 그 말은 지당합니다. 다만 마주가 "조정의 명은 나중에 고칠 수 없다" 고 한 말은 임금으로 하여금 결국 잘못하게 만드는 것입니다. 이치로 보아 안 된다면 바로 속히 고쳐서 성상의 정치에 허물이 되지 못하도록 할 것이니, 어디에 이만한 선(善)이 있겠습니까. 태종은 마주의 말을 훌륭하다고 여겼을 뿐 아니라 그를 관직을 승진시켰으니, 고종이 무호에게 했던 경우와 비교하여, 직업을 이미 주었으니 나중에 고칠 수 없다는 말은 너무 느슨하지 않습니까.

臣按: 李綱·馬周皆謂雜流出身者, 不可鳴玉曳組, 與士大夫爲伍於廊廟之間, 所以尊朝廷·重士類也. 其言當矣, 但周謂 "朝命不可追改," 是教人主遂非也. 如理不可卽速改之, 無使其爲聖政之累, 何善如之. 太宗不徒善周言, 而又進其官, 其視乃考之於舞胡, 謂業已授之不可追改, 不亦遼哉.

중종(中宗) 때 원외관(員外官)을 두었다. 경사(京師)에서 주(州)까지 2천여 명이었는데, 환관으로 7품 이상에 발탁된 원외관이 천여 명이었다. 위원충(魏元忠)[35]이 승상이 되자 원초객(袁楚客)이 편지로 책망하였는데, 대략 다음과 같다. "주상께서 다시 천명을 회복하였으니, 마땅히 군자를 진출시키고 소인을 물러나게 하여 큰 교화를 일으켜야 하는데, 어찌 영광과 총

35 위원충(魏元忠): 당(唐)나라 때 현신(賢臣)이다. 고종(高宗) 때 전중시어사(殿中侍御史)가 되었고, 측천무후가 물러난 뒤 중종(中宗)이 복위하자 중서령(中書令)이 되었다. 《당서(唐書)》 권122 〈위원충열전(魏元忠列傳)〉.

애를 편안히 여기며 묵묵히 따르고 있을 수 있습니까. 지금 유사가 현자를 선발할 때 모두 재물을 취하고 세력을 찾으며, 널리 원외관을 두어 재정을 탕진하고 백성에게 해를 끼치고 있습니다. 광대 같은 소인들이 조정 품계를 도적질하고 좌도(左道: 굿이나 점)에 빠진 자들이 주상의 귀를 미혹시키며 녹봉과 직위를 훔치고 있으니, 총애를 받아 관직에 진출한 자가 거의 천 명이 넘습니다."

中宗時置員外官, 自京師及諸州凡二千餘人, 宦官超遷七品以上員外官者又將千人. 魏元忠爲相, 袁楚客以書責之, 略曰: "主上新復厥命, 當進君子, 退小人, 以興大化, 豈可安其榮寵循默而已? 今有司選賢, 皆以貨取勢求, 廣置員外官, 傷財害民, 俳優小人盜竊品秩, 左道之人熒惑主聽, 竊盜祿位, 寵進官者殆滿千人."

신은 이렇게 생각합니다. 원초객이 위원충의 10가지 잘못을 지적했는데, 다섯 번째가 관리 임용입니다. 한때의 잘못이라고 하지만 쇠란할 시대에는 인재 등용 때 재물을 취하고 세력을 찾으며, 원외 인원을 널리 두고 광대나 기술자 같은 부류, 승려나 방술가들에게까지 관직을 주는 일이 왕왕 일어납니다. 아! 이 어찌 태평성대에 있을 수 있는 일이겠습니까.

臣按: 袁楚客責魏元忠之十失, 其五爲任官. 雖曰一時之失, 然衰亂之世, 其進用人才所爲貨取勢求, 員外廣置, 而及於倡優工藝之流·僧道方術之輩, 往往皆然. 嗚呼! 此豈盛世所宜有哉?

또한 중종대 처음 사봉묵칙(斜封墨敕)[36]을 써서 관직에 임명하였다. 안락장녕공주(安樂長寧公主: 중종의 딸)와 상관첩여(上官婕妤)[37]가 모두 세력에 의지하여 권력을 행사하였는데, 청탁과 뇌물을 받으면서 묵칙을 내려 관직을 임명하였고 사봉을 중서성에 부쳤기 때문에 당시 사람들이 '사봉관(斜封官)'[38]이라고 불렀다. 관원의 정원 외에 동정(同正)·시(試)·섭(攝)·간교(簡較)·판지(判知)라는 관원이 모두 수천 명이었다. 좌습유(左拾遺) 신체부(辛替否)가 상소하였다. "옛날에 관직을 둘 때는 관원을 굳이 다 채우지 않았기 때문에, 사(士)에게는 훌륭한 행실이 있었고, 가문에는 청렴한 절개가 있었으며, 조정에는 넉넉한 녹봉이 있었고, 백성에게는 먹을 것이 넉넉했습니다. 지금 폐하께서 백 배나 상을 늘리고, 열 배나 관직을 늘림으로써 창고가 텅 비게 하고 관품이 어지럽게 뒤섞였습니다."

又, 中宗時始用斜封墨敕除官, 安樂長寧公主·上官婕妤皆依勢用事, 請謁

---

36 사봉묵칙(斜封墨敕): 비스듬하게 봉하여 하달하는 묵칙을 말한다. 당 중종(唐中宗) 때 황후와 공주들이 세력을 부리며 뇌물을 받아 조정의 정식 임명 절차를 거치지 않고 황제의 친필 사령서(辭令書)인 묵칙을 비스듬히 봉한 뒤에 중서성(中書省)에 내려 관리를 임명하였다.

37 상관첩여(上官婕妤): 상관소용(上官昭容, 664~710)이다. 당나라 때의 여류 시인으로, 이름은 완아(婉兒)이며 상관의(上官儀, 607?~664)의 손녀이다. 측천무후(則天武后) 성력(聖曆, 698~700) 이후 조정 각 부문의 상주문과 정사가 그의 참여하에 결정되었으며, 당 중종 때 소용(昭容)에 봉해졌다. 상관소용은 황제에게 건의하여 서관(書館)을 확대하고 학사의 인원을 증설하였으며, 신하들이 지은 글을 등급 매겨 금잔을 하사하였기 때문에 온 조정에 글을 짓는 풍조가 성행하였다고 한다. 《당서(唐書)》 권51 〈후비열전 상(后妃列傳上) 중종상관소용(中宗上官昭容)〉.

38 사봉관(斜封官): 당나라 관원 임명은, 5품 이상의 경우 중서성의 제청과 문하성의 임명칙서가 필요했다. 6품 이하의 청요직은 이부에서 승인했다. 그러나 측천무후의 영향으로 양성(兩省)을 거치지 않고 관직을 제수했는데, 이를 사봉이라고 하고 주필(朱筆)이 아니라 묵필(墨筆)로 칙(勅)을 내렸다.

受賕, 降墨敕除官, 斜封付中書, 時人謂之"斜封官." 其員外, 同正·試·攝·簡較·判知官凡數千人. 左拾遺辛替否上疏曰: "古之建官, 員不必備, 故士有完行, 家有廉節, 朝廷有餘俸, 百姓有餘食. 今陛下百倍行賞, 十倍增官, 使府庫空竭, 流品混淆."

신은 이렇게 생각합니다. 원초객이 '널리 원외관을 두어 재정을 탕진하고 백성에게 해를 끼치고 있다'고 한 말과 신체부가 '상을 늘리고 관직을 늘림으로써 창고가 텅 비게 하고 관품이 어지럽게 뒤섞였다'고 한 말은 관직을 남설하여 비용을 낭비한 폐단을 절실하게 지적했다고 평가할 만합니다. 나라의 관직에는 규정된 인원이 있고 한 해 예산에는 규정된 숫자가 있습니다. 관원으로 일을 다스리기에 하나의 사안이 있으면 한 명의 관원이 있고, 녹봉으로 관원에게 지급하기에 한 명의 관원이 있으면 하나의 녹봉이 있습니다. 지금 이유 없이 규정된 관원 외에 증원한 관원이 수천 명이니, 한 명의 관원을 늘리면 한 명의 녹봉이 늘어나는 것입니다.

어찌 다음과 같이 생각하지 않으십니까. 조운(漕運)하는 쌀이 경사(京師)에 도착할 때까지 비용이 비율상 3~4석 가운데 1석에 이릅니다. 농민이 농사짓는 수고, 사졸이 수레를 끄는 노고, 관리들이 세금을 운반하는 고생 등을 통하여 관리들을 이바지하여 직사를 다스리게 합니다. 직사를 다스리는 것은 백성을 편안하게 하는 방도이므로 잘못이 되지 않습니다.

그렇지만 평년의 저축 가운데 출입이 이 숫자에 그치고, 수입이 늘어나지 않았는데 지출은 몇 곱절 늘어났습니다. 한 해 재정을 무슨 수로 충당하고, 국력이 어떻게 쇠퇴하지 않겠습니까. 나라의 창고를 고갈시키고 조정의 관직을 경시하며 인재의 품격을 뒤섞고 조종조의 성헌을 무너뜨렸으니, 이런 과정을 거쳐 위망한 지경에 이르는 것은 그렇게 어렵지 않습니다.

臣按: 袁楚客謂廣置員外官, 傷財害民; 辛替否謂行賞增官, 使府庫空竭·流品混淆, 可謂切中濫官妄費之弊. 夫國家官職有常員, 歲計有常數, 官以治事, 有一事則有一官; 俸以給官, 有一官則有一俸. 今無故於常員之外, 增官至數千人, 增一員之官, 則增一員之俸. 盍思漕運之米至京師者, 費率三四石而致一石, 農民耕作之勞, 士卒輦挽之苦, 官吏征輸之慘, 用以供養官吏俾其治事, 治事所以安民, 不爲過也. 然常年之儲出入止於此數, 入者不增, 出者乃如至數倍焉. 歲計何由而充, 國力安得不屈? 竭國家之府庫, 輕朝廷之名器, 混人才之流品, 壞祖宗之成憲, 由是而底於危亡, 不難也.

중종(中宗) 신룡(神龍) 원년(705), 방술인(方術人) 섭정능(葉靜能)[39]을 국자좨주(國子祭酒)로 삼았다.

中宗神龍元年, 除方術人葉靜能爲國子祭酒.

39 섭정능(葉靜能): 고대의 선인(仙人)이다.

대종(代宗) 대력(大曆) 원년(766), 환관 어조은(魚朝恩)[40]을 판국자감사(判國子監事)로 삼았다.

代宗大曆元年, 以宦官魚朝恩判國子監.

신은 이렇게 생각합니다. 국자감은 천자의 원자인 장자, 공경과 대부, 사의 적자 및 일반 백성 가운데 준수하여 가르칠 만한 자를 가르치는 곳입니다. 그러므로 도덕과 학술이 있는 사람이 아니면 가볍게 제수할 수 없는데, 당나라의 두 황제는 술사를 등용하여 좨주를 삼고 환관을 판국자감사로 삼았으니, 어찌 전도되고 어지러운 일이 아니겠습니까.

임금은 하늘의 명을 받들고 조종조의 왕위를 이었으니 진실로 하늘을 본받고 조종조를 공경해야 하는데, 어찌 천명에 따라 덕이 있는 사람에게 주는 관작과 조종조에 세상을 보도하는 관직을 사사로이 친애하는 사람에게 줄 수 있습니까. 이런 까닭에 훌륭한 정치를 하는 사람은 반드시 인물이 관직에 어울리고 관직이 반드시 사안에 어울리는 것입니다. 3백 6십 관직이 모두 걸맞은 인물이 아니면 등용할 수가 없는데, 하물며 유생의 스승이 되는 직임은 제왕의 도통(道統)을 잇고 공자와 맹자의 올바른 학문을 전승하며 나라의 현명한 인재를

40 어조은(魚朝恩): 당 대종 때의 환관으로, 여주(瀘州) 사람이다. 현종(玄宗) 때 처음으로 환관이 되었고, 대종 때 천하관군용선위처치사(天下觀軍容宣慰處置使)가 되어 군권(軍權)을 잡고는 정사를 마음대로 처리하면서 정국공(鄭國公)에 봉해졌다. 그러나 그 뒤에 황제의 미움을 사 처형되었다. 《당서(唐書)》 권184 〈환관열전 어조은(宦官列傳魚朝恩)〉.

가르치는 데이겠습니까.

臣按: 國子所以教天子之元子長子·公卿大夫元士之適子與凡民之俊秀所以教之者, 非有道德有學術者, 不可輕授. 而唐之二帝乃用術士爲祭酒·閹宦判國子監, 豈非顚倒錯亂乎? 人君奉上天之命, 踐祖宗之阼, 固當法天而敬祖, 烏可以天命有德之爵·祖宗輔世之官, 而授所私昵之人乎? 是故善爲治者人必稱其官, 官必稱其事. 凡夫三百六十官皆不可用非其人, 矧夫師儒之職所以承帝王之道統, 傳孔孟之正學, 敎國家之賢才者乎?

예종(睿宗)이 요원지(姚元之)·송경(宋璟)의 말을 채택하여 사봉관(斜封官) 수천 명을 혁파하였다. 최리(崔涖)가 황상에게 말하기를 "사봉관은 모두 선제께서 제수한 관직인데, 요원지 등이 건의하여 빼앗았으니, 선제의 과오를 드러내고 폐하에게 원망을 초래하였으며 중론이 들끓고 있으니, 비상한 변고가 발생하지 않을까 두렵습니다."라고 하였고, 태평공주(太平公主) 또한 그렇게 말하니, 황상이 그렇겠다고 생각하고 바로 다시 서용하였다.

유택(柳澤)이 상소하기를 "사봉관은 모두 환관과 공주들을 통해서 끌어들인 자들이지 어찌 선제의 뜻에서 나왔겠습니까. 폐하가 쫓아내니 천하가 광명해졌다고 하였는데 하루아침에 명을 거두고 서용하니, 어떻게 정령이 일관성이 없다는 말입니까. 의논하는 자들은 모두 태평공주가 폐하를 오도하고 있다고 하거니와, 작은 것이 쌓여 큰일이 되니, 작지 않은 화란이 될 것입니다."

睿宗用姚元之·宋璟言, 罷斜封官凡數千人. 崔涖言於上曰: “斜封官皆先帝所除, 元之等建議奪之, 彰先帝之過, 爲陛下招怨, 衆口沸騰, 恐生非常之變.” 太平公主亦以爲言, 上然之, 乃復敍用. 柳澤上疏曰: “斜封官皆因僕妾汲引, 豈出先帝之意? 陛下黜之, 天下稱明, 一旦收敍, 何政令之不一也? 議者皆稱太平公主詿誤陛下, 積小成大, 爲禍不細.”

호인(胡寅)이 말하였다. “‘선제의 과오를 드러내고 폐하에게 원망을 초래하였다’고 했으니, 간신의 말이 대부분 이런 종류이다. 설사 밝은 임금을 만났다면 필시 ‘선제를 잘못된 상태에 두는 것이 어찌 효도하는 방법이며, 군소배들에게 번지르르한 명예를 구하는 것이 어찌 임금다운 방도이겠습니까’라고 했을 것이다. 내가 환제(桓帝)와 영제(靈帝)[41] 시대에 있었다면, 간사한 말이 들어올 길이 없었을 것이다. 그렇지만 요원지와 송경이 정권을 잡고 이런 말이 통했던 것은 왜일까? 예종은 육(六)이 오(五)의 자리에 있고,[42] 태평공주로 하여금 음이 양과

41 환제(桓帝)와 영제(靈帝): 후한 10대 황제 환제(桓帝)는 환관 단초(單超)의 힘을 빌려 외척 양기(梁冀)를 쓰러뜨렸는데, 이를 계기로 환관이 내정에 간섭하고 지방관을 독점하여 갖은 횡포를 자행하였다. 환제를 이어 영제(靈帝)가 즉위하자, 외척 두무(竇武)가 권력을 잡고 진번·이응 등을 중임하여 환관세력을 일거에 제거하려고 모의하였으나 환관 세력에게 공격당하여 진번이 살해되고 두무는 자살하였다. 이때의 탄압으로 이응(李膺)·두밀(杜密) 등 1백여 명이 살해되고, 수백 명의 관료가 금고형(禁錮刑)에 처해졌다. 《후한서(後漢書)》 권97 〈당고열전(黨錮列傳)〉.

42 예종은 … 있고: 육은 음위(陰位)이고 오(五)는 양위(陽位)이자 군(君)의 자리이니, 적임자가 아닌 인물이 잘못된 자리를 차지하고 있다는 뜻이다.

비등해지게 하였기[43] 때문에 여기에 이르렀다. 요원지와 송경이 힘껏 쟁론했다면 형세가 장차 격동했을 것이다. 그렇다면 당시 시사가 그보다 대단한 데가 있었는데 일단 참는 것이 가할 것이라는 말이 맞겠는가."

胡寅曰: "彰先帝之惡·爲陛下招怨, 奸人之言類如此, 使遇明君, 必曰置先帝於過擧, 豈所以爲孝; 沽美譽於群小, 豈所以爲君爾? 以桓·靈待我, 則奸言無自入矣. 然姚·宋秉政, 而此說得行, 何也? 睿宗以六居五, 使太平陰疑於陽, 是以至此. 姚·宋若力爭之, 勢將有激矣. 然則是乎曰當其時事有大於此者, 姑忍焉可也."

신은 이렇게 생각합니다. 공자가 "삼년 동안 아버지의 길에 대해 고침이 없다."라고 하였는데,[44] 이는 그 사안의 가부를 따져 보았을 때 하늘을 심히 거스르거나 도리에 심히 어긋나지 않은 경우입니다. 증자가 "아버지의 신하를 바꾸지 않는다."라고 했는데, 그 사람이 있고 없고를 따져 보았을 때 정치에 매우 독이 되거나 교화에 매우 해롭지 않은 경우입니다.

선인들에게 과오가 있으면 후인이 구제하여 너무 심하게 되지 않

---

43 태평공주로 … 하였기: 예종과 태평공주가 힘을 겨룬다는 뜻이다. 《주역》〈곤괘(坤卦) 문언(文言)〉에 "음이 양과 비등해지면 반드시 싸운다.[陰疑於陽, 必戰.]"라고 하였다.

44 공자가 … 하였는데: 《논어》〈학이(學而)〉에 "아버지가 살아 계실 때 그 뜻을 살피고 아버지가 돌아가시면 그 행함을 살펴 삼년 동안 아버지의 길에 대해 고침이 없어야 효라 부를 만하다.[父在觀其志, 父沒觀其行, 三年無改於父之道, 可謂孝矣.]"라고 하였다.

게 하는 것이니, 이보다 큰 효는 없습니다. 역사를 통해 보건대, 예종은 최리를 믿었고 현종은 요원지와 송경을 믿었으며, 원우(元祐)는 사마광(司馬光)을 등용했고[45] 소성(紹聖)은 장돈(章惇)을 등용했으니,[46] 시비와 득실을 살펴볼 수 있습니다.

> 臣按: 孔子謂三年無改於父之道, 謂其事在可否之間, 非逆天悖理之甚者也; 曾子謂不改其父之臣, 謂其人在有無之間, 非蠹政害教之尤者也. 先人有所過誤, 後人救之使不至於太甚, 孝莫大焉. 卽史以觀, 睿宗信崔蒞, 玄宗信姚宋; 元祐用司馬光, 紹聖用章惇, 是非得失見矣.

숙종(肅宗) 때, 창고에는 쌓인 것이 없고 조정에는 오로지 관작을 공에 대한 상으로 주었으며, 장수들이 출정할 때는 모두 이름 쓸 자리가 빈 임명장[空名告身]을 주어 일을 맡았을 때 이름을 기입하게 했다. 이 중에는 개부(開府)[47]·특진(特進), 성이 다른 왕(王)도 있었다. 군대들은 단지 직임으

---

45 원우(元祐)는 … 등용했고: 원우는 송(宋)나라 철종(哲宗)의 연호로 1086년부터 1093년까지이다. 사마광(1019~1086)은 북송(北宋)의 정치가·사학자로 자는 군실(君實), 호는 우부(迂夫) 또는 우수(迂叟)이며 시호는 문정(文正)이다. 속수선생(涑水先生)이라고도 하고, 죽은 뒤 온국공(溫國公)에 봉해져 사마온공(司馬溫公)이라고도 한다. 1084년 20권의 《자치통감》을 완성했다. 《송사》 권336 〈사마광열전(司馬光列傳)〉.

46 소성(紹聖)은 … 등용했으니: 소성(1094~1098)은 고 황후가 죽고 철종이 친정(親政)한 때의 연호이다. 이 시기에는 장돈(章惇), 채경(蔡京), 여혜경(呂惠卿) 등이 기용되었는데, 이들은 철종에게 고 황후가 임금의 폐위를 은밀히 도모하였다고 참소하여 임금의 옹립을 자신들의 공으로 돌리고 원우 연간의 유현들을 모두 내쫓았으며 신법을 복구시켜 갖은 폐정(弊政)을 자행하였다. 《송사》 권471 〈간신열전(姦臣列傳)〉.

47 개부(開府): 한(漢)나라 때 삼공(三公)이나 대장군(大將軍) 등이 부서(府署)를 두어 요속(僚屬)을

로 서로 통섭하였고, 관작의 고하를 계산하지 않았다. 이때 이르러 다시 관작으로 병졸을 모았기 때문에 이로부터 관작이 경시되고 재화가 중시되었으니, 대장군 임명장 한 통이 겨우 술 한 번 마실 비용으로 거래되었다. 응모하여 관직에 들어온 자들은 모두 금자(金紫)를 입었으니, 명기(名器: 관직)의 남설이 이에 이르러 극에 달하였다.

肅宗時, 府庫無蓄積, 朝廷專以官爵賞功, 諸將出征皆給空名告身聽臨事注名, 有至開府·特進·異姓王者, 諸軍但以職任相統攝, 不復計官爵高下, 及是復以官爵收散卒, 由是官爵輕而貨重, 大將軍告身一通才易一醉. 凡應募入官者, 一切衣金紫名器之濫, 至是極焉.

범조우(范祖禹)가 말하였다. "관작이란 임금이 천하를 제어하는 방법이므로 허명으로 가볍게 쓸 수 없다. 임금이 귀하게 여겨 군자에게 주면 사람들이 귀하게 여길 것이고, 임금이 천하게 여겨 소인에게 베풀면 사람들이 천하게 여길 것이다. 숙종이 미봉책으로 공을 이루려고 관직을 남설하여 임명함으로써 인분보다 가벼워졌으니 이것이 정치 혼란의 극치이다. 당나라 왕실이 튼튼하지 못한 것은 당연하지 않겠는가."

范祖禹曰: "官爵者, 人君所以馭天下, 不可以虛名而輕用也. 君以爲貴, 而加於君子, 則人貴之矣; 君以爲賤, 而施於小人, 則人賤之矣. 肅宗

두었던 데서 온 말인데, 삼공의 지위를 의미한다.

欲以苟簡成功, 而濫假名器, 輕於糞土, 此亂政之極也. 唐室不競, 不亦宜哉."

신은 이렇게 생각합니다. 옛날부터 관직의 남설은 당 숙종의 시대 같은 적이 없었습니다. 그 근원은 창고에 축적이 없었던 데서 출발하였으니, 군주는 이를 거울로 삼아 쓰임새를 절약하고 사람을 아끼며, 현자를 구하고 관원을 살펴서 하루아침에 유폐가 여기에 이르지 않도록 해야 합니다.

臣按: 自古名器之濫, 未有如唐肅宗之世者也, 其源出於府庫無蓄積. 人主鑒此, 宜節用愛人·求賢審官, 毋使一旦流弊至於此哉.

유자현(劉子玄)[48]이 임금에게 말하였다. "임금이 헛되이 주지 않으면 신하는 헛되이 받지 않습니다. 함부로 받는 것은 충성이 아니고 함부로 베푸는 것은 은혜가 아닙니다. 그런데 지금은 신하들은 공도 없이 과분하게 발탁되어 그때마다 관직을 옮겨 도성에 이른 자들이, 차로 싣고 말로 잴 정도라느니, 비파나무를 밀고 주발을 벗겼다[49]는 속언이 있습니다."

---

48 유자현(劉子玄): 당(唐)나라 때의 학자로서 일찍이 국사(國史)를 수찬하고 《사통(史通)》을 저술한 유지기(劉知幾)이다. 자현은 그의 자이다. 유지기 저, 오항녕 역, 《사통》, 역사비평사, 2012 참조.

49 차로 … 벗겼다: 차로 싣고 말로 잴 정도라는 말은 수도 없이 많다는 말이다. 원문의 '파추

劉子玄言於其君曰: "君不虛授, 臣不虛受, 妄受不爲忠, 妄施不爲惠. 今群臣無功遭過, 輒遷至都下, 有車載斗量·杷推椀脫之諺."

신은 이렇게 생각합니다. 작록은 하늘이 덕이 있는 사람에게 명하는 도구이며, 나라가 믿고 세상을 격려하고 둔한 자를 연마하며 천하 사람들을 고무하여 천하의 다스림을 함께 이루는 수단입니다. 임금이 신중히 하고 소중히 여겨도 오히려 천하 사람들이 순종할 줄 모르고 경시하여 군주와 함께 천하의 다스림을 이루지 못할까 두려운데, 도리어 적절하지 못한 사람에게 제수하고 아래로 비천한 무리들에게 미친다면 이는 임금 자신이 스스로 세상을 격려하고 둔한 자를 연마하는 그릇을 버리는 것이니, 어찌 믿는 바를 잃지 않을 수 있겠습니까.

대개 나라는 작록을 걸어 놓고 한 시대의 현명한 인재를 기다리며, 그것으로 하늘이 준 관직을 대신하고 함께 하늘의 백성을 다스리니, 이것이 천명을 받드는 방법입니다. 재능과 덕이 있는 자가 아니면 줄 수 없고, 재능이 없고 덕이 없는 자에 대해서는 윗사람이라고 해서 줄 수 없을 뿐 아니라, 아랫사람 또한 마땅히 스스로 자신을 헤아려 헛되이 받아서는 안 됩니다.

주어서는 안 되는데 주는 것은 이것이 하늘의 명을 모독하는 것이고, 받지 말아야 하는데 받는 것은 이것이 하늘의 명을 두려워하지 않

완탈(杷推椀脫)'은 사람을 되는대로 등용한 것을 조롱한 말이다.

는 것입니다. 하늘의 명을 모독하는 것과 하늘의 명을 두려워하지 않으면 그 죄가 동일합니다. 그렇지만 하늘을 두려워하지 않은 죄는 한 몸에 그치지만 하늘의 명을 모독한 죄는 그 화가 장차 생령들에게 미치고 종묘사직에까지 연장될 것이니 깊이 생각하고 통렬히 경계하지 않을 수 있겠습니까.

臣按: 爵祿乃天命有德之具, 國家所恃以厲世磨鈍, 而鼓舞天下之人, 以共成天下之治者也. 人君愼之重之, 猶恐天下之人不知所重而輕視之, 無與我共成天下之治, 顧乃授之非其人, 而下及於卑汙苟賤之徒, 則是人君自棄其所以厲世磨鈍之器也, 豈不失其所恃乎? 蓋國家懸爵祿以待一世賢才, 以之代天工, 與之治天民, 所以承天命也. 非有才德者, 不可予, 無才無德者, 非獨上之人不可予之, 而下之人亦當自揣諸己, 而不敢虛受也. 不可予而予, 是褻天之命; 不當受而受, 是不畏天之命. 褻天之命與不畏天之命, 厥罪惟鈞. 然不畏天之罪止於一身, 褻天之命, 其禍將及於生靈·延於宗社, 可不深念而痛戒之哉?

현종(玄宗)이 장수규(張守珪)[50]의 공을 훌륭하게 여겨 재상으로 삼고자 했다. 장구령(張九齡)이 간언하기를 "재상이란 하늘을 대신하여 만물을 다스

50 장수규(張守珪): 당(唐)나라 섬주인(陝州人)이다. 벼슬은 과주 자사(瓜州刺史)·보국대장군(輔國大將軍)을 역임했다. 당(唐)나라 안녹산(安祿山)이 오랑캐를 치다가 군율(軍律)을 범하여 패전하였으나, 절도사(節度使)였던 장수규가 그의 용맹을 아껴 살려 주었다가 끝내 천보(天寶)의 난(亂), 즉 안녹산(安祿山)과 사사명(史思明)의 난을 빚어내었다. 《당서(唐書)》 권133 〈장수규열전(張守珪列傳)〉.

리는 자리이지, 공에 대한 상으로 주는 관직이 아닙니다."라고 하니, 황상이 "그 이름을 빌려주고도 직임을 맡기지 않으면 되는가?"라고 물었다. 대답하기를, "안 됩니다. 이름과 관직은 남에게 빌려줄 수 없으며, 임금이 관장하는 것입니다. 또한 장수규가 겨우 거란(契丹)을 격파했다고 바로 재상으로 삼았으니, 만약 돌궐(突厥)을 모두 멸망시킨다면 장차 어떤 관직으로 상을 주겠습니까?"라고 하니, 황상이 중지하였다.

玄宗美張守珪之功欲以爲相. 張九齡諫曰: "宰相者代天理物, 非賞功之官也." 上曰: "假以其名, 而不使任職, 可乎?" 對曰: "不可. 惟名與器不可以假人, 君之所司也. 且守珪才破契丹, 卽以爲宰相, 若盡滅突厥將以何官賞之?" 上乃止.

신은 이렇게 생각합니다. 임금이 인재를 등용할 때는 단지 나의 관직만 아까워하지 않고 마땅히 신하를 위하여 계책을 세워야 합니다. 만일 그 사람이 아직 늙지 않았는데 직위가 이미 최고에 이르렀다면 관작을 다시 더해 줄 수 없으니, 뒤에 다시 공을 세운다면 임금이 장차 어떻게 상을 주겠습니까.

송 태조(宋太祖) 때 조빈(曹彬)이 남당(南唐)을 평정한 뒤 처음 사상(使相)[51]을 허락하였습니다. 돌아왔을 때 조빈에게 말하기를 "지금 변방이 아직 복종하지 않은 데가 있고 그대는 사상이 되어 품계가 최고에

51 사상(使相): 당송 시대 공훈이 있는 노신(老臣) 또는 덕망이 있는 전직 재상(宰相)으로서 절도사(節度使)의 벼슬을 겸한 사람을 일컫는다.

이르렀는데 힘껏 싸울 의사가 있는가? 다시 나를 위해 태원(太原)을 점령해 달라."라고 하고, 이어 50만 전(錢)을 하사하였습니다. 송 태조 같은 경우는 관작과 상을 잘 활용했고 신하를 관리할 수 있었습니다. 이에 장구령이 현종에게 간언하여 장수규를 재상으로 삼지 않았으니, 이런 뜻을 알았다고 하겠습니다.

臣按: 人君之用人, 非但惜我名器, 亦當爲其臣計. 使其人未老, 名位已極, 而官爵不可復加, 後再有懋功, 吾將何以賞之哉? 宋太祖時, 曹彬平南唐, 始行許以使相. 及還, 語彬曰: "今方隅尙有未服者, 汝爲使相品位極矣, 肯復力戰耶? 更爲我取太原." 因賜錢五十萬. 若宋祖者, 可爲善用爵賞, 而能處其臣矣. 張九齡諫玄宗, 而不以張守珪爲相, 其知此意乎.

송 태조 때, 교방사(敎坊使) 위덕인(衛德仁)이 지방관을 원하였고 또 동광(同光: 장종의 연호)의 고사를 가져와 고을 수령을 원하였다. 황상이 말하기를 "악관(樂官)을 자사(刺史)로 삼았던 것이 장종(莊宗)의 실정인데, 어찌 본받을 수 있겠는가."라고 하였다. 재상이 위덕인을 주사마(州司馬) 후보로 올리자, 황상이 말하기를 "상좌는 사인(士人)이 앉는 자리이므로 자질과 명망이 매우 우수해야 하니 또한 이들에게 가볍게 줄 수 없다. 단지 악부(樂部)에서 옮겨 승진시키도록 하라."라고 하였다.

宋太祖時, 敎坊使衛德仁求外官, 且援同光故事求領郡. 上曰: "用伶人爲刺史, 此莊宗失政, 豈可效之耶?" 宰相擬上州司馬. 上曰: "上佐乃士人所處,資望甚優, 亦不可輕授此輩, 但當於樂部遷轉耳."

부필(富弼)이 말하였다. "옛날에 군주 앞에서 악관(樂官)을 하던 자는 고을로 나가 사(士)와 같은 자리에 있을 수 없었으므로, 태조가 영관(伶官)을 사인(士人) 반열에 두지 않고 태악령(太樂令)을 제수하여 조정 외의 품계를 주는 데 그쳤으니, 이른바 참람하게 될 근원을 막았다고 할 수 있다."

富弼曰: "古之執伎於上者出鄕不得與士齒, 太祖不以伶官處士人之列, 止以太樂令授之, 在流外之品, 所謂塞僭濫之源."

신은 이렇게 생각합니다. 명기는 중요한 것이므로 사람이 쉽게 얻을 수 없습니다. 누구나 얻을 수 있다면 사람들이 경시할 것입니다. 그러므로 잘 다스리는 사람은 작위와 상으로 천하의 현명한 준걸을 고무하며 관직을 아끼지 않을 뿐 아니라, 또 반드시 품류를 구별했습니다. 아끼면서도 구별했기 때문에, 얻은 자는 영광으로 여겼고 얻지 못한 자는 감히 요행을 바라는 마음을 품지 못했습니다. 사람들이 감히 요행을 바라는 마음을 품지 못했으니 얻은 자는 더욱 영광으로 여겼고 명기가 한층 무거워졌습니다. 송 태조가 "악관 무리들은 단지 악부(樂部)에서 승진시키도록 하라" 고 하였는데, 단지 악관만이 아니라 여러 잡류가 모두 그러합니다.

臣按: 名器所以重者, 以人不易得也, 人人可得, 則人輕之矣. 是以善爲治者, 以爵賞鼓舞天下之賢俊, 不徒惜名器, 又必別品流. 既惜之又別之, 得者以爲榮, 不得者亦不敢萌幸心, 人不敢萌幸心, 則得者愈榮, 而名器益重矣. 宋太祖謂 "伶人此輩但當於樂部遷轉," 非但伶人, 凡諸色雜流皆然.

인종(仁宗) 천성(天聖) 2년(1024), 대조(待詔) 왕원탁(王元度)이 진종(眞宗)의 어서(御書)를 편찬하여 자복(紫服)에 어대(魚帶)를 차게 되었다. 황상이 "선황의 조정에서는 기술자가 어대를 찰 수 없었으니, 사류(士類)와 구별하기 위해서였다."라고 하였다.

또 가우(嘉祐) 3년(1058), 조칙을 내려 일찍이 중서(中書)와 추밀(樞密) 같은 관청의 서리 및 기술관 출신자는 형벌을 담당하는 제형(提刑)이나 지주군(知州軍)을 맡을 수 없게 하였다.

仁宗天聖二年, 待詔王元度纂勒眞宗禦書得紫服佩魚. 上曰: "先朝伎術官無得佩魚, 所以別士類也." 又嘉祐三年, 詔嘗爲中書·樞密諸司吏人及伎術官出身者, 毋得任提刑及知州軍.

신은 이렇게 생각합니다. 송나라 때 유품의 구별이 이와 같았습니다. 이는 한 시대 인재가 격려를 받고 뜻이 헌걸차서 일을 당하면 분발하여 명절(名節)을 자처하면서 고상하고 원대하여 스스로 용렬한 자들이나 천한 자들과 구별한 이유였습니다. 이는 대개 윗사람이 인물 선발을 엄격히 하여 격발하였기 때문입니다.

臣按: 宋朝流品之別如此, 此一代人材所以激厲軒昂, 遇事奮發, 而以名節自居, 磊磊落落以自別於庸流賤胥者, 蓋由上之人有以甄別起發之也.

고종(高宗) 때, 왕계선(王繼先)의 치료가 효과를 보자 결원을 늘려 그의 사위를 제수하여 왕계선의 수고에 보답하고자 하였다. 급사중 왕거정(王居正)이 명령을 다시 반환하였다. 황상이 말하기를 "신하들의 집안에서 의료를 하고 효과가 있어도 보답하지 않는가?"라고 하였습니다. 이에 왕거정이 대답하기를 "신하들의 집안에서 이들을 대하는 것은 조정과 다릅니다. 공을 헤아리고 노력에 따라 각기 감사의 예의를 표하지만 조정의 경우는 그렇지 않습니다. 왕계선의 무리는 기술을 가진 용렬한 무리들로서 관직의 영광을 누리고 봉록을 받았으니 과연 무슨 일 때문입니까. 한 번 직무에 실수하면 무거울 경우 형벌을 받고 가벼우면 쫓겨나며, 기술을 적용하여 효과가 있으면 가까스로 책임을 다할 수 있을 뿐입니다. 황금과 비단을 내리는 것도 진실로 적지 않은데 이유도 없이 결원을 늘리는 것은 참으로 좋지 않으니, 신은 별안간 이런 길을 열기 원하지 않습니다."라고 하니, 황상이 깨닫고 "경의 말이 옳다."라고 하였다.

高宗時, 王繼先醫療有效, 欲增創員缺以授其婿用酬其勞. 給事中王居正封還, 上曰: "庶臣之家用醫有效, 亦酬謝之否耶?" 居正對曰: "臣庶之家待此輩與朝廷異, 量功隨力, 各致陳謝之禮, 若朝廷則不然. 繼先之徒, 以伎術庸流享官榮·受俸祿, 果爲何事哉? 一或失職, 重則有刑, 輕則斥逐, 其應用有效僅能塞責而已. 金帛之賜固自不少, 至於無故增創員缺誠爲未善, 臣不願輒起此門." 上悟曰: "卿言是也."

신은 이렇게 생각합니다. 조정에서 의원을 등용하는 것 또한 여러 전문가를 활용하는 것과 같습니다. 의원을 등용하여 효과를 보는 것이 그의 직분이며, 임기가 차고 완전한 효과를 많이 보여 주면 승진해서 쓰니 이는 백관들의 고과가 최(最)를 받으면 직질을 올려 주는 것과 같습니다. 그렇지만 또한 반드시 각 품계에 따라 주고 수고와 업적은 보답하지 않을 수 없지만 품류 또한 구별하지 않을 수 없습니다.

고종이 한 번 왕거정의 말을 듣고 바로 깨달아서 옳다고 했으니, 좋은 말을 들을 수 있었다고 하겠습니다. 후세 임금들은 고종을 본받고, 조정의 공경과 대부가 가진 명작(名爵)을 이단(異端) 잡류에게 주지 말고, 기술이나 공작을 하는 무리들 중 노고와 효과가 있는 자는 본래 직임에 따라 승진시키거나 상을 주어야 할 것입니다.

臣按: 朝廷之用醫, 亦猶其用百家也, 用醫而效乃其職爾. 若其秩滿多著全效, 則升用之, 亦猶百僚之課最, 而進其秩也. 然又必各隨其品而予之, 其勞績固不可以不酬, 而品流亦不可以不別. 高宗一聞居正之言卽悟而是之, 可謂能用善矣. 後世人主宜法高宗, 其毋以朝廷公卿大夫之名爵, 而加諸異端雜流, 伎藝工作之徒有勞效者隨本任, 而加升賞可也.

이상은 '관직 남용의 잘못을 경계함'이다.

以上戒濫用之失

찾아보기

[ㅇ]

[ㅈ]

저자 소개

구준(邱濬, 1420~1495)

중국 명(明)나라의 유학자, 정치가이다. 자는 중심(仲深), 호는 경대(瓊臺). 구준(丘濬)으로도 쓴다. 현재의 하이난성[海南省] 출신이다. 경제(景帝) 경태(景泰) 5년(1454) 과거에 급제하였다. 한림원(翰林院)의 서길사(庶吉士)로 뽑혀 지리지인 《환우통지(寰宇通志)》, 《영종실록》 편찬에 참여하였다. 예부상서를 지냈고 이어 《헌종실록》 편찬에 참여했으며 문연각 대학사(文淵閣大學士)를 역임했다.
남송 시대 성리학자 진덕수(眞德秀, 1178~1235)의 《대학연의(大學衍義)》를 보충해 《대학연의보(大學衍義補)》 160권을 저술하였다. 이 외에도 《세사정강(世史正綱)》, 《가례의절(家禮儀節)》, 《오륜전비충효기(伍倫全備忠孝記)》, 《구문장집(丘文莊集)》, 《경태집(瓊台集)》 등의 저술을 남겼다.

역주자 소개

오항녕(吳恒寧)

고려대학교 한국사학과 졸업. 태동고전연구소, 한국사상사연구소, 국가기록원을 거쳐, 현재 전주대학교 사학과(대학원)에 재직 중이다.
저서로 《실록이란 무엇인가》, 《후대가 판단케 하라》, 《호모 히스토리쿠스》, 《광해군, 그 위험한 거울》, 《조선의 힘》, 《기록한다는 것》, 《밀양 인디언》, 《한국 사관제도 성립사》, 《조선초기 성리학과 역사학》 등이 있고, 역서로 《사통(史通)》, 《대학연의(大學衍義)》, 《국역 영종대왕실록청의궤(英宗大王實錄廳儀軌)》, 《문곡집(文谷集)》, 《존재집(存齋集)》 등이 있다. 그 외 논문 50여 편이 있다.